清华终身学习丛书
COLLECTION OF TSINGHUA LIFELONG LEARNING

"一带一路"

中国企业走出去

|法律实务案例集|

卢志强 主编 郝娟娣 刘 丹 顾 明 副主编

清華大学出版社
北京

图书在版编目（CIP）数据

"一带一路"中国企业走出去：法律实务案例集 / 卢志强主编 . —北京：清华大学出版社，2021.2

（清华终身学习丛书）

ISBN 978-7-302-57447-7

Ⅰ . ①一… Ⅱ . ①卢… Ⅲ . ①企业—对外投资—案例—中国②法律—案例—世界
Ⅳ . ① F279.23 ② D910.5

中国版本图书馆 CIP 数据核字 (2021) 第 021779 号

责任编辑：朱玉霞
封面设计：徐　超
版式设计：方加青
责任校对：王荣静
责任印制：沈　露

出版发行：清华大学出版社
　　　　　网　　　址：http://www.tup.com.cn，http://www.wqbook.com
　　　　　地　　　址：北京清华大学学研大厦 A 座　　　　　邮　　编：100084
　　　　　社 总 机：010-62770175　　　　　　　　　　　邮　　购：010-62786544
　　　　　投稿与读者服务：010-62776969，c-service@tup.tsinghua.edu.cn
　　　　　质 量 反 馈：010-62772015，zhiliang@tup.tsinghua.edu.cn
印 装 者：三河市吉祥印务有限公司
经　　销：全国新华书店
开　　本：170mm×240mm　　　印　　张：20　　　字　　数：381 千字
版　　次：2021 年 4 月第 1 版　　　印　　次：2021 年 4 月第 1 次印刷
定　　价：59.00 元

产品编号：086055-01

"清华终身学习丛书" 编委会

编委会主任

刘 震

编委会副主任

李 越

编 委

刁庆军　张文雪　郭 钊　李森林　钟 敏
李思源　吴志勇　王爱义　宗 燕　周学敏

本书编委会

主　编

卢志强

副主编

郝娟娣　刘　丹　顾　明

专家委员会

黄新华　卢志强

编撰委员会（姓氏拼音排序）

奥克塔维奥·卡纳莱斯（Octavio Canales）　白君毅　陈建民　陈　巍
陈孝伟　陈行昌　陈宗辉　程绍铭　范家福　方圆周　高　玮
胡　弘　胡瑞瑞　黄祯辉　江冠华　晋云功　李素桦　李　韬
刘　青　刘清勇　刘佑军　鲁道夫·波特（Rodolfo Porte）　罗振立
马特娜　史大佗　宋　军　唐　林　唐　明　徐立波　杨荣南
泽米尔·阿万（Zamir Ahmed Awan）　张文娟　张　雄　张　旭
张泳洲　赵　华　郑加华　郑今智　郑　毅　周　丽　祝滋男

我们已进入了终身学习时代！

法国著名教育家保罗·朗格朗（Paul Lengrand）1965 年在联合国教科文组织主持召开的第三届促进成人教育国际委员会会议上提交了"终身教育议案"，重新认识和界定教育，不再将教育等同于学校教育，而视教育为贯穿整个人生的、促进个体"学会学习"的全新概念。1970 年，保罗·朗格朗首次出版《终身教育引论》，详细阐述其对终身教育的理解，带来了革命性的终身教育和终身学习的思想，使我们进入终身教育、终身学习时代。**终身教育、终身学习思想，它不仅仅是一种思想体系，更是一种教育改革和教育政策制定设计的基本原则，是构建未来教育体系的指针。**

进入 21 世纪以来，国际组织愈发倾向以终身学习（Lifelong Learning）覆盖终身教育（Lifelong Education）。2008 年，欧洲大学协会制定并发表《欧洲大学终身学习宪章》，明确提出在大学发展战略中应植入终身学习理念，大学的使命和发展战略中应包含构建终身学习体系的规划，为营造终身学习的文化氛围发挥关键作用。2015 年 11 月，联合国教科文组织发布《教育 2030 行动纲领》，确立了"确保全纳平等优质的教育，促进终身学习"的宏大目标，标志着全球教育进一步迈向了终身学习的新时代，是否践行终身学习理念，成为衡量一个国家教育现代化水准的一面镜子。

终身学习理念也促进人们对工作、学习及人生的深层次思考。2016 年，伦敦商学院（LBS）教授琳达·格拉顿（Lynda Gratton）和安德鲁·斯科特（Andrew Scott）在两人合著的的新书《百岁人生：长寿时代的生活与工作》（*The 100-Year Life: Living and Working in an Age of Longevity*）中预言，人类已经进入长寿时代，我们这代人活到 100 岁将是大概率事件。长寿时代，我们的人生格局将会发生巨大改变。传统的学校学习、单位工作、退休养老的三段式人生终将被更多段式的人生格局所取代。所谓更多段式，就是一辈子被分割成4段、5段，甚至7段、8段，乃至更多小阶段。每一小段都有自己不同的主题，各段之间穿插进行，不会再有明确边界。所以，从个人生命周期来说，学习将成为人的一生的习惯及人生的常态，"学生"将是贯穿一生的唯一职业。而多段式人生的学习应该是连接过去、通往未来的终身学习，这将是未来多段式人生节奏中的一种经常出现的状态。

我国党和政府也十分重视终身教育和终身学习，党的十六大、十七大、十八大、十九大都有相关论述。习近平总书记对于终身学习有着一系列重要表述。2013年9月9日在教师节致全国广大教师慰问信中，他特别要求"牢固树立终身学习理念"。2013年9月25日在"教育第一"全球倡议行动一周年纪念活动贺词中，他指出"努力发展全民教育、终身教育，建设学习型社会"。2019年11月召开的中共十九届四中全会明确把"构建服务全民终身学习的教育体系"作为推进国家治理体系和治理能力现代化的重大战略举措，并提出"完善职业技术教育、高等教育、继续教育统筹协调发展机制"。

继续教育既是终身学习理念的倡导者、传播者，也是终身学习的重要载体。美国教育社会学家马丁·特罗认为：高等教育是学校教育和终身学习两个系统的关键接点，必须担负起不可替代的历史重任。因此，发展继续教育是高校应承担的使命和责任，以终身学习理念引领推动高校本科、研究生教育与继续教育统筹协调发展，构建体系完备的人才培养体系，是高等教育综合改革的一个重要趋势和方向。

清华大学继续教育以终身学习理念引领改革和发展，以"广育祖国和人民需要的各类人才"为使命，努力办出特色办出水平。为了更好地总结清华大学继续教育三十多年的创新实践，清华大学继续教育学院启动了"清华终身学习丛书"编写出版工作，该系列丛书以习近平新时代中国特色社会主义思想为指导，顺应国内外终身学习发展的大趋势，围绕终身学习/继续教育基本理论、创新实践及学科行业新前沿，理论创新与实践应用并重，争取在五年内推出一系列精品图书，助力中国特色、世界一流的继续教育建设。

聚沙成塔、集腋成裘。希望通过这套丛书，倡导终身学习理念，弘扬终身学习文化。

郑力

清华大学副校长

2019年11月

序二

　　2013 年 9 月和 10 月，习近平总书记基于对世界发展、人类前途命运的深邃思考，提出建设"新丝绸之路经济带"和"21 世纪海上丝绸之路"的合作倡议。七年来，我们见证了两届"一带一路"国际合作高峰论坛的盛况，分享了一个又一个合作项目造福人民的喜悦。共商、共享、共建"一带一路"已然绘就挥毫泼墨的大写意，一幅精谨细腻的工笔画正在世界面前呈现。

　　过去外界经常问，中国强大以后和世界的关系是什么样的，会对世界有什么影响？我觉得，"一带一路"倡议已经给出了最好的答案。世界处于百年未有之大变局，中国特色社会主义进入新时代。在对世界、对中国都颇为紧要的历史节点，中国通过共商、共享、共建"一带一路"，主动分享发展红利，为世界经济增长开辟新空间，为完善全球经济治理拓展新实践，为增进各国民生福祉作出新贡献，为世界各国共同发展创造新机遇。特别是 2020 年新冠肺炎疫情期间，"一带一路"国际合作为沿线国家抗击疫情、改善民生、促进当地经济社会恢复作出了积极贡献。在这个中国与世界同呼吸、共命运的时代，"一带一路"将二者更加紧密地联系起来，通过构建全球互联互通伙伴关系，描绘出构建人类命运共同体的宏伟蓝图。

　　我作为一名教育者，同时也是一名"国际传播者"。向世界传播中国"一带一路"理念的同时，也在对"一带一路"进行思考。思之愈深，我便愈发体会到共建"一带一路"不仅是进行时，也是将来时；不仅是我们这代人倾注心血的事业，也是需要未来的建设者们不懈奋斗的目标。家国情怀、国际视野、理论知识，对未来的"一带一路"建设者而言都是不可或缺的。令人欣慰的是，越来越多的学者朋友正在致力于把"一带一路"带进高校、带进课堂，让更多同学们关心国家发展的前途命运，拓宽自身的国际视野，掌握"一带一路"的理论内涵和实践进展，为投身民族复兴伟大事业储备好应有的能力、知识和胸怀。

"一带一路"内涵之深，范围之广，已然超出了单一学科的范畴。推进高质量共商、共享、共建"一带一路"，更需要通晓国际关系、国际经济、企业管理等专业知识的复合型人才。这部教材将理论和实践结合起来，汇集了学界对"一带一路"的最新研究成果，采用的案例也是从各行各业收集到的一手资料。这本书作为清华终身学习教材，相信定能助力高校"一带一路"教学系统化、专业化，为高质量共商、共享、共建"一带一路"培养更多复合型人才。

　　理论来源于实践，更能为实践提供指导。希望这部教材不仅能为同学们的课程学习提供帮助，其中的方法、经验亦能在不久的将来伴随同学们走到实践中，帮助大家画好"一带一路"这幅世上最美的工笔画。

　　是为序。

刘震

清华大学东南亚中心主任

清华大学继续教育学院院长

2020 年 11 月

目录

上　编

"一带一路"沿线及相关
各国国家法律体系

"一带一路"是当今中国最重要的倡议和主张。"丝绸之路经济带"和"海上丝绸之路"，这两条贯穿亚欧非大陆的经济带，涉及 65 个国家和地区，包括东亚 4 国，东南亚 11 国，南亚 8 国，西亚北非 16 国，独联体及其他 6 国，中东欧 16 国和中亚 5 国。截至 2019 年 7 月底，已有 136 个国家和 30 个国际组织与中国签署了 194 份共建"一带一路"合作文件；"一带一路"倡议及其核心理念被纳入联合国、二十国集团、亚太经合组织和上合组织等重要国际机制成果文件。

　　当今世界法律秩序由不同法律体系构成，每个法律体系产生的原因和时间都是不同的，每一个法律体系的生成都与其特定的社会经济、政治、文化、传统、民族习俗和宗教信仰等因素息息相关。自 1900 年现代比较法学研究开始，各国著名比较法学者都提出了各自的世界法律体系划分及标准，总体可归纳为两分法、三分法、四分法、五分法和七分法等。本章节将主要结合法律秩序本身特征（所有法律秩序必然体现或包含的常素，包括：特定法律秩序依赖的历史文化传统和来源；法律渊源即法律表现形式；整个法律秩序的结构体系；法律操作与实现的方式；具有特征性的法律制度；等）[①]，以各国现存的政治环境、司法体系及法律制度因素进行划分，对与中国签署"一带一路"合作文件的部分国家，按照大陆法系、英美法系和混合法系进行整理，并分别从国际工程承包、国际贸易、海外投资、财税金融、环境保护、劳务合作、知识产权和法律争议等法律实务角度归纳总结，以帮助更好地理解该国的法律体系，尤其对于已经在该国进行投资或有计划前往该国投资合作的企业规避相应的法律风险。

---

① 　《当今与未来世界法律体系》米健 等著，第 41 页。

第一章
大陆法系国家

　　大陆法系，又称民法法系、罗马－日耳曼法系或成文法系。在西方法学著作中多称民法法系，指包括欧洲大陆大部分国家从19世纪初以罗马法为基础建立起来的、以1804年《法国民法典》和1896年《德国民法典》为代表的法律制度以及其他国家或地区仿效这种制度而建立的法律制度。它是西方国家中与英美法系并列的渊源久远和影响较大的法系。

一、意大利

（一）意大利法律法规与政策

意大利的法律体制从属于大陆法系中的法国分支，其法律体制的基本特征在很多方面类似于法国法，强调立法权与司法权严格区分。1948 年宪法是意大利法律的基础。意大利法律目前有五大法典：民法典、民事诉讼法典、刑法典、刑事诉讼法典和航海法典。

意大利拥有独立的司法体制，包括最高司法委员会、宪法法院、行政法院、审计法院和军事法院等。最高司法委员会是最高司法权力机构，拥有独立司法体制以及任命、分配、调遣和晋升法官等权力。宪法法院负责处理法律法规的合宪性审查，协调并解决中央政府各部门、中央与地方和地方与地方之间权力划分的争议，并依据宪法处理对总统和内阁部长的指控。最高上诉法院是意大利刑事和民事上诉案件的最高法院。

意大利没有专门针对外国投资合作的法律，外国投资者在意大利投资享受国民待遇，须遵守《民法典》《公司法》《税法》和《劳工法》等法律中的相关规定。

1. 国际工程承包法律法规与政策 [①]

意大利市场比较开放、规范，国家类项目一般由各主管部门通过公共渠道发布信息，主管基础设施建设的部门是意大利基础设施和运输部。此外，各大区和市镇的工程项目也由各级政府通过公开招标的方式发布，一般由市政基础设施管理部门负责。根据规定，国家投资工程项目通过招标方式进行，工程项目的招标程序复杂，且涉及很多法律程序，一般需要 6 个月或更长的时间。小型项目如不通过招标方式，须向主管部门陈述理由，获准后可通过其他方式进行。意大利工程承包主管机构是基础设施和运输部下的公共合同事务局，该机构负责接受承包商的承包许可申请和审核承包商资质等工作。承包商承揽意大利工程需要到该部门申请许可，并接受相应的资质核查，在工程进行时接受其项目监督。

---

① 部分信息及数据参考商务部 2018 版《对外投资合作国别（地区）指南——意大利》，第 39～40 和 66 页。

意大利在 1994 年通过《公共建筑工程法》时引入 PPP 模式，后根据欧盟相关指令多次废除并更新相关法律，最近一次是 2016 年通过的第 50 号法令，即新《公共合同法典》，2017 年又对该法令进行了一次修改。意大利 PPP 形式较为多样，包括工程特许经营、服务特许经营、融资租赁、工程委托和合作公司等，主要用于交通、基础设施、医疗卫生、城市发展和体育设施等项目开发。意大利 PPP 项目主要集中在伦巴第、艾米利亚 - 罗马涅、威尼托、托斯卡纳和坎帕尼亚等大区。

特许经营是意大利 PPP 中的一种重要形式，适用于天然气、电力、交通、机场、港口和邮政服务等关于民生的特殊行业，对特许经营者的资质要求严格，经营风险一般由经营者承担。特许经营年限根据项目实际情况确定，一般为 20 年。

21 世纪以来，意大利 PPP 市场发展较快，PPP 项目占公共工程市场的比重从 2002 年的 5% 增至 2013 年的 25%，2011 年曾达到 43%。建设运营特许经营项目占 PPP 项目一半左右。

2. 国际贸易法律法规与政策[①]

意大利主管贸易的政府部门是经济发展部，该部职能范围较广，涵盖领域包括能源、企业、国际化、通讯和发展四大板块，下设 15 个司局。与贸易相关的主要司局包括市场、竞争、消费者、监管和技术法规司、国际贸易政策司以及国际化政策和贸易促进司。其中国际贸易政策司负责协调和参与欧盟层面贸易政策制定，多双边贸易协定谈判，进出口许可证管理以及贸易救济措施等。国际化政策和贸易促进司负责协调和管理贸易促进活动，研究制订出口信贷等出口促进措施和对外投资促进措施以及贸易统计等。

作为欧盟成员国，意大利实行统一的欧盟共同贸易政策，但有关进口商品的技术安全和卫生检疫方面的标准，则是将欧盟的指令转换成本国法规后再执行。意大利贸易法规来源较广，具体包括：欧盟法规、欧盟指令（需转化为意国内法）、立法法、总统令、经济发展部部令、通知、指南以及多双边协议等，内容涵盖贸易行业秩序管理、产品质量和安全标准、出口信贷和出口保险计划、产品包装和标签、两用技术和产品进出口、市场竞争以及知识产权保护等。

意大利目前执行的欧盟共同贸易政策主要涉及关税政策、普惠制待遇、共同进口制度、农产品进口配额管理、贸易救济措施、出口管制、出口退税、共同农渔业政策和共同消费者保护政策等。

3. 海外投资法律法规与政策[②]

意大利主管对外投资和外国在意投资政策的部门是经济发展部，具体负责司

---

① 部分信息及数据参考商务部 2018 版《对外投资合作国别（地区）指南——意大利》，第 31 页。
② 部分信息及数据参考商务部 2018 版《对外投资合作国别（地区）指南——意大利》，第 35、36 和 42 页。

局为产业政策、竞争力和中小企业司，具体职能包括实施吸引外资的有关政策和项目。此外，2012 年意大利立法在经济发展部设立"意大利之窗"，负责协调意大利政府各部门工作，简化行政审批流程，为外商投资者提供一站式服务。目前，具体协调工作由产业政策、竞争力和中小企业司负责，咨询和服务工作由意大利投资促进署负责。

意大利投资促进署为意大利财政部全资持有的公共服务企业，角色类似于中国国内的招商局，旨在为外商在意投资项目提供全程咨询、指导和服务，具体包括项目推广、法律法规咨询以及后期跟踪等。

意大利对外国投资的开放程度较高，外国投资者可以拥有 100% 产权。根据欧盟协定第 43 条款，外资企业在意大利享受国民待遇，在税收和优惠政策方面与意大利本国企业一致。但也有例外，如意大利的反垄断法——《竞争和公平交易法》赋予意大利政府可以出于"国家经济利益和战略利益优先"的考虑，或在意大利企业在别国遭受歧视性对待情况下，有权阻止外资企业的并购计划。

意大利银行和投资服务、电信、广播、天然气管网和电网等行业的外商投资需经行业主管部门的审核和批准。此外，意大利在航空、钢铁、能源、海洋渔业（商业捕捞）、铁路运输、邮政、博彩、水资源开发及管理和城市垃圾处理等行业对外资进入有所限制。例如，非欧盟国家公司不得在意大利经营国内航线的客货运输。根据意大利航空法规定，经营航空线的个人、代理商或公司需经意大利政府的批准，外方在合资公司中的股份不得超过 49.5%。外国公司参股的意大利航空运输企业其董事长和 2/3 的管理人员必须是意大利公民。

意大利设有专门针对外商投资的优惠或鼓励政策，一些行业和地区投资优惠措施普遍适用于包括外资在内的所有投资。作为欧盟成员国，意大利必须在欧盟的框架内制定相应的鼓励投资政策。意大利为企业投资与增资提供了广泛的优惠政策，包括赠款、免税、低息贷款和政府信贷担保等。这些政策绝大多数情况下适用于外国投资企业。

4. 财税金融法律法规与政策[①]

意大利的税收制度主要体现在国家、大区和市三个层级，主要分为直接税和间接税两大类。直接税主要有：个人所得税、公司所得税和工商业地税；间接税主要有：增值税、注册税、城市房地产税（IMU 税）和地籍税。意大利实行居民管辖权和地域管辖权并行的税收管辖权，居民纳税人就其在全世界范围取得的所得承担无限纳税义务，非居民纳税人仅就来源于意大利境内的所得承担有限纳税义务，其中无常设机构的非居民纳税人仅就其来源于意大利境内的所得征收预提

---

① 部分信息及数据参考商务部 2018 版《对外投资合作国别（地区）指南——意大利》，第 40 和 54 页。

所得税。有常设机构的非居民纳税人就其取得与常设机构有实际联系的境内外所得负有纳税义务，构成常设机构的类型有管理场所、分支机构、办事处、工厂、矿井和建筑工地等，对于"工程建设或安装工程"，如工程期限超过 3 个月，应被视为常设机构。如意大利与其他国家签订税收协定，则按照税收协定执行。根据中意税收协定，由非居民纳税人在意大利境内承建或安装的工程仅以在任何十二个月中连续或累计超过六个月为限，方可被视为在意大利境内有常设机构。

因税种不同，各税种的征收管理各异，具体需要咨询专业会计师。在申报期内纳税人必须提交纳税申报表和增值税申报表，可以通过网上申报、授权中介机构或通过邮寄方式进行提交。一般来说，在每个税收期内，个人所得税，公司所得和工商业地税分两次支付税款，其中预付税款在当期税收征期开始后的 6 月 16 日至 11 月 30 日之间，余款在下一个税收征期的 6 月 16 日之前缴纳。对于增值税，按月申报的纳税人，在下月 16 日之前缴纳税款，按季申报的纳税人，在每季结束后的第二个月 16 日前缴纳（具体为当年的 5 月 16 日、8 月 20 日、11 月 16 日和次年 3 月 16 日）。有限责任公司和股份公司必须同时向商会在企业所在地的分支机构和当地税务机关提交报税文件。其他形式企业仅需向当地商会机构提交相关文件。

意大利金融行业的主要监管部门有意大利证监会和意大利央行。意大利证监会的职能是检查金融操作人员行为的透明度和正确性，以维护金融市场的信誉和公平竞争、保护投资者利益和保证金融领域的法律法规得到遵守，并对不合规行为进行处罚。意大利央行则承担维护货币和金融稳定的职责。

5. 环境保护法律法规与政策[①]

意大利政府主管环境保护的部门是意大利环境、领土与海洋保护部，该部的主要职责是拟订国家环境保护政策，规划、起草法律法规草案，制定部门规章，组织制定各类环境保护标准、基准和技术规范，监督法规和规章的执行。该部负责意大利国土、海洋、河流、湿地和山林等环境资源的保护工作。意大利是欧盟成员国，在立法方面与欧盟立法保持一致，在欧盟法规的框架下，根据本国的实际情况出台相应的法规，在环保方面也是如此。意大利基础环保法律法规包括：《统一环境法》《自然环境保护法》和《废物处理及污染防治法》等。

在环境评估方面，根据欧盟和意大利相关规定，任何自然或人工工程如可能对环境产生重大影响，必须进行环境评估。意大利环保部设环境评估司，司内设环境评估技术委员会，该司与地方环境机构配合，对于项目可行性进行评估，并对项目环境生产进行监督。一般手续是向地方政府提出项目申请，重大环保类项

---

① 部分信息及数据参考商务部 2018 版《对外投资合作国别（地区）指南——意大利》，第 54～56 页。

目须提交环保部评估司进行评估。

6. 劳务合作法律法规与政策[①]

非欧盟国家外国人在意大利工作，首先要取得工作许可，由雇主通过各地移民事务办公室申请，后者根据每年的外国劳工数量配额情况签发。该许可审批签发后，外国人须凭此到意大利驻外国领事机构办理申请工作签证相关手续。随后，移民事务办公室将通知雇主和拟雇用外国人签署就业合同并在 30 天内签发工作签证。

意大利 286/98 号移民法对以下特定类别的外国人进入意大利的申请程序、工作许可签发条件、入境签证以及居留许可作出特殊规定，不受年度外国劳工数量配额限制：总部或分支机构位于意境内的企业，其管理层和高度专业性的工作人员；以意大利语为母语的大学教师交换项目、与意大利学术机构或参与其他境内活动的大学教授和研究人员；总部设在意境外的企业，临时借调至意大利境内的雇员。

意大利是一个移民国家，有超过 240 万的移民人口，但因地缘和历史原因，移民主要来自环地中海地区和东欧地区，临时外籍劳工多来自罗马尼亚、利比亚和菲律宾等国。由于地域相隔较远，意本国生产率较高，语言文化差异较大，加之渠道不畅，中国企业尚未开展与意大利的劳务合作。

7. 知识产权合作法律法规与政策[②]

意大利遵守所有主要的知识产权国际条约，同时作为欧盟成员国，意大利不断修订其国内法律，以符合欧盟有关知识产权的规定。在意大利投资的外国公司享有与意大利公司相同的知识产权法律保护。意大利知识产权的法规主要包括：《专利法》《商标法》《版权法》和外观设计保护的相关法规。

近年来，意大利加强了对知识产权的保护：在全国 12 个城市建立了知识产权法庭，成立了"防范与打击伪造商品委员会"，专门负责协调处理有关反盗版和假冒商品工作，鼓励企业采用统一"意大利制造"的标识等。其主管部门为经济发展部下属的意大利专利与商标管理局。

意大利对知识产权保护较严格，对侵权行为的处罚较严厉。根据意大利第168/2003 号法律规定，意大利法院设有专门的工业产权侵权争端法庭。知识产权持有人如认为其权利受到侵害，在提供初步证据的情况下，可要求该专门法庭采取紧急预防措施，包括：没收产品以及构成证据的生产工具、文件及商

---

① 部分信息及数据参考商务部 2018 版《对外投资合作国别（地区）指南——意大利》，第 50 和 73 ～ 74 页。

② 部分信息及数据参考商务部 2018 版《对外投资合作国别（地区）指南——意大利》，第 61 ～ 63 页。

品；抑制侵权行为，侵权人如继续侵权、不执行法官命令或拖延执行，则进行罚款；在无法获得充分赔偿的情况下，可没收侵权人的货物和财产。

最终处罚措施包括：禁止生产或销售产品、消除或销毁构成侵权的所有内容（产品、货物、工具、标志）、罚款、公布侵权行为和赔偿损失（经济损失或商誉损失）。

8. 法律争议法规与政策[①]

解决在意大利投资合作纠纷主要途径包括诉讼、调解和仲裁。

【诉讼】意大利民商法和企业破产法较完备，可保证实施财产及合约有关权利。根据法律体系原则，双边投资协定被视为管辖外商投资方面的"专门法"（lexspecialis），其效力优于国内法。如发生投资合作纠纷，双边投资协定是重要的法律依据。关于司法管辖权，欧盟第44/2001号法规（关于民事及商事案件判决权及其执行的规范）、意大利第218/1995号法律以及1968年布鲁塞尔公约进行了具体规范。另外，1991年意大利与中国签订了民事司法协助协议，也建立了司法管辖权的标准，包括被告所在国法院、订立合同所在国法院以及合同履行或将要履行所在国的法院。投资合作方可在合同中约定司法管辖权条款。

【调解】在意大利有许多调解中心，包括意大利国家仲裁商会和米兰国际仲裁商会。另外，2004年意中商会、中国国际贸易促进委员会和米兰商会仲裁院共同成立了意中调解中心，可为中意两国企业提供相关服务。

【仲裁】投资合作纠纷也可诉诸具有法律约束力的仲裁，在提出要求的情况下，意大利法院一般接受并执行外国仲裁机构的裁决。意大利是世界银行国际投资争端解决中心（ICSID）成员之一。意大利签署并批准了《关于解决国家与其他国家国民之间投资争端公约》，也是《关于承认和执行外国仲裁裁决公约》（1958年纽约公约）的签字国之一。根据意大利的声明保留，意大利仅要求对来自哥斯达黎加和危地马拉的投资者提出的投资争议仲裁请求符合用尽当地救济原则。

（二）投资合作注意事项[②]

投资方面，虽然意大利政府高度重视吸引外资，积极开展招商引资工作，努力改善投资环境，但意大利的对外开放程度和投资便利化水平仍有待提高。主要体现为：（1）劳工保护较为苛刻，意大利《劳动法》强调对雇员的保护，过于僵化的劳动保护体系造成企业负担较重；（2）意法律法规繁复、司法程序复杂且周期长，中国企业很难在法律问题上掌握主动，经常在税法和劳工法等领域遇到困扰。

---

① 部分信息及数据参考商务部2018版《对外投资合作国别（地区）指南——意大利》，第63页。
② 部分信息及数据参考商务部2018版《对外投资合作国别（地区）指南——意大利》，第72～74页。

贸易方面，中国企业与意大利客户开展贸易合作应注意：（1）延期付款。由于意大利中小企业很难从意大利银行获得资金支持，所以很多中小企业通过拖延付款的方式周转资金，意部分企业外贸信用较差；（2）商业诈骗。近年来意大利企业利用中资企业急于出口的心理，恶意诈骗的事件屡有发生，因此，与意大利客户进行贸易时，一定要注意对方公司的信誉度，注意合同细节，如付款方式和交货方式等，防止遭受不必要的损失。

工程承包与劳务合作方面，由于意大利承包工程市场准入门槛较高，目前尚无中资企业进入意大利承包工程市场。由于地域相隔较远，意本国生产率较高，语言文化差异较大，加之渠道不畅，中国企业尚未开展与意大利的劳务合作。

二、泰 国

（一）泰国法律法规与政策

泰国国家立法由议会负责制定法律，行使国会和上、下两院职权。泰国司法系统由宪法法院、司法法院、行政法院和军事法院构成。

泰国与经贸相关重要法规包括：《投资促进法》《海关法》《货物进出口法》《出口商品标准法》《国外产品反倾销和反补贴法》《商业竞争法》和《商业秘密法》等。

近年来，随着中泰两国政治互信不断加深，在中国 - 东盟自贸区建设并不断深化，以及"一带一路"倡议全方位推进的大背景下，两国经贸合作已进入历史最好时期。中国企业在泰国投资合作的保护政策包括：《中华人民共和国政府和泰王国关于促进和保护投资的协定》《关于避免双重征税和防止偷漏税的协定》和《关于民商事司法协助和仲裁合作的协定》等。

1. 国际工程承包法律法规与政策[①]

根据《外籍人经商法》的有关规定，建筑业和工程服务业为限制外籍人从事的行业，外籍人只有与泰籍人组成合资公司或联合体才能承揽泰国的工程项目，且合资公司或联合体必须由泰籍人控股，外籍人投资所占比例不得超过49%。从法律方面看，除关于合资公司或联合体外籍人不得持大股的要求外，泰国尚未针对外国承包商在工程承包领域做出任何限制规定。但在实际操作层面，泰国几家大的本土工程承包商在一些项目招标中（尤其是政府公共项目）占有天然优势地

---

① 部分信息及数据参考商务部 2018 版《对外投资合作国别（地区）指南——泰国》，第46、60 和 67 页。

位。总体上看，建筑承包工程行业属于非鼓励外籍公司从事的行业。泰国的承包工程项目可分为两类：一是国家投资的公共项目，通常采取国际招标或者电子竞标（E-Auction）的方式，仅有少数采取邀标的形式；二是私人投资的工程项目，目前通行的国际招标、邀标和议标等招标形式均有采用。私人项目一般选择与业主有长期合作关系的承包商承建，近年来通过议标合作的情况比较多见。

泰国政府项目的招标和投标方式视项目情况而定，通常采用的方式：一是直接投标，通常适用于一般规模项目，有资格的投标人在购买标书后直接进行商务投标。二是"资格预审＋投标"，通常适用于大型项目，尤其是资金来自国外的大型基础设施项目通常采用此方法。

泰国并无关于开展 BOT 投资的明确规定。从实际情况看，泰国 BOT 类的投资项目实践比较少，近 20 年来实施的一些项目主要集中在国家出资或列入国家预算管理的公共基础设施类项目，如公路、城市垃圾处理和电力设施等。规范这类项目投资的法律主要是《1992 年泰国总理办公室采购规定》（Regulation of the Office of the Prime Minster on Procurement B.E.2535）及各有关部委和公共组织、地方政府、国有企业据此制定的内部规章或者实施细则，其中就应列入国家采购的物品及投资项目的范围、实施方式及其标准、具体组织等作出了法律规定。BOT 投资项目更明确的规范体现在合同双方签署的具体合同及其附件中。泰国对于外资参与 BOT 投资并无具体规定，只要投资者满足项目投资要求并不违反泰国《外籍人经商法》对于外籍人投资限制的各项规定，即可参与项目招标。而对于特许经营的具体年限也无统一标准，一般根据项目本身需要确定，但一般不超过 30 年。已在泰国开展 BOT 投资的外资企业包括日本、加拿大和马来西亚等国的投资者。

2. 国际贸易法律法规与政策[①]

泰国主管贸易的政府部门是商业部（Ministry of Commerce），该部主管对外业务的部门有贸易谈判厅、国际贸易促进厅和对外贸易厅等。泰国与贸易相关的主要法律有 1960 年《出口商品促进法》、1979 年《出口和进口商品法》、1973 年《部分商品出口管理条例》、1979 年《出口商品标准法》、1999 年《反倾销和反补贴法》、2000 年《海关法》和 2007 年《进口激增保障措施法》等。

进口管理的相关规定：泰国对多数商品实行自由进口政策，任何开具信用证的进口商均可从事进口业务。泰国仅对部分产品实施禁止进口、关税配额和进口许可证等管理措施。出口管理的相关规定：泰国除通过出口登记、许可证、配额、出口税、出口禁令或其他限制措施加以控制的产品外，大部分产品可以自由出口，受出口管制的产品目前有 45 种，其中征收出口税的有大米、皮毛皮革、柚木与其

---

① 部分信息及数据参考商务部 2018 版《对外投资合作国别（地区）指南——泰国》，第 38～41 页。

他木材、橡胶、钢渣或铁渣和动物皮革等。

泰国负责商品质量监督、检验和标准认证的管理部门主要是卫生部下属的食品与药品监督管理局（FDA）及农业合作部下属的国家农业食品和食品标准局（ACFS）。进口商必须申请进口许可证后才能进口食品，指定的食品储藏室必须经 FDA 检验后才能使用，进口许可证要每 3 年更新一次；对于特别控制的食品，进口商必须到 FDA 注册，获得批准才能进口。

在泰国，大部分进口商品都需要缴纳两部分税，一是海关关税，二是增值税（VAT）。关税计税方法一般为按价计税，也有部分商品按照特定单位税率的方式征税。一般情况下，进口商品关税额计算公式为商品到岸价（CIF）乘以该项商品的进口税率，绝大部分商品的进口关税在 0 ～ 80% 之间；增值税的计算公式为进口商品缴纳关税和消费税（部分商品需缴纳）后的总价值乘以 7%。

3. 海外投资法律法规与政策 [①]

泰国主管投资促进的部门是泰国投资促进委员会（BOI），具体负责审核和批准享受泰国投资优惠政策的项目、提供投资咨询和服务等。根据《外籍人经商法》（Alien Business Act）（1999）有关规定，泰国限制外国人投资的行业有以下 3 类：（1）因特殊理由禁止外国人投资的业务，包括：报业、广播电台、电视台；种稻、旱地种植、果园种植；牧业；林业、原木加工；在泰国领海、泰国经济特区的捕鱼；泰国药材炮制；涉及泰国古董或具有历史价值之文物的经营和拍卖；佛像、钵盂制作或铸造；土地交易等。（2）须经商业部长批准的项目，包括：涉及国家安全稳定或对艺术文化、风俗习惯、民间手工业、自然资源和生态环境造成不良影响的投资业务，须经商业部长根据内阁的决定批准后外国投资者方可从事的行业。（3）本国人对外国人未具竞争能力的投资业务。

根据泰国投资促进法的有关规定，在泰国获得投资优惠的企业，投资额在 1000 泰铢以上（不包括土地费和流动资金），须获得 ISO 9000 国际质量标准或其他相等的国际标准的认证。

（1）股权投资。外籍人对泰国开展投资经营活动的方式可分为以下两类：一是按照泰国法律在泰国注册为某种法人实体，具体形式有独资企业、合伙企业、私人有限公司和大众有限公司等；二是成立合资公司（joint venture），通常指一些自然人或法人根据协议为从事某项商业活动而组建的实体。

（2）上市。泰国没有关于外资公司在泰国上市的特殊限制，在泰国注册成立的大众有限公司，符合泰国证券交易委员会（SEC）和股票交易所（SET）的有关规定，即可申请上市。

---

① 部分信息及数据参考商务部 2018 版《对外投资合作国别（地区）指南——泰国》，第 41 ～ 44、60 和 61 页。

（3）收购。收购行为通常有全资并购、股票收购和资产收购等三种方式。收购私人有限公司，须符合《民商法典》有关规定。而收购上市公司，必须符合《证券交易法》和泰国证券交易委员会的有关规定。

（4）并购。泰国没有专门针对外资并购安全审查及国有企业投资并购方面的法律规定，外来投资者只要不违反泰国《外籍人经商法》对于外籍人禁止或限制投资的有关规定，即可按《民商法典》《大众有限公司法》和《证券交易法》的有关规定在泰国开展投资并购。

中国企业在泰国投资合作享有一些保护政策。1985年3月12日，中泰两国政府在曼谷签署了《中华人民共和国政府和泰王国关于促进和保护投资的协定》。1986年10月27日，中泰两国政府签署了《关于避免双重征税和防止偷漏税的协定》。1994年3月16日，中泰两国政府签署了《关于民商事司法协助和仲裁合作的协定》。2000年3月10日，中泰两国政府在北京签署了《中华人民共和国政府和泰王国关于中国加入世界贸易组织的双边协议》，协议附件中列出了中国给予泰国的货物贸易和服务贸易减让表。2012年4月，中泰两国政府在北京签署了《中华人民共和国和泰王国经贸合作五年发展规划》。2013年10月，中泰两国政府签署了《中泰关系发展远景规划》，涉及政治、经贸与投资、防务与安全和交通与互联互通等多个领域的合作。

4.财税金融法律法规与政策 [①]

泰国关于税收的根本法律是1938年颁布的《税法典》，财政部有权修改《税法典》条款，税务厅负责依法实施征税和管理职能。外国公司和外国人与泰国公司和泰国人一样同等纳税。泰国对于所得税申报采取自评估的方法，对于纳税人故意漏税或者伪造虚假信息逃税的行为将处以严厉的惩罚。目前泰国的直接税有3种，分别为个人所得税、企业所得税和石油天然气企业所得税，间接税和其他税种有特别营业税、增值税、预扣所得税、印花税、关税、社会保险税、消费税和房地产税等，泰国并未征收资本利得税、遗产税和赠与税。

（1）企业所得税：在泰国具有法人资格的公司都须依法纳税，纳税比例为净利润的30%，每半年缴纳一次。基金、联合会和协会等则缴纳净收入的2%～10%。未注册的外国公司或未在泰国注册的公司只需按在泰国的收入纳税。设在曼谷的国际金融机构和区域经营总部按合法收入利润的10%计算缴纳。国外来泰投资的公司如果注册为泰国公司，可以享受多种税收优惠。

（2）个人所得税：个人所得税纳税年度为公历年度。泰国居民或非居民在泰国取得的合法收入或在泰国的资产，均须缴纳个人所得税。按照泰国有关税法，

---

① 部分信息及数据参考商务部2018版《对外投资合作国别（地区）指南——泰国》，第47～48页。

部分个人所得可以在税前根据相关标准进行扣除，如租赁收入可根据财产出租的类别，扣除 10%～30% 不等。

（3）增值税：泰国增值税率的普通税率为 7%。任何年营业额超过 120 万泰铢的个人或单位，只要在泰国销售应税货物或提供应税劳务，都应在泰国缴纳增值税。进口商无论是否在泰国登记，都应缴纳增值税，由海关厅在货物进口时代征。

5. 环境保护法律法规与政策 [①]

泰国负责环境保护的政府部门是自然资源和环境部（MNRE），关于环保的基本法律是 1992 年颁布的《国家环境质量促进和保护法》，此外，泰国自然资源和环境部还发布了一系列关于大气、噪声、水和土壤等方面污染控制和保护的公告。泰国有关环保法律法规对于空气与噪声污染、水污染、土壤污染和废弃物与危险物质排放等标准都有明确的规定。

根据泰国《国家环境质量促进和保护法》（1992 年）有关规定，为保护和提高环境质量，经自然环境委员会批准，自然资源和环境保护部应对自然环境可能产生影响并需提交环评报告的由政府部门、国有企业和个人进行的投资或工程项目的类型和规模进行分类，并由部长签发后在政府报刊上进行公布。根据上述法律规定，需提交环评报告的投资或工程项目，如由政府部门、国有企业实施或者前两者与民营企业联合实施并须报内阁最终批准的，政府部门或国有企业须在项目可研阶段准备环评报告，并征得国家环境委员会同意后报内阁审批。目前，泰国设有很多从事环评咨询和服务工作的专业事务所，可为企业提供有关服务。

6. 劳务合作法律法规与政策 [②]

泰国目前实施的《劳动保护法》制订于 1998 年，其中明确了雇主和雇员的权利及义务，建立了关于一般劳动、雇用女工与童工、工资报酬和解除雇佣关系与雇员救济基金等方面的最低标准。同时，《劳动保护法》也赋予了政府干预管理的权利以确保雇主和雇员双方关系的公平和健康发展。长期以来，泰国与老挝、柬埔寨和缅甸 3 国签有劳务合作协议，并根据协议每年从 3 国引入定量外劳。

《外籍人工作法》是泰国政府管理外籍人在泰国工作的基本法。劳工部就业厅于 1979 年颁布的《外籍人工作从业限制工种规定》和 2004 年颁布的《外籍人工作申请批准规定》是泰国官方受理和审批外籍人在泰国工作申请的主要依据。泰国劳工部就业厅是外籍人在泰国工作许可的归口管理部门。该厅下属外籍人工作许可证管理局，直接负责外籍人在泰国工作许可申请的受理与审批。

---

① 部分信息及数据参考商务部 2018 版《对外投资合作国别（地区）指南——泰国》，第 57～58 页。
② 部分信息及数据参考商务部 2018 版《对外投资合作国别（地区）指南——泰国》，第 52～55 页。

近几年来，由于持续经济复苏及外商投资规模不断扩大，致使劳工短缺问题日益突出，泰国扩大引入外劳的紧迫性日益加剧。现泰国政府正酝酿修改有关法律，并与印度尼西亚等国积极探讨劳务合作，以期解决劳工短缺难题。截至目前，泰国与中国尚未签订任何劳务合作协议，驻泰中资企业只允许从国内引入部分管理和技术人员，普通劳工禁止到泰国工作。

7. 知识产权合作法律法规与政策①

泰国有关知识产权保护的法律主要涉及三部：《专利法》（1979年）、《商标法》（1991年）和《著作权法》（1994年），三部法律分别针对专利、商标和著作权的定义、类型、申请、使用和保护等有关内容作出了明确规定。

根据泰国《专利法》（1979年）有关规定，未具备本法规定的权利者，不得在产品容器、产品包装上或在发明、外观设计的宣传上使用"泰国专利权"或"泰国实用新型专利权"，或其他意思相同的外国文字，或其他意思相同的词语，任何人不得在产品容器、产品包装或发明、外观设计的宣传上使用"正在办理专利"或"正在办理实用新型专利"或其他意思相同的词语（但正在审批中的专利申请或实用新型专利申请不在此限），如有违犯可处一年以下监禁或罚以20万泰铢以下罚金，或两罪并罚；未经专利权人许可擅自使用属于专利权人所有的产品、技术或外观设计（但为教学和研究需要使用该外观设计专利的不在此限）专利的，可处2年以下监禁，或罚以40万泰铢以下罚金，或两者并罚；任何人未经实用新型专利权人许可，侵犯使用实用新型专利权人各项权利的，可处1年以下监禁，或罚以20万泰铢罚金，或两罪并罚；任何人在申请发明专利、外观设计专利或实用新型专利时向执行工作人员提供虚假材料，以期获得专利证书或实用新型证书的，可处6个月以下监禁，或罚以5000泰铢以下罚金，或两者并罚；因触犯本法受罚者为法人的，其法人执行人或法人代表须受到法律相应规定的处罚，除非该法人行为能被证实与本人无关，或并未得到本人认可。

8. 法律争议法规与政策②

在泰国出现商务纠纷时，一般通过协商解决、调解解决、仲裁解决和诉讼解决等形式。其中，仲裁解决是常用的国际商务纠纷解决手段。根据泰国仲裁法，根据争议的性质，由法院或行政法院对将纠纷提交仲裁的书面协议的效力进行裁定。经协议各方同意，可以选择仲裁方式解决某些类型的纠纷。如果一方当事人将争议事项提交法院诉讼，另一方当事人可以根据合同仲裁条款提出反对。这种情况下，法院将拒绝受理此案，并责令当事人通过仲裁来解决争议。解决纠纷适

---

① 部分信息及数据参考商务部2018版《对外投资合作国别（地区）指南——泰国》，第61～62页。

② 部分信息及数据参考商务部2018版《对外投资合作国别（地区）指南——泰国》，第62～63页。

用哪国法律，需依照当事人双方的约定而定。

如果中国企业在泰国出现商务纠纷，中国企业可将纠纷案件向泰国商业部贸易发展促进厅或商业发展厅进行投诉，并获得解决方案；如需仲裁解决的贸易纠纷，中国企业可联系泰国贸易院进行仲裁咨询。此外，使用法律要看合同是否约定了适用中国法还是泰国法律。如无约定，由于起诉要在被告所在地，所以使用被告所在地法律；如约定纠纷采用仲裁方式，要使用仲裁机构所在地法律。

（二）投资合作注意事项 [①]

投资方面：2015 年泰国政府提出未来重点发展的十大产业，近期又重点提出发展"东部经济走廊"等战略。中国在汽车制造、农业技术、食品加工、航空物流和数字经济等方面具有比较优势。但是泰国国情、政治制度和法律体系均与中国不同，办事方式和效率不同，中国企业进入泰国投资前一定要将有关情况全面摸清，做好充分准备后再行投资。

贸易方面：泰国贸易管理有关法律法规有《货物进出口控制法》《关税法》《出口商品标准法》《反倾销和反补贴法》《外商经营企业法》《直销贸易法》《外汇管理法》和《商业竞争法》等。泰国负责贸易管理的部门有商业部和财政部海关厅。中国企业与泰国进行贸易活动需了解清楚这些法律法规，了解清楚经营商品是否受限、关税如何和有无技术性贸易壁垒等。建议与泰国投资合作前就有关问题咨询当地律师事务所。

（1）承包工程方面：了解泰国法律法规，依法经营；实施本土化经营策略；审慎选择好的合作伙伴；要高度重视在泰经营的安全问题；要注重了解泰国自然条件及社会文化环境。

（2）劳务合作方面：外籍人在泰国工作须及时办理工作许可证。中泰两国政府间尚未签订任何劳务合作协定，在泰国从事限制从业的工种是严格禁止的，非限制类工种必须申办工作许可。

三、柬埔寨

（一）柬埔寨法律法规与政策

柬埔寨是君主立宪制王国，立法、行政和司法三权分立。国民议会是柬埔寨

[①] 部分信息及数据参考商务部 2018 版《对外投资合作国别（地区）指南——泰国》，第 78～81 页。

最高权力机构和立法机构。柬埔寨司法体系分为三级，分别是各省市的初级法院 /
设在首都金边的一个中级法院和一个高级法院。柬埔寨法院中，经济纠纷、民事
和刑事等都由同一法庭受理。由于历史原因，柬埔寨的法律体系还不是很完善和
健全。

柬埔寨在 2005 年加入世界贸易组织（WTO），其立法也在按照 WTO 的要
求进一步修改和完善。随着中柬双边经贸规模不断扩大，中国已连续多年是柬最
大外贸来源国。

1. 国际工程承包法律法规与政策 [①]

柬埔寨对外国公司承包当地工程无特殊限制，具有一定资质的外国承包公司
均可承包当地工程。柬埔寨对外国公司承包当地工程无禁止领域的规定。招标方
式一般采用公开招标，小型项目也采用议标的方式。

承揽工程项目的程序如下。（1）获取信息：国家项目由各主管部门发布信息；
各省及主要城市也发布本地区的项目信息。此外，各主要报刊也定期发布招标信
息。（2）招标投标：柬埔寨国家投资项目或国际组织贷款和援助项目，一律用招
标方式。准备阶段：设计及其费用估算；向银行提交设计及其费用估算，征求银
行意见并获得批准；招标文件准备；向银行提交招标文件，征求意见并获得批准。
资格预选阶段：邀请参加资格预选（在报纸上登广告）；评估委员会对资格预选
进行评估；资格预选评估报财政部批准；资格预选评估报银行批准；向承包商通
知资格预选结果；确定符合资格预选条件的承包商。招标及评标阶段：发标；承
包商准备投标；开标；评标委员会评标；评标结果和授标建议报财经部批准；评
标结果和授标建议报银行批准；签署合同。选择决选名单阶段：邀请说明取费率；
顾问或监理准备说明取费率；向项目执行部提交取费说明；评估委员会对取费说
明进行评估；公司决选名单报财经部批准；公司决选名单报银行批准。方案准备
阶段：邀请决选名单中的公司提出方案；决选名单中的公司准备方案；提交方案。
技术和财政评估阶段：评估委员会对技术方案进行评估；技术方案报财经部批准；
技术方案报银行批准；请决选名单中的公司公开财政方案；评估委员会对财政方
案进行评估；按技术方案和财政方案综合最高分的授标建议报财经部批准；按技
术方案和财政方案综合最高分的授标建议报银行批准；签署合同。

2. 国际贸易法律法规与政策 [②]

柬埔寨主管贸易的部门是商业部。柬埔寨与贸易相关的法律法规主要包括《进

---

① 部分信息及数据参考商务部 2018 版《对外投资合作国别（地区）指南——柬埔寨》，
第 46 和 50 ～ 51 页。
② 部分信息及数据参考商务部 2018 版《对外投资合作国别（地区）指南——柬埔寨》，
第 29 ～ 31 页。

出口商品关税管理法》《关于颁发服装原产地证明，商业发票和出口许可证的法令》《关于实施货物装运前验货检查工作的管理条例》《加入世界贸易组织法》《关于风险管理的次法令》《关于成立海关与税收署风险管理办公室的规定》和《有关商业公司从事贸易活动的法令》等。

柬埔寨商业部负责出口审批手续。在多数情况下，进口货物无须许可证。但部分产品需要获得相关政府部门特别出口授权或许可后方可出口。出口优惠：目前，柬埔寨享受了欧盟"除武器外全部免税（EBA）"和美国普惠制（GSP）等优惠关税，使符合条件的产品可以免除配额和关税进入欧盟和美国市场，这两种优惠大约占柬埔寨出口总额的 60% 以上。出口限制：禁止或严格限制出口的产品包括文物、麻醉品及有毒物质、原木、贵重金属及宝石和武器等，2013 年初，柬埔寨政府明令禁止红木的贸易与流通。半成品或成品木材制品、橡胶、生皮或熟皮、鱼类（生鲜、冷冻或切片）及动物活体需交纳 10% 的出口税。服装出口需向商业部缴纳管理费。普惠制下服装出口至美国或欧盟的，需获得出口许可证。免税进口：根据投资法修正法，由柬埔寨投资委员会批准的出口型合格投资项目可免税进口生产设备、建筑材料、原材料和生产投入附件。为取得生产用原材料免税进口批件，进口公司应每年向柬埔寨投资委员会申报拟进口材料的数量和价值。海关管理规章制度：除天然橡胶、宝石、半成品或成品木材、海产品和沙石这 5 类产品外，一般出口货物不需缴纳关税。所有货物在进入柬埔寨时均应缴纳进口税，投资法或其他特殊法规规定享受免税待遇的除外。进口关税主要由四种汇率组成：7%、15%、35% 和 50%。在东盟自由贸易协定的共同有效关税体制下，从东盟其他成员国进口和满足原产地规则规定的产品可享受较低的关税税率。

3. 海外投资法律法规与政策 [①]

柬埔寨政府视外国直接投资为其经济发展的主要动力。柬埔寨没有专门的外商投资法，对外资与内资基本给予同等待遇。鼓励投资的领域：《投资法》12 条规定，柬埔寨政府鼓励投资的重点领域包括：创新和高科技产业；创造就业机会；出口导向型；旅游业；农工业及加工业；基础设施及能源；各省及农村发展；环境保护；在依法设立的特别开发区投资。投资优惠包括免征全部或部分关税和赋税。限制投资的领域：《投资法修正法实施细则》（2005 年 9 月 27 日颁布）列出了禁止柬埔寨和外籍实体从事的投资活动，包括：神经及麻醉物质生产及加工；使用国际规则或世界卫生组织禁止使用、影响公众健康及环境的化学物质生产有毒化学品、农药、杀虫剂及其他产品；使用外国进口废料加工发电；《森林法》禁止的森林开发业务；法律禁止的其他投资活动。对外国公民的限制：《投资法》

---

① 部分信息及数据参考商务部 2018 版《对外投资合作国别（地区）指南——柬埔寨》，第 31～32 页。

对土地所有权和使用作出规定：（1）用于投资活动的土地，其所有权须由柬埔寨籍自然人，或柬埔寨籍法人直接持有51%以上股份的法人所有；（2）允许投资人以特许、无限期长期租赁和可续期短期租赁等方式使用土地。投资人有权拥有地上不动产和私人财产，并以之作为抵押品。矿产投资：2016年6月，柬埔寨政府出台《矿产勘探和工业开采执照管理条例》。根据条例，面积小于200平方公里的矿产勘探与开采执照，由矿区能源部批准；大于200平方公里的矿区勘探开采执照，由王国政府批准。任何自然人和法人都有权在规定的条件内提出超过一个矿区的勘探申请。执照有效期为三年，到期之后可申请延期两次，每次为期两年。已获政府授予矿产勘探和开采权的企业须在180天内提出新的勘探和开采申请，否则其执照将被没收。据矿产能源部统计，目前在柬埔寨有70余家公司从事矿业，包括中国、澳大利亚、美国、法国、马来西亚和越南等国家。

4. 财税金融法律法规与政策 [①]

柬埔寨实行全国统一的税收制度，并采取属地税制。1997年颁布的《税法》和2003年颁布的《税法修正法》为柬埔寨税收制度提供法律依据。现行赋税体系包括的主要税种是：利润税、最低税、预扣税、工资税、增值税、财产转移税、土地闲置税、专利税、进口税、出口税和特种税等。

利润税：利润税应税对象是居民纳税人来源于柬埔寨或国外的收入，及非居民纳税人来源于柬埔寨的收入。除0%和9%的投资优惠税率外，一般税率为20%，自然资源和油气资源类税率为30%。最低税：最低税是与利润税不同的独立税种，采用实际税制的纳税人应缴纳最低税，合格投资项目除外。最低税率为年营业额的1%，包含除增值税外的全部赋税，应于年度利润清算时缴纳。利润税达到年度营业额1%以上的，纳税人仅缴纳利润税。预扣税：居民纳税人以现金或实物方式支付的，按适用于未预扣税前支付金额的一定税率预扣，并缴纳税款。税率有15%、10%、6%和4%四种。从业居民纳税人向非居民纳税人支付利息、专利费、租金、提供管理或服务的报酬、红利等款项的，应按支付金额的14%预扣，并缴纳税款。工资税：工资税是对履行工作职责获得工资按月征收的赋税。柬埔寨居民源于境内及境外的工资，及非居民源于柬埔寨境内的工资应缴纳工资税，由雇主根据分段累进税率预扣。增值税：增值税按照应税供应品应税价值的10%税率征收。应税供应品包括：柬埔寨纳税人提供的商品或服务；纳税人划拨自用品；以低于成本价格赠与或提供的商品或服务；进口至柬埔寨的商品。对于出口至柬埔寨境外的货物，或在柬埔寨境外提供的服务，不征收增值税。

---

① 部分信息及数据参考商务部2018版《对外投资合作国别（地区）指南——柬埔寨》，第33～34页。

5. 环境保护法律法规与政策 [1]

柬埔寨环境保护主管部门是环境保护部。其主要职责是：通过防止、减少及控制污染，保护并提升环境质量和公共卫生水平；在王国政府决策前，评估项目对环境造成的影响；保障合理及有序的保护、开发、管理及使用柬埔寨王国自然资源；鼓励并为公众提供机会参与环境和自然资源保护；制止影响环境的行为。

柬埔寨国民议会于 1996 年 11 月 18 日通过了柬埔寨第一部《环境保护法》。环境保护部与柬埔寨其他有关部门制定了一系列环保规章，就柬埔寨领空、领水、领地内或地表上进口、生成、运输、再生、处理、储存、处置、排放的污染物、废物和有毒有害物质的来源、类型和数量；噪音和震动的来源、类型和影响范围都进行了明确规定。

根据柬埔寨《环境保护法》，任何私人或公共项目均需要进行环境影响评估；在项目提交柬埔寨王国政府审定前，由环境保护部予以检查评估；未经环境影响评估的现有项目及待办项目均需进行评估。环境保护部与有关部门有权要求任何工厂、污染源、工业区或自然资源开发项目所在区域的所有人或负责人安装或使用监测设备，提供样品，编制档案，并提交记录及报告供审核。环境保护部应依据公众建议，提供其相关作为信息，并鼓励公众参与环境保护和自然资源管理。企业不得拒绝或阻止检查人员进入有关场所进行检查，否则将处以罚款，有关责任人还可能被处以监禁。

6. 劳务合作法律法规与政策 [2]

柬埔寨政府管理外国劳工的主要依据是 1997 年颁布的《劳工法》和 2002 年 1 月柬埔寨劳工部发布的《关于雇用外国人来柬埔寨就业的申请办法的公告》。柬埔寨有关劳工政策严格控制外劳输入，积极实施技术人才本地化战略，千方百计地解决其国内劳动力大量过剩的问题，努力寻找国外就业市场。

企业要依法用工。如雇用中国劳工，必须符合中国商务部有关规定，通过正当和合法途径办理赴柬务工手续，禁止非法用工。企业还需在每年 11 月底前向柬埔寨劳工部申请下一年度雇用外劳的指标，未申请年度用工指标，将不被允许雇用外劳。所雇用的外劳还必须满足《劳工法》规定的所有条件。

办理工作许可过程中，首先应认真了解法律法规。总体而言，柬埔寨关于劳工规定是参照西方发达国家劳动标准制定的，要求较为严格，且很多规定与中国国内规定差异较大。中国企业到柬埔寨投资合作涉及用工问题时，一定要认真阅读有关法律法规，避免出现劳务问题。

---

① 部分信息及数据参考商务部 2018 版《对外投资合作国别（地区）指南——柬埔寨》，第 44～46 页。

② 部分信息及数据参考商务部 2018 版《对外投资合作国别（地区）指南——柬埔寨》，第 58 页。

7. 知识产权合作法律法规与政策 [①]

柬埔寨政府已通过一系列保护知识产权的法律法规，包括：《商标、商号与反不正当竞争法》（2002 年）、《版权与相关权利法》（2003 年）、《专利、实用新型与工业设计法》（2003 年）和《育种者权利和植物品种保护法》（2008 年）。此外，柬埔寨政府还准备颁布下列法律：《未披露信息与商业秘密保护法》《集成电路版图设计保护法》和《地理标志保护法》。

（1）商标商号：2002 年颁布的《商标、商号与反不正当竞争法》（简称《商标法》）是柬埔寨第一部知识产权保护法，该法规定应通过注册取得商标专有权。如申请人在申请材料中能够证明其已在《巴黎公约》任一成员国提交该商标全境或区域注册申请的，可取得商标注册的优先权。该法还对注册程序、失效、集体商标、商标许可、商号、侵权与赔偿、边境保护措施和所有权转让或变更等均作出规定。柬埔寨《商标法》仅认可"一国用尽原则"，因此，权利所有人对分销和进口享有专有权，并可通过委托或分销协议方式转让给独家分销商。

（2）版权：2003 年颁布的《版权与相关权利法》（简称《版权法》）旨在为作家和表演者提供与其作品相关的权利，保护文学作品、文化表演、表演者、唱片制作人和广播机构节目，以保证这些文化产品能够得到公正合法的使用。作品作者对该作品享有可针对任何人行使的专有权，包括精神权利和经济权利。作者的精神权利永久有效，不可剥夺，且不得扣押或设定追溯期限。作者的经济权利是指通过授权复制、公开发表或创作衍生作品等，实现其作品价值的专有权，经济权利保护自作品创作完成之日起开始，至作者去世后 50 年止。

（3）专利、实用新型和工业设计：2003 年颁布的《专利、实用新型与工业设计法》，主要目的为保护在柬埔寨授予的专利、实用新型和注册的工业设计。专利是指为保护发明所授予的权利，有效期为 20 年。实用新型证书主要是为保护具备新颖性及可实现产业化的实用新型，有效期为 7 年，不可延期。具备新颖性的工业设计可申请注册，有效期为 5 年，注册后可连续延期两次，每次 5 年。

8. 法律争议法规与政策 [②]

柬埔寨商业仲裁的法律框架大部分内容来自《联合国国际贸易法委员会示范法》（UNCITRAL）的《商业仲裁法草案》，主要条款如下：在商业部下设立国家仲裁中心；各方应得到平等对待，并可自由决定适用法律、仲裁员人数和仲裁小组应遵循的仲裁程序、仲裁地及使用的语言；仲裁协议应为书面形式。

---

① 部分信息及数据参考商务部 2018 版《对外投资合作国别（地区）指南——柬埔寨》，第 47 ~ 48 页。

② 部分信息及数据参考商务部 2018 版《对外投资合作国别（地区）指南——柬埔寨》，第 48 页。

（二）投资合作注意事项 [①]

投资方面：准确把握柬埔寨投资政策和法规。企业开展投资活动，首先要做到知法和依法。要全面掌握柬埔寨投资相关的法律法规，准确把握政府在投资保障、投资优惠与限制、外汇、土地使用和商业组织形式等方面的政策。

贸易方面：柬埔寨于 1999 年加入东盟，在共同有效优惠关税体制下东盟成员国将按步骤实现关税减让目标。2002 年 11 月，中国和东盟签署《中国 - 东盟全面经济合作框架协议》，2010 年初全面建成中国 - 东盟自由贸易区，并给予柬埔寨、老挝和缅甸三国的"早期收获"减免税计划，其中，给予柬埔寨 418 种商品（主要是农、林、牧、渔产品）进口零关税的优惠待遇。此外，东盟与印度、韩国、日本和澳新的自贸区建设也在进行中。柬埔寨目前主要有以下的税种和税率，分别是：所得税 9% 或 20%、增值税 10% 和营业税 2%。柬埔寨对私人投资企业所征收的主要税种和税率分别是：所得税 9%、增值税 10% 和营业税 2%。

四、土耳其

（一）土耳其法律法规与政策

土耳其法律的主要来源是宪法、法律、条例与法律修正条例、国际条约和法规与附则。大国民议会是土耳其最高立法机构，实行一院制。土耳其的法院系统大体上分为两级，地区法院和中央法院。中央一级的法院有宪法法院、上诉法院、行政事务法院、司法分歧法院和审计法院等。其中宪法法院具有完全独立的司法权力，可以推翻不符合宪法的议会决议。

土耳其是法治国家，法制健全性和执法规范性较高。2015 年二十国集团（G20）安塔利亚峰会期间，中土两国政府代表签署了《关于将"一带一路"倡议和"中间走廊"倡议相衔接的谅解备忘录》，为双方开展相关合作提供了指南。土耳其与中国发展阶段相同，技术水平相近，商业文化相通，是中国企业"走出去"的理想目的地。

1. 国际工程承包法律法规与政策 [②]

土耳其规范外国承包商在土耳其承包工程的法规主要是《政府采购法》等。

---

① 部分信息及数据参考商务部 2018 版《对外投资合作国别（地区）指南—— 柬埔寨》，第 56 ～ 57 页。

② 部分信息及数据参考商务部 2018 版《对外投资合作国别（地区）指南—— 土耳其》，第 36 ～ 38 和 58 页。

土耳其《政府采购法》规定，本地设立的企业竞标者相较外国合资公司可享受15%的价格优先权，该规定构成对外国投标者的歧视。同时，参与政府采购的竞标资格需要认证，且费用昂贵、过程复杂，导致许多企业因为难以及时获得认证而无法参与竞标，降低了竞标的公平性。以上限制主要缘由为土耳其亦是工程承包大国，根据2015美国ENR（Engineering News Record）的数据，入选全球250家最大国际工程承包商的土耳其企业为43家（中国大陆企业有65家）。因此，土耳其政府或私人业主通常不会在同等条件下选择外国承包商。从实践来看，外国企业基本上无法参与土耳其的土建工程。

BOT方式：自20世纪70年代起，土耳其政府采用国际BOT方式开展基础设施建设，并已在能源、交通和港口等领域取得一定成果。作为全球最先提出并将BOT方式用于传统基础设施项目建设的国家（3096法案，1984年12月4日颁布），土耳其国内BOT方式项目主要集中于能源、交通、公共和地方政府投资等工程中，特许经营期限通常为10～50年。

PPP方式：PPP方式在土耳其具有深厚的法律基础，土耳其宪法第47条规定允许政府与私营部门签订合同以开展某些公共服务项目。实践中，土耳其最早的PPP模式应用于卫生领域，确切地讲来源于3359号卫生服务相关法律。

目前，在土耳其开展BOT/PPP项目的外资企业主要来自美国、日本、德国、法国和意大利等欧美国家。比较成功的BOT/PPP项目有伊斯坦布尔阿塔图尔克机场（7.5亿美元）、伊斯坦布尔海峡海底管道（12亿美元）和安卡拉-伊斯坦布尔高速铁路（34亿美元）等。中国企业历来基本以承揽EPC项目为主。目前，越来越多的中国企业已开始考虑或者尝试投资项目，如中电投和中航国际投资17亿美元建设的EMBA电站等；也有部分企业拟采用BOT/PPP方式承揽项目，但尚未正式实施。

2. 国际贸易法律法规与政策 [1]

土耳其的贸易主管部门是贸易部。土耳其贸易法规体系主要包括关税体系、进口管理、出口管理和贸易救济。土耳其贸易法律法规主要有《对外贸易法》《海关法》《进口加工机制》《配额及关税配额行政法》《进口不公平竞争保护法》《增值税法》《自由经济区法》《出口促进关税措施》《出口机制法规》和《出口加工体系法》等。

进口制度：土耳其进口体制是基于世贸组织成员义务、欧洲关税同盟国协定、欧洲自由经济区的自由贸易协定、普惠制原则和国家发展需要制订的。土耳其有隶属于经济部的50个外贸产品检测站，分布在8大区域内。这些检测站依据70

① 部分信息及数据参考商务部2018版《对外投资合作国别（地区）指南——土耳其》，第29～32页。

种标准，对进口和出口农产品进行检测和证书发放。

出口制度：根据修订后的出口制度对出口商进行了定义，有税号的自然人或法人、合资企业和联合体。出口指遵守现行出口规则，海关规则，将产品出口到土耳其海关监管区外或自由经济区，或外贸署可以接受其为出口的其他方式出境。出口类型包括：注册出口、预先取得许可证出口、寄售出口、无利润出口、易货贸易和租赁贸易（以海关法规为准）。除法律、法规及国际协议禁止之外，所有产品都可在出口制度条例框架下自由出口。

进出口产品检验检疫：土耳其进出口检验检疫相关的立法有《卫生法》《农业检疫法》《动物卫生检验法》《食品的生产、消费和检验法令》《水产品法》和《土耳其食品药典法规》。

2006 年 1 月 24 日，中国和土耳其在北京签署了《中土两国政府关于动物检疫及动物卫生的合作协定》。根据协定，双方将采取措施，防止因跨境运输与动物有关的检疫物和可能携带病原的物体将动物传染病和寄生虫病从缔约一方领土传到缔约另一方领土。中国希望加强双方在卫生检疫技术和信息方面的合作，增进双方专业技术人员在法律法规、国际标准和管理体制方面的交流。

3. 海外投资法律法规与政策 [①]

土耳其外商直接投资事务归由贸易部主管。土耳其的外国投资立法主要包括第 5084 号《鼓励投资和就业法》、第 4875 号《外国直接投资法》、外国直接投资管理条例法、多边和双边投资公约、各种法律以及促进行业投资的相关规章。土耳其《外商直接投资法》对外国投资者和外商直接投资进行了定义，对外商直接投资的重要原则做出了解释。外商投资公司与当地公司一视同仁，享有与在同一领域运作的国内公司相同的权利和减免。同时，外资公司和内资公司负有相同的义务，无进入前或成立前的审核要求。外国公司在土耳其设立商业活动组织，可以选择符合《商业法》规定的任何组织类型。为便于统计，外资公司在成立后需要向国库署备案。除个别受特殊法律管辖的行业外，外国投资者可以 100% 拥有所有类型公司的股份。

开放领域：土耳其投资立法符合国际标准，对外国资本的参与没有限制，在投资行业上外资与本土企业享受同等待遇（国民待遇）。土耳其所有向民资开放的行业都向外资开放。外资企业可以聘请外籍经理和技术人员。限制行业：外国投资进入土耳其某些行业受到限制。这些限制一是取决于土耳其加入世贸组织关于服务贸易所作承诺；二是取决于其国内立法的规定。限制行业主要有广播、石油、航空、海运、金融和房地产等。限制方式有投资禁止、股比限制、进口许可证和

---

① 部分信息及数据参考商务部 2018 版《对外投资合作国别（地区）指南——土耳其》，第 34～35 页。

购置数量等。在金融服务（包括银行和保险）和石油行业建立企业须获政府的特别批准。外商的股权比例在广播业限制为20%；在航空和航海运输业限为49%。半导体和电视机产业外国投资股份不得超过25%；邮政、电讯和电报业外国投资股份不得超过51%。经土国内政部批准，中国公民可在土购置一处住宅。如果在土耳其的外国投资经营范围中包括国家垄断部分，则其不能在该实体中占有主要股份。

根据土耳其新的《外国直接投资法》，外国投资者设立企业和股份转让的条件与当地投资者一样。在现行《贸易法》框架下，从事经营活动的企业有3种方式，即独资公司（merchants）、合资公司（commercial partnership）和合作社（cooperative）。

4. 财税金融法律法规与政策[①]

土耳其有着经合组织（OECD）国家中最具竞争力的企业税收制度，实行属地税法与属人税法相结合的税收体系，外国投资者与土耳其当地公司和自然人一样同等纳税。土耳其税收制度主要分为3大类：所得税、消费税和财产税等共计14种税。其中直接税有2种，包括个人所得税和公司所得税，即收入税和公司税。间接税有12种，包括增值税、印花税、交通工具税、金融保险交易税、博彩税、遗产与赠与税、房地产税、财产税、通信税、教育贡献费、关税和特别消费税。

所得税：在土耳其，所有收入都须征收所得税，其中包括在土耳其境内的国内以及国外个人和公司的收入。土耳其非常住居民在土耳其境内通过工作、财产所有权、商业交易或任何其他活动所产生的收入，也需征收所得税。在土耳其，企业营业利润所得税征收的基本税率是20%，个人所得税率为15%～35%。

消费税：主要有以下税种。（1）增值税（VAT）：增值税率为1%、8%和18%。商业、工业、农业和个人的产品和服务、进口到本国的产品和服务以及其他货物交付和服务活动都需缴纳增值税（减免额可从1%～8%变动）。（2）特别消费税：有4大产品类要缴纳不同税率的特别消费税：石油制品、天然气、润滑油、溶剂和衍生物溶剂；汽车及其他机动车、摩托车、飞机、直升机和游艇；烟草及烟草制品和酒精饮料；奢侈品。（3）银行保险交易税：银行和保险公司的交易仍免征增值税，但需缴纳银行和保险交易税。此税适用于银行赚取的所有收入，例如贷款利息。其税率通常是5%，而银行之间存款交易的利息税率是1%，外汇交易的销售额税率是0.1%。（4）印花税：印花税适用于各类文件，如合同、协议、应付票据、资本投入、信用证、担保书、财务报表和工薪单。印花税按文

---

① 部分信息及数据参考商务部2018版《对外投资合作国别（地区）指南——土耳其》，第40～41页。

件价值的百分比征收，税率为 0.2% ～ 0.8%。

财产税：遗产及赠与税、不动产税和汽车税。土耳其所有的建筑物和土地按以下税率征收房地产税：住宅 0.1%，其他建筑物 0.2%。

5. 环境保护法律法规与政策 [①]

环境与城市规划部负责土耳其环境保护等相关事务，包括环境管理、环境评价、土地使用、自然资源保护、动植物种类保护、污染防治、环保宣传、制定环保政策和发展战略以及与地方环保部门、各国和国际组织合作、环保数据搜集和发放环保许可等。土耳其有关环保方面的法律法规主要有《环境（保护）法》《森林法》《空气质量控制条例》《水体污染控制条例》《噪声控制条例》《固体废弃物控制条例》《环境影响评估条例》《医用废弃物控制条例》《有毒化学物质和产品控制条例》和《危险废弃物控制条例》等。

6. 劳务合作法律法规与政策 [②]

土耳其在控制外来劳务方面实行相对较严的政策，根据土耳其法律规定，外国人员需要先获得其劳工部颁发的工作许可才能到土耳其工作，或者先获得土耳其长期居留许可，并在此期间申请工作许可。土耳其失业率较高（2017 年土耳其失业率为 10.9%），就业情况不容乐观，因此，土耳其在控制外来劳务方面，做了许多限制性规定。目前中国企业并没有在土耳其开展大规模劳务合作。

7. 知识产权合作法律法规与政策 [③]

土耳其保护知识产权的法律法规包括《专利保护法》《工业设计保护法》《地理标记保护法》《商标保护法》及《商标保护法实施细则》《智力和艺术作品法》（即著作权法）和《著作权作者相邻权细则》等。2017 年 1 月 10 日，土耳其颁布了首部综合性知识产权法，内容涵盖专利、商标、工业设计和地理标志等方面，但目前尚无英文和中文版本。

商标法：土耳其主要规范商标的注册申请、续展、转让和使用管理等。

专利法：土耳其通过授予专利权和实用新型对发明创造给予保护，规定了授予专利权的条件、专利的申请、审查及批准、期限、终止和无效等。

土耳其《商标法》规定，未经许可擅自将注册商标从原有产品移至其他产品和包装上的，将被处以 1 ～ 2 年徒刑，并处以 3 亿～ 6 亿里拉的罚金；未经授权，擅自使用注册商标和转让注册商标的，处以 2 ～ 3 年徒刑，并处以 6 亿～ 10 亿里

[①] 部分信息及数据参考商务部 2018 版《对外投资合作国别（地区）指南——土耳其》，第 55 ～ 57 页。

[②] 部分信息及数据参考商务部 2018 版《对外投资合作国别（地区）指南——土耳其》，第 81 页。

[③] 部分信息及数据参考商务部 2018 版《对外投资合作国别（地区）指南——土耳其》，第 62 ～ 63 页。

拉的罚金；若侵犯商标权情节严重的，处以2～4年的徒刑，处以6亿～10亿里拉的罚金，并责令停业不超过一年。

土耳其《专利法》规定，侵犯专利权的，依据法律程序可要求停止侵害；赔偿专利权人的物质和精神损失；没收侵权人生产的或进口的侵权产品；向社会公众公布处罚决定等。

8. 法律争议法规与政策[①]

中国与土耳其政府于1990年11月13日签订了《相互促进和保护投资协定》，其中第7条和第8条对"投资争议"和"缔约双方间争议"进行了规定。如投资者遇到与土政府间的投资争议，可依据该协定有关规定寻求救济。此外，中土两国政府已于近期就修订《相互促进和保护投资协定》达成一致，待签署并履行完各自内部程序后生效。如在土耳其投资合作中产生纠纷，可适用土耳其国内法律予以解决。如合同中约定采取国际仲裁，亦可寻求国际仲裁予以救济。由于土耳其已签署并批准《纽约公约》（即1958年《关于承认并执行外国终裁裁决公约》），国际仲裁机构作出的仲裁裁决对于土耳其具有约束力。

（二）投资合作注意事项[②]

投资方面：全面了解土耳其政策法律。土耳其涉及投资管理的部门及法律众多，相关规定在《商法典》《外国直接投资法》《对外贸易法》《海关法》《进口产品不公平竞争预防法》《自由经济区法》《政府促进出口税收措施法》和《外资框架法令》等文件中都有体现。中国企业在对土耳其进行投资前，一定要充分了解当地投资法律及政策，咨询当地律师和会计师等专业人员。

环境保护方面：中国企业应遵守土耳其环境保护方面的法律法规，了解各行业的排放标准。在投资或承包工程的规划和设计阶段，须将环保问题作为重要考量，做好必要的财务预算和解决方案。

工程承包方面：中国企业在土耳其承包工程时，需全面考察和了解工程项目所涉及的各因素和环节，特别是土耳其对外国人办理居住和工作准证要求，土耳其《标准法》《劳工法》和《税法》等相关法律，并充分考虑货币的汇率风险，提前将各种不确定因素计入成本。此外，中国企业在跟踪土耳其项目时，应及时与中国驻土耳其使领馆经商参处保持沟通，听取其意见，避免因盲目参与而导致日后的被动。

土耳其是法治国家，法制健全性和执法规范性较高。针对法律体制和税务体

---

① 部分信息及数据参考商务部2018版《对外投资合作国别（地区）指南——土耳其》，第63页。
② 部分信息及数据参考商务部2018版《对外投资合作国别（地区）指南——土耳其》，第77～80和85页。

制与国内存在差异的问题，中国企业在进入时，宜聘请当地资深或与政府关系良好的律师为顾问，以提供法律咨询，协调执法部门。进入后，要依法经营，广泛结交法律界朋友，理性应对执法检查。中国驻土耳其大使馆经济商务参赞处引导企业与当地律师事务所和会计师事务所建立长期合作关系，由其作为常年法律和税务顾问来处理一般的公司事务，同时由其起草和审阅合同文本，规避风险，已初见成效。

五、摩洛哥

（一）摩洛哥法律法规与政策 [①]

摩洛哥的司法机构分四级：最高法院、上诉法院、初级法院和初级法院派驻的法官处。全国设有最高司法委员会。法院院长和法官由国王任命。摩洛哥最高法院是摩最高司法机构，下辖6个法庭，分管民事、人权与遗产、商业、行政和社会案件的审理和判决。最高法院设办公厅、书记室和检查总署秘书处。第一院长主持最高法院的司法和行政工作，由国王任命。国王还派驻最高法院第一检察长。

摩洛哥属于准高端市场，法制健全，执法严格。近年来，中摩两国经贸合作不断拓展。2017年11月，中摩两国签署《共建"一带一路"谅解备忘录》，两国合作站在了新起点。2018年2月，中摩第六届经贸联委会在拉巴特召开，为进一步拓展和深化两国经贸合作打下良好基础。

1. 国际工程承包法律法规与政策 [②]

摩洛哥《公共工程招标法》未对外国公司承包当地工程实行许可制度。外国承包商欲承揽当地工程，须通过工程招标单位的资格审查，包括资格预审和后审两种形式。摩洛哥工程建设实行公开招标，由国际金融机构或组织出资项目，将按出资方同摩洛哥政府有关部门商议确定的原则，采用国际公开招标或者特定范围有限邀请招标等多种形式，但由国家财政预算出资的项目，仅对在摩洛哥境内注册的公司开放。摩洛哥不允许外国自然人在当地承揽工程承包项目。当地对工程建设过程和工程验收等相关规定，视不同类项目均在招标书及合同中注明，摩洛哥工程承包领域的合同文件基本沿袭法国招标体系。摩洛哥尚无外国承包工程公司的禁止领域。

---

① 部分信息及数据参考商务部2018版《对外投资合作国别（地区）指南——摩洛哥》，第4页。
② 部分信息及数据参考商务部2018版《对外投资合作国别（地区）指南——摩洛哥》，第44和63～64页。

BOT 项目：摩洛哥鼓励私营企业包括外资企业开展 BOT 项目。目前涉及产业主要包括电力行业，如总价值 12.4 亿欧元的 850 兆瓦风电项目，特许经营期限为 20 年，中标者为摩洛哥企业 Navera、德国西门子和意大利 EGP 集团组建的联合体。摩洛哥尚无外资开展 BOT 的系统性法律规定。目前，尚无中国企业在摩洛哥开展 BOT 项目。

PPP 项目：摩洛哥公私合营法（PPP 法律）于 2015 年 7 月 1 日起正式生效。该法没有明确规定外资企业在摩洛哥开展 PPP 的限制条件，但摩洛哥经济与财政部公布的该法实施配套法令，规定摩洛哥企业在投标时享受 15% 的价格优惠。此外，该法规定，PPP 合同年限主要应考虑投资的分期偿还、融资的条件和具体涉及的产业，一般为 5～30 年，到期后通过协商，满足相关条件后，可申请延期 20 年，最多可达 50 年。该法未明确规定 PPP 涉及的主要产业。目前，摩洛哥装备、运输、物流与水利部正在对采取 PPP 方式建设高速公路、铁路、港口和机场部分项目进行模式研究。至今，尚无中国企业在摩洛哥开展 PPP 项目。

2. 国际贸易法律法规与政策 [①]

摩洛哥主管对外贸易的部门是摩洛哥工业、投资、贸易与数字经济部下属的外贸部，其主要职责是起草对外贸易法律法规文本，制定并调整对外贸易政策及措施，协调公共机构在外贸领域对私人企业的扶持和帮助，与外交部协同组织参与区域性和多双边等形式的国际经贸磋商谈判，关注进出口商品的强制性标准及其他技术性措施以便与国际通用标准接轨等。摩洛哥与贸易相关的主要法律有《对外贸易法》《商法》《商业仲裁法》《海关和间接税法》《对外贸易法实施法令》以及世贸协定等国际多双边协议。

自 1987 年加入关贸总协定后，摩洛哥大力改革外贸体制，推行外贸自由化政策，进一步取消关税和非关税壁垒，大部分商品可自由进口。目前，除少数商品出于安全或公共秩序考虑外，绝大多数进口商品已取消许可证制度。进口管理：摩洛哥对火药、旧轮胎或翻新轮胎、旧衣服、旧家具、氟利昂、使用氟利昂的冷藏设备、旧汽车底盘和装配旧轮胎或翻新轮胎的车轮等实行进口许可证制度。出口管理：摩洛哥对谷物粉（大米除外）、木炭、氟利昂、动植物标本、具有历史及考古价值的收藏品和逾百年以上历史的文物等实行出口许可证制度。此外，武器弹药的进出口权仅限于国防部门管理。

摩洛哥对各类动植物产品的进口检疫由农业和海洋渔业部主管。动物检疫：根据摩洛哥 1993 年 9 月 10 日颁布的第 24-89 号法律规定，进口鲜活动物、动物饲料、肉制品、动物繁殖产品、海产品和淡水产品等，均须接受质量和卫生检验。

---

① 部分信息及数据参考商务部 2018 版《对外投资合作国别（地区）指南——摩洛哥》，第 40～41 页。

植物检疫：根据 1927 年摩洛哥国王诏令，以及一系列实施条例，尤其是 1986 年 12 月 22 日农业部颁布的 1306-85 号法令的规定，进口植物及植物产品须提供原产国植检证书，并在边境口岸接受植物保护处植检人员的一系列强制性检疫检验；烘干植物无须检验。中摩两国于 1998 年和 2008 年分别签署了《植物检疫合作协定》和《摩洛哥柑橘出口中国植物检疫要求议定书》。

3. 海外投资法律法规与政策 [①]

摩洛哥主管外国投资的政府部门是工业、投资、贸易与数字经济部。2017 年底，摩洛哥投资署和出口促进署联合重组为摩洛哥投资与出口发展署（AMDIE），负责宣传摩洛哥投资环境，分析、监测和定期发布有关投资的各项指标，并向政府提供立法建议和规章制度建议，以支持和鼓励外国企业在摩洛哥投资，促进摩洛哥企业对外出口。此外，成立于 2002 年、由各大区瓦利负责管理的大区投资中心（CRI），职责是具体协助创业和帮助投资者，告知有关投资的优惠条件、需要办理的手续及流程等必要信息，为投资者提供便利并简化程序，对办理投资项目审批实行"单一窗口"的一条龙服务，所有行政审批手续可在 48 个小时内完成。2006 年 7 月，在美国国际发展署（USAID）的资助下，摩洛哥颁布了"摩洛哥投资程序手册"，统一了在摩洛哥投资项目申请表格，规范了摩洛哥政府和各地方对项目立项的审批程序。

摩洛哥在投资和贸易方面实行国民政策待遇，一般而言，无论何人投资，只有地区和行业政策区别，而无内资或外资区别。外国企业可设立独资公司。但是，对于受到保护的战略性资源开采行业，外资无法进入，如磷酸盐开采行业。外资限制：为了吸引外国投资，摩洛哥实行投资项下外汇（包括利润）足额自由出入的政策，同时对外国投资没有比例限制。目前摩洛哥大多数行业向外资自由开放，但在农业方面，外资目前仅能长期租用农地，尚不能直接购买和取得农地所有权。摩洛哥政府鼓励外国投资的主要产业包括：风能、太阳能、旅游业、电子产业、汽车产业、航空业、纺织成衣业、食品加工业、海产品加工业、手工业和呼叫中心等。

4. 财税金融法律法规与政策 [②]

摩洛哥税法实行属地和属人相结合的原则。为适应经济快速和可持续发展的需要，从 1986 年开始，摩洛哥开始了税务制度的重要改革，税收体制正逐步趋于合理化和现代化。摩洛哥的税赋包括所得税、公司税、增值税、注册税、印花税、社会福利费、市政税、营业税、源头税和进口关税等。每年 3 月完成上一年财报，并进行纳税申报。实际缴税按照季度进行，年底前交完。

---

① 部分信息及数据参考商务部 2018 版《对外投资合作国别（地区）指南——摩洛哥》，第 42 页。
② 部分信息及数据参考商务部 2018 版《对外投资合作国别（地区）指南——摩洛哥》，第 44～46 和 61～62 页。

公司税：征税对象为资本公司、合伙公司、合作社、营利性公共机构和法人等。由自然人组成的无限责任公司、两合公司和隐名合伙公司可选择缴纳公司税或所得税。所得税：征税对象为自然人、共有财产的拥有成员、由自然人组成的不缴纳公司税的无限责任公司、简单两合公司和隐名合伙协会，以及完全由自然人组成的事实公司。增值税：摩洛哥境内所有工业、贸易、手工业、自由职业活动及进口货物均需缴纳增值税。增值税率有7%、10%、14%和20%四档，正常税率为20%，其余为降低的增值税税率，适用于某些特定商品和服务。营业税：征税对象为所有在摩洛哥境内从事生产经营活动的自然人或法人，征税率由所从事经营活动而定，有10%、20%和30%三档。源头税：针对付往境外个人或企业的服务费用、酬劳、佣金或外国董事津贴、股息等进行源头扣缴，为支付金额的10%。进口关税：因进口商品的不同而征收从价税。针对投资推广及扩大所需进口的设备物料、工具及其配件的进口关税或为2.5%，或为10%。

在摩洛哥注册的外资公司参与证券交易，与本土公司享受同等待遇。所设立的银行经营性机构（简称机构）不吸纳公众资金的，最低资本金要求为1亿迪拉姆。机构吸纳公众资金的，最低资本金要求为2亿迪拉姆。中央银行要求机构所有资本金均以迪拉姆形式持有。作为卡萨布兰卡金融城注册银行，一是不得开展零售业务；二是在开业的第1年，离岸业务占比须达20%；第2年和第3年，离岸业务占比须达40%；至第四年，离岸业务占比须达60%。负债业务仅能吸收法人存款，且金额不得超过资本金的8倍。而非金融城注册的银行，需接受摩洛哥本土有关外汇、税收等方面相对严格的管制，且离岸业务不得超过10%。摩洛哥中央银行鼓励新的金融机构在进行详尽的市场分析后，选择目前市场上尚未被其他金融机构覆盖的领域开展业务。在向中央银行提出申请时，原则上可提出开展所有金融业务，但中央银行会根据实际情况进行审批。后期根据机构实际发展需求，可多次向中央银行提请开办相应业务。

5. 环境保护法律法规与政策[①]

摩洛哥政府主管环境的部门是能源、矿业与可持续发展部，主要职责是制定和实施国家环境保护管理政策措施、监督管理环境污染和协调解决重大环境问题等。摩洛哥主要环保法律法规有《环境保护和开发法》《废物管理和销毁法》《反空气污染法》《森林保护开发法》和《水法》等。

摩洛哥重视环境保护立法。《环境保护和开发法》明确了环境保护的基本政策、保护对象、适用范围、保护措施和方式、各法律主体保护环境的义务以及破坏环境所应担负的责任等。《废物管理和销毁法》对生活废物、生活垃圾、工业废物、

---

① 部分信息及数据参考商务部2018版《对外投资合作国别（地区）指南——摩洛哥》，第62～63页。

医药废物、危险废物、农业废物和可降解废物等各类废物的收集、持有、贮存、转移、处理、开发、管理、再利用、销毁和进出口等进行了分类规定，明确了产生废物的单位和个人所应承担的义务，制定了强制性的法律规则、法律程序和法律责任。例如，收集和运输危险废物必须获得主管机关的许可，许可有效期为5年，到期可申请延长；危险废物必须交由国家指定并授权的专业机构进行销毁或处理，不得擅自倾倒、堆放或填埋，违反者处以1万迪拉姆以上、200万迪拉姆以下的罚金，并处或单处6个月以上、2年以下的有期徒刑。

6. 劳务合作法律法规与政策 [①]

随着中摩经贸关系日益发展，赴摩洛哥工作的中国公民越来越多，工作领域涉及电信、工程建设和渔业等。由于摩洛哥有严格的用工制度，中国企业对这方面要求又了解甚少，致使中国劳务人员很长时间都拿不到摩洛哥工作签证。中国劳务人员应当严格遵守当地法律法规，签订外籍人员工作合同，凭合同办理当地居住许可文件，按规定办理延期等相关手续。摩洛哥失业率较高，对于本国工人可以承担的工作，严格限制外国劳务人员进入。不少中资企业在从国内招收员工的过程中面临劳动合同审批慢等困难，影响了项目的进展。因此，中资企业应尽量雇佣和培养当地员工，减少从国内招收劳务人员。摩洛哥沿袭法国的工会体制，注重保护本地劳工利益，中资企业须注意防范劳务纠纷。此外，企业可以考虑和当地劳务外包公司合作，将劳务工作外包，尽可能减少管理负担和劳务纠纷风险，为企业管理带来便利。

7. 知识产权合作法律法规与政策 [②]

摩洛哥涉及保护知识产权和工业产权的法律包括《工业产权保护法》和《著作权和邻接权法》等。侵犯知识产权的行为将依法受到法律制裁。《工业产权保护法》规定，在摩洛哥投资的企业的知识产权受该法保护。适用范围包括对发明专利、集成电路设计图、实用新型、工业品外观设计、商标、服务标记、厂商名称、货源标记和原产地名称等的保护以及制止不正当竞争等。《著作权和邻接权法》保护的是文学和艺术领域智力成果，明确规定了著作权人和邻接权人享有的权利。著作权的保护期限一般为作者的终生及其死亡后50年。摩洛哥已递交文件加入世界知识产权条约，处罚按照世界知识产权组织相关条约执行。

8. 法律争议法规与政策 [③]

在摩洛哥投资合作发生纠纷的解决途径为仲裁和司法程序，适用摩洛哥的法律，可以根据合同规定要求仲裁。摩洛哥法律比较完备，执法严格，但诉讼时间

---

① 部分信息及数据参考商务部2018版《对外投资合作国别（地区）指南——摩洛哥》，第81页。
② 部分信息及数据参考商务部2018版《对外投资合作国别（地区）指南——摩洛哥》，第66页。
③ 部分信息及数据参考商务部2018版《对外投资合作国别（地区）指南——摩洛哥》，第66页。

比较长。1959 年 2 月 12 日，摩洛哥加入《承认和执行外国仲裁裁决公约》，但是仲裁国也须是该条约的签署国。1965 年 10 月 11 日，摩洛哥签署《关于解决国家与他国国民之间投资争议公约》，并于 1967 年 6 月 10 日正式生效。

（二）投资合作注意事项 [①]

投资方面：摩洛哥《投资法》规定，对外国投资企业实施国民待遇。对于在出口免税区投资的企业，前 5 年减免所得税，后 20 年减半征收，但 75% 以上的产品必须出口。因此，出口加工型的企业应尽量选择在出口免税区设厂。企业应遵守社会公德和商业道德，坚持诚信经营。维护公平竞争的市场环境，杜绝商业贿赂等不正当竞争手段。摩洛哥法律比较完备，执法严格，但诉讼时间比较长。因此，中资企业应尽量避免进入诉讼程序，主要通过事前的调研和经营过程中的严格规范管理来规避风险。企业投资前最好通过当地的律师事务所或其他专业机构进行法律和市场环境的调研，以免遭受损失。例如，个别企业对当地劳动法了解不够，投资或项目中标后由于难以办理中方人员到摩洛哥的工作许可，或办理慢，造成成本上升和企业经济损失。企业还应注意防范税务风险。一方面聘请会计师事务所专业人士把关，另一方面也应培养自己的懂法语和税法的专业人员。根据当地法律规定，企业给员工提供的往返机票、宿舍和午餐，均需纳税，而不能列为企业对个人的津贴。

贸易方面：摩洛哥进口商通常向出口商开立信用证。但部分进口商会在签订合同后先付最高至 30% 的定金，收到发货通知单后由摩洛哥银行为其提供担保，待收货并检验合格后，出口商方可到开户银行提取货款。中资企业应注重品牌和商标在当地的保护，尽早向当地工商主管部门办理商标注册，加强品牌建设。

承包工程方面：摩洛哥法律法规制度健全，绝大部分工程项目均采取国际公开招标的形式选择承包商。业主一般会选择在报纸上公开招标信息，并对项目概况及要求、开具保函的金额和投标企业资质要求等做详细说明。中资企业应熟悉摩洛哥工程承包市场项目招投标流程，密切关注各类项目信息，根据要求准备标书，提高中标概率。摩洛哥缺少熟练工人。根据摩洛哥《劳动法》规定，外国公司承建项目的本地员工比例不低于 70%，原则上外籍员工应为技术或管理人员。中国企业必须重视这一问题，在工作中培训摩洛哥工人，实现本地化经营。

---

① 部分信息及数据参考商务部 2018 版《对外投资合作国别（地区）指南——摩洛哥》，第 78 ～ 81 页。

六、智　利

（一）智利法律法规与政策

智利司法系统包括最高法院、宪法法院、上诉法院、简易刑事法院和担保法院、军事法院以及多个地方治安法院，此外还有家庭、税收和劳工等特别法院或法庭。最高法院是智利的终审机关，由21名大法官组成，最高法院院长从大法官中产生，每届任期两年。

智利市场经济体制完善，法制健全。智利是第一个与中国签订自贸协定的拉美国家。中国自2012年起保持智利成为拉美国家中第一大贸易伙伴、第一大出口目的国和第一大进口来源国。中智贸易在智利对外贸易中占比四分之一，在中拉贸易中位列第三。

1. 国际工程承包法律法规与政策①

工程承包企业须在智利公共工程部国家承包商和咨询商登记处登记。对咨询商的要求必须为该领域的专业企业，拥有建筑设计师、土建队伍和相关设计咨询企业；承包商必须拥有足够经济实力。

智利对工程建设要求较高。由于地处地震带，智利建筑工程抗震级别有特殊要求。对各类不同的工程建设均有法规对与工程相关的各方面做出明确规定，如住房建筑涉及民法第2003条、城市化和建筑法及实施细则等，第850号法对公共工程部对港口工程事务管辖权做出规定，第19642号法对私人企业参与公共港口特许经营规定等。

外国承包商与当地企业享受同等市场准入待遇，无特别禁止领域。

招标方式：通常招标方会在媒体公布招标信息以及获得标书的信息，感兴趣的承包企业可购买项目标书，并于规定期限内投标，招标方评估后开标。通常程序为技术标通过后再投商务标，最后双方签订承包合同。

2. 国际贸易法律法规与政策②

智利外贸主管部门为外交部国际经济关系总司（DIRECON），其他涉及国际贸易的部门还包括财政部、经济部和农业部等。主要职责：执行和协调政府的国际经济政策，谈判和管理国际经济贸易协定，促进本国参与世界经济事务，促进本国货物和服务的出口。

---

① 部分信息及数据参考商务部2018版《对外投资合作国别（地区）指南——智利》，第55～56页。
② 部分信息及数据参考商务部2018版《对外投资合作国别（地区）指南——智利》，第37～39页。

智利与全球 65 个国家和地区签署了 26 个优惠贸易安排协议，与澳大利亚、加拿大、中国、哥伦比亚、韩国、美国、马来西亚、墨西哥、巴拿马、土耳其、中美洲和越南等国家和地区签署了自由贸易协定，与玻利维亚、古巴、厄瓜多尔、秘鲁、委内瑞拉和南方共同市场（巴西、阿根廷、巴拉圭、乌拉圭）等南美洲 9 国签署了经济互补协议，与欧盟、日本和太平洋 4 国签署经济合作协议，与印度签署部分贸易优惠协议。与澳大利亚、加拿大、中国、英国和俄罗斯等 34 国签有避免双重征税协定。

智利对进口产品无任何数量限制和许可证管理措施，但禁止进口二手汽车、摩托车、废旧回收轮胎、有毒有害商品以及濒危动植物等。

智利《海关法》规定，进口货物必须拥有海关批准的申报文件。申报文件中应包含：出口商信息、运输方、进口商、收货人、海关代理、货物描述（重量或数量、单价、HS 号码）、进口商税号和到岸价格等信息。申报文件应该和发票原件、海关代理委托文件、货值声明、动植物卫生或其他检疫证明、原产地证明一起递交到智利海关。通关手续需通过电子方式提交，进口关税须在指定银行缴纳。进口额超过 500 美元的货物通关必须委托海关代理。特殊进口手续适用于自贸加工区和在运货物。向自贸区出口的外国货物必须具有运往自贸加工区的装船证明。运往自贸区的货物只能用于区内再销售或深加工之后再运往海关或另外一个自贸加工区。在运货物必须有国际运输过境申报文件。

智利对进口产品征收 6% 的统一关税。由于智利与主要贸易伙伴签署了自由贸易协定，智利实际进口关税税率不足 1%。智利对出口不征收任何关税。《海关法》规定，出口产品时，出口商应填写单一出口表，注明出口商地址、联系方式和产品描述（海关分类号、单价、数量或重量）。此外，还要递交报关行资料、运输文件、发票复印件和质检认证。

3. 海外投资法律法规与政策 [①]

智利外国投资主管部门原为外国投资委员会。2015 年 6 月 16 日颁布新《外国投资法》框架，原第 600 号法（《外国投资法》）于 2016 年 1 月 1 日废止。据此，2016 年 5 月外国投资促进局成立，隶属于经济部。其主要职能为促进和吸引各种形式的外部资本和投资，为外国潜在投资者提供关于市场、法规、鼓励政策和其他相关方面的指导和信息，以便利外国投资进入智利、留在智利并得以扩大。重点领域为健康食品、矿业和科技。

智利现行的投资法为 2015 年 6 月 16 日发布的 20848 号法令《外国直接投资法》框架。与原第 600 号法相比，智利新《外国投资法》主要有以下特别规定：

---

① 部分信息及数据参考商务部 2018 版《对外投资合作国别（地区）指南——智利》，第 40～41 页。

（1）总统在听取外国投资促进部长委员会提出的建议基础上，决定智利促进和利用外国投资战略。

（2）新法规定按照国际经合组织标准成立外国投资促进局，由国家授权负责贯彻落实国家关于吸引各类外国投资的政策，协调地方政府的促进和利用外资工作。

（3）由外国投资促进局颁发外国投资商证书。

（4）新法保障外国资本不受任意歧视性待遇，可在正规外汇市场自由交易，资本和收益可自由汇出，对符合具体条件要求的资本货物进口可免征销售和服务税等。

（5）符合法律规定的投资进口货物免征增值税。

（6）新法还针对此前依照原《600号法案》签订的外资合同做出了规定，自2016年1月1日起最长不超过4年内，外国投资者可申请签订锁定纳税合同。①将企业所得税实际纳税比例锁定为44.45%，期限为10年；②将投资额为5000万美元或以上的矿业企业的矿业特别税纳税期限锁定为15年。

智利是一个对外资高度开放的国家。随着20世纪80年代电信和电力行业的私有化，外资可进入的投资行业范围已非常广泛。目前外资已广泛进入矿业、电力、天然气、供水、通信、金融、化工、食品、饮料和烟草业等领域。目前限制的行业主要在国际陆路运输、渔业捕捞、近海航运、电台和媒体印刷等领域。此外，边境线以内10公里的土地原则上不得向外国人出售。

4. 财税金融法律法规与政策 ①

智利税收以中央政府为主，市政府只征收营业牌照费。该国实行属人税制，每个自然人和法人都有唯一的纳税号（RUT）。如果是自然人，则国民登记局颁发的国民身份证号即为RUT编号，也是其他民事行为的编号。如果是法人实体或外国投资者，则由国税局负责分配RUT编号。2014年3月底，智利政府提交税收改革方案，改革方案中涉及企业所得税、个人所得税、酒税、含糖饮料和印花税等多个修改建议。2014年9月10日，税收改革方案获得智利国会通过。根据税改提案，第一类所得税将自2015年纳税年度起由20%提高至21%，此后至2018年纳税年度逐渐提高至27%。第二类和第三类所得税执行累进税率，分别按UTM即月度纳税单位和UTA即年度纳税单位规定起征点。

智利对外国投资的税收优惠：根据20241号法律，智利对科技研发领域企业给予税收优惠。企业需与在经济部生产促进局登记的大学或者研究机构进行联合研发，项目金额超过100UTM，政府将贷款支持并返还所得税。

---

① 部分信息及数据参考商务部2018版《对外投资合作国别（地区）指南——智利》，第43～46页。

对高科技投资企业或研发中心的资金补助：投资须不少于 200 万美元（如对创造就业有特殊贡献也可开特例）。主要形式如下：（1）可研阶段：智利生产促进局提供最多 60%、总额不超过 3 万美元的资金支持。（2）项目启动阶段：智利生产促进局提供最多 3 万美元的资金支持。（3）在职人员培训：智利生产促进局为新员工提供培训提供最多 50%、不超过 25000 美元的年工资。（4）设备和技术平台：智利生产促进局提供最多 40%、不超过 200 万美元的资金用于购买设备和技术平台。（5）长期财产租用：智利生产促进局为最初 5 年投资相关租赁提供最多 40%、不超过 50 万美元资金。（6）专业培训和招聘：智利生产促进局提供最高比例 50%、总额不超过 10 万美元的资金。

开发新能源鼓励政策：为鼓励新能源的发展，智利政府推出了财政资金支持措施。（1）贷款便利：含增值税年销售额 4000 万美元以上的企业投资非常规能源发电和传输分送项目，可通过指定银行向智利生产促进局申请贷款。（2）对项目研究提供资金补助：①对估计投资额高于 40 万美元的投资非常规可再生能源发电项目，补贴启动阶段工程研究费用的 50%，最高比例为预计投资总额的 5%，上限为 16 万美元；②首都大区年销售额达 4000 万美元以上的企业，投资约 48 万美元以上可再生能源发电项目或者其他获得能源委员会为认定的发电量小于 2 万千瓦的发电项目，可申请补贴前期研究咨询费用的 50%，上限为 3300 万比索（约合 7 万美元）。其他地区补助参照地区鼓励政策。

对战略项目投资前期可研的资金补助：在投资前期阶段支持可行性研究，以鼓励和加速实现或扩大在智利的战略生产性投资。也支持增加现有投资的新举措。对象是在智利或国外组成的公司法人。补贴金额最高为前期研究费用的 70%，上限为大约 25 万美元。

5. 环境保护法律法规与政策 [①]

智利环境保护主管部门是环境部。智利 19300 号《环境综合法》和《农业保护法》规定，农业部农牧局负责土地保护和使用监管，主要职能如下：保护土地，增强肥力，防止水土流失；测算土地生产力并公布结果；为可持续发展，进行国家和地区土地资源信息及农业发展规划；认证农村土地使用符合法律安排，认证并批准关于改变土地使用的说明；研究城市化进程使用农业用地情况；促进保护水土资源的做法；制定研究全国土地报告的技术标准管理，监管废弃土地的使用和恢复。

各地均有由环境、经济、卫生、发展、能源、公共工程、农业、住房、城建、运输、电信、矿业、规划、海事和文物等多个领域管理单位代表组成的评审委员会，

---

① 部分信息及数据参考商务部 2018 版《对外投资合作国别（地区）指南——智利》，第 51 ～ 53 页。

负责对环评报告进行评审，未通过者不得实施项目，破坏环境者需在规定期限内恢复原貌。所有农产品加工厂、苗圃和工业生产厂均须采取必要措施，避免因生产活动损害环境，一旦造成污染必须依法院判决进行赔偿，必要时总统可下令中止任何生产活动的全部或部分。包括外交官、外国政府及国际组织代表和智本国官员在内的任何人入境时必须接受智方动植检部门对携带物品的检查，以确保无有害物种进入本国。

森林保护方面，智利国家林业局负责执行 19300 号《环境综合法》，审议关于林业和野生自然保护区的环境影响评估报告。大气污染防治方面，从 1993 年起，智开始实施保护大气层计划，并从蒙特利尔议定书多边基金获得资金支持。2006年智利颁布并实施《臭氧法》。雇主需采取必要措施保护雇员不受紫外线等射线伤害，游泳池等露天娱乐场所须提醒游客长期暴露在太阳光下有损健康。违规进出口与大气环保有关的管控物质和产品者将被处以 2 ～ 50 个 UTM 的罚款，对情节严重者将交由警方处理。水体保护方面，智利《水法》规定任何在河流上修建的工程均不得污染水质。

6. 劳务合作法律法规与政策[①]

智利对外籍劳务人员进入严格限制。外国人在当地工作必须在入境前取得工作签证，遵守当地法律，同当地劳动者一样享受劳工法规定的各项权利，雇主必须为外籍工人依法交纳养老、医疗和工伤等各类保险。企业使用外籍员工人数不得超过员工总数的 15%，本国不能提供的专业技术人员可适当放宽。

智利对普通劳务限制较严格，劳动法中关于使用外籍员工的比例规定明确，须严格遵守。智利对包括基础设施建设领域在内的外来劳务人员限制较多，中资企业进入当地劳务市场很困难。

7. 知识产权合作法律法规与政策[②]

智利拥有高度发达的知识产权保护法律体系。值得注意的是，早在 1850 年智利就颁布了第一部有关专利权的法律，另一部全面的有关专利、工业设计及商标的知识产权法于 1931 年正式生效。著作权法颁布于 1970 年，至今已经过多次修订。

专利：1991 年，智利颁布了一部专利、商标和工业设计法，该法规定了医药产品的专利保护以及连带保护的限制形式。商标：智利的商标法大体上与国际标准一致，但仍有一些不足，如：对维持商标保护没有使用要求；注册商标需要具备新颖性；对图形商标、颜色、包装和集体商标没有规定；没有对驰名商标的保

---

① 部分信息及数据参考商务部 2018 版《对外投资合作国别（地区）指南——智利》，第 48 ～ 49 和 70 页。

② 部分信息及数据参考商务部 2018 版《对外投资合作国别（地区）指南——智利》，第 58 ～ 59 页。

护规定。著作权：智利的著作权法总体上在大多数领域与国际标准一致。

8. 法律争议法规与政策 [1]

在当地投资合作发生纠纷的解决途径取决于双方合同约定。如合同中未明确此条款，且合同系在智利签署，纠纷解决须适用智利的法律，解决纠纷的法院须是被告一方法定地址所在管辖区的法院。双方也可在合同中指定适用哪国法律，解决纠纷的法院或仲裁机构也可在合同中由双方协商指定。如合同系投资者和智利政府之间签署，产生纠纷时，根据智利第 600 号法案规定，投资者可向国际投资争端解决中心投诉智利政府。

（二）投资合作注意事项 [2]

投资方面。智利是发展中国家中法律较为完善的国家，各方面法规可操作性强，执法严格。中国企业在智利开展投资合作应严格守法经营。环评是智利审批投资项目的最重要环节之一，须深入了解环保法规并严格依法办事。智利劳动法规严格，且倾向于保护雇员利益。智利税法严格，且有追溯效力，有关机构一旦发现偷税漏税现象将对当事者采取非常严厉的惩罚措施，情节严重者甚至可能遭到起诉。智利签证管理严格，必须按相关法规申请相应签证。智利工会实力强大，法律对工会保护劳动者权益做出详细规定。智利在使用外籍员工比例方面要求较严格，法规较完善，且各种文件和文书均为西班牙语，在智外资企业属地化经营程度较高。

贸易方面。智利市场经济机制较完善，商业合同规定较为具体详细，为避免纠纷，对可能涉及的问题合同中均要明确规定。为防止贸易支付风险，首先应了解对方的财务状况以及信誉，最好与有一定知名度的公司合作，可委托当地律师事务所或咨询机构了解本地合作伙伴资信情况，也可以通过国际或本地信誉记录系统事前查询对方商业信誉，或通过当地合作伙伴获得具有强制执行的法律效力的文件的保障。

承包工程方面。智利法律在环评和抗震等方面要求严格，建筑材料和用工成本较高，企业研究项目可行性时须充分考虑当地市场特殊性。智利企业普遍重视合同效力，签订合同时需仔细慎重，着重关注违约条款内容。由于智利劳工法对外籍人员的限制，土建等基础设施需由当地公司承担，企业须选择具备足够实力的合作伙伴。

---

① 部分信息及数据参考商务部 2018 版《对外投资合作国别（地区）指南——智利》，第 59 页。
② 部分信息及数据参考商务部 2018 版《对外投资合作国别（地区）指南——智利》，第 67 ~ 69 页。

七、俄罗斯

（一）俄罗斯法律法规与政策[①]

俄罗斯《宪法》规定，俄罗斯是共和制的民主联邦法制国家，拥有基于法治的共和政体。俄罗斯人民将是俄罗斯联邦唯一的权力来源。宪法宣布了由国家保证公民广泛的政治、经济、社会和文化权利。国家权力是由俄罗斯联邦总统、两院制联邦议会（立法机构）和法院分立行使的。

从历史上看，俄罗斯属于大陆法系，根据既定立法程序通过的成文法是主要的法律渊源。每年在俄罗斯通过约一万项法律、法规和其他法律文件。俄罗斯联邦签署的国际条约和国际法公认的原则是俄罗斯法律制度的一部分。如果俄罗斯联邦的国际条约规定了国内法规定以外的规则，则以国际条约的规则为准。

俄罗斯拥有健全的投资法律体系，与投资直接相关的联邦法律有：《固定资产投资活动法》《外国投资法》《关于外资进入对保障国防和国家安全具有战略意义的商业组织程序法》（简称《战略领域外国投资法》）、《保护证券市场投资者权益法》《经济特区法》《投资基金法》和《证券市场法》等。此外，俄罗斯联邦政府和各地方政权也在自己的权限内颁布了诸多投资活动法规和法令。

1. 国际工程承包法律法规与政策[②]

根据《俄罗斯联邦建筑法》的规定，俄罗斯为保障建筑的牢固与保护历史文物和城建风貌，公民与法人的建筑活动均应获得许可证。另据《俄罗斯建筑法》2008 年 7 月 25 日生效的修改本规定，自 2010 年 1 月 1 日起取消建筑领域国家许可证制度，实行建筑领域准入制度。

《俄罗斯联邦建筑法》对外国公民与法人在俄罗斯从事建筑活动并无特别的限制。只是在《俄罗斯建筑法》第 10 条规定，如俄罗斯联邦参与相关国际公约对此已有规定，则俄罗斯联邦对外国公民与法人在俄罗斯从事建筑活动与本国公民和法人同等对待。如无相关国际公约，则外国公民与法人在俄罗斯只能与具有资格的俄罗斯公民与法人建筑公司共同参与俄罗斯境内的建筑活动。俄罗斯不允许自然人承包工程。但是私商可以，同时需获得相关资质，且需要有一定数量的正式在编人员具备相关专业高等学历。

俄罗斯承包工程均实行公开招标制度。

2013 年 3 月，俄罗斯政府批准《公私合作伙伴关系联邦法》草案，允许联邦

---

① 部分信息参考商务部《全球法规网》—— 俄罗斯 http://policy.mofcom.gov.cn/page/nation/Russian.html。

② 部分信息及数据参考商务部 2018 版《对外投资合作国别（地区）指南——俄罗斯》，第 86 页。

和地方政府与私营企业家、本国或外国法人（俄罗斯国有企业除外）合作建设俄罗斯公共基础设施项目。该法为俄罗斯私人资本，包括外资进入俄罗斯垄断行业和公共服务领域奠定了法律基础，是俄罗斯改善投资环境，提高私人投资积极性，进一步扩大对外开放的重大举措。草案规定，除俄罗斯现行的 BTO 和 DBFO 模式外，还包括 BOT（建设 - 经营 - 转让）、BOO（建设 - 拥有 - 经营）、DBOO（设计 - 建设 - 拥有 - 经营）、BOL（建设 - 拥有 - 租赁）、BOOT（建设 - 拥有 - 经营 - 转让）、BBO（购买 - 建设 - 经营）和建立合资企业等。该法主要适用于建设医院、道路、住房保障和公用事业等项目，但俄罗斯国家投资基金预算拨款项目除外。目前，俄罗斯计划在外资企业参与基础设施项目建设中着手采用 BOT 和 DBFO 方式。根据俄罗斯《特许权经营协议》（2005 年 7 月 21 日，第 115 号），允许特许权经营的客体为不动产，共包括 14 类：公路和运输基础设施类工程建筑、铁路运输工程设施、管道运输工程设施、电力和热力生产、传输及配送的工程设施均包括其中。俄罗斯规定，特许经营协议有效期将参考特许协议客体的建设和（或）改造周期、投资规模、资金回收期以及特许协议规定的特许权受让方其他义务等因素在特许协议中予以确定。

2. 国际贸易法律法规与政策 [①]

俄罗斯主管贸易的政府部门有：经济发展部、工业和贸易部、农业部、联邦海关署等。经济发展部、工业和贸易部、农业部主要职责是制定对外贸易政策和管理对外贸易，签发进出口许可证，管理进出口外汇业务，制定出口检验制度，审批有关对外贸易的协定或公约等。联邦海关署执行俄罗斯政府的对外贸易管理政策，办理关税业务和报关业务等。

根据欧亚经济联盟有关法律规定，俄罗斯加入世界贸易组织后，欧亚经济联盟成员国俄罗斯、白俄罗斯、哈萨克斯坦、亚美尼亚和吉尔吉斯斯坦发起反倾销、反补贴和保障措施的权力和职能已全部移交欧亚经济联盟的常设执行机构——欧亚经济委员会，由其负责该领域工作的具体执行。

自 1991 年起，俄罗斯对外贸管理体制进行了彻底改革，取消了垄断性外贸管理体制，所有在俄罗斯境内注册的企业均有权从事对外经济活动，包括中介业务。除部分商品受许可证和配额等限制外，绝大部分商品已放开经营。

俄罗斯与贸易相关的主要法律有：俄罗斯联邦《对外贸易活动国家调节原则法》《对外贸易活动国家调节法》《俄罗斯联邦海关法典》《海关税则法》《技术调节法》《关于针对进口商品的特殊保障反倾销和反补贴措施联邦法》《外汇

---

① 部分信息及数据参考商务部 2018 版《对外投资合作国别（地区）指南——俄罗斯》，第 51 ～ 54 页。

调节与监督法》《在对外贸易中保护国家经济利益措施法》及欧亚经济联盟框架内颁布的相关法律法规等。

3. 海外投资法律法规与政策[1]

俄罗斯主管国内和国外投资的政府部门有经济发展部、工业贸易部、国家资产委员会、司法部国家注册局、反垄断署、联邦政府外国投资咨询委员会、中央银行、财政部、联邦金融资产管理署和联邦政府外国投资者监管委员会等。

2008 年 4 月 2 日、16 日，由俄罗斯议会上下两院分别通过和批准，5 月 5 日，由普京签署了《关于外资进入对保障国防和国家安全具有战略意义的商业组织程序法》，该法后经历次修改，目前共有 46 种经营活动被视为战略性行业，主要包括：核原料生产、核反应堆项目的建设运营，核装置、辐射源、核材料、放射性物质、核废料的处置、运输、存放、埋藏；武器、军事装备和弹药的研发、生产、销售、修理和销毁，以及用于武器和军事装备生产必需的特种金属和合金的研制、生产、销售；宇航设施和航空器研究、维修等；密码加密设备的研发；部分自然垄断部门（公共电信、公共邮政、供热供电、港口服务除外）的服务；联邦级的地下资源区块开发；水下资源；覆盖俄罗斯领土一半区域的广播媒体、发行量较大的报纸和出版公司等。

2011 年，俄罗斯对《俄罗斯联邦外国投资法》进行了修改，旨在降低外资进入门槛，目前政府已通过一揽子修改条款，涉及简化外资进入食品、医疗、银行及地下资源使用等行业的手续。

俄罗斯关于外资并购的法律体系由多部法律组成，法律分多个层次，且由多个机构分工协作来实施。其法律体系主要包括联邦层面的法律、各自治共和国的法律、俄罗斯联邦参加的国际条约以及俄罗斯政府部门的相关规则。俄罗斯现行的联邦级别的鼓励和调节外商投资的基础性法律文件是《俄罗斯联邦外国投资法》，与外国投资有关的法律有《俄罗斯联邦租赁法》《俄罗斯联邦产品分成协议法》《俄罗斯联邦土地法典》和《俄罗斯联邦经济特区法》。其中《俄罗斯联邦反垄断法》是并购法律体系的基础。

4. 财税金融法律法规与政策[2]

根据《俄罗斯联邦证券市场法》规定，外国公司经俄罗斯联邦证券委员会批准并获得在俄罗斯参与证券交易的许可证之后，可以参与俄罗斯证券市场的交易活动，与俄罗斯本国公司享有同等待遇。根据《俄罗斯联邦税务法典》规定，外国公司应缴纳 30% 的利润税，俄罗斯本国公司缴纳 15% 的利润税。

---

[1]　部分信息及数据参考商务部 2018 版《对外投资合作国别（地区）指南——俄罗斯》，第 58～60 页。

[2]　部分信息及数据参考商务部 2018 版《对外投资合作国别（地区）指南——俄罗斯》，第 62 页。

2013 年 3 月，俄罗斯联邦委员会（议会上院）批准了一项涉及禁止外国银行在俄境内设立分行的法律。据此，外国银行可在俄罗斯设立子行或外资参股和控股，不得设立分行。

对当地金融业监管的规定 2013 年 7 月 23 日，俄罗斯政府颁布关于金融监管改革的俄联邦法律，即自 2013 年 9 月 1 日起开始实行由俄央行主导的混业监管模式。俄罗斯中央银行承担对金融市场的主要监管职责，其他有关政府部门和行业自律组织协助行使部分监管职责。

俄罗斯新一轮税收制度改革始于 20 世纪 90 年代中期，于 1998 年和 2000 年分别颁布了《俄罗斯联邦税收法》第一部和第二部，标志税改取得实质性进展。此次改革最大的变化体现在：将个人所得税多级税率改为 13% 的单级税率；将预算外的退休基金、社保基金和医保基金合并为统一社会税，同时取消就业基金；改革公路使用税的征收办法，该税率原为销售额的 2.5%，现改为按商品销售额与进货额之差额的 1% 征收；取消住宅及社会文化设施税；取消燃油和润滑油的销售税；取消车辆购置税；取消个别种类交通工具购置税等。2001 年，俄罗斯议会修改补充了《俄罗斯联邦税收法》。其中，将原 35% 所得税率下调至 24%；将消费税普遍提高至 12%；增加矿产资源开采税，代替原矿产资源使用税和矿产资源基地再生产税。

俄罗斯实行联邦税、联邦主体税和地方税三级税收体制。联邦税在俄罗斯境内普遍实行，但其税收并不统归联邦预算。联邦主体税由联邦主体的立法机关以专门法律规定，并在相应地区普遍实行。地方税由地方自治代表机关以法规形式规定并在所管辖区域普遍实行。俄罗斯联邦税包括：增值税、某些商品和资源的消费税、企业和组织的所得税、自然人所得税、国家预算外社会基金缴纳、国家规费、海关关税和规费、地下资源开采税、动物和水生资源使用权税、林业税、水资源税、生态税、联邦许可证签发手续费等。俄罗斯联邦主体税包括：企业和组织所得税、不动产税、道路交通税、运输税、销售税、博彩税和地区许可证签发手续费等。俄罗斯地方税包括：土地税、自然人财产税、广告税、继承或赠与税和地方许可证签发手续费等。

5. 环境保护法律法规与政策 [①]

俄罗斯自然资源和生态部是负责在环境保护和生态安全领域制定国家政策和实施管理，以及在以上领域协调联邦其他权力执行机构工作的政府职能部门。《俄罗斯联邦环境保护法》和《俄罗斯联邦生态评估法》是环保基本法律。

《俄罗斯联邦环境保护法》规定每个人都有权享有良好环境的权利，保障每

---

① 部分信息及数据参考商务部 2018 版《对外投资合作国别（地区）指南——俄罗斯》，第 78～84 页。

个人享有良好的生活条件；保证良好环境的持续发展；保护、恢复和合理利用自然资源是保护环境和维护生态安全的必要条件；资源的有偿使用原则和环境污染破坏的补偿原则；环保监督的独立性原则；对计划中的经济活动和其他活动有可能产生的生态危害进行预先评估；在决定开始进行经济活动和其他活动时必须对其做环境影响评估；必须根据环保技术标准检查项目情况；在项目计划和实施阶段优先保护自然生态系统、自然景观和整体环境的原则；根据环保标准要求尽量利用最佳技术工艺，确保有关活动的有害影响降至最低；保护生物多样性原则；禁止对环境影响后果不明的经营和其他活动项目，禁止可能造成自然生态系统恶化、改变和（或）消灭动植物和其他生物基因的项目，禁止浪费自然资源和其他恶化环境的项目；违反环保法要承担相应责任；公民、社会团体和其他非商业组织有权力参与解决环保议题；俄罗斯联邦在环保领域积极参与国际合作。《俄罗斯联邦环境保护法》明确了违反环境保护法规行为的财产责任、纪律责任、行政责任和刑事责任。环境保护领域的纠纷，依法通过司法程序处理。

2008 年 11 月 17 日，时任俄罗斯总理普京签署 1662 号政府令，批准《2020年前俄罗斯社会经济长期发展战略》，该战略确立了保持国家经济持续发展的长期目标。

2009 年 11 月 13 日，俄罗斯正式批准《2030 年前俄罗斯能源战略》（简称《战略》）。《战略》对俄罗斯能源发展提出三大任务：一是确保国家未来能源需求，并提高俄罗斯在全球能源市场上的地位。二是保障能源资源储备快速增长。要采取措施增加石油、天然气、煤和铀的探明储量，确保探明的资源储量超过开采量。三是发展能源深加工和非传统替代能源。

在节能环保方面，俄罗斯政府在 2007 年前出台《俄罗斯联邦节能法》（1996年公布，2003 年 4 月修订）《在俄罗斯境内鼓励节能的补充措施》（1998 年 6 月）《1998—2005 年俄罗斯联邦节能专项计划》（1998 年 1 月 24 日）、《2002—2010 年提高能效经济联邦专项计划》（2001 年 11 月）《2007—2010 年及至 2015年高能效经济联邦专项计划》（2006 年 6 月）和《2007—2011 年发展国家技术基础联邦专项计划》。并于 2009 年 11 月普京总统签署了《俄罗斯联邦关于节约能源和提高能效法》（简称《新节能法》，2009 年 11 月 18 日俄罗斯联邦议会通过）。《新节能法》旨在通过法律、经济和组织措施促进节能并提高能效。2009 年 1 月 20 日，俄罗斯时任总理普京批准《2020 年前利用可再生能源提高电力效率国家可再生能源重点方向》（简称《可再生能源重点》）。《可再生能源重点》确立了可再生能源利用的宗旨和原则，规定了可再生能源发电、用电规模指标及相关落实措施。

《俄罗斯联邦生态评估法》规定，要对与生态评估的客体有关的经营活动相关文件进行评估，确认其符合环境保护领域的技术规章和法律的要求，防止该活动对环境产生负面影响。俄罗斯建设和住房公用事业部下设国家鉴定总局，外资企业在俄罗斯境内投资建厂需向该部门提供环评报告。对一般性项目在初步设计方案中提供项目环评报告，对高污染的项目需在设计前提交环评报告，具体收费根据项目而定。

6. 劳务合作法律法规与政策 [①]

2001年12月颁布的《俄罗斯联邦劳动法》是俄罗斯调节劳动关系的大法。该法的主要目的是对劳动权利和公民自由确立国家保障、创造良好的劳动条件和保护劳资双方的权利与义务。该法律的主要任务是为合理调节劳资双方的权利与义务和保护国家利益创造必要的法律条件，对劳动关系以及与其相关的间接关系（劳动的组织与管理、劳动安置、职业培训和进修、监督遵守劳动法和缴纳社会保险情况、解决劳动纠纷）进行法律调节。

俄罗斯对外来劳务采用配额管理办法。来自独联体国家的劳务人员不需要办理劳务邀请及签证，因此配额总量中注明了除独联体外引进其他国家劳务人员的数量。根据俄罗斯劳务移民法规，用工企业和部门每年向当地劳动就业部门及移民局申请下一年度使用外来劳务的数量，次年5月之前，使用外来劳务配额（许可证）发放完毕（补充配额除外）。

根据《俄罗斯联邦外国公民法律地位法》规定，外国公民根据劳资双方签订的劳动合同，取得俄罗斯工作许可证的情况下，可以在俄罗斯从事相关的劳动活动。在外资信贷机构中俄罗斯雇员的数量不能少于雇员总人数的75%；产品分成项目中，投资者聘用的俄罗斯籍雇员数量应不少于所聘雇员总数的80%，只有在按协议进行的工程初期或在俄罗斯联邦国内缺乏具有相应专长的工人和专家的情况下方可聘用外国工人和专家。在俄罗斯合法居留的外国公民与俄罗斯公民享有平等权利并承担相应义务。外国公民应根据《俄罗斯出入境法》办理工作签证和到俄罗斯以后的居留手续。雇主需向俄罗斯移民局提供雇用外国劳工许可证，为每名外国工人办理劳务许可的文件（其中含有批准俄罗斯联邦各地劳务配额）。俄罗斯移民局将根据每年劳务市场需求情况发放劳动许可证。

7. 知识产权合作法律法规与政策 [②]

知识产权在俄罗斯受国家法律保护，同时也受俄罗斯联邦参与的国际条约的保护。俄罗斯联邦涉及知识产权保护的国家立法主要包括：《俄罗斯联邦宪法》《俄罗斯联邦民法》《俄罗斯联邦刑法》《俄罗斯苏维埃联邦社会主义共和国民事诉讼法》

---

① 部分信息及数据参考商务部2018版《对外投资合作国别（地区）指南——俄罗斯》，第71～74页。

② 部分信息及数据参考商务部2018版《对外投资合作国别（地区）指南——俄罗斯》，第88页。

《俄罗斯苏维埃联邦社会主义共和国刑事诉讼法》《俄罗斯联邦仲裁诉讼法》《俄罗斯联邦海关法》《苏维埃社会主义共和国民事基本法》《俄罗斯苏维埃联邦社会主义共和国商品市场垄断行为限制竞争法》和《信息、信息化和信息保护法》。

俄罗斯有关知识产权的规定主要是在 2008 年 1 月 1 日开始生效的《俄罗斯联邦民法典》第 4 部分中，即：智力活动成果及个性化方式的权利。该部分规定了受保护的智力活动成果及个性化方式的内容：著作权、专利权、发明权、育种成果权、集成电路设计技术权、生产秘密权和智力活动成果的使用权。

俄罗斯于 2011 年 12 月 16 日签署《关于加入世贸组织的马拉喀什协议》，于 2012 年 8 月 22 日正式加入世贸组织。成为世贸组织成员国后，俄罗斯遵守《马拉喀什协议》和《与贸易有关的知识产权协定（TRIPS）》等世贸组织框架下条约。2014 年 3 月 12 日，俄罗斯总统签署了第 35 号联邦法典，对《俄罗斯联邦民法典》第四部分作了了多项重大修改。

俄罗斯联邦宪法第 15 条第 4 款规定：俄罗斯联邦参加的国际条约是俄罗斯联邦法律制度的组成部分，在国际条约与俄罗斯联邦法律的规定有不同时，则使用国际条约的规定。同时在俄罗斯联邦实行国际法优先于国内法。俄罗斯联邦参与的知识产权有关的国际条约有：《保护工业产权巴黎公约》《专利合作条约》《商标国际注册马德里协定》《商标注册用商品与服务国际分类尼斯协定》《欧洲专利合作条约》《保护文学和艺术作品伯尔尼公约》《世界版权公约》和《建立世界知识产权组织公约》。

8. 法律争议法规与政策[①]

在俄罗斯解决对俄投资合作出现纠纷时，受目前中俄联合执法机制所限，宜向俄当地司法机关提起诉讼，也可向双方认可的国际仲裁机构和第三国提起诉讼。在与俄方签订投资合作合同时，须对解决纠纷机制进行明确界定。应在合同条款中明确仲裁地及仲裁机构。

如合同内没有特定规定，默认适用俄罗斯法律法规。提示：俄罗斯的法律纷繁复杂，让专业人士都不胜其烦，所以，重要的投资项目一定要聘请俄罗斯律师对关键问题把关，而不能盲目信任俄罗斯合作伙伴和某些政府官员或人士的建议。此外，俄罗斯是个高税负的国家，税法更加复杂，所以，即使不聘请律师，也要聘请当地信誉好的会计师为公司处理税务。对于大型的投资项目，还要事先请专业的会计师事务所进行税收筹划，将投资的税负成本降到最低，争取合理避税，否则，所有的利润可能都要贡献给俄罗斯税务部门。

[①] 部分信息及数据参考商务部 2018 版《对外投资合作国别（地区）指南——俄罗斯》，第 89 页。

（二）投资合作注意事项

投资方面。了解相关法规和双边协议。中俄两国签订有相互保护投资协定等协议，建议投资者充分了解其内容，以维护自身利益和保护合法权益；选择合作伙伴，选择可靠的和实力雄厚的合作伙伴是在俄罗斯投资项目成功的关键；考虑地区差异。投资方在俄罗斯注册企业或投资项目应充分考虑企业税费、产品生产条件、销售市场、交通运输、人文、气候和民族风俗等各种因素；办好注册手册，认真对待合同条款。最好聘用当地律师协助准备注册文件，正确履行相关程序；有效雇用当地劳动力。俄罗斯有相关法律以配额方式限制外籍劳务，且配额逐年递减；充分核算成本。俄财会法规与中国相关规定差异较大，在俄投资/经营应充分了解其财务规定，以免遭受损失；在基础设施建设合作方面，俄罗斯自然垄断行业限制外资进入，至今未开放铁路客运和货运市场，不允许外商设立合资企业，提供装卸、集装箱堆场、船舶代理和结关等服务，不允许外商从事铁路运输设备的维修保养服务；如果投资或者工程承包的周期较长，要关注俄罗斯自身的通胀率、物价水平和汇率风险，并有一定的风险储备。

贸易方面。货物性质明确，货物信息充分，证书齐全。

承包工程方面。应注意借力当地技术机构，实现对当地标准的理解和转换；应了解业主、包括当地政府机构对工程进行监管的结构、做法和惯例等。

劳务合作方面。劳务合作务必避免非法打工，办理正规手续，随着俄罗斯取消免签国家的移民配额制度，更多中国移民有希望申请工作许可，得到合法身份。承包方要想引进外国劳务，须提前早做规划和早做申请。中国移民必须跨过语言关，主动融入当地社会，维护自身合法权益。

在俄罗斯开展投资、贸易、承包工程和劳务合作的过程中，要特别注意事前调查、分析和评估相关风险，事中做好风险规避和管理工作，切实保障自身利益。包括对项目或贸易客户及相关方的资信调查和评估，对项目所在地的政治风险和商业风险分析和规避，对项目本身实施的可行性分析等。

建议企业在开展对外投资合作过程中使用中国政策性保险机构——中国出口信用保险公司提供的包括政治风险和商业风险在内的信用风险保障产品；也可使用中国进出口银行等政策性银行提供的商业担保服务。

第二章
英美法系国家

  英美法系亦称"普通法系""英国法系"或"美国法系"。以英国习惯法为基础发展起来的法系。产生于英国，后扩大到曾经是英国殖民地、附属国的许多国家和地区，包括美国、加拿大、印度、巴基斯坦、孟加拉、马来西亚、新加坡、澳大利亚、新西兰以及非洲的个别国家和地区。它是西方国家中与大陆法系并列的历史悠久和影响较大的法系，注重法典的延续性，以传统、判例和习惯为判案依据。

一、印 度

（一）印度法律法规与政策 [①]

印度法律制度比较成熟，主要沿承英美法系。自印度宪法生效以来，印度法律遵守联合国的人权法和环境法准则，某些国际贸易法，例如知识产权法，也在印度得到执行。

印度最高法院是最高司法权力机关，有权解释宪法和审理中央政府与各邦之间的争议问题等。各邦设有高等法院，县设有县法院。最高法院法官由总统委任。总检察长由政府任命，主要职责是就执法事项向政府提供咨询和建议，完成宪法和法律规定的检察权，对宪法和法律的执行情况进行监督等。

1. 国际工程承包法律法规与政策 [②]

印度有相对健全的法律体系和较为完善的市场经济体制，招标相对规范。印度工程市场向外国企业开放，不要求参加投标的外国公司在当地注册，外国公司可以直接或者与当地公司组成联合体投标。投标时，需要具备业主要求的工程承包资质。中标后要按规定成立项目公司才能实施项目。中国企业在印度承揽工程项目，通常有两种途径：（1）以外国公司形式在印度参与印度项目工程承包；（2）以印度子公司的名义参与印度项目工程承包。

由于印度公共财政能力有限，基础设施薄弱。"公共私营合作"PPP/BOT模式在解决投资短缺、降低项目风险、克服腐败和征地困难等方面优势明显，未来将在印度基础设施建设中发挥关键作用。以公路建设为例，印度高速公路发展规划（NHDP）是世界上最长的公路发展规划之一，涉及54000千米的公路加宽、升级和改造，总投资达600亿美元。印度国家高速公路局（NHAI）在执行这一规划中主要采取BOT方式进行建设。外资可以100%进入印度公路领域，目前在该模式下，主要投资国家有马来西亚、中国、韩国、俄罗斯、西班牙、泰国、英国、印尼和土耳其等。此外，印政府欢迎各国投资者以PPP方式助力印本土基础设施

[①] 部分信息及数据参考商务部2018版《对外投资合作国别（地区）指南——印度》，第6页。

[②] 部分信息及数据参考商务部2018版《对外投资合作国别（地区）指南——印度》，第57和73～74页。

建设，但由于外界对政府效率存有疑虑，目前大多数外商对该模式持观望态度。

2. 国际贸易法律法规与政策[①]

印度商工部是印度国家贸易主管部门，其下设商业部和产业政策与促进部两个分部。商业部主管贸易事务，负责制定进出口贸易政策、处理多边和双边贸易关系、国营贸易、出口促进措施、出口导向产业及商品发展与规划等事务。产业政策与促进部负责制定和执行符合国家发展需求目标的产业政策与战略，监管产业和技术发展事务，促进和审批外国直接投资和引进外国技术，制定知识产权政策等。

印度与贸易有关的主要法律有：1962 年《海关法》、1975 年《海关关税法》、1992 年《外贸（发展与管理）法》、1993 年《外贸（管理）规则》和《外贸政策》（2015—2020 年）等。

印度实行对外贸易经营权登记制。印度政府将进出口产品分为：禁止类、限制类、专营类和一般类。所有外贸企业均可经营一般类产品。对限制类产品的经营实行许可证管理。对石油、大米、小麦、化肥、棉花和高品位铁矿砂等少数产品实行国有外贸企业专营管理。

印度消费者事务及公共分配部下属的印度标准局（BIS）是印度负责进口产品质量检验的主管部门。涉及进口产品质量检验的法律法规包括：1986 年《印度标准局法》、1987 年《印度标准局规则》和 1988 年《印度标准局（认证）规则》。

印度基本关税税率和征收由《海关法》和《海关关税法》规定。印度对进口的商品征收基本关税、附加关税及教育税。基本关税税率在《关税法》中有明确规定。附加关税等同于针对印度国内商品所征收的消费税。进口产品还需缴纳所缴税额 2% 的教育税。关税的计算标准为进口商品的交易价格。每年印度政府的财政预算案会对当年度的进出口关税做适当调整。此外，根据印度 1962 年《海关法》，为维护公平贸易，印度政府还可以对进口货物征收反倾销税、反补贴税和保障措施税。

3. 海外投资法律法规与政策[②]

印度主管国内投资和外国投资的政府部门主要有：商工部下属的投资促进和政策部，负责相关政策制订和投资促进工作，负责相关政策制订和投资促进工作，下设有产业协助秘书处（SIA）、外国投资执行局（FIIA）和外商投资促进理事会（FIPC）等机构；公司事务部，负责公司注册审批；财政部，负责企业涉税事

---

① 部分信息及数据参考商务部 2018 版《对外投资合作国别（地区）指南——印度》，第 51～53 页。

② 部分信息及数据参考商务部 2018 版《对外投资合作国别（地区）指南——印度》，第 53、60、75 页。

务和限制类外商投资的审批；储备银行，负责外资办事处、代表处的审批及其外汇管理。

在外资审批中，属于"自动生效"程序审批的外资项目直接报备印度储备银行，不属于"自动生效"程序审批的外资项目，或超出印度政府有关规定的外资项目的审批由相关产业部门负责。对超过 120 亿印度卢比的提案，则由内阁经济事务委员会（CCEA）审核批准。印度官方的投资促进机构，还包括印度投资署（INVESTINDIA）。该机构 2009 年 12 月成立，由中央政府（DIPP）、各邦政府和印度工商联合会（FICCI）共同组成，促进外国资本有重点、全面和系统地在印投资，为投资者提供优质的投资及相关服务。

印度政府没有专门针对外商投资的优惠政策，外商在印度投资设立的企业视同本地企业，须与印度企业一样遵守印度政府制定的产业政策。外资只有投资于政府鼓励发展的产业领域或区域，才能和印度本土企业一样享受优惠政策。印度外商投资优惠政策主要体现在地区优惠、出口优惠和特区优惠上。

印度对中国企业投资合作保护政策：2006 年中印两国政府签订了《双边投资保护协定》，目前已经超出协议期限，双方拟就投资保护协定进行修订。1994 年，中印两国签署了《避免双重征税协定和两国银行合作谅解备忘录》，目前已经超出协议期限，双方拟修订有关内容。1984 年，中国与印度政府签署了第一个政府间贸易协定。2014 年，中国与印度政府签署了《经贸合作五年发展规划》。

4. 财税金融法律法规与政策 ①

印度储备银行（央行）负责金融体系监管、外汇管制和发行货币。印度财政部下属的中央消费税和关税委员会负责关税制定、关税征收、海关监管和打击走私。

印度税制是以印度宪法的规定为基础建立起来的，根据印度宪法第 265 条规定："没有议会的授权，行政上不能课税"。印度税收立法权和征收权主要集中在联邦中央政府和各邦之间，地方市一级政府负责少量的税种征收。中央和各邦的课税权有明确的划分，中央政府征收的税种（central taxes）包括直接税收和间接税收两大类，直接税主要由公司所得税、个人所得税和财富税等组成，间接税主要包括货物与劳务税（GST）（2017 年 7 月 1 日开征）和关税等。

5. 环境保护法律法规与政策 ②

印度主要的环境监管机构包括环境、森林和气候变化部中央污染控制委员会

---

① 部分信息及数据参考商务部 2018 版《对外投资合作国别（地区）指南——印度》，第 51 和 57 页。

② 部分信息及数据参考商务部 2018 版《对外投资合作国别（地区）指南—— 印度》，第 68 ～ 71 页。

（CPCB）和邦污染控制委员会（SPCBs）以及地方市政机关。

现行环保法规主要有：《环境保护法》《水法》和《大气法》。现行的《水法》和《大气法》目的在于防止和控制对水和大气的污染。《大气法》是由中央政府负责执行的，而水法则由各邦的政府负责监督和执行。除上述法律外，印度环保法规还包括大量其他附属法规：《森林保护法》《野生动物保护法》《原子能法案》《大象保护法》《流行病法案》《工厂法案》《渔业法案》《杀虫剂法案》《警察法案》《市政立法》《防止食品掺假法案》《印度刑法典》和《特赦法案》等。

6. 劳务合作法律法规与政策[①]

印度劳工保护法规严苛，使印度劳动力市场灵活性与合理性在全球主要投资热点国家和地区中排名靠后。承包商要充分了解印度员工的文化差异和当地劳工法规。印度是劳务输出大国，有丰富的普通劳动力资源，在劳务输入方面有较严格限制。政府鼓励使用当地劳工，虽然没有明文规定不准外籍劳工进入印度，但在办理签证时会加以限制。目前，中资企业赴印度工程技术人员很难申请到工作签证，普通劳工更是无法入境，工作签证申请耗时较长且极难获得批准。鉴于签证难度和费用等问题，中资企业在向印度派遣劳务时务须高度谨慎。

7. 知识产权合作法律法规与政策[②]

印度是世界知识产权组织的成员国，并于1998年12月7日成为《保护工业产权巴黎公约》的成员国。印度涉及保护知识产权和工业产权的法规包括：《专利法》《著作权法》《商标法》和《设计法》等。

根据印度1970年《专利法》（2005年最新修订）规定，专利保护期为20年，自提交专利申请之日起算。1999年《商标法》规定，可以使用非注册商标，但在依法注册之前不享有排他使用权。注册商标保护期为10年，期满后可申请延期。印度2000年《设计法》规定，新创或证明原创工业设计可以获得注册保护，其他使用者在使用经注册的工业设计前必须获得原注册人的许可。如果一项设计已注册为受保护的工业设计，则该项设计不能同时享受《著作权法》的保护。

印度法律规定，侵犯知识产权将承担损害赔偿和返还利润等民事责任。被侵权人也可提起刑事诉讼，追究侵权人刑事责任，最高可处3年有期徒刑，并处或单处20万卢比罚金。

---

① 部分信息及数据参考商务部2018版《对外投资合作国别（地区）指南——印度》，第93页。
② 部分信息及数据参考商务部2018版《对外投资合作国别（地区）指南——印度》，第75～77页。

8. 法律争议法规与政策 [①]

印度拥有较健全的独立司法制度，司法制度为三级制，典型的印度诉讼开始于地方法院，在最高法院获得最终合理判决。邦高等法院和各种各样的邦级法庭（一般位于各邦首府）构成了三级制度中的中间层。除了对于一些由于缺乏罚金管辖权而无法受理的案件，地方法院是大部分争端的一审法院。违反基本权利的案件在相应的高等法院和最高法院审理。

民事、刑事及经济争端视其犯罪程度和罚金管辖权，可以在具有地区管辖权的法院进行审理。原告的起诉缘由和被告的居留地是决定地区管辖权的必要因素。印度有一系列专门处理特定争端的特殊法院和法庭，如各种税务法庭、消费者赔偿法庭、印度保险监管局、行业法庭、债务偿还法庭、公司法委员会和机动车事故赔偿法庭等。

关于争端解决，印度 1908 年《民事诉讼法典》规定了由往复地区法院做出的判决的执行。法典规定，往复地区上级法院通过，且在印度地方法院存档的判决，可在印度执行，原因是其已在印度地方法院通过。根据印度政府的通报，新加坡、马来西亚、英国、新西兰、中国香港和斐济为往复地区。对于其他国家，若印度地方法院审理的案件可以由一项由外国法院通过的判决处理，那么该判决就可以在印度执行。此外，1908 年《民事诉讼法典》在其第 37 条中规定了债务和违约金的快速偿还程序。与一般诉讼不同，被告人无权自我辩护。关于仲裁和调解，印度《仲裁法》适用于通过印度法律认定（无论是否属于合约争端）且其中一方当事人是外国人或隶属于外国公司的国际商业争端。基于国际商事仲裁示范法的 1996 年《裁决和调解法》规定了快速解决下列商业争端的措施：仲裁地在印度的国际商业仲裁和根据《纽约公约》和《日内瓦公约》规定，执行印度之外的仲裁地做出的国际商业仲裁协议和裁决。按照印度法律，以下类型争端不能通过仲裁解决，只能通过民事诉讼解决，包括：与公共权利有关的争端；具有与刑事犯罪类似的性质，且需根据《外汇管制法》（FEMA）裁决的争端；由法定机构颁布有效知识产权的争端；超过当事人意志的税收争端；根据 1956 年《公司法》停止营业的争端；涉及破产的争端。

关于执行程序，印度法院一旦认定外判决为可执行判决，即可执行。在有相应管辖权的印度法院裁定一项外国判决为可执行判决之后，当事人可以提交执行申请。

关于投资条约带来的争端解决，目前印度已宣布采用新的 BIT 模板，需此前签订的 BIPAs 将逐步失效，各国需重新与印度根据新的 BIT 模板签订条约。新的 BIT 模板下，对于外资的保护较此前的 BIPAs 有所减少。另一方面，印也与一些

---

① 部分信息及数据参考商务部 2018 版《对外投资合作国别（地区）指南——印度》，第 77～78 页。

国家签订了自由贸易协定、优惠贸易协定、综合性经济合作协议（CECAs）和全面经济伙伴关系协定（CEPAs）等，其中，CECAs 和 CEPAs 也有相应投资保护和投资促进的条款。这些保护协定规定了投资争端解决机制，总体讲，这些争端可依据印度国内司法途径解决或进行国际仲裁。在申请仲裁前，争议双方需要首先尝试通过谈判解决争端，如 6 个月内无法通过谈判解决争端，方可提交仲裁。

（二）投资合作注意事项[①]

投资方面：（1）对外国资本实行中性政策。印度缺少专门针对外资的优惠政策，对外资在印度设立的企业视同当地企业。(2)法律体系复杂，税收监管严格。（3）借助当地专业机构，严格防范法律风险。

贸易方面：印度政府为对本国市场实行贸易保护，频繁对外国进口产品发起贸易救济调查。印度已经成为近年来 WTO 成员中对外发起反倾销调查最多的国家，也是对中国反倾销立案最多的发展中国家。此外，印度贸易公司大多为中小型企业或家庭企业，对国际贸易实务和惯例了解不够，且部分企业信誉欠佳，近年来发现有进行进口诈骗的印度进口商。因此，中资公司与印度公司开展贸易合作，应特别注意以下 3 点：（1）积极签订购销合同，避免模糊条款；（2）规避风险，选择银行信用证（L/C）支付方式；（3）防范网络风险和诈骗。

承包工程方面：印度基础设施较落后，工程建设市场潜力巨大，同时风险较大，可谓机遇和挑战并存。中国企业需要注意以下 3 点：（1）规避注册和签证等风险；（2）本地化经营；（3）谨慎承揽 EPC 总承包项目。

二、巴基斯坦

（一）巴基斯坦法律法规与政策[②]

巴基斯坦建国后于 1956 年、1962 年和 1973 年颁布过 3 部宪法。1977 年，齐亚·哈克实行军法管制，部分暂停实施宪法。1985 年通过了宪法第 8 修正案，授予总统解散国民议会和联邦内阁、任免军队首脑和法官的权力。2010 年 12 月 22 日，巴基斯坦议会一致通过宪法第 19 修正案，赋予总理任命高等法院和最高

---

① 部分信息及数据参考商务部 2018 版《对外投资合作国别（地区）指南——印度》，第 90 ～ 93 页。
② 部分信息及数据参考商务部 2018 版《对外投资合作国别（地区）指南——巴基斯坦》，第 3 ～ 4 页。

法院法官一定的决定权,并由总统对决定结果进行最终认可。2012 年 2 月 20 日,巴基斯坦议会通过宪法第 20 修正案,取消了由总统任命看守政府总理的权力,改由总理和反对党领导人协商确定。议会是巴基斯坦的立法机构。1947 年建国后长期实行一院制,1973 年宪法颁布后实行两院制,由国民议会(下院)和参议院(上院)组成。

巴基斯坦是世界贸易组织成员,市场开放,法制较为健全,发展潜力巨大。然而恐怖主义活动猖獗一直困扰着巴基斯坦经济社会发展,法律风险和债务风险等也是巴基斯坦经济社会发展面临的巨大挑战。

1. 国际工程承包法律法规与政策 [①]

巴基斯坦承包工程市场管理相对宽松,外国承包工程企业进入巴基斯坦市场只需在巴基斯坦工程理事会(PEC)注册即可,原则上允许外国自然人在当地承揽工程承包项目。除非获政府特殊批准,外国承包商在巴基斯坦不可承揽涉及武器、高强炸药、放射性物质、证券印制与造币和酒类生产(工业酒精除外)等领域的工程项目。

在大型项目建设和管理上,巴基斯坦政府和相关部门多聘请欧美发达国家的公司作为项目咨询,使用和借鉴西方国家的技术标准与项目管理机制,运作比较规范。按巴基斯坦法律规定,大型项目应采用国际公开招标方式确定承包商,以 EPC、PMC 和带资承包方式实施的项目比例逐年提高。此外,政府积极鼓励投资者通过 BOT、BOOT 和 PPP(公私合营)等方式参与项目建设。

早在 20 世纪 90 年代,巴基斯坦就成为接受 PPP 模式的发展中国家之一。PPP 模式的发展为巴基斯坦电力、电信、港口及社会服务等公共基础设施领域的发展发挥了积极作用。经过十几年的发展,巴基斯坦 PPP 项目管理体制以及组织架构已较为健全。2016 年 5 月,巴基斯坦联邦政府出台了《公私合营(PPP)模式管理法案》,为 PPP 投资模式制定了较为清晰的法律框架和管理体制,梳理了政府、企业和消费者之间的权益和义务,形成了较为规范的 PPP 管理模式。目前已在巴基斯坦成功开展 PPP 项目的有英国、挪威和日本等外国公司以及巴基斯坦本国公司。近期实施的部分项目有:旁遮普省车辆检测和认证项目(Punjab Vehicle Inspection and Certification System,VICS);拉合尔卡纳格扎立交桥项目(Flyover Over Railway Crossing Kahna Kachha);信德省医疗机构设备项目(Health Care Facilities and Services Project),此外,巴基斯坦还有众多仍在规划中的 PPP 项目,包括旁遮普省粮食仓储、费萨拉巴德和拉合尔污水处理厂、拉合尔尼什塔尔公园体育中心项目和费萨拉巴德停车场及购物中心等。

---

① 部分信息及数据参考商务部 2018 版《对外投资合作国别(地区)指南——巴基斯坦》,第 41,52 页。

2. 国际贸易法律法规与政策 [①]

巴基斯坦贸易主管部门是巴基斯坦商务部，其主要职责包括：国内外贸易管理和政策制定、出口促进、公平贸易（反倾销等）、多双边贸易协议谈判、商协会的组织与监管和保险行业监管等。巴基斯坦国家银行负责金融体系监管、外汇管制和发行货币。巴基斯坦财政部下属联邦税收委员会负责关税制定、关税征收和海关监管等。

巴基斯坦与贸易相关的主要法律法规有：《公司法》《贸易组织法》《贸易垄断与限制法》《海关法》《反倾销法》和《反囤积法》等。

巴基斯坦政府将出口产品分为：禁止类、限制类、限价类和一般类。其中部分禁止类商品出口需要获得相关政府主管部门的许可，限制类商品的出口需符合政府规定的相关要求。由于走私活动猖獗，巴基斯坦对向阿富汗出口管理相当严格，专门出台法规予以规范。进口产品分禁止类、限制类和一般类。其中禁止类商品包括违反伊斯兰教义的相关商品等十几大类；限制类商品的进口需要符合政府规定的相关要求。在巴基斯坦从事贸易除遵守有关现行法律外，还应密切关注政府每财年初发布的新财年贸易政策，以获取最新规定及最新商品关税税率等信息。

巴基斯坦海关隶属于巴联邦税收委员会（FBR）。根据《海关法》《进出口法》和《海关细则》等对进出口商品进行管理。商品关税税率每年均有调整，出于保护国内产业需求，巴基斯坦政府可以对进口货物征收反倾销税和调解关税。

3. 海外投资法律法规与政策 [②]

巴基斯坦投资部是联邦政府负责投资事务的部门。根据巴基斯坦 1976 年《外国私人投资（促进与保护）法案》、1992 年《经济改革促进和保护法案》以及巴基斯坦投资优惠政策规定，巴基斯坦所有经济领域向外资开放，外资同本国投资者享有同等待遇，允许外资拥有 100% 的股权。在最低投资金额方面，对制造业没有限制，但在非制造业方面，则根据行业不同有最低要求，服务业（含金融、通讯和 IT 业）最低为 15 万美元，农业和其他行业为 30 万美元。巴基斯坦投资政策规定限制投资的 5 个领域是：武器、高强炸药、放射性物质、证券印制与造币和酒类生产（工业酒精除外）。此外，由于巴基斯坦是伊斯兰国家，外国企业不得在当地从事夜总会、歌舞厅、电影院、按摩和洗浴等娱乐休闲业。

涉及外资并购的主要法律：2017 年《公司法案》、1997 年《公司（法院）规则》、1947 年《外汇管制法》、2001 年《私有化委员会法》、1976 年《外国

[①] 部分信息及数据参考商务部 2018 版《对外投资合作国别（地区）指南——巴基斯坦》，第 38～39 页。

[②] 部分信息及数据参考商务部 2018 版《对外投资合作国别（地区）指南——巴基斯坦》，第 39～40、43 和 52～53 页。

私人投资（促进与保护）法》、1992 年《经济改革保护法》以及相关的投资政策和私有化政策等，其中涉及到外资并购安全、国有企业投资并购、反垄断和经营者集中的法律主要是：2010 年《竞争法》、2007 年《竞争（并购控制）条例》和 2001 年《投资委员会法令》。巴基斯坦总统侯赛因于 2017 年 5 月 30 日正式签署《公司法案》，取代在巴基斯坦施行 33 年之久的《公司法》（1984 年），新公司法案的颁布实施是巴基斯坦迄今最重要的法律制度改革之一。也是议会迄今为止通过的篇幅最长和内容最丰富的法律文本，包含 515 个部分。新法案为公司提供便利的营商手续，为投资者提供更强的保护力度。同时还将加强电子化管理，增强管理的透明标准，大幅提高政府对企业的管理水平。

巴基斯坦对外国投资优惠政策：1976 年《外国私人投资（促进与保护）法案》、1992 年《经济改革促进和保护法案》以及《巴基斯坦投资政策 2013》，此外，巴基斯坦已与包括中国在内的 47 个国家和地区签署了双边投资协定，与 52 个国家和地区签署了避免双重征税协定。

巴基斯坦对中国企业投资合作保护政策：1989 年 2 月，中巴双方签署《双边投资保护协定》；2006 年 11 月，双方签署的《自由贸易协定》也对双边投资保护做出了明确规定；2008 年 10 月，双方签署《自贸协定补充议定书》，巴方专门给予中巴投资区 12 条优惠政策。2016 年 12 月 8 日，双方签署《中华人民共和国政府和巴基斯坦伊斯兰共和国政府关于对所得避免双重征税和防止偷漏税的协定第三议定书》。根据该议定书，中国有关银行和丝路基金为《中巴经济走廊能源项目合作的协议》所列项目提供贷款取得的利息在巴基斯坦免征所得税。

4. 财税金融法律法规与政策 [①]

巴基斯坦税收分为联邦税（国税）及省税（地税），其中联邦税收收入约占全国税收总收入的 90% 左右。联邦税由联邦税务局（FBR）主管，下设国内税务局（Inland Revenue）、关税局（Customs）和纳税人审计局（Taxpayer Audit）等分支机构。其中国内税务局（负责征收所得税、销售税和联邦消费税）在巴基斯坦全国设有 3 个大税局（Large Taxpayer Unit，设在卡拉奇、拉合尔和伊斯兰堡）和 18 个地区税收办公室（Regional Tax Office），关税局在全国设有 25 个分支机构。省税由地方税务局和财政部门主管，除少部分上缴联邦政府外，其余作为各省自有发展资金。AJ&K 地区在宪法上不属于联邦，故在 AJ&K 理事会（AJ&KCouncil）下设 AJ&K 税务局（Inland Revenue Department of AJ&K）收缴所得税和销售税及其他地税。该税务局同时受 FBR 管辖，国税税收中有一定比例归 AJ&K 政府所有，其余上缴联邦政府。

---

① 部分信息及数据参考商务部 2018 版《对外投资合作国别（地区）指南——巴基斯坦》，第 41～43 页。

税法体系主要包括：2001 年《所得税条例》、2002 年《所得税规则》、1990 年《销售税法案》、2005 年《联邦消费税法案》、2011 年《信德省服务销售税法案》、2012 年《旁遮普省服务销售税法案》及其他省级服务销售税条例等。除此之外，巴基斯坦经济协调委员会（Economic Coordination Committee）也可通过特别法令（Statutory Regulatory Orders，SROs）的形式对特定纳税人或群体进行税务减免，这类减免的效力在税法之上。

（1）销售税：巴基斯坦联邦政府在 20 世纪 90 年代取消增值税，改设销售税。自 2008 年 7 月起，销售税税率为 16% ～ 21%。进口商品和巴基斯坦本国生产的商品均需缴纳销售税，部分商品免征销售税，主要是计算机软件、药品和未加工农产品等。其中，绝大部分商品销售税率为 16%，称为普通销售税（GST）。

（2）联邦消费税：进口商品和巴基斯坦本国生产的商品及保险、广告、邮件快递和会计等服务均需缴纳消费税。税率为 5% ～ 100%，其中，通讯服务税率为 20%，银行和保险服务税率为 10%。部分商品和服务免征联邦消费税。

（3）关税：大部分商品关税税率为 5% ～ 35%。中巴自贸协定于 2007 年 7 月 1 日起实施，分两个阶段对全部货物产品实施降税。第一阶段在协定生效后 5 年内，双方对占各自税目总数 85% 的产品按照不同的降税幅度实施降税，其中，36% 的产品关税将在 3 年内降至零。

5. 环境保护法律法规与政策 [①]

巴基斯坦环保管理部门为环境部。环境部根据巴环境保护法制定相关环保政策。巴基斯坦建立了以《巴基斯坦环境保护法（1997）》为核心的较为完善的环保法规体系，主要包括：《国家环境质量标准》（包括工业自我监督和报告制、环境实验室证书、环境空气、饮用水、噪音、汽车尾气和噪音等一系列标准）；省级可持续发展基金委员会制度；工业污染费（计算与征收）制度；国家饮用水、环境、拆迁和污水政策；清洁发展机制国家战略；清洁空气项目；环境影响评估程序；各具体行业环境指导项目和检查清单等。

污染事故处理或赔偿标准：可处最高 100 万卢比罚款，事故危害期间可并处每天 10 万卢比罚款；有此类犯罪前科的，可并处 2 年以下有期徒刑；关停和收缴其工厂和设备等；强令其赔偿受害人损失，恢复环境等。

6. 劳务合作法律法规与政策 [②]

巴基斯坦是传统劳务输出国，劳动力资源丰富，无须从外部引进。在巴基斯

---

① 部分信息及数据参考商务部 2018 版《对外投资合作国别（地区）指南——巴基斯坦》，第 50 ～ 51 页。

② 部分信息及数据参考商务部 2018 版《对外投资合作国别（地区）指南——巴基斯坦》，第 66 页。

坦的中国劳务主要是参与实施中国企业承包的工程项目的管理人员和技术工人。承包工程项下外派劳务应注意：（1）选派素质较高和劳动技能较好的劳务人员；（2）根据国内相关规定与劳务人员签署规范的劳动合同；（3）派出前，必须对劳务人员进行培训，介绍巴基斯坦国情、宗教禁忌和社会习俗等，教育劳务人员遵纪守法，尤其要进行安保工作专题培训，并如实告知其工作条件和生活环境；（4）完善项目内部管理，总包企业应将分包商派遣人员纳入统一管理、统一负责，指派专人负责外派劳务人员管理，随时掌握他们的思想动态，并及时解决问题。

7. 知识产权合作法律法规与政策[①]

2005 年，巴基斯坦政府成立了知识产权组织（PIPRO），由总理亲自领导。巴基斯坦知识产权组织加大立法和执法力度，知识产权保护状况有较大改善。巴基斯坦知识产权立法体系包括商标法、专利法、设计法和版权法，以及上述法律的相关实施细则等，具体法规可访问巴知识产权组织网站：www.ipo.gov.pk。

8. 法律争议法规与政策[②]

在巴基斯坦发生商务纠纷，可以通过法律途径解决。如合同中规定有仲裁条款的，可以向约定的仲裁机构申请仲裁；没有仲裁条款的，可向有管辖权的法院提起诉讼，适用法律视合同具体情形确定。具体操作中，重大商务合同多规定仲裁条款，选择新加坡或伦敦等地仲裁。

（二）投资合作注意事项[③]

贸易方面：关注政治经济形势对双边贸易的影响。巴基斯坦政局长期/经常动荡，经济受外界因素影响大，中国企业应随时关注巴基斯坦政治经济和安全形势、债务状况及国家和银行信用等级情况、通货膨胀情况及汇率变化等，减少经营风险。

巴基斯坦商人商业信誉总体较好，但近年中巴贸易纠纷呈上升趋势，应多加警惕。为此提醒中国企业注意以下 4 点：（1）通过合适的渠道选择良好的贸易伙伴；（2）了解当地对外贸易、海关和港口等相关政策法规；（3）降低合同条款的潜在风险，信守合同，在公平合理条款下开展贸易活动；（4）重视国外代收行和货运代理的选择。

中国驻巴基斯坦使馆建议出现这种情况时，一是要与客户积极协商，争取友好

---

① 部分信息及数据参考商务部 2018 版《对外投资合作国别（地区）指南——巴基斯坦》，第 53～54 页。

② 部分信息及数据参考商务部 2018 版《对外投资合作国别（地区）指南——巴基斯坦》，第 54 页。

③ 部分信息及数据参考商务部 2018 版《对外投资合作国别（地区）指南——巴基斯坦》，第 64～66 页。

解决纠纷；二是果断处理，使自身损失最小化；三是及时通报中国驻巴基斯坦经商机构相关情况；四是多渠道开展投诉工作，以合法途径维护自身权益。

承包工程方面，中国企业人员要认真学习巴基斯坦相关法律法规，做到诚实守信、依法经营。严格遵守我国相关部门关于对外工程承包的相关规定，建立健全企业海外经营行为合规制度、体系和流程，做到合规经营。巴基斯坦基础设施落后，建设资金十分缺乏，近年来，许多项目要求承包商带资承包，或参与项目投资经营。中国企业应逐步调整经营思路，探索 BOT 和 PPP（公私合营）等新的经营模式。

三、马来西亚

（一）马来西亚法律法规与政策[①]

马来西亚联邦宪法是国家最高法律。联邦宪法规定了马来西亚的法律框架和公民权利，将国家的最高权力分成了三个部分，即立法权、行政权和司法权。马来西亚立法机关被分为联邦立法机关和州立法机关。议会两院——包含参议院（非选举产生的上议院）和众议院（民选下院），被授权为马来西亚及其各地制定法律。

最高法院于 1985 年 1 月 1 日成立，1994 年 6 月改名为联邦法院，设有马来亚高级法院（负责西马）和婆罗洲高级法院（负责东马），吉隆坡高级法院分设知识产权厅、建筑厅、海事厅和网络厅等审理专门事务。各州设有地方法院和推事庭。另外还有特别军事法庭和伊斯兰教法庭（受伊斯兰教法令管制）。

1. 国际工程承包法律法规与政策[②]

外国承包商在马来西亚注册成立建筑工程公司需要得到马来西亚建筑发展局批准，同时还要获得建筑承包等级证书。按照法律规定，外国独资公司不能获得 A 级执照，而没有 A 级执照，公司不能作为总承包商参与政府 1000 万马币以上项目招标。因此外国公司要成为 A 级公司，必须与当地公司合作。

马来西亚政府财政拨款项目一般交由当地土著承包商负责，不允许外国工程公司单独担任总承包商，外国公司只能从当地公司中分包工程。马来西亚政府拨款工程项目和私人领域项目一般都实行招标制度，但在融资支持或满足业主其他

---

① 部分信息及数据参考商务部 2018 版《对外投资合作国别（地区）指南——马来西亚》，第 6 页。

② 部分信息及数据参考商务部 2018 版《对外投资合作国别（地区）指南——马来西亚》，第 40～41 和 56 页。

特别要求的情况下，部分项目也可由承包商与业主议标。

自 20 世纪 80 年代开始，马来西亚政府鼓励私人资本与政府合作，开展 BOT 项目建设与运营，降低政府公共开支的负担。此类项目主管部门是马来西亚总理府经济计划署（Economy Planning Unit，EPU），主要负责经济发展规划和项目立项；2010 年又设立了公私合作署（Public Private Partnership Unit，3PU）负责公私合营项目协调。

马来西亚政府在政策层面大力支持 BOT 项目的开展，并积极修订有关法律，使马来西亚国内法律环境与国际接轨。20 世纪 80 年代，马来西亚修订《宪法》并通过《联邦道路法案》，为高速公路项目 BOT 扫清障碍；90 年代修订《电力供应法案》和《电力管理条例》，为私营电站建设和运营提供法律保障；2005 年通过、并于 2006 年开始实施的《仲裁法案》修订了 1952 年的《仲裁法》，为外资进入马来西亚本地 BOT 项目市场打通了最后一个环节。

马来西亚公路、轨道交通、港口和电站等 BOT 项目专营年限一般为 30 年左右。在马开展 BOT 的外资企业主要来自美国、日本、韩国及丹麦等。

2. 国际贸易法律法规与政策 ①

马来西亚主管对外贸易的政府部门是国际贸易和工业部。马来西亚主要对外贸易法律有《海关法》《海关进口管制条例》《海关出口管制条例》《海关估价规定》《植物检疫法》《保护植物新品种法》《反补贴和反倾销法》《反补贴和反倾销实施条例》、2006 年《保障措施法》和《外汇管理法令》等。

（1）进口管理：1998 年，马来西亚海关禁止进口令规定了四类不同级别的限制进口。第一类是 14 种禁止进口品，包括含有冰片和附子成分的中成药，45 种植物药以及 13 种动物及矿物质药。第二类是需要许可证的进口产品，主要涉及卫生、检验检疫、安全和环境保护等领域。包括禽类和牛肉（还必须符合清真认证）、蛋、大米、糖、水泥熟料、烟花、录音录像带、爆炸物、木材、安全头盔、钻石、碾米机、彩色复印机、一些电信设备、武器、军火以及糖精。第三类是临时进口限制品，包括牛奶、咖啡、谷类粉、部分电线电缆以及部分钢铁产品。第四类是符合一定特别条件后方可进口的产品，包括动物、动物产品、植物及植物产品、香烟、土壤、动物肥料、防弹背心、电子设备、安全带及仿制武器。为了保护敏感产业或战略产业，马来西亚对部分商品实施非自动进口许可管理，主要涉及建筑设备、农业、矿业和机动车辆部门。如所有重型建筑设备进口须经国际贸易和工业部批准，且只有在马来西亚当地企业无法生产的情况下方可进口。

（2）出口管理：马来西亚规定，除以色列外，大部分商品可以自由出口至任

---

① 部分信息及数据参考商务部 2018 版《对外投资合作国别（地区）指南——马来西亚》，第 36～37 页。

何国家。但是，部分商品需获得政府部门的出口许可，其中包括：短缺物品、敏感或战略性或危险性产品，以及受国家公约控制或禁止进出口的野生保护物种。此外，马来西亚1988年《海关令（禁止出口）》规定了对三类商品的出口管理措施：第一类为绝对禁止出口，包括禁止出口海龟蛋和藤条；禁止向海地出口石油、石油产品和武器及相关产品；第二类为需要出口许可证方可出口；第三类为需要视情况出口。大多数第二类和第三类商品为初级产品，如牲畜及其产品、谷类和矿物 / 有害废弃物；第三类还包括武器、军火及古董等。

3. 海外投资法律法规与政策[①]

马来西亚主管制造业领域投资的政府部门是贸工部下属的马来西亚投资发展局，主要职责是：制定工业发展规划；促进制造业和相关服务业领域的国内外投资；审批制造业执照、外籍员工职位以及企业税务优惠；协助企业落实和执行投资项目。马来西亚其他行业投资由马来西亚总理府经济计划署（EPU）及国内贸易、合作与消费者事务部（MDTCC）等有关政府部门负责，EPU 负责审批涉及外资与土著（Bumiputra）持股比例变化的投资申请，而其他相关政府部门则负责业务有关事宜的审批。

外商投资下述行业会在股权方面受到严格限制：金融、保险、法律服务、电信、直销及分销等。一般外资持股比例不能超过 50% 或 30%。

中国企业在马来西亚投资合作保护政策：1988 年 11 月 21 日，中国和马来西亚签署了《中华人民共和国政府和马来西亚政府关于相互鼓励和保护投资的协定》。1985 年 11 月 23 日，中马双方签署了《中华人民共和国政府和马来西亚政府关于对所得避免双重征税和防止偷漏税的协定》，协定于 1987 年 1 月 1 日起正式生效。除上述投资保护和避免双重征税协定外，近年来，两国政府先后签署了《海运协定》《贸易协定》《民用航空运输协定》《资讯谅解备忘录》《科学工艺合作协定》《体育协定》和《教育谅解备忘录》等 10 余项合作协议。

4. 财税金融法律法规与政策[②]

马来西亚联邦政府和各州政府实行分税制。联邦财政部统一管理全国税务，负责制定税收政策，由其下属的内陆税务局（征收直接税）和皇家关税局（征收间接税）负责实施。直接税包括所得税和石油税等；间接税包括国产税、关税和进出口税、销售税、服务税和印花税等。各州政府征收土地税、矿产税、森林税、执照税、娱乐税和酒店税、门牌税等。外国公司和外国人与马来西亚企业和公民

---

① 部分信息及数据参考商务部 2018 版《对外投资合作国别（地区）指南——马来西亚》，第 38 ～ 39 和 56 ～ 57 页。

② 部分信息及数据参考商务部 2018 版《对外投资合作国别（地区）指南——马来西亚》，第 41 ～ 42 页。

一样同等纳税。

马来西亚对外国投资优惠政策：马来西亚投资政策以 1986 年《促进投资法》、1967 年《所得税法》、1967 年《关税法》、1972 年《销售税法》、1976 年《国内税法》以及 1990 年《自由区法》等为法律基础，这些法律涵盖了对制造业、农业和旅游业等领域投资活动的批准程序和各种鼓励与促进措施。鼓励政策和优惠措施主要是以税务减免的形式出现的，分为直接税激励和间接税激励两种。直接税激励是指对一定时期内的所得税进行部分或全部减免；间接税激励则以免除进口税、销售税或国内税的形式出现。

5. 环境保护法律法规与政策 [①]

马来西亚政府环保主管部门是自然资源和环境部下属的环境局，主要负责环境政策的制定及环境保护措施的监督和执行。马来西亚基础环保法律法规包括 1974 年《环境质量法》和 1987 年《环境质量法令》（指定活动的环境影响评估）。涉及投资环境影响评估的法规包括 1990 年《马来西亚环境影响评估程序》和 1994 年《环境影响评估准则》（海边酒店、石化工业、地产发展、高尔夫球项目发展）。

根据 1974 年《环境质量法》，投资者必须在提交投资方案时考虑到环境因素，进行投资环境评估，在生产过程中控制污染，尽量减少废物的排放，把预防污染作为生产的一部分。根据 1987 年《环境质量法令》，必须进行环评的项目包括：将土地面积 500 公顷以上的森林地改为农业生产地、水面面积 200 公顷以上的水库 / 人工湖的建造、50 公顷以上住宅地开发、石化与钢铁项目以及电站项目等。根据 1974 年《环境质量法》，马来西亚污染事故处理或赔偿的标准主要根据污染事故的性质、影响以及造成的后果来加以判定。空气污染、噪声污染、土壤污染和内陆水污染，视情况处以 10 万马币以下罚款或 5 年以下监禁，或二者并施；污水排放、油污排放、公开焚烧、使用有毒物质或特定设备进行生产，处以 50 万马币以下罚款或 5 年以下监禁，或二者并施。

6. 劳务合作法律法规与政策 [②]

对于中资企业承建的部分大型项目，马来西亚政府允许承包商以个案审批的方式从中国引进紧缺的技术工人和工程师，但需与雇主事先签订用工合同，约定工资及工作时间，并提前办好工作准证后方能入境。马政府不允许持旅游签证在马务工。

---

① 部分信息及数据参考商务部 2018 版《对外投资合作国别（地区）指南——马来西亚》，第 53 ～ 54 页。

② 部分信息及数据参考商务部 2018 版《对外投资合作国别（地区）指南——马来西亚》，第 70 页。

7. 知识产权合作法律法规与政策 [①]

马来西亚知识产权立法涉及商标、专利、版权、工业设计、地理标识、外观设计和植物品种。马来西亚还系若干国际公约、条约和协定的成员国并加入了一些国际公约、条约和协定,如《与贸易有关的知识产权协定》(TRIPs 协定)和《世界知识产权组织公约》(WIPO)。

马来西亚知识产权局(MyIPO)是马来西亚国内贸易、合作社与消费保障部(MDTCC)的下设机构,负责规范马来西亚知识产权制度的相关事项以及各种知识产权的有效管理。知识产权的执行仍由 MDTCC 的执行部门负责。

马来西亚涉及保护知识产权和工业产权的法律法规包括:《专利法》《商标法》《工业设计法》《版权法》和《集成电路设计布局法》。《专利法》规定,专利保护期限为 20 年,工业创新证书保护期限为 10 年。保护期间应按规定缴纳年费,否则将导致专利失效。《商标法》规定,商标保护期限为 10 年,之后每次申请可再延长 10 年。《工业设计法》规定,工业设计最初保护期限为 5 年,之后可申请延长 2 次,每次 5 年,总保护期限为 15 年。《版权法》规定,文学、音乐或艺术著作保护期是作者有生之年,加上逝世后的 50 年;录音、广播及电影保护期为作品出版或制作后的 50 年。《集成电路设计布局法》规定,商业开发的保护期是开发之日起 10 年,未进行商业开发的保护期是从创作完成之日算起 15 年。

马来西亚法律规定,违反知识产权保护法律法规,将受到法律制裁。除了以上的法令,2011 年《商品说明法》于 2011 年 11 月 1 日生效,提供了一种独特的知识产权强制执行工具——商品说明命令(TDO),对侵犯注册商标者,马来西亚国内贸易、合作社及消费者事务部有权对侵权人提起刑事诉讼。

8. 法律争议法规与政策 [②]

在马来西亚解决商务纠纷主要途径是仲裁和诉讼。马来西亚和中国都是《纽约公约》缔约国,仲裁裁决可以通过当地法院执行,仲裁由双方约定,可以选择异地仲裁或国际仲裁,在马来西亚可以选择吉隆坡区域仲裁中心。马来西亚是《关于解决国家与其他国家国民之间投资争端公约》(简称"1965 年华盛顿公约")的签字国,在马投资出现争端时,可依照该公约,将投资争议提交位于华盛顿的解决投资争端国际中心仲裁,以保障投资纠纷的解决和仲裁结果的执行。吉隆坡区域仲裁中心(Kuala Lumpur Regional Centre for Arbitration)是 1978 年由亚非法律协商委员会(Asian-African Legal Consultative Organization,AALCO)主持

---

① 部分信息及数据参考商务部 2018 版《对外投资合作国别(地区)指南——马来西亚》,第 58 ~ 59 页。

② 部分信息及数据参考商务部 2018 版《对外投资合作国别(地区)指南——马来西亚》,第 59 页。

成立的，作为非营利性政府间组织，该机构依吉隆坡区域仲裁中心的仲裁条规，为亚太地区贸易、商业与投资提供中立的争议解决服务。

马来西亚和中国不相互承认对方法庭判决，中国的判决不能在马来西亚执行，反之亦然。因此选择诉讼要考虑以下几点：判决能否有效执行；资产所在地；司法独立性；费用。制定合同前建议咨询律师。

（二）投资合作注意事项[①]

投资方面，适应法律环境的复杂性。马来西亚在独立前，曾经是英国殖民地，因此其法律体系受英国影响很深，成文法与判例法在商业活动中都发挥作用。中国企业到马来西亚投资首先要注意法律环境问题，要严格遵守马来西亚各项法律规定，密切关注当地法律变动情况；聘请当地有经验、易于交流的律师作为法律顾问；处理所有与法律有关的事务，涉及投资经营重大问题和合约谈判及签署，事先一定要听取专业律师的意见。

做好企业注册及申办各类执照的充分准备。在马来西亚投资合作的起步阶段最大的困难是公司注册和申办各类执照。这些执照的申请程序复杂，文件繁多，审批时间较长，需要交涉的事务头绪纷繁。中国企业要对马来西亚关于外国投资注册的相关法律法规有一定了解；聘请专门的公司秘书和专业律师协助处理有关申请事宜；按照要求，提前备齐所需文件，及时履行相关手续。马来西亚各类申请文件及公司文书均须企业董事亲自签名，并加盖公司的正式印章。

贸易方面，在马来西亚经商必须熟悉和适应当地特殊的贸易环境，采取有效措施拓展业务，规避风险。

（1）谨慎选择贸易伙伴，采用信用证交易适应当地支付条件：对于贸易伙伴的选择，企业要特别慎重，尽可能通过多种渠道查证企业背景情况，核实项目真伪。必要时，可同马来西亚本地商协会联系，获取相关信息。签订合同内容要全面和详尽，并尽可能约定采用信用证方式付款。马来西亚进口商通常向出口商开立信用证，但曾有部分中国出口商基于彼此信任或急于成交，未坚持要求进口商开具信用证，可能最终因付款问题酿成贸易纠纷，中资企业需要注意和警惕此类情况。

（2）采用本币结算，规避汇兑风险：2009年，中马两国即签署人民币和马币互换协议。2015年4月，双方再次续签协议，有效期3年，货币互换额度1800亿人民币或900亿马币。2018年8月，双方续签本币互换协议，规模保持为1800亿元人民币/1100亿马来西亚林吉特，旨在便利双边贸易和投资。协议有效期3年，经双方同意可以展期。考虑到美元汇率波动风险和货币汇兑产生的成本，

---

① 部分信息及数据参考商务部2018版《对外投资合作国别（地区）指南——马来西亚》，第68～70页。

中国企业应争取利用人民币作为贸易结算货币，最大限度规避或消除汇率风险，降低经商成本。

四、新加坡

（一）新加坡法律法规与政策

新加坡的立法机关是总统和国会。宪法是新加坡的最高立法，宪法生效实施后，任何与宪法存在不一致的制定法均无效。新加坡的司法体系由初级法院和最高法院组成，最高法院由高等法庭和上诉庭组成，上诉庭为终审法庭。1994 年，废除上诉至英国枢密院的规定，确定最高法院上诉庭为终审法庭。最高法院大法官由总理推荐、总统委任。

新加坡是高度法制化国家，法律法规完备，政策公开透明，政府廉洁高效，司法较为公正和独立，国家司法机关工作人员整体素质较高，在国际上享有极高的声誉。

1. 国际工程承包法律法规与政策[①]

新加坡建设局（BCA）是新加坡国家发展部属下的法定机构，也是新加坡对建筑业的管理机构。它对整个新加坡建筑业行使行业管理职能，代表政府健全和完善市场机制，保证市场秩序，提供相关服务，培育和发展健康、统一和完善的市场。

外国承包商不受特别的限制，但在新加坡承包工程需首先在企业管理局（ACRA）注册分公司、个人所有或合伙制的企业，并向新加坡建设局申请相应的建筑资质。

承包商必须获得建设局建筑商许可（Builders Licensing Scheme，BLS）。许可分为普通建筑商和专门建筑商两类。普通建筑商许可分两个等级。第二级普通建筑商不能承包合约金额高于 600 万新元的工程。第一级普通建筑商则不受此限制。专门建筑商许可分为六类：打桩工程、地面稳定工程、工地勘测工程、钢架工程、预制混凝土工程和后张工程。

申请建筑商许可的两个主要需求：（1）建筑商必须按许可的类别和等级、必须委任拥有指定的学历和经验的人为适当的核准人和技术控制人。核准人通常是公司董事或类似员工；技术控制人则是工程监督。（2）建筑商的实收资本必须在

---

① 部分信息及数据参考商务部 2018 版《对外投资合作国别（地区）指南——新加坡》，第 69 ~ 70 页。

新币 2.5 万元以上。第一级普通建筑商则必须达到新币 30 万元以上。

对于从事某些特定行业工程的承包商（如电力及通信工程承包商），其人员或企业必须获得相关政府主管部门颁发的许可，方可进行资质评定。外国自然人在新加坡当地承揽工程承包项目并不受特别的限制。但是，在承包商注册系统（CRS）下，个人所有或合伙制企业只能定位 C1 或 L1 级。

2. 国际贸易法律法规与政策[①]

新加坡贸易工业部负责制定整体贸易政策。新加坡企业发展局（Enterprise Singapore，简称"企发局"或"ESG"），是隶属于新加坡贸易工业部的法定机构，是新加坡对外贸易主管部门。新加坡与贸易相关的主要法律有：《商品对外贸易法》《进出口管理办法》《商品服务税法》《竞争法》《海关法》《商务争端法》《自由贸易区法》《商船运输法》《禁止化学武器法》和《战略物资管制法》等。

3. 海外投资法律法规与政策[②]

新加坡负责投资的主管部门是经济发展局（EDB，简称"经发局"），成立于 1961 年，是隶属新加坡贸工部的法定机构，也是专门负责吸引外资的机构，具体制订和实施各种吸引外资的优惠政策并提供高效的行政服务。其远景目标是将新加坡打造成为具有强烈吸引力的全球商业与投资枢纽。

新加坡的投资环境开放，并鼓励外国投资。希望在新加坡进行商业活动的外国个人或公司可选择各种经营载体，包括最常见的有限责任公司。无论个人或企业，只要是新加坡主体均可充分享受外资利益，并且，成立新加坡公司不受最低投资金额的限制。本地和外国投资者均适用相同的法律和法规。

从监管的角度来看，在新加坡进行商业活动总体上是十分自由的，对在新加坡的外商投资无一般性要求或义务，但仍存在一些受管制的行业，包括银行与金融服务、保险、电信、广播、报纸、印刷、房地产和游戏等，对这些行业的投资需取得政府批准。在这些行业中，特定法律也可能对其设置外国股权限制、特殊许可或其他要求的规定。

4. 财税金融法律法规与政策[③]

新加坡以属地原则征税。任何人（包括公司和个人）在新加坡发生或来源于新加坡的收入，或在新加坡取得或视为在新加坡取得的收入，都属于新加坡的应税收入，需要在新加坡纳税。也就是说，即使是发生于或来源于新加坡之外的收入，

---

① 部分信息及数据参考商务部 2018 版《对外投资合作国别（地区）指南——新加坡》，第 38 页。
② 部分信息及数据参考商务部 2018 版《对外投资合作国别（地区）指南——新加坡》，第 44～45 页。
③ 部分信息及数据参考商务部 2018 版《对外投资合作国别（地区）指南——新加坡》，第 48～49、51～52 和 63～65 页。

只要是在新加坡取得，就需要在新加坡纳税。另外，在新加坡收到的境外赚取的收入也须缴纳所得税，有税务豁免的除外（如：股息、分公司利润和服务收入等）。

新加坡全国实行统一的税收制度。任何公司和个人（包括外国公司和个人）只要根据上述属地原则取得新加坡应税收入，则需在新加坡纳税。

新加坡现行主要税种有：公司所得税、个人所得税、消费税、房产税和印花税等。此外，还有对引进外国劳工的新加坡公司征收的劳工税。

新加坡对外国投资优惠政策：新加坡优惠政策的主要依据是《公司所得税法案》和《经济扩展法案》（Economic Expansion Incentives）以及每年政府财政预算案中涉及的一些优惠政策。新加坡采取的优惠政策主要是为了鼓励投资、出口、增加就业机会、鼓励研发和高新技术产品的生产以及使整个经济更具有活力的生产经营活动。如对涉及特殊产业和服务（如高技术、高附加值企业）、大型跨国公司、研发机构、区域总部、国际船运以及出口企业等给予一定期限的减、免税优惠或资金扶持等。政府推出的各项优惠政策，外资企业基本上可以和本土企业一样享受。

通常，外国公司在新加坡从事金融服务业务没有限制。但是，有意开展受管制业务活动（如证券交易，包括承销证券、期货合约交易、杠杆式外汇交易、企业融资咨询、基金管理、房地产投资信托管理、证券融资、提供信贷评级服务和为证券提供托管服务）的外国公司必须获得新加坡金融管理局的资本市场服务执照。

主板上市标准：根据有关法律，在新加坡注册的外国公司参与证券交易（包括股权并购）与本土公司享受同等待遇。新加坡证券市场分为主板和凯利板两种。根据目前生效的修订后的上市规则，主板上市需符合以下3个标准的任意一个：（1）市值至少 1.5 亿新元（根据发行价及邀股后已发行股本计算），至少营业 3年，最近一个财年盈利；（2）若最近一个财年只有营业收入，市值至少 3 亿新元（根据发行价及邀股后已发行股本计算）；（3）最近一个财年的合并税前盈利至少 3000 万新元，至少营业 3 年。此外，主板首次公开发行上市的股票发售价格不低于 0.5 新元。

凯利板上市对公司的税前盈利、上市市值、资本额和营业记录都没有量的要求，由保荐人确定候选公司是否合适上市，且要求证明有能力取得资金、进行项目融资和产品开发，股权分布要求 15% 的股份必须由至少 200 名公众股东持有。

5. 环境保护法律法规与政策 [1]

环境和水资源部（MEWR）是新加坡的政府部门之一，负责提供高质量的生

---

[1] 部分信息及数据参考商务部 2018 版《对外投资合作国别（地区）指南——新加坡》，第 65 ～ 67 页。

活环境和高标准的公共卫生以及防止传染病传播。新加坡政府对环境问题的立法注重源头管理，要求所有建设工程、制造业和其他工程的开展需要依法取得许可以确保其符合环境法。其目的在于从相关活动开展的那一刻起阻止任何新的活动的污染。因此，从 20 世纪 60 年代开始，新加坡政府以此为宗旨先后制定了一系列环境保护法律、法规和相关标准。另外需要注意的是，新加坡环境法立法的重要目的在于确保环境得到长期保护。这些法律不断地根据经营活动方式和保护环境的方式和方法的演变而被审阅和修订。目前采取的方式是为了确保在建造规划的阶段，建造规划在起草时纳入具体的建筑工程和相关建筑服务，例如固体废物、污水、地表排水系统和污染控制系统以符合操作规范和相关法规规定的环境保护要求。这确保了环境问题的全面源头管理。

任何企业和个人违反《环境保护和管理法》等法规和规定，都视为犯罪。环保部门有权根据违法的严重程度对责任人处以 2 万新元至 10 万新元的罚款，逮捕责任人并处以 1 年以内监禁，或逮捕责任人并提起诉讼。

6. 劳务合作法律法规与政策[①]

中国外派劳务企业应严格遵守中国外派劳务和对新加坡劳务合作的有关规定，认真办理劳务项目确认、审查以及出境证明等手续，通过制度约束，将劳务合作项目风险降至最低。经营公司应加强对派出人员的技能培训和遵约守诺教育，如实并详细讲解合同条款，不做夸大宣传，并要加强对外派劳务人员的后期管理，及时解决劳务纠纷，避免发生群体性事件。

7. 知识产权合作法律法规与政策[②]

新加坡政府一直致力于把新加坡建成重要的区域知识产权中枢，因此十分重视知识产权的保护和鼓励，制定了一系列保护知识产权的法律法规，同时通过资金支持等手段积极营造鼓励创新、方便智力成果产业化的科研、政策和商业环境。

新加坡知识产权办公室（IPOS）是新加坡法律部的法定委员会，根据新加坡第 140 号法案《知识产权办公室法》成立，旨在管理新加坡的知识产权保护系统；强化公众的知识产权意识和有效利用知识产权意识；就知识产权有关管理，向新加坡政府提出意见并作出建议；以及促进或协助新加坡知识产权代理和知识产权顾问的发展。

新加坡还是众多与知识产权有关的公约和国际组织的成员，包括：《巴黎公约》（Paris Convention）、《伯尔尼公约》（Berne Convention）、《马德里协议》（Madrid Protocol）、《专利合作条约》（Patent Cooperation Treaty）、《布达佩斯条约》（Budapest

---

① 部分信息及数据参考商务部 2018 版《对外投资合作国别（地区）指南——新加坡》，第 90 页。
② 部分信息及数据参考商务部 2018 版《对外投资合作国别（地区）指南——新加坡》，第 72～73 页。

Treaty)、《与贸易有关的知识产权协议》（Agreement on Trade-related Aspects of IP Right）和世界知识产权组织（World Intellectual Property Organization）等。在新加坡国内受到保护的知识产权有专利、商标、注册外观设计、版权（著作权）、集成电路设计、地理标识、商业秘密和机密信息以及植物品种。新加坡分别制定了单项法规对这些知识产权进行保护。

8. 法律争议法规与政策 [①]

在新加坡，解决商务纠纷主要有行政救济、诉讼、仲裁和调解这四个途径。

（1）行政救济。新加坡的行政处罚制度多基于成文法且执法严明，因此出现纠纷的概率较小。外国投资者如果对新加坡政府部门做出的行政处罚不服，可向同一行政部门提出行政复议申请。若当事人因为违规而被要求去法庭解释，则可在法庭陈述环节中陈述理由进行辩解。如果外国投资者对行政复议的结果不服，可向新加坡高等法院申请司法审查。高等法院有权审查法律、政府行政人员的职务行为，并且在必要时要求撤销或重做相应的行政行为。与英国法类似，新加坡行政法下，可适用的救济方式有：①特许令，其中包括强制令、禁止令、撤销令以及扣留令；②宣称，即衡平法上的救济。

（2）诉讼。新加坡民事诉讼法的主要渊源包括最高法院司法制度法（Supreme Court of Judicature Act）、国家法院司法制度法（State Courts Act）以及涉及民事诉讼程序制度的其他法律法规、法庭规则、诉讼指引、判例法和法庭的固有权力。

（3）仲裁。仲裁是涉外投资和贸易过程中常用的争议解决方式之一。新加坡国际仲裁中心可提供中文仲裁以及涉及中国法律的仲裁员，且中国和新加坡同属《承认及执行外国仲裁裁决公约》（The New York Convention on the Recognition and Enforcement of Foreign Arbitral Awards，简称"纽约公约"）的成员国，在成员国取得的仲裁裁决，可按照新加坡《国际仲裁法》的规定，向新加坡高等法院申请执行。

（4）调解。调解是替代性争议解决机制，由调解人协助当事人找到涉案各方都同意且能照顾到其各自不同想法的解决方案。与裁决式、对抗式争议解决机制如诉讼和仲裁相比，调解具有以下优势：和解协议由自愿达成，当事人没有因法官或仲裁员不支持其诉求而输官司的风险；作为一种非正式且具有灵活性的程序，调解速度快，节省时间和费用；调解克服或减少了沟通障碍，可以促进当事各方之间的关系；调解过程的保密性有助于保护当事人的良好商誉，并避免在法庭诉讼带来长期损害；由于和解是自愿达成的，很少出现当事人不兑现和解条款的情况。在任何情况下，和解协议均具有合同法上的约束力。

---

① 部分信息及数据参考商务部 2018 版《对外投资合作国别（地区）指南——新加坡》，第 73～75 页。

（二）投资合作注意事项①

投资方面，严守法纪。新加坡是法治国家，对各种违法行为均有明确和严厉的处罚。企业切记不可弄虚作假和谎报材料，更要杜绝贿赂等犯罪行为。充分利用优惠政策：新加坡政府对吸引外资有多项优惠政策，特别是在新加坡设立分公司、代表处、地区总部和国际总部，具有不同程度的税收优惠。企业可根据自身条件、发展情况和设定的远景目标，选择适当的投资方式，以争取最大的优惠政策。

贸易方面，签订全面有效合同。新加坡法制环境良好，与新加坡商人开展贸易业务一定要签订全面有效的贸易合同，并尽量在合同中规定仲裁等纠纷处理条款，通过法律途径解决贸易纠纷。

承包工程方面，注意款项保障法令（Security of Payment Act）。此法令制定：建筑工程内施工或材料供应各方之间的付款时限；是一方不遵守时限时较为迅速的仲裁机制。遵守工作场所安全与卫生法令（Workplace Safety and Health Act）：在该法令下，雇主、承包商和分包商都有责任实施切实可行的措施确保建筑工地的安全卫生，各方的这一义务并不能被转让给第三方。

五、新西兰

（一）新西兰法律法规与政策②

新西兰政局稳定，法制健全，市场机制发育完全，营商环境友好，世界银行于 2017 年 11 月发布的《2018 全球营商环境报告》中，新西兰蝉联第一。

新西兰实行普通法法律制度，新西兰法律有三个主要来源：英国普通法、1947 年以前英国议会制定的某些法规（特别是《权利法案》）和新西兰国会的立法。但在解释普通法的过程中，如果新西兰法院要考虑当地条件，或新西兰法律已经立法规定某个问题，则可以不遵守普通法。新西兰最高法院于 2003 年 10 月成立，在此之前，在伦敦的枢密院为新西兰最高法院。新西兰最后上诉至枢密院司法委员会的案件于 2015 年 3 月 3 日做出判决。

相关保护政策：2005 年《海外投资法》、2005 年《海外投资条例》、1983 年

---

① 部分信息及数据参考商务部 2018 版《对外投资合作国别（地区）指南——新加坡》，第 88～90 页。
② 部分信息参考商务部《全球法规网》——新西兰 http://policy.mofcom.gov.cn/page/nation/New_Zealand.html.

《捕鱼法》、1996 年《渔业法》、1987 年《移民法》和 2004 年《建筑法》等。[①]

1. 国际工程承包法律法规与政策 [②]

根据《2004 年建筑法》的要求，从 2007 年开始，新西兰建筑行业推行许可证制度。从 2009 年 11 月 30 日起，建筑企业或从业者在承揽或监理"限制类工程"时，必须持有营业许可证，必须是"特许建筑执业者"（Licensed Building Practitioner）。"限制类工程"主要是指建筑的基础、框架、外墙、门窗和屋顶等的施工，实际上涵盖了建筑施工的主要工作。2002 年《施工法》和 2015 年《施工合同修正法》要求建筑公司在 2017 年 3 月 31 日之后签订的合同中留存"保留金"，保留金系指建筑合同一方（甲方）从支付给合同另一方（乙方）的金额中扣除的一笔款项，作为乙方根据合同履行义务的担保。

在新西兰，PPP 是政府为长期提供某项服务而需要建造或扩建一项新的公共设施，私营企业提供融资（不包括土地），而政府始终拥有该设施的所有权。2009 年新西兰财政部成立 PPP 工作组以制定相关政策。新西兰的 PPP 有两种模式，一是设计、建造、融资、维护和运营（DBFMO），一所新建的监狱和拘留所采用了该模式；二是设计、建造、融资和维护（DBFM），一所新建的学校设施采用了该模式。总体上看，新西兰 PPP 方式实行时间不长。投标企业要深入了解政府法规和行业特点，且有多年本地建筑市场经验。外国企业参与 PPP 难度较大。但随着新西兰公共基础设施建设规模扩大，新西兰政府有可能会扩大 PPP 方式，以拓宽融资渠道。

2. 国际贸易法律法规与政策 [③]

新西兰制定了多部法规规范国内贸易环境，其中有：2017 年《合同和商业法》（Contract and Commercial Law Act，2017）、1986 年《商业法》（Commerce Act，1986）、1986 年《公平交易法》（Fair Trading Act，1986）和 1988 年《倾销及反倾销税法》（Dumping and Countervailing Duties Act，1988），此外还有 1996 年《海关和营业税法》（Customs and Excise Act，1996）、1996 年《渔业法》（Fisheries Act，1996）、2014 年《贸易（保障措施）法》和（Trade（Safeguard Measures）Act，2014）等。

新西兰政府实行自由贸易政策，对一般性商品没有进口许可及配额限制。在出口方面，新西兰取消了所有出口补贴，包括对农牧产品的补贴。新西兰本地的制造商、服务提供商和进口商需要遵守的法规如下：

---

① 检索新西兰法律可登录：www.legislation.govt.nz。
② 部分信息及数据参考商务部 2018 版《对外投资合作国别（地区）指南——新西兰》，第 44、54 页。
③ 部分信息及数据参考商务部 2018 版《对外投资合作国别（地区）指南——新西兰》，第 38 ~ 40 页。

（1）《消费者保障法》，旨在保护消费者。该法规定某项产品或服务具有可接受的质量、符合特定用途、与描述和样品一致。

（2）《公平交易法》（Fair Trading Act，1986），旨在维护市场秩序。该新西兰法的目的是促进市场公平竞争，并确保市场产品信息真实和可靠。公平交易法禁止公司误导或欺骗消费者。无论其是否有意，只要公司行为已经或者可能造成误导或导致欺骗，即被视为触犯该法律。公司只需保证不隐瞒重要信息及向消费者提供准确信息，而不是在任何场合都提供全面信息。

（3）产品安全标准，新西兰的强制性标准很少，但根据"消费者保障法"，要求所有在新西兰销售的产品都应该是"安全的"，证明符合产品安全标准的最可靠方式是从政府认可的检验机构获得合格证明。公平贸易法授权新西兰商业委员会对六种产品实施强制性产品安全标准，违规产品禁止进口。

（4）重量和测量法。该法规范所有按重量或者测量销售的产品和服务，和所有测量仪器，以确保市场量度准确。

针对新西兰封闭的地理特征及农、牧、林等产业在经济中重要地位，新西兰政府对动植物商品实施非常严格的检疫制度，以最大程度地保护新西兰环境和农业安全；新西兰检疫制度与贸易管理制度高度融合，对市场上本地及进口的动植物实施统一的检疫标准和要求，为新西兰扩大农产品贸易提供了便利。新西兰初级产业部负责制定检验检疫法规和实施。

新西兰进口检疫的法律主要有：（1）1993 年《生物安全法》（Bio Security Act 1993）及据此制定的《进口健康标准目录（IHS）》，旨在阻止危害自然资源和人体健康的生物进入新西兰，包括植物、动物、食品、生物产品及有关的集装箱、交通工具和轮胎。（2）2014 年《食品安全法》（Food Act，2014），旨在规范和监管新西兰食品行业各类企业的食品安全行为。（3）1999 年《动物产品法》（Animal Product Act，1999）。（4）1997 年《农业复合物和兽医药品法》（Agricultural Compounds and Veterinary Medicines Act，1997）。（5）《澳大利亚新西兰食品标准法》（Australia New Zealand Food Standards Code）。

新西兰海关管理的主要依据是 1988 年《关税法》、1996 年《海关和消费税法》、1996 年《海关和消费税条例》及海关部门不定期颁布的对以上法规条款的补充修订和《海关规章》等。2018 年 3 月新西兰通过了《海关和税法》并于 2018 年 10 月生效，新法更新了海关的流程，使其适合现代商业环境，并可根据环境的变化进行调整。所有进口到新西兰的商品按照"新西兰关税工作文件"的分类进行管理，商品分类决定了关税水平。大多数商品的关税水平为零，另有一些商品的关税税率为 5% 或者 10%。在新西兰与相关国家签署的自由贸易协定下，许多商品享受"优惠关税"和"关税免除"。如果进口商对某项商品的海关分类、海关税额或优惠关税存疑，或者想进口某种过去从未进口过的商品，可申请海关的"关税裁定"服务。所有进口商品在进关时需由进口商缴纳 15% 的商品和服务税（GST）。

3. 海外投资法律法规与政策 [1]

2005 年《海外投资法》允许"外国人士"在新西兰境内进行直接投资。"海外人士"指非新西兰公民或居民的自然人、在新西兰境外注册的公司、或由海外人士拥有或控股 25% 以上的公司、合伙企业或者其他法人团体。新西兰政府对外国投资的形式、出资份额、期限和国有企业背景等没有限制，没有关于针对海外直接投资进行安全审查的规定。在新西兰设立外资企业的程序和条件与本地企业相同，也没有企业经营范围或注册资本等限制。

外国直接投资主要可以采取 3 种方式：（1）注册一家属于某外国公司的分支机构（Branch），如代表处或分公司。（2）设立合资公司（Joint Venture）或合伙企业（Partnership）：任何涉及外国投资者的合资均受 2005 年《海外投资法》监管。（3）设立或并购一家新西兰本地公司并使其成为在本地的子机构（Subsidiary）。

4. 财税金融法律法规与政策 [2]

与多数发达国家一样，新西兰实行属地税制。在新西兰居住和经商，需要向新西兰税务局纳税。通常所有的商业活动主体都必须做到：保有一个税号（IRD Number）；每年向税务局填报各种税单，分期纳税；保留所有以英文书写的生意记录及交易文件，以便填报税单并计算补税或退税金额。在新西兰经商主要涉及的税种是所得税和商品服务税，它们占新西兰年税收收入总额的 90% 以上。具体如下。

（1）所得税（Income Tax）：由公司和个人缴纳。作为新西兰居民，不论收入来源于何地，都要向新西兰政府缴纳所得税。即使不是新西兰公民，也可能按照税务法被定义为税务居民，所有收入包括个人工资薪金、投资利润、津贴和海外收入都要缴税。

（2）居民代扣税（Resident Withholding Tax，RWT）：由银行或信托公司缴纳。居民代扣税就是支付给新西兰居民的利息和分红扣税。这部分扣税可以作为所得税计算的扣减项目。

（3）附加福利税（Fringe Benefit Tax，FBT）：由雇主缴纳。所有提供给雇员的非现金福利都要缴纳雇员福利税。

（4）商品服务税（Good and Service Tax，GST）：由公司或个人缴纳。商品服务税是新西兰的一种非直接性增值税，是对新西兰境内提供的商品、服务和进

---

① 部分信息及数据参考商务部 2018 版《对外投资合作国别（地区）指南——新西兰》，第 43 页。
② 部分信息及数据参考商务部 2018 版《对外投资合作国别（地区）指南——新西兰》，第 45 和 46 页。

口商品所征课的税。征税的法律依据是 1985 年《商品和服务税法》。

5. 环境保护法律法规与政策①

新西兰负责环境管理的主要部门有环境部、初级产业部及地方政府。环境部负责制定环境管理的政策并为政府提供建议，促进自然资源的可持续管理。初级产业部负责制定有关农业和林业的政策、监测和控制农产品生产过程中碳排放、污水排放、帮助农民选择可持续的农业和林业生产方式等。地方政府负责制定非点源污染的政策并进行管理，包括水资源的质量和数量、水土保持、土地利用和农药管理等。

新西兰《资源管理法》（Resource Management Act，RMA，1991），是新西兰进行自然资源和环境管理的一个基本依据，该法案的立法目的是实现自然资源的可持续管理，即管理自然资源的使用、开发和保护，使其能维持人类社会、经济和文化的良好发展，满足人类健康和安全的需要，同时实现自然资源的永续利用，使其能满足子孙后代的合理需要，保持大气、水、土和生态系统作为生命支持体系的功能，避免、补偿或减轻任何开发活动所引发的对环境的负面影响。《森林法修正案》强调维护天然林长期可持续经营的思想，禁止天然林原木出口海外市场。基于该法，新西兰将绝大部分天然林划为各类保护区，保护区内的林木禁止砍伐。《2010 环境战略》要求促进土地、水资源的整体管理和农业非点源污染治理的土地保护方式。《可持续土地管理战略》强调土地使用者、向土地使用者提供支持和服务的人员以及土地管理者共同致力于可持续的土地利用实践，并提出了建立土地保护联合体和最佳管理实践的指导方针，以解决农业非点源污染问题。根据规定，绝大部分投资或工程需进行环境评估。环境部是环境评估的管理部门，但具体环评工作是由受委托的独立专业机构完成。有关事宜请查询环境部网站：www.mfe.govt.nz。

6. 劳务合作法律法规与政策②

在新西兰雇用员工必须符合 1991 年《雇用合同法》和 2000 年《雇佣关系法》。劳动合同的种类可分为行业集体协议、企业集体合同和个人合同三种。集体协议和劳动合同一般包括：工作的种类、工时和换班规定、卫生和安全规定、合同的终止日期、20 岁或 20 岁以上雇员的最低工资、法定的有薪假期、有薪的病丧事假和劳动争议处理等。所有劳动合同必须明确规定雇佣双方处理劳动合同纠纷的方式。联合政府执政后，于 2018 年 1 月对《雇佣关系法》做了修改，主要变化包括最低工资、为女性占多数产业提供集体谈判权及便利的诉讼法律程序和产假等。《职业健

---

① 部分信息及数据参考商务部 2018 版《对外投资合作国别（地区）指南——新西兰》，第 52 和 53 页。
② 部分信息及数据参考商务部 2018 版《对外投资合作国别（地区）指南——新西兰》，第 47 ~ 49 页。

康与安全法》确定雇主的责任与员工的权利，覆盖的对象包括新西兰所有临时、全职和兼职的工人。规定雇主与雇员必须采取措施确保自己与他人的安全与健康。详情请登录 www.dol.govt.nz 查询。

海外人士如果要在新西兰工作，必须先获得工作许可，工作许可主要分为9种：（1）普通类；（2）假期工作类；（3）配偶/合伙人工作类；（4）难民工作类；（5）医疗工作类；（6）娱乐/体育工作类；（7）商人工作类；（8）贸易工作类，包括机器安装专家和技术服务工程师、屠宰人员、渔船工作人员；（9）高等教育工作类。获得工作许可和签证，并不意味着海外劳工在新西兰可以从事任意工作。详情请登录新西兰移民局网站 www.immigration.govt.nz 查询。

总体来看，新西兰劳工保护相关法律比较健全，劳工权益能够得到有效保障，但同时，前往新西兰工作的人员需要获得相关签证许可，部分行业需要通过劳动市场测试并取得相关资质。

7. 知识产权合作法律法规与政策 ①

新西兰有关知识产权保护的立法较为完善。

新西兰现行商标分类采用《商标注册商品和服务国际分类》，商标注册种类包括商品商标、服务商标、证明商标、集体商标、系列商标、颜色商标、气味商标和声响商标等。

2013年《专利法》管辖新西兰的专利注册。专利侵权的处罚可以很重。在通常的进一步侵权的禁制令之外，处罚可以包括损害赔偿、支付侵权人所获得的任何利润、诉讼成本、销毁和缴交制作侵权产品所使用的任何物品。1994年《著作权法》和2002年《商标法》也包含有针对为获得商业利益而进行的著作权作品的侵权和注册商标的伪冒的刑事责任。

新西兰有关版权的立法主要有1994年《版权法案》及1995年《版权法实施细则》。新西兰是WTO《TRIPS协定》《伯尔尼公约》和《世界版权公约》等有关版权保护的国际公约的参加国，其国内立法的主要内容与国际版权保护体系基本一致。另外，新西兰为保护新发现的物种，还制定了1987《物种权法》及其实施细则等。

违反专利法的，除赔偿专利权人的损失外，可处100～200新元罚款，对相关责任人可处2年以下有期徒刑。版权侵权人经至多三次停止侵权行为的警告无效后，版权所有人即可向法庭提出最多1.5万新西兰元（约合人民币7.2万元）的赔偿金请求。2011年9月1日，新西兰的版权法修正法案正式生效。该法案要求网络服务商在接到权利人的要求后，向涉嫌侵权的用户发出警告通知，并规定，

---

① 部分信息及数据参考商务部2018版《对外投资合作国别（地区）指南——新西兰》，第56～57页。

非法文件的下载者在被认定有责后，将被处以最高 15000 新西兰元的罚款。

8. 法律争议法规与政策 [①]

新西兰法制健全，传统解决商业纠纷的方法包括双方协商、第三方调停及仲裁和法院诉讼等。新西兰在开发和制定非法院争端解决机制方面处于世界领先地位，是所有主要争端解决国际公约的签约国，包括《关于解决国家和其他国家国民之间投资争端公约》（即"华盛顿公约"）和《联合国承认和执行外国仲裁裁决公约》（即"纽约公约"）等，有利于国际投资贸易纠纷的解决和仲裁结果的执行。根据新西兰法律，合同双方可自行选择适用哪个国家的法律去解决商务纠纷，前提是该法律是出于善意和合法，并没有公共政策原因去规避这项选择（如规避新西兰的强制性法令）。因此合同双方不必选择新西兰法律或对方国家的法律。根据新西兰法律，若合同中没有指定管辖的法律，法庭可能会选择与合同最有关的一个司法系统。因此不在合同中指定管辖法律可能会导致巨大的不确定性。新西兰的商务合同中允许仲裁。仲裁条款应当规定纠纷到何种程度时进入仲裁、仲裁人的数目和选择方式、仲裁城市或国家、仲裁语言、仲裁规则（属于国际商会，还是美国仲裁委员会，或是伦敦国际仲裁法院）。仲裁条款也可规定由临时成立仲裁委员会。在新西兰开展的仲裁需要遵从 1996 年《仲裁法》，该法的主要依据是"联合国国际贸易法律范例委员会"制定的仲裁条款。

商务纠纷可能涉及的新西兰国内立法则通常包括：（1）商业组织法律，如 1993 年《公司法》、1908 年《合伙企业法》及 2008 年《有限合伙企业法》等；（2）合同法：1979 年《合同救济法》（关于虚假陈述和违约救济的规定）、1977 年《合同错误法》（关于合同错误的法律后果的规定）、1982 年《合同法》（允许合同受益第三方强制执行合同）、2003 年《信用合同与消费融资法》（保护信用合同中消费者权利）和 2017 年《合同和商业法》（Contract and Commercial Law Act，2017）（于 2017 年 9 月 1 日生效，新法合并和更新原有一些有关合同和销售的法律，使其更符合现代商业习惯，被合并的法案包括：1908 年《货物销售法》、1979 年《货物运输法》和 2002 年《电子交易法》等）；（3）消费者法（保护消费者的法律主要体现在如下法规中：1993 年《消费者保障法》、1986 年《公平交易法》和 2003 年《信用合同与消费融资法》等）。金额不超过 15000 新西兰元的消费者纠纷都可以寻求争议仲裁解决，一般都会获得高效解决。但通常新西兰的消费者保护法规定不适用于典型商务合同的双方法人纠纷。此外，其他一些商业立法，包括《个人财产担保法》和《合同和商业法》，根据合同性质的不同也都可能与商业纠纷的法律裁决有关联。

---

① 部分信息及数据参考商务部 2018 版《对外投资合作国别（地区）指南——新西兰》，第 57 和 58 页。

（二）投资合作注意事项 [①]

1. 投资方面

（1）整体投资环境仍不利。据部分驻新西兰的中资企业反映，新西兰社会对中国投资的排斥与抵触情绪仍有所抬头。此外，外资审批有趋严势头，特别对有关土地和水等自然资源的投资。社会舆论压力、本地利益集团争夺，以及政党间博弈等多重因素均可能对中资企业的发展造成不利影响。这些都给包括中国企业在内的外国投资增加了不确定性和政策风险。

（2）申请在新西兰工作签证存在障碍，据部分在新投资的中资企业反映，从中国国内派驻人员进入新西兰的工作签证申请存在一定困难。

（3）当地文化很多中资企业管理层来自国内，对当地相关法律法规不太了解。客观上造成企业融入当地商业环境的困难。

2. 贸易方面

（1）注意品质保证。作为较稳定的发达国家，新西兰市场较小，竞争充分。新西兰经济以农牧业为主，工业很少，对工业产品的进口持开放态度，没有贸易保护主义的干扰。

（2）诚信经营，充分沟通。中国企业在新西兰市场长期经营，必须具备良好的信誉度。

（3）做好企业资信调查。新西兰人比较重视信誉，总体而言，在与中国企业开展贸易合作中诚信度较好，但也不排除个别企业不讲诚信。

3. 承包工程方面

中资企业应挑选国内水准高的工程承包公司开拓新西兰市场。要对项目可行性、合作对象的资信和付款能力等进行充分评估。

4. 劳务合作方面

中国开展对外劳务合作的各有关单位，包括政府、行业协会和劳务公司应深入和完整地了解新西兰有关规定，有针对性地开展工作，保证赴新西兰劳工的素质。

在新西兰开展投资、贸易、承包工程和劳务合作的过程中，要特别注意事前调查、分析和评估相关风险，事中做好风险规避和管理工作，切实保障自身利益。包括对项目或贸易客户及相关方的资信调查和评估，对项目所在地的政治风险和商业风险分析和规避，对项目本身实施的可行性分析等。建议企业在开展对外投资合作过程中使用中国政策性保险机构——中国出口信用保险公司提供的包括政治风险和商业风险在内的信用风险保障产品；也可使用中国进出口银行等政策性银行提供的商业担保服务。

---

① 部分信息及数据参考商务部 2018 版《对外投资合作国别（地区）指南——新西兰》，第 66～72 页。

六、尼日利亚

（一）尼日利亚法律法规与政策 [①]

尼日利亚是普通法体系，司法中严格遵循"服从先例"的判例法原则，即上级法院的"在先判决"是审判类似案件的法律依据，如果没有类似案件的先例，还可以援引英国判例或者英联邦其他国家判例；同时，早在英国殖民统治之前就长期存在的尼日利亚习惯法也仍然具有法律效力。因此，尼日利亚法律渊源主要包括宪法、尼日利亚立法、习惯法、1900 年 1 月 1 日前在英国普遍生效实施的立法、伊斯兰法和司法判例等。

尼日利亚国民议会（National Assembly）是尼日利亚的最高立法机关，由参议院（Senate）和众议院（House of Representatives）组成。每个州都有一个自己的立法机关，即州议会（House of Assembly），负责制定州的法律。

尼日利亚现行宪法是以 1979 年宪法为基础修订而成，其主要内容包括：尼日利亚是不可分割的主权国家，实行联邦制；实行三权分立的政治体制，总统为最高行政长官，领导内阁；国民议会分参、众两院，是国家最高立法机构；最高法院为最高司法机构；总统、国民议会均由直接选举产生，总统任期四年，连任不得超过两届。尼日利亚联邦设有最高法院、上诉法院和高等法院，各州设高级法院，地方政府设地方法院。有的州还设有习惯法上诉法院。

1. 国际工程承包法律法规与政策 [②]

尼日利亚对外国承包商的施工领域没有限制，绝大多数工程均可由外国承包商建设。

外国承包商在尼日利亚当地承包工程需遵循 1990 年《劳工法》（Labour Act，1990）等法律法规。尼日利亚要求外国承包商在当地注册公司，在项目所在州政府或联邦政府部门进行承包商注册，并要求每年更新。外国自然人须以公司名义承揽工程承包项目。尼日利亚对工程建设无具体规定，但项目执行多采用英国标准或世行标准。

2. 国际贸易法律法规与政策 [③]

尼日利亚与贸易相关的主要法律法规有：《尼日利亚进口许可证程序协定》

---

① 部分信息参考商务部《全球法规网》——尼日利亚 http: //policy.mofcom.gov.cn/page/nation/Nigeria.html。

② 部分信息及数据参考商务部 2018 版《对外投资合作国别（地区）指南——尼日利亚》，第 67 页。

③ 部分信息及数据参考商务部 2018 版《对外投资合作国别（地区）指南——尼日利亚》，第 41 ～ 42 页。

（Nigeria Import-Licensing Procedures）、《强制性合格评定程序》（Standard Organization of Nigeria Conformity Assessment）、《尼日利亚进口指导原则》（Guiding Principles for Nigerian Import）、《商标法》（Trade Marks Act）、《尼日利亚海关货物管理法》（Nigeria Customs Goods Administration Law）和《海关和税收管理法案》（Customs and Revenue Administration Act）等。《海关和税收管理法案》是尼日利亚海关管理的主要法律制度。尼日利亚现行关税税率由 2003 年开始实施并于 2008 年进行了修订。[①]

2005 年 9 月起，尼日利亚正式实行合格评定程序（SONCAP），对出口到尼日利亚的部分产品，包括电子电气产品、汽车轮胎、汽车玻璃、汽车零件、汽车电池、燃气器具、玩具、镀锌钢铁制品和发电机等强制执行安全认证。2013 年 4 月 1 日起，尼日利亚标准局开始执行新的 SONCAP 操作流程，即第三方检测机构不再拥有发放 SONCAP 证书的权力，而是在抽检后对出口商发放"合格证（COC 证书）"，然后由进口商凭有效的 COC 证书向尼日利亚标准局申请 SONCAP 证书。最终清关所必需的 SONCAP 证书由尼日利亚标准局亲自发放。

3. 海外投资法律法规与政策[②]

《尼日利亚投资促进委员会法》（Nigeria Investment Promotion Commission Act）是尼日利亚政府规范和鼓励国内外投资的基本法。该法令取消了外国投资可持股份的上限，外国投资者可以在除油气以外的其他投资领域拥有 100% 的股权。禁止外国投资者进入武器、军火、麻醉剂的生产贸易以及军队、警察、海关人员服装的生产。该法规定：（1）外国投资者可用任何可汇兑货币购买尼日利亚公司的股份；（2）扩大外国股份支付方式，包括零配件、原材料、和其他所需业务资产，无须支付外汇。（3）保证外国投资者可以不加限制汇出和转让利润和红利，甚至撤回资金，无须政府部门批准，外国投资者只需凭适当文件，由相关的尼日利亚公司证明所得利润，指示指定的外汇经纪人转移资金，以便吸引外国投资者。（4）通过尼日利亚公司获取和支付外汇贷款和利息，无须事先征得政府部门同意。（5）尼日利亚政府保证投资者资本不会被国有化、没收（如果由于国家或公共利益需征用，尼政府将给予公正足额的补偿，所有权人同时有权就补偿事宜提起诉讼），或以其他形式强制转让。

尼日利亚涉及并购的法律主要包括：《投资证券法令》《证券交易委员会规则和条例》《公司及相关事务法》《银行及其他金融机构法》《保险法》和《公司所得税法》等。

---

① 详情请查阅网站：www.customs.gov.ng。

② 部分信息及数据参考商务部 2018 版《对外投资合作国别（地区）指南——尼日利亚》，第 43 ～ 47 页。

4. 财税金融法律法规与政策 [1]

尼日利亚有较完整的税法和系统的税收征管体系。尼日利亚的税收管理部门实行联邦政府、州政府和地方政府三级管理。联邦政府征收的税赋有 8 种，州政府征收的税赋有 11 种，地方政府征收的税赋有 20 种。

尼日利亚实行属地税。联邦税由尼日利亚联邦国内税收局负责征收，主要包括公司所得税、石油利润税、增值税、教育税、公司资本收益税、公司印花税、公司扣缴税和信息技术发展费等税种。此外，联邦首都区居民的个人所得税、个人扣缴税、资本收益税、印花税，尼外交部职员、警察人员和武装人员的个人所得税，以及非尼日利亚居民的个人所得税也由尼日利亚联邦国内税收局征收。州内税由各州的州内税收委员会负责征收，主要包括州内居民的个人所得税、个人扣缴税、资本收益税、赌博和彩票税，以及商用场所注册费和州首府道路注册费等。地方税由地方政府税收委员会负责征收，主要是与地方政府行政管理有关的税费，比如酒税、出生和婚姻注册费、公共广告费、州首府以外的道路注册费、动物牌照费和电视许可费等。

为避免对企业所得双重征税和防止偷税漏税，中尼两国政府于 2002 年 4 月 15 日签署了《关于对所得避免双重征税和防止偷漏税的协定》（简称《协定》）。经履行生效所必需的法律程序，《协定》自 2009 年 3 月 21 日起生效，自 2010 年 1 月 1 日起执行。根据该协定，中国对外投资企业在尼日利亚设立公司的，该子公司在中国取得的收入缴纳中国税收后，再缴纳尼日利亚税收时可将该部分应税收益抵免；中国对外投资企业未在尼日利亚设立公司，则它在尼日利亚获得的收益缴纳尼日利亚税收后，可在中国税收中将该部分税额予以抵免，从而避免对所得双重征税。此外，尼日利亚目前已与英国、加拿大、比利时、法国、南非、荷兰、菲律宾、巴基斯坦和罗马尼亚等国签署了双边税收协定，中国对外投资企业可利用上述协定避免被双重征税或多征税。

5. 环境保护法律法规与政策 [2]

为了保护环境，尼日利亚联邦政府制定了一系列的法律和法规，主要包括：《尼日利亚联邦共和国宪法（1999 年）》（Constitution of the Federal Republic of Nigeria）、《联邦环境保护署法案（1988 年）》（简称《FEPA 法案》）（Federal Environmental Protection Agency Decree）、《环境影响评估法案（1992 年）》（简称《EIA 法案》）（Environmental Impact Assessment Decree）、《有害废物法案（1998

---

[1] 部分信息及数据参考商务部 2018 版《对外投资合作国别（地区）指南——尼日利亚》，第 48 ～ 50 页。

[2] 部分信息及数据参考商务部 2018 版《对外投资合作国别（地区）指南——尼日利亚》，第 64 ～ 66 页。

年）》和尼日利亚石油资源局 2002 年颁布的《尼日利亚石油工业环境指南和标准》（Environmental Guidelines and Standards for the Petroleum Industry in Nigeria），此外，尼日利亚各州也有权制定本州的环保法规，比如巴耶尔萨州的《环境保护法》（Environmental Protection Decree）和三角洲州的《环境保护规范与标准》（Environmental Protection Guidelines and Standards）等。

尼日利亚环境评估相关法律主要有《环境影响评估法令》。该法要求相关项目建设必须进行环评，涵盖农业开发、机场建设、排灌系统、围填海工程、渔港建设、林地使用、住房建设、工业建设、基础设施建设、港口建设、矿产开发、油气开采、发电输电、采石作业、铁路建设、交通设施、旅游设施、废物处理和供水项目等领域。尼日利亚环境部环评司主管项目环境评估事宜（网址：www.climatechange.gov.ng）。

6. 劳务合作法律法规与政策[①]

1978 年修订的《劳工法》（Labour Act）对劳动合同、解聘、工时和加班、工薪和社保待遇做出了如下规定：

（1）雇主在雇员开始工作 3 个月内需要同雇员签署书面劳动合同。劳动合同需注明工资、每周工时、节假日和加班工资等事项。如果是定期合同，需要注明合同起止时间。

（2）解聘雇员，需要视其已工作时间长短提前至少 1 日或至多 1 个月通知，并视其已工作时间支付额外工资补偿。如果雇员有违法行为，可直接解聘，无须支付任何费用。

根据 2010 年《最低工资法案（修正案）》（Minimum Wage（Amendment）Act，2000），尼日利亚法定最低工资为 18000 奈拉（120 美元）/月。2018 年 10 月，联邦政府已与劳工组织就新最低工资标准达成一致，但尚未公布具体数额。

尼日利亚法定工作时间每日不超过 8 小时，一周不超过 40 小时。连续工作 6 小时以上应允许雇员至少休息 1 小时。加班需支付加班费用。

雇主应通过现金、支票或汇款方式向雇员支付工资。雇主可替雇员代扣代缴养老金或工会组织会费，但不得任意扣除员工工资。除基本工资外，雇主应向员工提供住房补贴、交通补贴、以及必要的医疗费用。尼日利亚的社会保险只有养老金，每月应缴纳工资收入的 15%，其中 7.5% 由雇主缴纳，7.5% 从雇员工资中扣除。

尼日利亚对外籍劳务实行配额制管理，即对在政府或企事业单位工作的具有一定专业技能的外籍劳务人员发放工作许可证。对于投资类企业，根据投资额多少，政府分配一定的外籍劳务人员名额。尼日利亚移民法规定："凡有不良记录、从事损害尼日利亚利益或从事有损本国人商业活动者均不得在尼日利亚工作"，

---

① 部分信息及数据参考商务部 2018 版《对外投资合作国别（地区）指南——尼日利亚》，第 61 ～ 62 页。

"外资和外商的正当经营活动不受限制"。在尼日利亚雇用外国人必须向内政部提出申请，获取相应的配额后方可办理工作签证和绿卡。外国人在尼日利亚不能从事政府、医生及律师工作，其他工作岗位没有限制。尼日利亚对专业领域外籍人才需求量较大。尼日利亚没有劳动力市场需求测试，但要求申请工作配额者必须有大专以上学历及相关岗位的工作经验。

7. 知识产权合作法律法规与政策 ①

尼日利亚的知识产权保护法律包括《商标法》（Trade Marks Act）《专利和设计法》（Patents and Designs Act）、《版权法》（Copyright Act）和《国家工业技术产权办公室法》（National Office of Industrial Property Act）。《商标法》用于规范商标的注册，规定商标所有权人对产品已注册商标的独占权。商标注册后保护期为7年，可以不断延期，每延期一次有效期延长14年。《专利和设计法》用于规范专利和设计的登记注册，规定一旦授予专利，专利所有权人享有制造、进口、销售和使用专利产品的独占权。专利保护期20年。工业设计保护期5年，可延期2次，每次5年。《版权法》规定，未经版权所有者允许，一切仿造、进出口、再生产、展览、表演或销售版权所有人的著作行为都属非法。文字、音乐和艺术作品的著作权保护期为作者死亡或第一次出版次年起70年，电影及照片、录音和广播的版权保护期为第一次发行、录制和播放次年起50年。《国家工业技术产权办公室法》规定成立国家工业技术转让促进办公室，负责对外国技术的购买实施监管，并对外国技术转让的商业合同和协议进行注册登记，为国内外技术转让、开发和推广提供便利，促进和鼓励本国的技术创新和发明。

有关法律规定侵犯知识产权的行为受法律制裁，视情节侵权人可被判处罚款直至最多7年监禁。

8. 法律争议法规与政策 ②

尼日利亚涉及投资管理的主要法律是《尼日利亚投资促进委员会法令》（Nigeria Investment Promotion Commission Act）（1998年修订）。此外，还有1990年《公司及相关事务法（公司法）》（Companies and Allied Matters Act，1990）、1990年《劳工法》（Labour Act，1990）、1995年《外汇（控制与杂项规定）法令》（Foreign Exchange Monitoring and Miscellaneous Provisions Act（Decree No.17 of 1995））和1999年《投资证券法令》。

在尼日利亚解决商务纠纷主要通过法律诉讼程序，适用尼日利亚本国法律（英美法律体系），并可要求国际仲裁或异地仲裁。例如，尼日利亚油气领域投资

---

① 部分信息及数据参考商务部2018版《对外投资合作国别（地区）指南——尼日利亚》，第69～70页。

② 部分信息及数据参考商务部2018版《对外投资合作国别（地区）指南——尼日利亚》，第70页。

纠纷可通过伦敦国际仲裁法庭提起诉讼。此外，作为 WTO 成员国，其完全遵守 WTO 争端解决机制项下的各项程序。

（二）投资合作注意事项[①]

1. 投资方面

（1）政策波动性较大。尼日利亚政策波动性较大，容易造成投资项目的进程受阻甚至失败，投资者应注意政策风险。

（2）行政成本高。尼日利亚行政审批环节多、成本较高，大大增加了企业投资项目的时间成本和相关风险。

（3）基础设施落后。尼日利亚电力不足，通讯质量差，铁路运力不足，公路普遍年久失修，供水不足，大大增加了企业投资和运营成本，仅电力问题一项就会增加约 10% 的成本。

（4）社会治安不佳。尼日利亚治安事件多发，近年来，涉华绑架案有增多趋势，中国企业和中方人员要注意人身和财产安全。

（5）工会力量比较强大。在尼日利亚罢工是合法的，工会动辄组织工人罢工，即便是政府有时也不得不向工会和工人妥协，企业应同工会建立良好关系。

（6）技术性劳动力缺乏。尼日利亚人口众多，文盲比例高达 46.7%，在 OECD 的世界各国人力资本排名中，尼日利亚居第 76 位。

（7）获得外籍员工准入许可困难。在尼日利亚企业要雇用外籍员工必须向尼日利亚内政部移民局申请配额，还要办理工作居住证。要获得这两项批准程序烦琐且十分困难，一个外籍劳工必须培养 2 名当地学徒并支付高额费用，还必须提供金额很大的纳税证明。企业在办理绿卡过程中，往往遇到拖延不办和材料遗失等问题，尼方办事人员权力寻租情况严重，给外国人出入境带来不便。

（8）土地问题。尼日利亚土地的处置和转让限制很大，缺乏市场流动性、透明性和确定性，而土地一旦被没收其补偿也对投资者十分不利。另外，获得土地的程序十分繁杂，手续费较高。

（9）经济纠纷难以妥善解决。根据世界银行《国际商业环境调查》的数据，在尼日利亚 60% 以上投资者对判决的公正性不满，90% 以上的投资者对案件审理的效率不满。很多中资企业在投资过程中常遇到当地合作伙伴缺乏商业诚信问题。

2. 贸易方面

（1）加强风险防范意识。

（2）保证出口商品质量。中国出口尼日利亚的部分商品质量欠佳是中尼贸易

---

① 部分信息及数据参考商务部 2018 版《对外投资合作国别（地区）指南——尼日利亚》，第 87～92 页。

长期存在的问题，该问题依然常受尼方诟病，阻碍了中尼贸易的健康发展。

（3）加大产品促销力度。为提高中国产品特别是高新技术产品在尼日利亚市场的认知度，中国企业可通过广告和商品促销会等多种形式加大对产品的宣传力度，力争创出知名品牌。

3. 承包工程方面

（1）政策缺乏连贯性。尼日利亚一些政策缺乏连贯性，对合同和 FIDIC 条款的履行存在随意性，承包商甚至无法按照国际惯例索赔，这给中资企业在尼日利亚进行合同谈判和项目实施增添许多困难。

（2）工程款拖欠问题严重。工程款支付不及时和拖欠严重是尼日利亚工程承包市场较普遍的现象。

（3）工程管理欠规范。尼日利亚工程项目的实施遵循标准合同范本，但执行不够严谨，实施过程中人为因素较多，业主咨询变更设计频繁，造成人力物力浪费，给施工带来不利影响。

（4）外汇管制和汇率风险。尼日利亚存在外汇管制，无法实现资金自由汇出。

4. 劳务合作方面

（1）高度重视安全问题；（2）提前通过合法途径和正规渠道办理签证；（3）纯劳务合作应慎重开展；尼日利亚技术和专业人才短缺，但对普通劳务几乎没有需求。

在尼日利亚开展投资、贸易、承包工程和劳务合作的过程中，要特别注意事前调查、分析和评估相关风险，事中做好风险规避和管理工作，切实保障自身利益。包括对项目或贸易客户及相关方的资信调查和评估，对项目所在地的政治风险和商业风险分析和规避，对项目本身实施的可行性分析等。

建议企业在开展对外投资合作过程中使用中国政策性保险机构——中国出口信用保险公司提供的包括政治风险和商业风险在内的信用风险保障产品；也可使用中国进出口银行等政策性银行提供的商业担保服务。

七、加　纳

（一）加纳法律法规与政策 [①]

加纳法律体系是基于英国普通法和习惯（传统）法。其法律渊源主要有宪法，

---

① 部分信息参考商务部《全球法规网》——加纳 http://policy.mofcom.gov.cn/page/nation/Ghana.html。

议会制定或授权制定的法律，根据宪法制定的命令、规则和条例，1992年宪法生效前即存在的成文或不成文法，普通法等。

加纳国民议会实行一院制，是国家最高权力机构，有立法和修宪的权力。

司法机构分为司法系统和公共法庭系统。司法系统包括最高法院、上诉法院、高等法院、商业法庭、地区法院、县级法院、巡回法院、速审法院、少年法庭和检察长办公室等。最高法院为终审法院。各级公共法庭是1982年为实现司法民主化和确保人民有权参与司法程序而设置的，由全国公共法庭（终审法庭）和地区公共法庭等组成。全国公共法庭为终审法庭。此外，加纳还存在着传统法庭，由酋长根据习惯法处理当地民事纠纷。

2017年9月，商务部钱克明副部长访问加纳，并与财政部召开第四次双边经贸联委会，双方就鼓励两国行业商协会和贸易促进机构开展多种形式合作，扩大双边贸易规模，推进投资合作深入发展，鼓励中国金融机构和企业根据商业原则在加投资，以及融资合作和对外援助等议题达成一致并签署会议纪要。

1. 国际工程承包法律法规与政策 [①]

加纳当地工程承包项目大体上可以分为政府项目和私人项目两种。

2003年加纳颁布的《公共采购法》对政府项目招投标作出了具体规定。政府项目可分为三种：（1）国内招标项目。此类项目一般工程规模较小，内容简单。只有在加纳注册且加纳人持有50%以上股份的当地企业才能参加投标。（2）国际招标项目。此类项目资金基本上来源于国外援款或世行、非行和阿拉伯基金等的优惠贷款，外国公司都可以参与投标，但贷款有限定条款的除外，比如欧共体国家贷款有时限定只有欧共体国家的公司才可以参与投标。（3）议标项目。此类项目资金基本上来源于承包商，即带资承包。加纳采购委员会及加纳财政部指定的价格评估公司进行价格评估后方可执行。

加纳欢迎外国企业以BOT或者PPP的形式参与加纳基础设施建设、农业、制造业和服务业等方面的项目。BOT特许经营年限一般为30年，但是也可以通过双方商谈进行调整。目前在加纳尝试开展BOT项目的企业不少，但是缺乏已经成功的典型项目。在加纳实行BOT项目的主要困难包括加纳民众消费和支付能力有限，长期收益类项目通过加纳本地货币核算存在汇率风险等。

2. 国际贸易法律法规与政策 [②]

加纳贸易主管部门为加纳贸易工业部（简称加纳贸工部，The Ministry of Trade and Industry，MoTI）。

---

① 部分信息及数据参考商务部2018版《对外投资合作国别（地区）指南——加纳》，第39和47～48页。

② 部分信息及数据参考商务部2018版《对外投资合作国别（地区）指南——加纳》，第33～36页。

1992 年加纳标准（食品、药品和其他商品）通用标签规则规定，为防止伪劣和假冒商品，保护消费者利益。规则对商品的品质、制造日期、使用日期、使用说明、贮藏保管条件、注意事项、原产地和商品名称等，都做了严格规定。2014 年初，加纳标准局发布了新版《加纳国家标准》，企业可向其购买产品标准书，以便生产和出口时遵照执行。

商标注册规定，根据 1970 年加纳标准（商标注册）规则，商标注册申请者必须提供商标样板和印刷品，经同意注册后，即在报刊上发表。两个月内如无异议，商标即告成立。注册有效期为 7 年，期满之后可以延期。

药品注册规定，根据 1996 年修订的食品和医药法，药品进口须向主管部门注册登记才能办理进口手续。注册时，需提供药品生产国政府主管部门对该产品的技术分析和有关检测资料。对药品有专门标签要求。

目的地商检制度规定，自 2000 年 4 月 1 日起，加纳政府取消装船前商检制度，实施新的商检制度——目的地商检制度，并授权门户服务有限公司 GSL 和 GSBV 负责所有进口货物的目的地商检工作。其中 GSL 负责海运货物的商检，GSBV 负责空运和陆运货物的商检。2015 年 9 月 1 日，加纳政府与上述公司合同到期，目的地商检工作由加纳海关全部接管，并开始实行单一窗口制度，促进国际贸易便利化。

1995 年保税区法案（504 号法案）规定，1995 年，加纳议会通过保税区法案（504 号法案）。2002 年，又通过了保税区修正法案（618 号法案）。加纳保税区计划是由世界银行支持的综合性计划，目的是通过建立出口加工区促进货物加工和生产，鼓励在海港和机场区发展商业和服务业。加纳保税区委员会是加纳政府设立的负责保税区计划实施和管理的主要机构。

贸易管理的相关规定：（1）加纳的外汇管理规定。（2）取消进出口许可制度。1986 年加纳取消了出口许可制度。1989 年取消了进口许可制度，但对食品、药品、化妆品和化学物质的进口要求要高于其他普通商品。（3）出口贸易政策。加纳实行贸易自由化政策，奖出限入。（4）加纳把进口替代作为一项长期措施，考虑对一些产品的进口实施禁止或限制措施。

3. 海外投资法律法规与政策 ①

加纳投资主管部门为投资促进中心（GIPC），成立于 1994 年，依据《加纳投资促进中心法案》（2013）协调和监督所有投资活动并直接对总统负责。加纳投资促进中心提供所有经济领域简化的一站式批准程序。

2013 年由加纳议会审议通过了新的《加纳投资促进中心法案》（第 865 号法案），该法适用于所有行业。新的《加纳投资促进中心法案》规定只允许加纳

---

① 部分信息及数据参考商务部 2018 版《对外投资合作国别（地区）指南——加纳》，第 38～39 页。

人专营的领域：（1）在"市场"内经营或在任何地方做小买卖、叫卖或在小售货亭销售；（2）除足球之外的其他博彩业；（3）出租汽车和汽车租赁（但外国人若投入 25 辆以上新汽车，亦可经营出租汽车和汽车租赁业务）；（4）美容美发；（5）手机充值卡的印刷；（6）练习簿和其他基础文具的制造；（7）药品零售；（8）袋装水的生产、供应和零售。加纳鼓励外资进入的行业包括：信息产业、采矿业、石油等能源领域、基础设施建设、农业及农产品加工业、旅游业、服务业、房地产开发业、渔业、废品处理和国有企业的私有化。

《投资促进中心法》关于外资企业注册资本的规定：（1）建立合资企业，注册资本应不少于 20 万美元，且加纳合作伙伴所占比例不低于 10%；（2）建立外国独资企业，注册资本不低于 50 万美元；（3）建立合资或独资贸易企业，注册资本不低于 100 万美元，而且最少应雇用 20 个加纳人。注册收费是注册资本的 0.05%。目前加纳对并购当地一般企业适用《加纳投资促进中心法案》，并无其他特殊规定。但是，大型国有企业并购等须经议会审批通过。在加纳的外商投资企业及在加纳设立分公司、代表处和工厂等在加纳完成注册的国外企业均可在加纳股票交易所上市。另外加纳对收购和兼并上市公司也有特别规定，并购在股票交易所上市的公司，发盘人拥有受盘人股权的份额上限为 75%，必须保留至少25% 的公共持有。具体办理时要严格按照有关程序，通报加纳股票交易所、受盘公司董事会，并与有关利益关系方如其他股东等进行充分协商。

4. 财税金融法律法规与政策[①]

加纳央行是商业银行的监管部门，证券交易委员会负责监管资本市场，保险监督委员会管理保险行业。加纳欢迎外资进入金融业，但央行和投资促进中心在金融业领域出台的各类文件和规定五花八门，且相互冲突，目前暂无统一的明确的准入规定。加纳议会 2016 年通过了银行和专业存款法案，但主要是原则条款，并无具体金额等条款。该法案可在加纳央行网站上查询。

加纳实行属地税制。税收分为直接税和间接税。直接税包括所得税、资本收益税、礼品税和印花税，这一部分税收由国内税务局（IRS）负责征收；间接税包括关税、消费税和增值税，分别由海关（CEPS）及增值税管理局（VAT）征收。

5. 环境保护法律法规与政策[②]

加纳环境保护机构名称为环境保护事务局（Environment Protection Agency），它是负责保护和改善加纳环境的公共指导机构，负责执行政府环保政策，

---

① 部分信息及数据参考商务部 2018 版《对外投资合作国别（地区）指南——加纳》，第39～40 和 46 页。

② 部分信息及数据参考商务部 2018 版《对外投资合作国别（地区）指南——加纳》，第46～47 页。

检查和规范企业行为，并对污染事件做出紧急应对。

加纳最早的环保法律法规为 1897 年颁布的《海滨设障条例》（Beaches Obstruction Ordinance）。加纳独立后，政府相继通过了多部环保法律法规。目前环保法规主要有：《环境保护法》《环保事务局法》和《农药（杀虫剂）控制与管理法》。

环保法律法规基本要点：1992 年颁布的《宪法》第 6 章第 41 条《环境保护法》特别条款规定加纳公民（无论是企业主还是普通劳动者）必须保护并保卫环境。此条款为 1994 年国会批准成立环保事务局奠定了基础。《环保事务局法》主要规定了环保事务局主要权利及责任。《农药（杀虫剂）控制与管理法》为第三部环保法规。此法规重点涉及经销农药或杀虫剂进口贸易的营业执照管理、允许进口及销售等管理规定。

环保评估的相关规定：在加纳承揽工程项目一般需要进行环境评估。按照规定，环境评估应由业主负责完成，但考虑到费用及效率问题，一般由推动项目的企业承担。时间约半年至一年半，费用数万美金不等。评估机构由业主指定或熟悉的机构来完成，评估结果由业主签字认可。

6. 劳务合作法律法规与政策[①]

加纳劳动法第 12 章要求雇用劳务在 6 个月（包括年内累计达到 6 个月）以上者必须签订劳动合同。劳工合同内容包括雇主及受雇用者权利及义务、工作岗位、工资水平（包括加班工资规定）、工作时间、假日、疾病及工伤、社会保险及养老金、解雇通知和劳动纪律等，双方应在劳工合同上签字。根据劳动法第 10 部分规定，短期劳务关系不必签订劳工合同，但必须明确最低工资、日工作时间、带薪节假日、夜间工作和因病休假等。

加纳相关法律规定：外国人无论在加纳受雇或就业必须获得工作许可或是移民配额。外国公司只能根据投资额确定的移民配额（固定配额）安排相应数量的外国员工，保证公司一定数量的外国员工具有合法居留和工作的权力。移民配额数量如下：（1）投资额 5 万～ 25 万美元，1 人；（2）投资额 25 万～ 50 万美元，2 人；（3）投资额 50 万～ 70 万美元，3 人；（4）投资额 70 万美元以上，4 人。固定配额可以被继承或转移。除固定配额外，取得营业执照的外资企业，若从国外雇用加纳不具备的技工，需为每个技工办理工作和居留许可，简称额外配额。雇主需向投资促进中心（Ghana Investment Promotion Center，www.gipc.org.gh）递交工作和居留许可申请，并附上该雇员的健康证明。

根据加纳 2003 年《劳动法》的规定，劳工委员会承担调查劳资纠纷问题、

——————————
① 部分信息及数据参考商务部 2018 版《对外投资合作国别（地区）指南——加纳》，第 42 ～ 44 页。

解决争端，从而推动劳资关系向良性发展的职责。劳工委员会主席由雇主协会和劳工组织共同指派，6 名代表分别由政府、雇主协会代表和劳工组织任命。根据加纳《仲裁法》，在劳资双方出现争端或双方没有协议存在的前提下，劳工委员会可指派有资格的组织或个人调解和仲裁，协调劳资双方关系。

7. 知识产权合作法律法规与政策[①]

目前加纳已制订了符合国际知识产权保护条约，如 TRIPS、Berne 及 WIPO 互联网协议等基本要求的《版权法》。知识产权保护是加纳政府优先法规，并反映在加纳贸易政策中。2004 年公布的《贸易政策书》中明文规定新发明创造、新革新理念和设计及创新是国家社会经济发展的重要推动力。政府制定相关政策的目标是通过颁布保护知识产权的法律条款，确保对版权及产业知识产权等的有效管理和保护，刺激发明创造及技术进步。该政策的框架内容已得到加纳国会的批准，并进入实施阶段，审理涉及知识产权的案件的专用法庭也已建立。知识产权侵权的相关处罚规定，新出台的《版权法》规定了对盗版或伪造等侵权行为实行最低 12 万美元或处 3 年监禁的处罚。

8. 法律争议法规与政策[②]

加纳于 1957 年从英国殖民统治下获得独立，因此加纳法律体系源自英国法律与加纳当地习惯的结合。与商务有关的主要是外贸、海关、投资、保税区、公司、矿产、劳工、移民和政府采购这 9 个方面的法律，可参阅中国驻加纳使馆经商参处网站的"政策法规"栏目（www.gh.mofcom.gov.cn）。

加纳尊重商事合同当事人自由选择合同所适用的实体法，只要选择的实体法不违反加纳强制法律规定或者公共秩序。双方签订商业合同应列明法律选择条款，明确选择哪种实体法。例外情况是，如果交易同时涉及技术转让合同，则技术转让合同必须适用加纳法律，受加纳技术转让规定（Technology Transfer Regulation 1992）的规制。如果当事人未明确选择实体法，加纳冲突法规则将根据最密切联系原则选择最密切联系的实体法。加纳尊重商事合同当事人自由选择法院或仲裁的纠纷解决方式，双方签订国际贸易或投资等商业合同时，应列明纠纷解决条款。如选择仲裁，可要求国际仲裁，指定仲裁地。

（二）投资合作注意事项[③]

贸易方面：签订正式的书面合同；选择好付款方式；注重产品质量和企业

---

① 部分信息及数据参考商务部 2018 版《对外投资合作国别（地区）指南——加纳》，第 49 页。

② 部分信息及数据参考商务部 2018 版《对外投资合作国别（地区）指南——加纳》，第 49 ～ 50 页。

③ 部分信息及数据参考商务部 2018 版《对外投资合作国别（地区）指南——加纳》，第 59 ～ 62 页。

信誉；提高风险防范意识。

承包工程方面：遵守当地法律法规，依照劳工法向工人提供工资、社保及其他福利待遇，依税法缴纳公司和个人所得税等。严格遵守加纳移民管理规定，办理正规合法的签证和工作许可。加纳工会组织活跃，罢工事件时有发生，应增加对当地工会组织的了解，避免产生罢工或劳资纠纷，以免对工程进度甚至公司声誉产生影响。加方为吸引更多公司参与工程竞标，经常与多家公司达成协议，甚至签署 MOU，导致中国多家公司参与竞标，往往造成恶性竞争（尤其在政府项目中）。严把工程质量关，避免因偷工减料造成工程事故而影响中国公司在加纳的整体形象和声誉。考虑当地人时间观念不强和办事效率低等因素，做好准备工作，避免对工程进度带来不利影响。某些项目，尤其是政府项目，拖欠款现象比较严重，务必提前做好相关防范措施。合同金额在 500 万美元以上的项目，必须到中国驻加纳使馆经商参处备案。

劳务合作方面：中国外派劳务应签订符合法律规范、责权明晰和具有法律效力的《劳务合同》。要加强外派劳务人员的外语培训，使其在一定程度上掌握驻在国的语言，并熟悉当地的文化，保证他们能顺利地在国外工作和生活，减少与当地人沟通的障碍。要加强对外派劳务人员的职业培训。根据境外岗位需求，通过培训提高相关领域的具体工作技能，以便更好地适应海外工作的需求。

投资方面：近年来，加纳对经营贸易的外资企业设立较高的门槛。规定从事一般贸易企业的最低注册资本为 100 万美元，同时要求外贸企业必须雇用至少 20 名当地员工。加纳投资法明确规定不允许外国人"在市场销售或在任何地方叫卖、做小买卖或在小售货亭销售"，这些经营活动仅限于加纳本国人。近年来，加纳贸工部、投资促进中心、海关和移民局等部门组成联合执法小组，关闭了大量在加纳"市场"（主要是阿克拉 Makola 市场）经营的外国商铺，包括中国人经营的商铺。提醒贸易公司不要在"市场"内开店，建议单独租赁办公场所及仓库，经营国际贸易和到港批发业务。加纳劳动法较严厉，对当地员工保护力度较大，无形中增加了企业经营成本和管理难度。加纳基础设施不发达，水、电和汽油等价格较高，停水和停电的现象时有发生。土地所有权问题争议较多，在租赁和购买土地和房产时要注意规避风险。中国人在当地要严格遵守当地法律，从事法律允许的行业，在法律规定的场所内经营。维护良好的市场秩序，鼓励企业强强联合，避免恶性竞争导致内耗严重。履行登记和告知义务，企业到加纳投资应及时到中国使馆经商参处报到并汇报有关情况。

因此，在加纳开展投资、贸易、承包工程和劳务合作的过程中，要特别注意事前调查、分析和评估相关风险，事中做好风险规避和管理工作，切实保障自身利益。包括对项目或贸易客户及相关方的资信调查和评估，对项目所在地的政治风险和商业风险分析和规避，对项目本身实施的可行性分析等。

建议企业在开展对外投资合作过程中使用中国政策性保险机构——中国出口信用保险公司提供的包括政治风险和商业风险在内的信用风险保障产品；也可使用中国进出口银行等政策性银行提供的商业担保服务。

八、利比里亚

（一）利比里亚法律法规与政策 [①]

利比里亚独立后，照搬和借用了美国法律，虽然国家法律法规较为齐全，但存在有法不依、过度执法和腐败执法的现象。投资和税收政策调整频繁，执法施政随意性比较大。最高法院为最高司法机构，下设地方法院和特别军事法庭。最高法院负责释宪并对各类案件具有最终裁决权，其裁决不容更改。高法法官包括一名首席大法官和四名陪审法官，均由总统提名并经参院批准。除非被议会弹劾或被判有罪，法官一经任命可工作到 70 岁退休。现任首席大法官弗朗西斯·S.考克帕（Francis S. Korkpor）。

世界银行发布的《2018 年全球营商环境报告》，利比里亚在全球 190 个经济体中营商环境便利度排名第 172 位。

1. 国际工程承包法律法规与政策 [②]

利比里亚政府把承包工程项目分国际竞争性项目和非国际竞争性项目两种。非竞争性项目招投标只面向事先在利比里亚主管部门登记注册的企业。参加国际竞争性项目投标的企业，在中标后需按政府要求到主管部门登记注册。外国自然人在当地承揽工程承包项目，需先在利比里亚注册成立公司，并获取利比里亚建筑协会和公共工程部资质认证。工程建设过程和工程验收通常按照合同约定执行。

目前利比里亚政府财政拮据，大多数工程承包项目靠世界银行等国际组织援助。政府对外国企业在利比里亚承包工程项目一般没有限制。2013 年 3 月，利比里亚公共工程部出台新规定，规定今后 50 万美元以上的与道路建设相关的利比里亚政府合同，至少有 20% 的工程业务需要与利比里亚本土小企业签订。工程内容包括水泥工程、管道铺设、土方运输、碎石和运沙等多项具体业务。

---

① 部分信息及数据参考中华人民共和国驻利比里亚共和国大使馆网站 http://lr.china-embassy.org/chn/lblygk/lblygq/。

② 部分信息及数据参考商务部 2018 版《对外投资合作国别（地区）指南——利比里亚》，第 47～48 页。

利比亚政府对承包项目实行招标制度，大型招标项目还需经过部际委员会审议批准后才能对外公布招标结果。

2. 国际贸易法律法规与政策[①]

利比里亚主管贸易的政府部门是利比里亚商工部。其主要职责是建立和调整商品及贸易标准，采集、评估和发布商业和工业有关数据，建立和执行有关商业标准，促进国内和国际贸易健康发展，签发进出口许可证，控制进出口商品和货物质量，实施高效和有力的贸易管理制度（包括进出口装运前检验），监控和调节必需品价格等。

利比里亚与贸易相关的法律和法规不太健全，一些政府部门或者继续沿用前政府颁布的法律法规，或者凭内部暂行规定实施管理。贸易法规主要包括税收法（含海关管理规定）及补充规定（统一税修正案）、劳工法、商法、一般商业法、知识产权与著作权法、投资优惠法和社团法（含企业注册规定）等。

利比里亚实行自由开放的市场经济政策，所有经济实体都享有经营对外贸易的同等权利。但公司需要到利比里亚商工部办理进出口许可证。目前被列为限制进出口的商品类别已降至 17 类（限制进口商品目录详见利比里亚商工部网站 www.moci.gov.lr）。政府禁止进口有毒制品、危害环境和人类健康的商品，并对木材实行特别管理，只允许与林业发展局签订合同的企业经营木材进出口。进口放射性或危险化学商品，须事先到环保局办理审批手续。

2014 年，利比里亚税务部门从财政和发展规划部（Ministry of Finance & Development Planning）剥离出来，成立了国家税务局（Liberia Revenue Authority），海关是其下属一个部门。海关税法（Customs Revenue Code）和税则编码制度是海关开展税收和各项管理活动的依据。进出口商品的税种主要包括关税（Import Duty）、商品服务税（GS Tax）和特种消费税（Excise Tax）。

3. 海外投资法律法规与政策[②]

利比里亚主管投资的政府部门是国家投资委员会，其主要职责是促进和协调利比里亚所有经济部门的投资活动。

有关投资行业的规定如下。

所有外国企业在利比里亚从事经营活动，必须先到利比里亚商业与工业部进行注册，个别行业还须到主管部门审批经营资质（如药品经营）。允许外国投资者拥有除土地以外的财产；所有矿产资源归属国家；外国投资者在利比里亚不能

---

① 部分信息及数据参考商务部 2018 版《对外投资合作国别（地区）指南——利比里亚》，第 37～38 页。

② 部分信息及数据参考商务部 2018 版《对外投资合作国别（地区）指南——利比里亚》，第 38～39 页。

购买土地，但可以租赁土地，租期为25至50年，期满可以续租，对于特许经营权土地或未开发土地，租赁期最长可达65年。对外国投资资本没有最低要求，对外国投资者的股权比例没有限制。投资利比里亚政府优先发展领域和投资额超过100万美元的项目将享受利政府有关税费等方面的优惠政策。

2011年8月，利比里亚政府发布公告，禁止外国投资者经营的行业调整为16种，限制外国投资者经营的行业调整为12种。具体如下。

禁止外国投资者参与经营的行业：供砂；制砖；行销；旅行社；大米和水泥零售；制冰和销售；轮胎修理店；投资额低于5万美元的汽车修理行；修鞋店；木料和板材零售；加油站；影像厅；出租车；进口和销售旧服装；在利比里亚境内销售本土产品；进口和销售二手汽车。

限制外国投资者经营的行业：生产和供应石头和花岗岩；生产冰淇淋；商业印刷；广告商、绘图和商业艺术家；电影院；畜牧养殖和生产畜牧产品；生产净化水或瓶装厂（袋装水除外）；非酒店有关的娱乐中心；销售动物和牲畜饲料；运营重型卡车；面包店；销售药品。

利比里亚政府对外国企业和自然人在当地开展投资合作、并购当地企业以及外商投资方式一般不做要求，个别行业有特殊规定。如采矿业，持有利比里亚居住证、工作许可证以及和利比里亚公司/个人的合作协议可以与持有C级采矿证的利比里亚公司/个人合作采矿，但不能控股。如若通过购买证照的方式进行开采，一旦被举报，将面临高额处罚。

4. 财税金融法律法规与政策[①]

利比里亚实行属地税法。全国实行统一的税收制度，外国公司和外国人与利比里亚的法人和自然人同等纳税。企业所得税按年缴纳，企业可在应税年份的次年3月底前自行或通过会计师事务所向税务局申报和缴纳；个人所得税按月缴纳，每月10日前，企业凭工资表自行向税务局申报和缴纳。

主要税赋和税率：利比里亚对企业税收种类主要分为所得税、货物与服务税、消费税、不动产税和海关关税等。对每一税种，又分为不同情况进行征税，如所得税，按企业性质、企业利润情况和投资行业类型等设定征税标准。为推动经济恢复，2010年利政府将个人所得税和企业所得税率由35%降至25%。

5. 环境保护法律法规与政策[②]

利比里亚主管环境保护工作的是利比里亚环境保护局（EPA），负责制定和实施有关环境保护方面政策和法规。2002年利比里亚政府颁布并实施《环境保护法》。根据利比里亚《环境保护法》，经济主体有责任消除对环境的有害影响，

---

① 部分信息及数据参考商务部2018版《对外投资合作国别（地区）指南——利比里亚》，第40页。
② 部分信息及数据参考商务部2018版《对外投资合作国别（地区）指南——利比里亚》，第46页。

维护清洁卫生的环境。经济主体需在开展项目前向环保局提交环境影响评估报告，否则将受到经济处罚。

《环境保护法》第四章介绍了利大气、水、有害废物、噪声和电离辐射等环境质量标准；第五章内容主要为污染防控和许可制度；第六章主要为环境和自然资源管理方面的内容，涉及森林、自然保护区和珍稀动植物保护等诸多内容。

根据利比里亚《环境保护法》，企业在利开展投资或承包工程需要履行环境评估程序，取得环境影响评估（EIA）证书。在项目开始之前，企业要向利比里亚环境保护局（EPA）提出书面申请，获取环境影响评估（EIA）申请表，完整报告申请表中要求的项目各项有关内容后等待批准。环境评估由环保局下属的环境影响评估（EIA）部门负责。

6. 劳务合作法律法规与政策[①]

2015年，利比里亚议会修订出台了新的劳动法规，核心内容有：（1）雇佣概要：雇佣合同、合同条款和解雇雇员。（2）雇佣条件：最低工资；工时和加班正常工作时间；每周休息日、公假和年假。（3）社会福利：退休金；为居住在营地的雇员孩子提供学校；劳工补偿。

利比里亚劳工法有外国人在当地工作的规定。除非劳工部颁发许可证，表明利比里亚国内无利比里亚籍公民可胜任该岗位需求，任何人、合资公司、公司或企业，申请准许外国人到利比里亚就业的签证，或者向司法部申请以雇佣外国人进入利比里亚就业为目的的探亲签证，将不会得到批准，企业要引进外籍雇员，需在利政府履行以下手续：（1）办理居留证；（2）办理劳工证的所有在利比里亚境内的外籍人员必须先取得劳工部颁发的劳动许可证以后方可在利比里亚工作；（3）缴纳养老保险和工伤保险。

7. 知识产权合作法律法规与政策[②]

利比里亚有关知识产权保护的法律主要有1972年《专利、著作权和商标法》和2003年《新工业产权法》。基于2003年《新工业产权法》，利比里亚建立了知识产权保护机构——利比里亚工业产权办公室，并于2010年加入非洲知识产权组织，成为第17个成员。

根据有关法规规定，利比里亚工业产权办公室有权对违反知识产权的行为予以严厉处罚，不但可以没收或处置涉嫌侵权的货物，还可以追究侵权者责任。

---

① 部分信息及数据参考商务部2018版《对外投资合作国别（地区）指南——利比里亚》，第42～44页。

② 部分信息及数据参考商务部2018版《对外投资合作国别（地区）指南——利比里亚》，第48页。

8. 法律争议法规与政策[①]

在利比里亚解决商务纠纷主要通过司法途径解决。利比里亚的刑事和民事法律制度与美国法律制度类似，司法权力被授予最高法院和其下属各法庭，其官方法律制度以英美普通法系为基础，并受当地传统法的影响，由于法官和司法体系工作人员报酬水平很低，司法体系非常脆弱。此外，判决结果易受外界因素左右，外国投资者在纠纷处理过程中常处于不利地位。由于案件积压，调查和听证往往等待时间漫长。2011 年 9 月，利比里亚成立了商事法庭，专门负责处理经济和商务纠纷案件。

（二）投资合作注意事项[②]

1. 投资方面

（1）审慎评估投资风险。利比里亚政府鼓励外来投资，专门设立国家投资委员会，负责引导和管理外国企业到利比里亚投资。但利比里亚存在较大投资风险：①利比里亚是世界上最不发达国家之一，消费水平较低，基础设施落后，工业基础薄弱；②缺乏市政水、电供应和基础工业配套，企业需自行通过柴油发电。工业企业所需的配件和维修服务基本依靠进口；③当地办事效率低，办事成本高，腐败现象较严重；④劳动力素质有待提高，专业技术人才奇缺；⑤金融服务不健全，融资渠道有限，银行手续费用高；⑥海、陆、空运输条件差，缺乏港口装卸设备，运输效率低。这些投资风险在很大程度上制约了投资项目的顺利进行。中资企业应高度重视上述不利因素，全面评估投资风险，才能确保投资项目的经济效益。

（2）适应法律环境的复杂性。利比里亚沿袭美国法律体系，法制较健全，各行业和领域都有详细法律法规。新政府上台以来，对许多法律进行了修改。中国企业到利比里亚投资首先应当关注法律问题，切记依法办事，勿存侥幸心理，建议聘请当地专业律师作为法律顾问，处理有关法律事宜。

（3）做好企业注册及申办各类执照的充分准备。在利比里亚投资最常见的困难是法律条文较多，注册程序繁杂且大部分文件须办理年检或延期。

（4）适当调整对优惠政策的期望值。利比里亚政府虽急于重建经济，但注重维护本国利益。中国企业在与利方洽谈投资项目时，期望值不应太高，既要争取利方最大优惠政策，亦应秉持务实合作的态度，积极考虑利方利益和关切，主动承担社会责任。

（5）企业在投资时，应认真了解当地税收规定，充分核算税赋成本。充

---

① 部分信息及数据参考商务部 2018 版《对外投资合作国别（地区）指南——利比里亚》，第 48 页。
② 部分信息及数据参考商务部 2018 版《对外投资合作国别（地区）指南——利比里亚》，第 54～57 页。

分了解利比里亚政府鼓励投资的行业和领域，利用好投资优惠及税费减免政策。

（6）近期，利比里亚加大海上执法力度，利比里亚海岸警卫队联合其合作伙伴，对进入利比里亚水域的船只进行登船检查。中资渔业企业须谨慎评估利上述行动带来的风险。如确需赴利海域作业的，要确保各种手续齐全、合法，以免招致麻烦。

2. 贸易方面

在利比里亚经商必须熟悉和适应当地特殊的贸易环境，采取有效措施拓展业务，规避风险。选择好合作伙伴和支付方式。注重提升产品质量。态度鲜明，不失礼貌。审慎确定交货、付款和维修保养条款。

3. 承包工程方面

（1）抓住市场机遇。在国际社会的帮助下，利比里亚政府将全面恢复道路、水、电等基础设施，战后重建工程预计需数十亿美元。（2）选好经营方式。（3）因地制宜，实行属地化经营。（4）量力而行。企业应理性看待利市场，客观评估自身实力。

4. 劳务合作方面

利比里亚总体失业率较高。中国企业在利比里亚开展工程承包项目，除管理和技术人员外，普通劳动岗位可尽量考虑雇用当地人员。此外，中资企业要在属地化经营和管理方面做好相应准备，学会与当地政府、劳工部门和工会打交道，严格遵守当地居住许可和工作许可等各项法律规定，及时到移民局和劳工部办理相关许可。

在利比里亚开展投资、贸易、承包工程和劳务合作的过程中，要特别注意事前调查、分析和评估相关风险，事中做好风险规避和管理工作，切实保障自身利益。包括对项目或贸易客户及相关方的资信调查和评估，对项目所在地的政治风险和商业风险进行分析和规避，对项目本身实施的可行性进行分析等。

建议企业在开展对外投资合作过程中使用中国政策性保险机构——中国出口信用保险公司提供的包括政治风险和商业风险在内的信用风险保障产品；也可使用中国进出口银行等政策性银行提供的商业担保服务。

第三章
混合法系国家

混合法系是指历史上曾具有自身法律传统，但在发展过程中不同程度上接受了其他法系或法律传统，并对自身法律秩序进行了重大改造的法系。主要包括西欧历史文化传统以外的东方历史文化传统下的法律秩序。目前，越来越多的国家因其自身的发展逐步也受大陆法系和英美法系影响，很难将其归入某一法系，更多归入混合法系。

一、南　非

（一）南非法规与政策 [①]

南非的法律渊源主要包括宪法、制定法、普通法（包括法学经典著作及判例法中的司法先例）和习惯法（或称"土著法"）。南非法是一种典型的混合法，一方面土著人固有的习惯法及酋长法庭被长期保留下来；另一方面自 17 世纪以来，英国普通法和罗马 - 荷兰法占据了主导地位。现行的《南非共和国宪法》于 1996 年通过，为南非平等和民主体制的确立奠定了法律基石。1996 年宪法明确规定，宪法是国家的根本大法，具有至高无上的法律地位，任何法律或行为若与宪法相冲突都将被宣布无效。

南非议会是国家最高立法机关，由国民议会（National Assembly）和省务院（National Council of Provinces）组成。国民议会主要职权包括修宪，通过议案（不包括宪法附则中赋予省和地方立法范围的议案），授权省和地方进行立法等。省务院代表各省利益，参与修宪，在宪法规定的范围内立法，审议国民议会通过并提交省务院的议案等。

南非的司法机关主要包括宪法法院、最高上诉法院、高等法院和地方法院等。宪法法院是南非的最高法院，只处理宪法问题；最高上诉法院只审理来自高等法院的上诉案件；高等法院审理对于地方法院来说较难的案件或上诉案件；地方法院是基层法院，审理一般刑事及民事案件，分为民事法庭和刑事法庭。此外，南非还有一些特别的法庭，如相当于高等法院地位的劳动法庭、土地申诉法庭和税务法庭等，以及相当于地方法院地位的地方法庭、家庭法庭、地区法庭、扶养法庭和少年法庭等。

南非检察机关包括检察总局、省检察局和地方检察局，代表国家提起刑事诉讼，并履行提起刑事诉讼的任何必要职能。

[①]　部分信息参考商务部《全球法规网》——南非 http://policy.mofcom.gov.cn/page/nation/South_Africa.html。

1. 国际工程承包法律法规与政策 [①]

南非业主，尤其是政府或国有企业招标的项目，评标的标准不仅注重投标公司的实力和报价，还注重促进南非本地经济发展、劳动力技能培训、技术转移和促进当地就业等内容。为了增强黑人经济实力，政府或国有企业标的项目会要求投标者在黑人经济振兴评分达到一定标准。另外，南非工程承包市场准入条件较高，建筑行业标准严格，在南非开展承包工程需要特别注意事前调查、分析和评估相关风险，事中做好风险规避和管理工作，以保障自身合法利益。南非工程招标方式主要是公开招标。

2. 国际贸易法律法规与政策 [②]

南非贸易工业部（DTI）是负责管理南非对外贸易的主要政府部门。南非国际贸易管理委员会（ITAC）负责南部非洲关税同盟地区的贸易救济措施调查，并对进出口管理、许可证管理、关税体制改革和产业优惠政策进行管理和监督。其他与贸易相关的政府管理部门还包括南非税务总署和南非标准局等。

南非规范进出口贸易的主要法律是《国际贸易管理法》，其他相关法律包括：《海关与税收法》《消费者事务法》和《销售和服务事务法》等。南非国际贸易管理委员会（ITAC）还制定了反倾销、保障措施、反补贴、进出口管制和关税调查等规章。

进出口商须在南非税务总署（SARS，海关归其管辖）登记（一般需 2～3 周），取得海关编号。外国人还必须指定当地的注册代理机构代表其进行进出口活动。2016 年，南非最惠国关税（WTO 约束）平均税率为 13.1%，实施税率为 6.1%，其中工业产品最惠国简单平均税率为 8.2%。

【进口限制及许可证】南非对所有废旧商品和 276 个海关 HS8 位税号商品实行进口许可管理，包括放射性物质、充气轮胎、化石燃料、武器弹药和博彩器具等。

【出口管理制度】南非对战略物资（不可再生资源）、农产品和废旧金属等商品实行出口许可证管理。

南非标准局负责制定有关安全、卫生和技术等标准，对相关产品进行认证和检测。目前，南非标准局对 36 大类产品及领域提供认证和检测服务，主要包括：照明、机械、计量、医药、无障碍性和人身与财产安全等。

2006 年 10 月 1 日起，南非税务总署（SARS）采用了欧洲海关的申报形式——统一管理单证。所有进口货物报关时，须向海关提供统一管理单证及其他单据。多数海关可以办理电子通关手续。

---

① 部分信息及数据参考商务部 2018 版《对外投资合作国别（地区）指南——南非》，第 69 页。
② 部分信息及数据参考商务部 2018 版《对外投资合作国别（地区）指南——南非》，第 46～47 页。

3. 海外投资法律法规与政策 [①]

南非贸易工业部（DTI）是负责管理外国投资的主要政府部门。各省商会和协会均设有负责投资促进的相关机构。其他投资管理部门还包括：南非税务总署、南非国家经济发展和劳工委员会、地区工业发展委员会等。

【投资方式】可以新设分支机构或设立当地公司，也可以入股、控股或收购当地企业。

【有关并购规定】外国公司根据南非公司法的相关规定，对南非企业进行并购。

4. 财税金融法律法规与政策 [②]

2003 年，南非政府通过了《金融服务宪章》，规定了南非主要银行的业务范围，但南非政府禁止外资银行的分支机构进入银行零售市场。南非境内的外资银行允许经营的业务范围有：商业银行、批发与投资银行和保险与财富管理。

税收是南非财政收入的主要来源。税种主要分直接税和间接税。直接税包括所得税和资本收益税等 4 种税费；间接税包括增值税和消费及进口税等 8 种税费。按征收对象可分为所得税、流转税和财产税等。南非是以直接税为主的国家，实行中央、省和地方三级课税，税收立法权和征收权主要集中在中央，税款也主要由中央征收。其主要税种有公司所得税、二级公司所得税、个人所得税、增值税、遗产和赠予税、资源税、印花税（以上由中央征收）及薪资税、工人补偿保费、失业保险基金、土地和财产转让税、利息税、资本转移税（由省和地方征收）等。南非实行按居住地征税的政策。根据与不同国家签署的避免双重征税协议，非南非居民仍需根据在南非的收入纳税。南非税务总署（SARS）负责大部分税种的征收和管理，地方税务局（RSC）负责营业税和薪资税等的征收。

2017 年初，南非总统祖马新签署了数项法案，其中包括七项税务和就业相关的修订案，分别是：税法修订案、财政法（2016）、利率与货币数量及税收法修订案（2016）、税收征管法修订案（2016）、调整拨款法案（2016）和失业保险修订法案（2016）。2018 年初，财政部长吉加巴发布新财年预算法案，新增一系列加税措施，主要包括：自 2018 年 4 月 1 日起增值税率（VAT）将从 14% 提高至 15%，此举将为国库增加 229 亿兰特的收入，这是 25 年来南非首次提高 VAT 税率；价值 3000 万兰特以上不动产的不动产税由 20% 提高至 25%；价值 3000 万兰特以上捐赠的赠与税由 20% 提高至 25%；提高烟酒的消费税率；燃油税每升将增

---

① 部分信息及数据参考商务部 2018 版《对外投资合作国别（地区）指南——南非》，第 47 ～ 48 页。

② 部分信息及数据参考商务部 2018 版《对外投资合作国别（地区）指南——南非》，第 50 和 65 页。

加 R0.52，其中包括一般燃料税 R0.22，道路交通事故基金 R0.30。

5. 环境保护法律法规与政策 [①]

环境事务部是南非环保主管部门，并在各省设立办事机构。与环境有关的其他政府机构包括：矿业部、能源部、水务部、卫生部、农业部和劳工部等。这些部门是国家环境协调委员会的成员，在制定和执行国家环保标准方面协调行动，相互监督，形成了严密的环保机制。

南非的基础环保法规包括：《国家环境管理法》（1998）、《国家环境管理：空气质量法》《国家遗产法》《海洋生态资源法》《国家森林法》《国家草原及森林防火法》《国家公园法》（修正案）、《湿地保护法案》《濒危物种保护法案》《国家统一废物管理战略》和《南非共和国水法》等 [②]。

《国家环境管理法》（1998）（NEMA）是南非环境管理的一般法，确立了环境保护的基本原则：合作决策、可持续发展和环境管理最佳实践、一体化管理、以社区为基础的环境决策、预防以及"污染者付费"等。

2010 年 8 月 2 日，南非环境事务部新的《环境影响评估规章》和需要进行评估的项目清单正式生效。《环境影响评估规章》规定了环保授权申请人、环境评估师、环境主管部门的职责和公众参与等相关程序，以保证环境主管部门获得必要信息，实现公众有效参与，有效控制项目在存续周期内对环境的影响。

（1）环评机构。申请人须委托具有资质的和独立的环境评估师进行项目环保授权申请，并向其提供所有必要信息（即使这些信息对申请人不利）。

（2）环保授权。环境评估报告是政府环境主管部门决定是否赋予环保授权的重要依据。根据项目对环境影响的不同程度，评估报告分为基本评估报告（Basic Assessment）和环境影响评估报告（Environment Impact Assessment，EIA）两类。

（3）环评费用。申请环保授权可能涉及的费用包括：对环境评估师的委托费、环境主管部门环保授权申请费、外部专家审议费、更改授权申请费、豁免申请费和行政复议费等。

6. 劳务合作法律法规与政策 [③]

南非有关劳工方面的法律包括《劳工关系法》（Labor Relations Act）、《基本雇佣条件法》（Basic Conditions of Employment Act）、《平等雇佣法》（Employment Equity Act）、《技能提高法》（Skills Development Act）和《技能提高费用法》（Skills

---

① 部分信息及数据参考商务部 2018 版《对外投资合作国别（地区）指南——南非》，第 67～68 页。

② 可在南非政府门户网站 www.gov.za 查询。

③ 部分信息及数据参考商务部 2018 版《对外投资合作国别（地区）指南——南非》，第 59～61 页。

Development Levies Act）。上述法律赋予工会组织很大的权力，外国投资者应慎重处理劳资关系，包括职工待遇与解雇等问题，否则容易引起罢工。南非劳动法对劳动者的工作时间、最低工资和休假制度等有明确规定。

外国人只有持有内政部签发的"工作许可证"，并在"工作许可证"规定的单位工作才是合法的。政府对引进外籍劳工严格限制。原则上，能在当地找到合适人选的就业机会是不能向外国人提供的。因此，内政部确定其基本政策为：在南非的各个行业，尤其是非技术和半技术领域，就业机会是有限的，因此，不主张吸引外籍劳工来南非工作。

2007 年 4 月，南非前内政部部长马皮萨·恩卡库拉宣布了南非在经济发展中急需聘请的 53 个行业的 3.5 万个外国人工作许可配额，其中包括电话接线中心的经理、医学工程师和生物技术人员等。南非政府公布外国人工作许可配额意味着任何外国人，只要符合条件，就可以申请到南非工作，无须以前在南非工作的经历。外国申请者只要符合要求，90 天内即可获得进入南非工作的许可证。工作许可的有限期也有了改变，只要持证者继续从事相关行业的工作，即使另换单位，其工作许可证也将继续有效。

7. 知识产权合作法律法规与政策[①]

南非在 1928 年签订了《伯尔尼公约》。南非是多个知识产权保护国际协定和公约的成员国，其知识产权法律体系主要包括：《专利法》（1978 年）、《商标法》（1963 年制订，1971 年修改）、《版权法》（1978 年）和《设计管理法》（1967 年）。这些法规都由南非专利局管理和执行。[②]

（1）专利保护。南非的《专利法》规定，一般来说，如果一项专利具备新颖性、创造性和实用性这 3 个条件就能被认定为一项发明。1978 年的《专利法》规定，如果一项专利具有创造性并且能应用到商业、工业或农业，就可被认为是新发明。

（2）商标保护。南非遵循《尼斯国际分类》（第 9 版），规定商标可在 45 个种类和类别下注册，其中货物注册有 34 种，服务注册有 11 种。

（3）著作权保护。南非没有正式登记注册著作权的程序，但是电影有注册版权的程序。如世界上大多数国家一样，在南非，著作权也不是必须要注册的。跟专利、商标和已注册的工业设计不同，一旦作者以某一具体形式创作出某作品后，该作品的著作权就自动归作者所有。

【工业设计保护】某样物品的外观结合视觉与美学的效果，依照 1993 年制定的设计法第 195 条规定，可依法申请设计权，受设计法的保护。

---

① 部分信息及数据参考商务部 2018 版《对外投资合作国别（地区）指南——南非》，第 71、72 页。

② 如欲了解更多信息，请查询 www.cipc.co.za。

知识产权侵权的相关处罚规定：当权利人发现知识产权权利受到侵犯，或即将被侵犯，为确保知识产权权利得到尊重，需要阻止未经授权的使用，遏止未来的侵犯，并弥补侵权行为造成的损害。知识产权执法可能涉及民事诉讼程序，提供补救措施。此外，通过调解或仲裁、刑事制裁和海关执法也可以保护知识产权。从本质上讲，知识产权是私权利。因此，寻求补救措施，保护权利人的权利是首要责任。在严重情况下，尤其是该侵犯知识产权行为属故意且用于商业用途，将被认为是犯罪，有关当局将采取行动。

8. 法律争议法规与政策[①]

南非司法体系包括：宪法法院、高等上诉法院、高等法院（共 13 个）、地区法院（限于 15 年以下监禁、30 万兰特以下处罚的刑事案件和其他民事案件）、地方法院（限于 3 年以下监禁、6 万兰特以下处罚的刑事案件和 10 万兰特以下民事案件）和税收（对税收欺诈等大型案件不适用）、小额诉讼（1.2 万兰特以下）、劳动（及上诉）、竞争上诉和军事等专门法院。2015 年，南非政府颁布了《投资促进与保护法案》（简称《法案》）修正案，该法案旨在将外资和内资纳入同一管理框架，并最终取代《双边投资条约草案》。与之前签署的双边投资保护协定相比，《法案》对"投资"的界定、投资待遇、征收与补偿，以及投资争议解决等方面的规定有很大变化。例如在征收与补偿方面，南非与其他国家签订的双边投资保护协定中一般都采用"充分、及时、有效"的补偿标准，这种补偿标准一般被认为应等同于征收时被征收财产的"市场价值"、"公正的市场价值"或"至少与市场价值相同"；而《法案》则采用"公正、合理"的补偿标准，且这种补偿必须在考虑包括投资的当前使用情况、投资的征用和使用历史、投资的市场价值以及征收目的在内的所有相关因素后，在公共利益和其他受影响的当事人利益之间进行合理的平衡。此外，《法案》一个最大变化是不允许投资者将有关投资争议提交国际仲裁解决。根据该法案第 11 条，外国投资者可将有关投资争议提交给南非贸易工业部或其他职能部门通过调解方式解决，或将此类争议提交给有管辖权的法院解决，或根据南非 1965 年《仲裁法》将此类争议提交仲裁解决。

（二）投资合作注意事项[②]

投资方面。南非的经济执法在某种程度上严于刑事执法，中国企业在南非投资一定要守法经营和依法办事。要遵守南非有关法律法规、税收制度、知识产权保护制度和南非黑人经济振兴政策（BEE）等。南非工会大会是三方执政联盟之一。

---

① 部分信息及数据参考商务部 2018 版《对外投资合作国别（地区）指南——南非》，第 73 页。
② 部分信息及数据参考商务部 2018 版《对外投资合作国别（地区）指南——南非》，第 85～86 页。

中国企业要严格执行合法用工制度，避免与工会发生纠纷。

贸易方面。中国贸易企业要保护市场，自觉规范出口，避免低价倾销和低报关操作，维护市场秩序，做到可持续发展。在同南非商人做生意前，应事先了解南非贸易管理法规、商业惯例和当地人文特点，做到知己知彼。中国企业要重视对外贸易谈判，在谈判前应仔细研究对方情况，包括对方经营项目、资金、规模、经营作风以及有关商品的行情等（一般通过国内外的有关咨询机构完成）。对于外商竞争压低采购价格或抬高产品出口价格的做法，中国企业应予以重视，并做好相应准备。

在南非开展投资、贸易、承包工程和劳务合作的过程中，要特别注意事前调查、分析和评估相关风险，事中做好风险规避和管理工作，切实保障自身利益。包括对项目或贸易客户及相关方的资信调查和评估，对项目所在地的政治风险和商业风险分析和规避，对项目本身实施的可行性分析等。

建议企业在开展对外投资合作过程中使用中国政策性保险机构——中国出口信用保险公司提供的包括政治风险和商业风险在内的信用风险保障产品；也可使用中国进出口银行等政策性银行提供的商业担保服务。

二、立陶宛

（一）立陶宛法律法规与政策

自 1990 年独立以来，立陶宛对法律系统实行改革，以适应社会和经济变化的需要，为加入欧盟，立陶宛法律体系改革的中心就是使立陶宛法律与欧盟法律达到和谐统一。

其法律及约束体系包括：立陶宛共和国宪法、宪法性文件、议会及政府决议、总统法令、其他政府部门和地方市政主管部门颁发的条例。法院体系包括：最高法院、上诉法院、地区法院和地方法院。

1.国际工程承包法律法规与政策[①]

立陶宛对外国公司承包当地工程没有特别的限制性规定。但公司必须具备立陶宛法律所规定的相关资质。外国自然人在立陶宛从事任何工作，必须首先申请工作许可，因此，外国自然人在立陶宛承揽工程承包项目也需要申领工作许可。

立陶宛法律规定有 4 种招投标方式，即：公开招标、限制范围招标、竞争对

---

① 部分信息及数据参考商务部2018版《对外投资合作国别（地区）指南——立陶宛》，第58页。

话方式招标以及协商议价。

2. 国际贸易法律法规与政策 ^① ⟶ [①]

立陶宛对外贸易主管部门主要是经济部和外交部。

其中经济部主要负责改善国内商业和投资环境、促进立陶宛企业出口、促进企业创新、监管国有企业、利用欧盟结构基金援助、监管政府采购和发展旅游业；负责纺织品双边监管体制、进口配额和第三国纺织品及钢铁产品进口申请的管理；确保立陶宛本国外贸、关税等相关法规与欧盟有关规定相符；负责两用物资进出口的监管及相关出口许可的颁发。经济部下属投资署、企业署、创新署和旅游局分别负责吸收外资、促进出口、推动创新和吸引游客政策的实施。

外交部主要负责会同经济部制订本国对外贸易政策；参与欧盟针对第三国贸易保护措施案件的调查和决策，就有关案件起草立陶宛本国立场报告，协助涉案企业维护自身利益。

立陶宛 2004 年 5 月 1 日加入欧盟以后，执行欧盟统一的对外贸易政策，包括统一的关税、进口禁令、进口许可和技术性贸易壁垒和检验检疫措施。立陶宛本国生产的产品属于欧盟原产地产品，对于第三国与欧盟其他国家适用相同的出口关税。

立陶宛执行欧盟统一的进出口政策，鼓励出口，遵循欧盟在安全和技术标准方面对进出口产品的规定。作为 WTO 的成员国，立陶宛享有利用 WTO 相关规定保护本国产业的权利。此外，立陶宛制订的有关贸易管理规定也必须符合其加入 WTO 时的承诺以及 WTO 的相关规定。

立陶宛执行欧盟统一的进出口商品检验检疫制度。此外，立陶宛有关法律法规还包括：《消费者保护法》《产品质量法》《烟草管理法》《生物燃料法》和《建筑法》等。

立陶宛海关总署隶属于立陶宛财政部，下属机构有海关犯罪局、海关信息中心、海关实验室、海关培训中心和 3 个地区海关（维尔纽斯、考纳斯、克莱佩达）。其中，各地区海关下辖本地区邮局海关、机场海关、货运海关、铁路海关、公路海关和港口海关等。立陶宛海关总署的主要职能为：通过有效的海关监管措施确保国内市场和社会的安全；确保海关税收的正常征收；通过实施现代化和电子化的管理模式和工作流程，促进商业环境的良好发展。立陶宛海关总署执行欧盟统一的关税政策，对欧盟内商品免征关税，对欧盟外商品征收关税，关税税种和税率等执行欧盟统一标准。

---

① 部分信息及数据参考商务部 2018 版《对外投资合作国别（地区）指南——立陶宛》，第 43 ~ 44 页。

3. 海外投资法律法规与政策 [①]

立陶宛主管投资和外国投资的部门较多，包括政府机构和非政府机构。立陶宛投资政策制定机构为立陶宛经济部，执行机构主要是立陶宛投资署（Invest Lithuania），隶属于立陶宛经济部。投资署主要职能是为外国投资者提供本国商业环境和相关投资信息，吸引外国投资者到立陶宛投资。此外，立陶宛参与投资促进工作的机构还有立陶宛自由市场协会（Lithuanian Free Market Institute）、投资者论坛（The Investors' Forum）和立陶宛国际商会（Lithuanian International Chamber of Commerce）等。

立陶宛于1999年颁布实施《投资法》，该法适用于国内和外国投资。根据该法，外国投资者和立陶宛本国投资者享有同样的权利，平等对待。除了涉及国家安全及国防领域之外，外国投资者可以进入立陶宛各个经济领域，不受限制。2018年1月，立陶宛对《投资法》做出修订，立陶宛政府对涉及能源、交通运输、信息技术和电信、金融和信贷以及军事装备等国家安全的战略领域投资，实行更加严格的合规性审查。

4. 财税金融法律法规与政策 [②]

立陶宛税务系统由财政部下属税务监察局管理，并设有10个地区税务监察局。另外，海关署和环境部等部门参与相关税费的征缴管理工作。立陶宛对本国企业和国民，以及在立陶宛运营的外国企业和获得收入的外国公民征税。目前立陶宛主要有以下税种：个人所得税、企业所得税、房地产税、土地税、增值税、消费税、遗产税及博彩税。

5. 环境保护法律法规与政策 [③]

立陶宛负责环境保护工作的部门主要有立陶宛环境部及其地区分支机构、立陶宛农业部、县、市政府部门等。有关环保的法律法规主要有：《立陶宛环境保护法》《立陶宛经济活动环境影响评估法》《环境污染征税法》和《废物处理法》等。

根据立陶宛刑法典规定，如果自然人或法人违反了环境保护或自然资源使用的相关法律，其行为威胁人类生命或健康，或可能对动植物造成重大损害，或引发其他严重环境灾难，将被处以罚款，或限制自由，或拘捕，或3年以下监禁。如果情节严重，则被处以罚款，或拘捕，或6年以下的监禁。如果情节轻微，则将被罚以社区服务，或罚款，或限制自由，或逮捕。如果自然人或法人破坏或毁

---

① 部分信息及数据参考商务部2018版《对外投资合作国别（地区）指南——立陶宛》，第44～46页。

② 部分信息及数据参考商务部2018版《对外投资合作国别（地区）指南——立陶宛》，第48页。

③ 部分信息及数据参考商务部2018版《对外投资合作国别（地区）指南——立陶宛》，第55～56页。

坏国家公园、自然保护区、自然景观区或其他国家天然保护区，将被处以罚款，或限制自由，或拘捕，或 5 年以下监禁。如果自然人或法人未经允许，擅自砍伐或以其他方式破坏森林或沼泽水渠面积超过一公顷，将被处以罚款，或拘捕，或 2 年以下的监禁。

立陶宛环境影响评估的主管部门是环境部，其他参与部门还包括卫生、消防、文化保护、经济和农业发展以及地方政府等部门。立陶宛环境影响评估的程序包括：提交环评申请，初审，确定评估范围，环评及报告准备，环评报告复核，环评报告公布。

6. 劳务合作法律法规与政策 [①]

立陶宛《劳动法》对劳动合同的订立、时长、工时、加班、工资和休假等均有明确规定。2017 年 7 月 1 日，作为立陶宛政府的主要改革措施，新版《劳动法》生效。侧重于放宽就业关系，使其更加灵活，减轻了雇主的行政负担。新《劳动法》引入了新型的就业协议，以满足企业的需求；工作时间制度更灵活；就业协议可以更容易地以较低的成本终止。

欧盟以外国家的非立陶宛常住人口可在立陶宛临时工作，但必须得到立陶宛劳动交易所颁发的劳动许可。欲在立陶宛工作 3 个月至半年的外国公民必须获得临时居留许可。外国公民可向立陶宛各驻外使领馆申请居留许可，已合法进入立陶宛境内的外国公民可直接向立陶宛内务部下属的移民局提交申请。持有立陶宛短期访问签证的外国公民不能申请居留许可。除特殊情况外，与外国公民签署的劳动合同必须于合同签订起 3 日内报立陶宛劳动交易所登记备案。外国公民在立陶宛工作内容亦不得超出工作许可所规定的范畴。

7. 知识产权合作法律法规与政策 [②]

立陶宛自 1990 年恢复独立以后，就开始由苏联式的知识产权保护体系向现代化的和有效的保护私有知识产权制度的转变。1992 年 4 月 30 日，立陶宛加入了世界知识产权组织（WIPO）。2001 年 5 月 31 日，立陶宛加入世界贸易组织（WTO），立陶宛国内立法已完全符合《与贸易有关的知识产权保护协定》（TRIPS）的有关要求。此外，立陶宛有关知识产权保护的法律法规与欧盟的相关法律法规保持高度一致。

立陶宛关于知识产权的法律主要有：《民法》《商标法》《工业设计法》《专利法》和《进出口商品知识产权保护法》等。2017 年还专门出台了《专利律师法》，

---

① 部分信息及数据参考商务部 2018 版《对外投资合作国别（地区）指南——立陶宛》，第 51～53 页。

② 部分信息及数据参考商务部 2018 版《对外投资合作国别（地区）指南——立陶宛》，第 59～60 页。

对相关律师的从业条件、权利、义务进行规范。立陶宛议会负责知识产权的立法工作。

在立陶宛以《商标法》《著作权法》和《专利法》为主体的知识产权保护法律体系中，针对侵权行为，主要规定了民事、行政和刑事这3种责任形式。（1）民事责任。根据立陶宛《民法》和有关知识产权保护方面的法律，被侵权人可以要求侵权人停止侵害，消除影响，赔偿损失。被侵权人有权请求法院要求侵权人停止销售侵权产品，要求侵权人在媒体或以其他方式全部或部分公布法院裁决，消除不利影响。如侵权人存在故意或过失，被侵权人有权要求侵权人赔偿，数额为其应得报酬的2倍，如侵权人不存在过错，被侵权人有权得到侵权人因侵权所获得的不当利益。（2）行政责任。2007年7月3日，立陶宛议会修改了《行政处罚法》，新增了侵犯知识产权的行政责任。主要包括：有关行政主管部门有权没收制造侵权产品的工具和设备，对非法持有和运输侵权产品者予以行政罚款。2001年1月，立陶宛修改了《海关法》，授权立陶宛海关对进出口的侵权产品进行搜查、扣押及拘留侵权人。（3）刑事责任。2000年5月，立陶宛修改了《刑法》，规定了侵犯知识产权的刑事责任，可以对侵权人处以罚金和2年有期徒刑。按照知识产权争议和侵犯的严重性，立陶宛知识产权执法工作分为三个层面，一是由国家专利局协调解决；二是通过诉讼，交由法庭判决；三是由海关和刑事犯罪警察局采取强制措施。

8. 法律争议法规与政策 [①]

在立陶宛投资合作发生纠纷可以依照立陶宛《投资法》有关规定进行解决：（1）立陶宛国家或地方机关及其公职人员无权阻挠投资者按照法律所规定的程序管理、运用及支配投资项目。国家和地方机关及其公职人员因违法行为而给投资者造成的损失，应按照立陶宛共和国法律的有关规定予以赔偿。（2）侵犯投资者权利及其合法利益的纠纷应根据立陶宛法律解决。外国投资者与立陶宛投资者发生利益纠纷时，可以由立陶宛法庭、国际仲裁机构或其他法律机构审理。（3）外国投资者在立陶宛发生投资纠纷后，可依据双方合同条款规定处理。也可以向立陶宛法庭，国际仲裁机构或其他机构寻求解决。外国投资者也可以依据华盛顿公约或纽约公约直接向国际投资争端解决中心提请仲裁。欧盟的法律进一步规范了投资合同和解决投资纠纷的过程。双边投资合同应包括投资保护和争端解决方式，投资者有权选择仲裁地点，仲裁过程包括等待和协商阶段等内容。现有四个国际仲裁机构供投资者选择，分别为：解决投资争端国际中心（ICSID）（适用于处理双边投资纠纷）、联合国国际贸易法委员会（UNCITRAL）（适用于处理多边投

---

① 部分信息及数据参考商务部2018版《对外投资合作国别（地区）指南——立陶宛》，第60页。

资纠纷）、国际商会仲裁院（ICC）和斯德哥尔摩商会仲裁院（SCC），立陶宛的案件多数通过解决投资争端国际中心进行，此为最终裁决。

（二）投资合作注意事项[①]

1. 投资方面：

（1）在立陶宛开设投资实体的企业，应及时在中国驻立陶宛大使馆经商处报到登记。

（2）客观看待当地投资环境。立陶宛国家较小，人口不多，市场规模有限。

（3）深入了解当地和欧盟的法律法规。立陶宛加入欧盟后，对本国法律体系进行了修订，以符合欧盟有关法律法规的要求。

（4）切实保障雇员的合法权益。立陶宛有关法律对雇员的休假、工作时间、加班时间和工资报酬等方面均有明确规定，在立陶宛投资应该充分保障当地雇员的合法权益，避免由于侵犯雇员权利而导致的劳动纠纷等问题，维护企业形象。

（5）防范互联网诈骗。在立陶宛发生过利用互联网等现代通信手段进行商业欺诈的案例。

（6）开展产能合作要注意当地特点。立陶宛奉行自由经济原则，政府不参与园区具体运营和管理，各园区均由私营公司管理运营。

2. 贸易方面：重合同、守信用。保证产品质量，维护"中国制造"的信誉。注重贸易商品的选择。

3. 承包工程方面：了解欧盟援款项目的特殊性。依法开展合作，在立陶宛中国工程承包企业应在合同签署后 10 个工作日内向中国驻立陶宛大使馆经商处报告签订合同情况。

4. 劳务合作方面：需拥有合法资质，欲赴立陶宛开展劳务合作的企业必须具备中国商务部颁发的合法资质，无资质企业不得向立陶宛派遣劳务人员。向立陶宛派遣劳务人员之前，派出企业应对相关领域的劳务需求、合作企业的信用和经营状况、劳务合同的条款等，进行深入地调研和认真地分析，避免出现工人到立陶宛之后因开工不足、工资标准与合同不符而出现劳务纠纷等问题。立陶宛对外籍劳务人员审批条件严格。尊重当地社会文化，提高风险防范意识。严把外派工人技术质量关。国内派出单位应严把工人技术质量关，切实做好技术培训和考核工作，避免工人派出后即被退回的现象。

在立陶宛开展投资、贸易、承包工程和劳务合作的过程中，要特别注意事前

---

① 部分信息及数据参考商务部 2018 版《对外投资合作国别（地区）指南——立陶宛》，第 67～70 页。

调查、分析和评估相关风险，事中做好风险规避和管理工作，切实保障自身利益。包括对项目或贸易客户及相关方的资信调查和评估，对项目所在地的政治风险和商业风险分析和规避，对项目本身实施的可行性分析等。

建议企业在开展对外投资合作过程中使用中国政策性保险机构——中国出口信用保险公司提供的包括政治风险和商业风险在内的信用风险保障产品；也可使用中国进出口银行等政策性银行提供的商业担保服务。

三、哈萨克斯坦

（一）哈萨克斯坦法律法规与政策[①]

哈萨克斯坦的法律制度深受伊斯兰法和罗马法的传统影响。其法律来源主要包括：宪法、法律、普通法和条例、其他法规、规范性法令及国际条约。哈萨克斯坦议会是国家最高代表机构，行使立法职能，推行两院制（上下两院分别称为参议院和马利日斯）。哈萨克斯坦设有共和国最高司法委员会、司法鉴定委员会、宪法委员会、最高法院和各级地方法院。2001年初，哈萨克斯坦通过了《司法体系与法官地位法》，规定法官独立司职，只服从宪法和法律。最高司法委员会由总统主持。

1. 国际工程承包法律法规与政策[②]

根据 2001 年 7 月 16 日哈萨克斯坦共和国颁布的第 242 号法律《关于在哈萨克斯坦国境内从事建筑设计、城市建设工程和建筑工程》中的规定，凡在哈国境内承建当地工程项目的外国企业必须具有国外工程项目承包执照，在参加工程招标时，可以凭借总公司的资质购买标书，中标后同哈萨克斯坦招标委员会签订合同，并在哈萨克斯坦正式注册外国企业的子公司或独立的合资公司以执行项目。在哈萨克斯坦注册的公司视同当地法人，在项目建设过程中，必须遵守哈国的各种法律法规及规范制度，包括办理各类许可证、依法纳税、遵守施工要求、技术标准、安全和防火等。招收工人必须严格按程序进行，在哈萨克斯坦本地不能满足专业技术要求的情况下，可以自国外引进，但必须为其办理劳动许可。验收时必须成立国家验收委员会对所施工工程进行考核验收。无国籍人、外国自然人和法人，可以按照哈萨克斯坦立法规定，在哈萨克斯坦提供（从事）与建筑设计、

---

① 部分信息参考商务部《全球法规网》——哈萨克斯坦 http://policy.mofcom.gov.cn/page/nation/Kazakhstan.html。

② 部分信息及数据参考商务部 2018 版《对外投资合作国别（地区）指南——哈萨克斯坦》，第 78～79 页。

城市建设和建筑活动有关的服务（工作），但哈立法另有规定的除外（《关于在哈萨克斯坦国境内从事建筑设计、城市建设工程和建筑工程法》第4条）。外国自然人和法人一样，有权从哈萨克斯坦建筑设计、城市建设的机构或者有关国企获取拟建设工程的信息和文件等。外国自然人和法人一样应按照法律法规的规定从事相应活动，保障施工对居民的安全等。

哈萨克斯坦《建筑法》规定，外国投资者可以合资形式进入哈萨克斯坦建筑业市场，但外资在合资企业中的持股比例不得超过49%。如100%的外资控股的哈萨克斯坦本地企业作为一个主体参与建筑业合资企业，则外资持股比例可以超过49%。

2. 国际贸易法律法规与政策①

哈萨克斯坦国民经济部是哈萨克斯坦负责贸易管理和制定经济发展规划的主管部门，主要负责开发国家规划管理体系、提升国家经济竞争力和增强地区社会经济实力，并在信息统计、企业经营、地区政策、贸易调节、自然垄断调节和竞争保护等领域提供指导服务，其职责范围包括：推进、调整、监测和评估经济发展战略规划，预测社会经济发展状况，监测和分析国家宏观经济指标，制定税收、财政以及海关政策，预测和编制国家预算，对制定贸易保护、反倾销和反补贴措施提出建议，在其权限内发放商品进口许可证，发起并组织国内国际展览、展销和贸易代表团，执行政府支持民营企业发展政策，支持公共投资规划。

哈萨克斯坦涉及贸易领域的法律主要有：《工商登记法》《劳动法典》《税收法典》《外汇调节法》《许可证法》《反倾销法》《知识产权法》《银行和银行业务法》《投资法》《企业经营法典》《海关事务法典》《金融租赁法》《居民就业法》《商标、服务标记及原产地名称法》和《国家直接投资保护法》等。哈萨克斯坦与俄罗斯、白俄罗斯、亚美尼亚和吉尔吉斯共同组成欧亚经济联盟。哈萨克斯坦与欧盟、澳大利亚、北欧国家、加拿大、美国、日本和中国等相互给予最惠国待遇。哈萨克斯坦沿袭苏联的做法，按普惠制原则对进口发展中国家产品给予优惠。

【进出口管理体制】哈萨克斯坦已经完全放开贸易权，所有自然人和法人均可从事对外贸易活动。除武器、弹药和药品等11类产品限制进口之外，其余产品均可自由进口，也不受配额及许可证限制。哈萨克斯坦对出口实行鼓励政策。除武器和弹药等9类产品需要取得许可证之外，其余商品均可自由出口，但有时也会根据国家的需要，暂时禁止某些商品的出口，如粮食、菜籽油和白糖等。

【许可证管理】2008年6月，哈萨克斯坦政府公布了《关于批准实施进出口商品许可制度、包括出口商品管制和进口自动许可证商品清单》。

---

① 部分信息及数据参考商务部2018版《对外投资合作国别（地区）指南——哈萨克斯坦》，第51～53页。

【进口税收及海关制度】自 2010 年 1 月 1 日起，俄罗斯、白俄罗斯和哈萨克斯坦三国关税同盟启动，实施统一的进口关税税率。自统一关境建立之日起，成员国中任意一国与其他第三国的贸易安排条件不得优于与其他成员国的贸易安排。有关各国特别经济区的进口税收制度是否保留的问题还正在协商之中。

3. 海外投资法律法规与政策 [①]

哈萨克斯坦投资和发展部是哈投资主管部门，该部设有投资委员会，主要职责是实施国家有关保护、支持和监督投资活动的政策。该委员会负责接受和登记投资者要求提供优惠的申请，决定是否给予其投资优惠，并负责与投资者签署、登记或废止有关提供其投资优惠的合同，并监督有关优惠政策的执行情况。

哈萨克斯坦于 2003 年颁布了新的《投资法》，制定了政府对内和外商投资的管理程序和鼓励办法。2015 年 10 月，哈萨克斯坦颁布《企业经营法典》，其中设置专门章节规范国家支持投资的内容，连同《关于国家支持投资实施的若干问题》《关于批准战略性投资项目清单》《关于国家支持投资的若干问题》《投资补贴发放办法》和《投资优惠申请接收、登记和审议办法》等文件，构成了当前哈投资领域的法律法规体系。总之，鼓励外商投资，大部分行业投资没有限制，但对涉及哈萨克斯坦国家安全的一些行业，哈萨克斯坦有权限制或者禁止投资。哈萨克斯坦特别提倡外商向非资源领域投资。在部分经济领域中，哈萨克斯坦对外资占比有一定限制。

根据规定，外国投资企业可采用合伙公司、股份公司以及其他不与哈萨克斯坦共和国法律相抵触的形式建立。外国投资企业的建立程序与哈萨克斯坦共和国法人的设立程序一样。外国投资企业应按规定的数额、程序和期限设立法定资本。外国投资者向企业法定资本实施投资，可以用货币形式出资，也可以用建筑物、厂房、设备及其他物质财产，水土和其他自然资源使用权以及其他财产权（包括知识产权）等作价形式出资。《哈萨克斯坦共和国投资法》中规定的投资人包括自然人和法人。因此，自然人在哈开展投资的规定与法人相同。

哈萨克斯坦《投资法》《股份公司法》、国家价格和反垄断政策委员会《关于股份公司与反垄断政策机构商定合并（兼并）合同程序的规定》、哈萨克斯坦政府《关于通过有组织的证券市场出售属于国家的股份规定》、国家价格和反垄断政策委员会《关于通报购买开放式人民股份公司股份的程序规定》、国家有价证券委员会《关于购买高比例股份的条件规定》《反垄断法》等法律法规调节投资并购和反垄断等领域。哈萨克斯坦投资公司隶属于哈萨克斯坦投资和发展部，作为代表政府的唯一谈判方，负责与有关跨国公司和大型投资商接洽，以加强吸

[①] 部分信息及数据参考商务部 2018 版《对外投资合作国别（地区）指南——哈萨克斯坦》，第 55 ~ 56 页。

引外资工作。该机构在多个国家设有代表处，具体投资并购可咨询该代表处。[①]

4. 财税金融法律法规与政策[②]

哈萨克斯坦 2003 年 7 月 4 日发布《金融市场和金融机构国家调控和监管法》，规定国家调控和监管的主要原则是有效使用调控资源及工具、监管透明和金融机构担责。哈银行业监管主体是中央银行。

哈萨克斯坦金融领域法律有《金融租赁法》和《金融监管法》等。从事金融活动的法人必须有金融从业资质，政府发放或撤销自然人和法人参股银行的许可，规定银行最低自有资产额度。

哈萨克斯坦税收法规以哈萨克斯坦宪法为依据，由《哈萨克斯坦税法典》（简称《税法》）和按其规定通过的规范性法律文件组成。任何人都有权利拒绝缴纳税收法规未规定的税款和其他应缴财政款。纳税及其他应缴财政款的制定、征收、变更或注销均按税法规定的程序和办法实行。当税收法规与其他法律文件不一致时，以税收法规为准。除税收法规规定的情形外，禁止将调节税收关系的法规列入哈萨克斯坦非税收立法。当哈萨克斯坦批准的国际条约与税收法规不一致时，以国际条约为准。

《税法》是调节税收的基本法律，于 2001 年 6 月公布实施，后经多次修订。最新《税法》于 2017 年 12 月 25 日由纳扎尔巴耶夫总统签署通过，2018 年 1 月 1 日正式生效。《税法》规定了一些税收和其他环节的预算支付及相关政策，对税种和税率进行了适度调整，减轻了非原料领域税负，增加原料领域税收，给予中小企业较多优惠措施。哈萨克斯坦现行的主要税种，包括企业所得税、个人所得税、增值税、消费税、社会税、土地税、运输工具税、财产税、法人不动产税和其他税费。

哈萨克斯坦的税收制度遵循属地原则，依据纳税人的所得是否来源于哈国境内来确定其纳税义务，而不考虑其是否为哈萨克斯坦公民或居民。

哈萨克斯坦税法规定，在哈萨克斯坦领土从事经营活动的哈萨克斯坦和外国公司的常设机构有义务缴纳以下税种。

企业所得税　税法规定，扣除《税法》规定的收入额和支出额，以及扣除按《税法》规定程序结转的亏损得到纳税人应纳税收入，如果未另行规定，按照 20% 的税率对其征税。企业所得税税基抵扣项目包括在用建筑、设施、机械和设备。

增值税　税率为 12%，适用于应纳税营业额和应纳税出口业务。

个人所得税　自然人个税税率为 10%，来源于哈萨克斯坦境内外的红利收入

---

① 哈萨克斯坦投资公司的联系方式可参考链接：invest.gov.kz/cn。
② 部分信息及数据参考商务部 2018 版《对外投资合作国别（地区）指南——哈萨克斯坦》，第 60 ～ 61 和 75 ～ 76 页。

按 5% 税率征税。

社会税 自 2018 年 1 月 1 日起，社会税按 9.5% 的税率计算。自 2025 年 1 月 1 日起，社会税按 11% 的税率计算。

消费税 限定为某些商品和经营活动。

土地税 所有拥有地权和土地长期使用权，或初期无偿临时使用土地的组织（法人或自然人）均是土地税的纳税人。

财产税 按照财产和固定资产（包括非物质资产，运输工具除外）的平均价值缴纳。税法规定从 2009 年起，减少个人财产（从基本的生活物品、非物质财产到不动产）税的征收种类，增加对贵重物品的税率。法人财产税的计算方法为税基乘以 1.5% 的税率。

法人不动产税 税率为 2%。

矿产开采税和其他专项税费 《税法》中包含说明针对矿产开发企业征税的独立章节。其中，根据《税法》第 42 章，在地下资源利用合同的框架下利用地下资源时，后者要支付所有的《税法》中所规定的税和其他的强制费用缴纳。矿产开发单位的特殊支出和纳税包括：（1）矿产开发单位专门支出和税收；（2）矿产资源开采税；（3）超额利润税。

5. 环境保护法律法规与政策 [①]

2014 年，哈萨克斯坦机构改革后，由哈萨克斯坦能源部负责环境保护及制定自然资源利用和水资源管理的国家政策，确保生态可持续发展。该部下设有专门负责生态调节等委员会，其主要职责：提高环境质量，确保生态安全，实现环境可持续发展；管理和调控环境保护；制定自然资源、水资源和社会生态可持续发展的国家政策；负责环保立法；完善国家环境管理和生态调控体系；推进环保和可持续发展的国际合作；发展环保信息及教育体系；根据环保法规和规章的要求，监控国家生态环境。

环境保护有关法律包括：1991 年 8 月 23 日颁布的《保护赛加羚羊种群的法规》；1992 年 4 月 7 日颁布的《关于保护乌拉尔 - 里海流域鱼类孵化场的法规》；2003 年 7 月 8 日颁布的《哈萨克斯坦共和国森林法》；2003 年 7 月 8 日颁布的《哈萨克斯坦共和国水法》（2004 年 12 月 12 日作了修改）；2003 年 6 月 20 日颁布的《哈萨克斯坦土地法》；2003 年 12 月 3 日颁布的《2004—2015 年生态安全》总统令；2006 年 11 月 14 日颁布的《2007—2024 年可持续发展过渡方案》总统令；2007 年 1 月 9 日颁布的《哈萨克斯坦共和国生态保护法》；2008 年 2 月 19 日颁布的《2008～2010 年环境保护方案》等。

---

① 部分信息及数据参考商务部 2018 版《对外投资合作国别（地区）指南——哈萨克斯坦》，第 76～78 页。

当前哈萨克斯坦政府环保与生态问题的关注焦点是：大城市和工业中心空气污染，里海和巴尔喀什地区的污染；地表水、地下水和跨界水污染问题；土地荒漠化；咸海生态灾难和塞米巴拉金斯克地区（苏联核试验场）历史遗留污染问题。

环境评估由取得相关许可证的法人或个人进行，评估对大气、地表水及地下水、土壤和居民健康等环境的影响。环境评估需经哈萨克斯坦能源部生态调节委员会和地方各州（直辖市）政府相关部门审核。首先项目文件需经过预审，时间不超过 5 个工作日；一类项目审核时间自受理之日起不超过 2 个月，二类至四类项目审核时间自受理之日起不超过一个月；一类项目重审时间自注册之日起不超过一个月，二类至四类项目重审时间自注册之日起不超过 10 个工作日。

6. 劳务合作法律法规与政策 [1]

1999 年 12 月 10 日哈萨克斯坦颁布《劳动法典》，2004 年 2 月 28 日颁布《劳动安全与保护法》，随后又陆续颁布了其他一系列法规。2015 年 11 月 23 日出台了新《劳动法典》，旨在形成新的自由劳动关系模式，并兼顾企业和劳动者利益，国家、雇主和雇员的社会责任。根据新劳动法，灵活协调劳动关系的机制将更加广泛，阻碍企业发展的限制逐步减少，同时对企业和劳动力市场的发展及吸引外资具有积极作用。哈萨克斯坦新《劳动法典》的宗旨是保护工人的权利与合法利益，规定年满 16 岁，或在经家长（监护人）同意的情况下，年满 14 岁可以签订个人劳动合同。

哈萨克斯坦对外国劳务人员实行严格的工作许可制度。在哈萨克斯坦从事有偿劳务的外国公民必须获得劳动部门颁发的工作许可，否则将被罚款、拘留，直至驱逐出境。哈萨克斯坦劳动部门对外国劳务的数量实行总量控制、按州发放。此外，不免签的外籍公民在哈停留超过 5 天，需办理临时居留许可（登记），且在哈停留时间不得超过临时居留许可（登记）上的期限。

哈萨克斯坦《劳动管理法》规定，外国公民在哈萨克斯坦申请劳动许可应提供相应文件和申请书；申请者符合从事该项经营所需专业要求的证明文件；已交付从事某个行业所需费用的证明文件。

外国公民由吸收劳务单位在获得批准的基础上代为申请劳动许可，所需文件：接收单位申请书；由接收单位签名和盖章的来哈萨克斯坦外籍专家和工作人员的姓名、出生年月、国籍、专业或文化程度和将任何职务等文件清单共 5 份；与雇用单位签订的劳务合同；哈萨克斯坦卫生保健和社会发展部所要求的体检证明（包括艾滋病检验证明）。

哈萨克斯坦劳动和社会保障部负责哈萨克斯坦劳务政策的制定和管理 [2]。

---

① 部分信息及数据参考商务部 2018 版《对外投资合作国别（地区）指南——哈萨克斯坦》，第 72 ～ 73 页。

② 哈萨克斯坦关于劳务的诸多具体规定，请参考《办理哈萨克斯坦签证和劳务许可的有关情况》（网址：kz.mofcom.gov.cn/article/ztdy/201305/20130500116905.shtml）。

7. 知识产权合作法律法规与政策 [①]

哈萨克斯坦保护知识产权的主要法律依据是 1996 年 6 月 10 日颁布的《版权与著作法》。此外，哈萨克斯坦还加入了 1971 年 7 月 24 日签署的《国际文学和艺术作品保护柏林公约》、1996 年 12 月 20 日签署的《涉及版权法保护某些作品类单独法规的世界知识产权组织协议》，以及其他保护知识产权的国际法规。

按照哈萨克斯坦保护知识产权法的有关规定，版权归版权所有人拥有，终身有效，并在其辞世后 50 年内有效。发明权、名称权和名誉保护权没有期限限制。哈萨克斯坦法律承认并保护知识产权，有责任根据法律赋予的权力制止侵权行为。知识产权所有人有权要求侵权者赔偿侵权行为给产权所有人带来的所有损失，追缴违反版权和著作权非法获得的所有收入，赔付补偿额为最低工资额的 2 万～ 5 万倍，计算机程序或其资料库侵权补偿额为最低工资额的 5 万～ 500 万倍。

8. 法律争议法规与政策 [②]

在哈萨克斯坦投资合作发生纠纷时，一般先由双方谈判协商解决；协商无法解决的诉诸哈法律，通过哈萨克斯坦法院裁判解决；对哈萨克斯坦法院裁判不服的，可通过双方在签订投资协议中规定的国际仲裁法庭解决。

在哈萨克斯坦发生的商务纠纷解决适用哈萨克斯坦的法律法规。但如果哈萨克斯坦本国法律法规与投资国缔结或参加的国际公约相冲突，则适用国际公约。《哈萨克斯坦投资法》规定，哈萨克斯坦参加的国际协议优先于哈萨克斯坦国家法律。在本国法与国际公约都没有规定的情况下，适用国际惯例。

2015 年 6 月，哈萨克斯坦最高法院院长马米表示，将在阿斯塔纳建立具有国际仲裁员的国际仲裁中心。将专门设置国际投资争端解决中心——国际金融法庭，在国际法的基础上由外国法官审议有关案件。为在哈萨克斯坦境内审议裁决国际投资争端，将在阿斯塔纳市成立特殊的法庭以及在哈萨克斯坦最高法院建立专项小组。同时，还将成立由国际和哈国内专家组成的国际协商委员会。

（二）投资合作注意事项 [③]

【投资方面】国家对战略资源和重点行业的控制力不断增强。在当今国际能源问题日益突出的背景下，哈萨克斯坦意识到石油天然气等战略资源以及基础行业的重要性，开始重视对能源的国家控制和整合，通过政府支持和企业收购的方

---

① 部分信息及数据参考商务部 2018 版《对外投资合作国别（地区）指南——哈萨克斯坦》，第 80 ～ 81 页。

② 部分信息及数据参考商务部 2018 版《对外投资合作国别（地区）指南——哈萨克斯坦》，第 81 页。

③ 部分信息及数据参考商务部 2018 版《对外投资合作国别（地区）指南——哈萨克斯坦》，第 98 ～ 106 页。

式实现国有控股，并通过对国有资产的支配和管理，促进国家经济发展和经济利益最大化。哈萨克斯坦政府对外资企业的管控程度日益严格。对外资及外资企业政策调整力度加大。从维护本国利益出发，近年来，哈频频针对外资及外资企业出台新政策，如企业注册、劳务许可、税收和企业采购等，许多是直接限制性措施。

【**贸易方面**】贸易谈判中，要建立平等的贸易关系，全面了解对方资信等情况，坦诚提出各自的要求和条件，实事求是地介绍自己的产品和服务。合同中要准确注明产品名称、型号、包装和交货期等。贯彻以质取胜战略，提升中国产品地位。应采取一个市场、一个品牌、一个代理的营销策略。

【**承包工程方面**】慎重选择承包工程项目。获取劳务许可和商务签证难度非常大，应尽可能雇用当地劳动力。承包工程企业需充分研究哈萨克斯坦劳务许可规定。遵守哈萨克斯坦法律法规。冬季严寒，施工条件恶劣。当地建材性价比不高，且大多不能及时购买到，需要从其他国家进口。

在哈萨克斯坦开展投资、贸易、承包工程和劳务合作的过程中，要特别注意事前调查、分析和评估相关风险，事中做好风险规避和管理工作，切实保障自身利益。包括对项目或贸易客户及相关方的资信调查和评估，对项目所在地的政治风险和商业风险分析和规避，对项目本身实施的可行性分析等。

建议企业在开展对外投资合作过程中使用中国政策性保险机构——中国出口信用保险公司提供的包括政治风险和商业风险在内的信用风险保障产品；也可使用中国进出口银行等政策性银行提供的商业担保服务。

四、吉尔吉斯斯坦

（一）吉尔吉斯斯坦法律法规与政策 [①]

1993 年 5 月 5 日，吉尔吉斯斯坦议会通过独立后第一部宪法，规定吉尔吉斯斯坦是建立在法制和世俗国家基础上的主权和单一制民主共和国，实行立法、司法和行政三权分立，总统为国家元首。此后，宪法几经修改。2010 年"4·7"革命后，吉尔吉斯斯坦成立临时政府。5 月，临时政府公布宪法草案；6 月 27 日举行全民公投通过了新宪法。根据新宪法，吉尔吉斯斯坦政体由总统制过渡到议会制。2016 年 12 月 11 日，吉尔吉斯斯坦举行修宪公投，将总统部分职权移交至政府。

---

① 部分信息参考商务部《全球法规网》——吉尔吉斯斯坦 http://policy.mofcom.gov.cn/page/nation/Kyrgyz.html。

1. 国际工程承包法律法规与政策[①]

吉尔吉斯斯坦建筑法规定，除民用住宅外，其他建筑工程实行许可制度。办理建筑许可证的部门是吉尔吉斯斯坦政府国家建筑建设及公共住房署。外国承包商在吉尔吉斯斯坦承包军工项目需由两国政府签订备忘录，由指定公司执行。公开招标是主要方式。通常由招标委员会公布投标公司应具备条件、需递交的文件、投标截止时间和投标地点等信息，然后公布投标单位，最后在指定时间公布中标单位。

2. 国际贸易法律法规与政策[②]

吉尔吉斯斯坦经济部是对外经贸主管部门，其职能是制定并实施国家经济政策、开展对外经贸联系、协调建立市场经济体制和促进企业发展。吉尔吉斯斯坦对外贸易活动的基本法律依据是：《吉尔吉斯共和国对外贸易法》《吉尔吉斯共和国海关法》和《吉尔吉斯共和国许可证法》等。

吉尔吉斯斯坦实行进口许可证管理的商品，主要包括：（1）密码设备及其备件，以及密码程序软件；（2）武器和军事装备，用于武器生产专用配套产品，军事技术合作领域工程和服务（涉及商品名录由吉尔吉斯斯坦国防部另行规定）；（3）防止战争毒害物质的设备及其配件（涉及商品名录由吉国防部另行规定）；（4）军服及其标志（涉及商品名录由吉国防部另行规定）；（5）军用产品的技术规范文件，包括设计文件和使用说明（涉及商品名录由吉国防部另行规定）；（6）火药、爆破物、引爆物和烟花制造设备；（7）核材料、核技术、核武器及装备、特种非核材料和放射源及放射性废料；（8）可能被用于制造大规模杀伤武器的民用材料、设备和技术；（9）可能被用于制造武器和军用设备的部分原料、材料、设备和技术；（10）贵金属、贵金属合金及其制品；贵金属镀膜材料及其制品；矿石；精矿粉；边角材料和废料；（11）贵重天然石材及其制品；贵重天然石和再生材料及其制品；（12）毒品和精神药物，导致麻醉的物品；（13）剧毒物；（14）危险废料；（15）药品；（16）公务用或民用武器；（17）烟草；（18）酒精及酒精制品；（19）破坏臭氧层的物质及含有该物质成分的产品。

吉尔吉斯斯坦对进出口商品实行原产地规则，主要法律依据是 1998 年 8 月 27 日修改后的《吉尔吉斯斯坦共和国海关法》中关于商品原产地的有关章节（第 180～188 条）。吉尔吉斯斯坦共和国工商会是吉尔吉斯斯坦政府授权的负责发放和确认原产地证的主管机构。根据吉尔吉斯斯坦政府 2002 年 9 月 19 日批准生效的《关于对进口商品安全指标进行监督的决定》，部分商品在进入吉尔吉斯斯坦

---

① 部分信息及数据参考商务部 2018 版《对外投资合作国别（地区）指南——吉尔吉斯斯坦》，第 46～47 页。

② 部分信息及数据参考商务部 2018 版《对外投资合作国别（地区）指南——吉尔吉斯斯坦》，第 35～37 页。

境内时应接受强制性安全检验。

吉尔吉斯斯坦海关总署下设 15 个海关：除全国 7 州和比什凯克市设有海关外（楚河州辖区内有托克马克和卡拉巴尔达两个海关），玛纳斯国际机场和比什凯克自由经济区也分别设有海关机构，此外还有"南方海关""北方海关""动力海关"和"北方铁路海关"。中、吉边境的两个陆路公路口岸——吐尔尕特口岸和伊尔克什坦口岸，分别位于纳伦海关和奥什海关辖区。

海关征收的税费，包括：（1）海关手续费。报关货值的 0.15%，进出口商品均须缴纳；（2）进口关税。按计算方法分为从价税、特种税和混合税这三种；（3）消费税。仅涉及汽油、柴油、烟、酒和贵重饰物等部分商品的进口。税率按每年公布的"消费税税则"执行；（4）增值税。12%。计算方法为：（报关货值＋关税）×20%。缴纳消费税的进口商品无须缴纳增值税。除上述 4 个主要税种外，根据有关规定吉尔吉斯斯坦海关还有权征收：（1）自然人统一关税。主要针对从事"旅游购物"贸易的个体商人。一般以整车为单位计算应纳税额；（2）货物保管费；（3）海关押运费；（4）违反海关规定罚款；（5）办理知识产权证明手续费；（6）银行或其他信贷机构在吉尔吉斯斯坦海关总署登记手续费。

根据吉尔吉斯斯坦现行法律规定，出口退税涉及两种情况：来料加工产品的复出口（利用进口原料在吉尔吉斯斯坦境内加工后复出口的商品）凭在海关监管部门办理的许可证（办理一次有效期 1 年）可享受退还原料进口时缴纳的关税和增值税的待遇。利用在本地采购的原材料加工的出口商品，出口时不分商品种类均可享受退还增值税的待遇。

3. 海外投资法律法规与政策[①]

吉尔吉斯斯坦实行投资政策的授权机构。与其他各部，国家管委会与行政机构共同确立吸引国外直接投资的方针与优先方向，判定相关政策。

吉尔吉斯斯坦对外国投资者无行业限制。外国投资的主要方式为直接投资和间接投资、包括实物、不动产、购买企业股票、债券、知识产权、企业盈利和利润。外国企业可通过全资收购和部分参股等形式对吉尔吉斯斯坦企业实行并购。外国企业在吉尔吉斯斯坦收、并购可以咨询吉尔吉斯斯坦投资促进保护署。

4. 财税金融法律法规与政策[②]

吉尔吉斯斯坦的银行监管机构为吉尔吉斯共和国国家银行（National Bank of the Kyrgyz Republic，NBKR），即吉尔吉斯斯坦中央银行，负责发行货币吉尔吉

[①] 部分信息及数据参考商务部 2018 版《对外投资合作国别（地区）指南——吉尔吉斯斯坦》，第 38 页。

[②] 部分信息及数据参考商务部 2018 版《对外投资合作国别（地区）指南——吉尔吉斯斯坦》，第 38 和 45 页。

斯斯坦索姆。其属于非营利性质的独立法人实体，对外代表吉尔吉斯参与国际活动。1997 年 7 月 29 日发布的《吉尔吉斯共和国国家银行法》规定了吉尔吉斯国家银行的总体目标是通过实施适当的货币政策来实现和维持物价稳定。吉尔吉斯国家银行依法独立管理，并从事以下活动：（1）制定、确定并实现金融政策；（2）调控和监管银行和金融信贷机构；（3）研究、开发并实施统一的货币政策；（4）全权负责发行货币；（5）促进支付系统的有效运作；（6）制定开展银行业务，银行体系核算及报告的法规。

2008 年 10 月 20 日吉出台新税法，并于 2009 年 1 月 1 日起实施。新税法将现行税法 16 项税种（8 项国税，8 项地税）缩减至 9 项，包括 7 项国税和 2 项地税，国税包括：所得税、利润税、增值税、消费税、地矿税、销售税和财产税。地税包括土地税和宾馆行业税。

5. 环境保护法律法规与政策 [1]

吉尔吉斯斯坦国家环保与林业署是国家环保及林业主管部门，主要职能是保护国家生态环境、合理利用自然资源和发展林业经济。

主要环保法律法规包括：《山地区域法》《生态保护法》《特殊自然区域保护法》《地矿法》《生态鉴定法》《大气层保护法》《生态区域保护法》《植被利用与保护法》和《关于吉尔吉斯斯坦与邻国跨界河流水力资源利用对外政策的总统令》。吉尔吉斯斯坦环保法规定，对违法责任人追究民事和刑事责任，起诉有效期为 20 年。责任人及责任单位除恢复自然环境，并对受害个人及单位进行经济赔偿外，还要被追加刑事处罚。

环境保护法律法规基本要点如下。

生态保护法　旨在建立生态环境保护和自然资源使用的政策，协调法律关系。该法第 4 节内容对经济与其他类型活动生态保护作出规定，包括国家生态鉴定规则。

生态鉴定法　旨在调控生态鉴定的法律关系，杜绝经济活动对生态造成不良后果。国家生态鉴定参照以下文件实施：调控经济活动的法规草案、技术章程、方法指导以及其他文件。可影响生态环境的建筑、改造、扩建和技术更新项目规划与可研报告。

根据吉尔吉斯斯坦相关法律规定，在吉尔吉斯斯坦从事道路建设和矿山开发等野外作业项目的企业需在项目实施前到吉尔吉斯环保和林业署（电话 00996-312-568986）办理相应环保评估手续，审批时间根据项目不同而从两周到数月不等。此外，从事矿山开发的企业还需到吉尔吉斯国家工业、电力和矿产利用委员会办

---

[1]　部分信息及数据参考商务部 2018 版《对外投资合作国别（地区）指南——吉尔吉斯斯坦》，第 45 和 46 页。

理环保审批。

6. 劳务合作法律法规与政策[①]

到吉尔吉斯斯坦以从事劳动行为为目的的外国公民和无国籍人士需在劳动、就业和移民部登记。按规定程序取得工作许可，在企业工作，以及从事个体商业行为的外国公民和无国籍人士，由劳动、就业和移民部授予工作许可证。企业外籍领导人和外国专家的工作许可证有效期为1年，并允许逐年延期。外国职业工作人员的工作许可证总有效期不得超过2年，外国个体企业主不得超过3年。劳动、就业和移民部自申办所需文件全部递交之日起，15天内应做出颁发或拒发工作许可证的决定。在吉尔吉斯斯坦工作的外国人必须持有工作许可证。吉尔吉斯斯坦就业的岗位较为有限，主要是外资企业中所需的一些高技术人才，往往随工程项目进入。经济危机后，吉尔吉斯斯坦经济不景气，本国居民就业困难，因此客观上并不欢迎外籍劳务进入，以免影响本地居民就业。吉尔吉斯斯坦政府规定，只有获得招收外国劳动力许可证的企业才可雇用外籍劳务。企业根据该许可证以及雇用外籍劳务配额为外籍劳务办理工作许可证。

7. 知识产权合作法律法规与政策[②]

吉尔吉斯斯坦保护知识产权方面的基础法律是：《吉尔吉斯斯坦共和国民法》《专利法》《关于商品标记，设备代号和商品发源地名称法》《关于保护作者权利和类似权利法》和《关于保护电子软件和计算机及相关数据库法》。

对于侵犯知识产权者追究相应民事、行政及刑事责任。例如，对侵犯知识产权的责任人没收其非法所得、处以5000～20000索姆的罚款，或处以3年以下有期徒刑。对集团犯罪的首犯处以3年以上、5年以下有期徒刑。

8. 法律争议法规与政策

在吉尔吉斯斯坦解决商务纠纷通过司法程序解决。根据双方的合同约定，适用吉尔吉斯斯坦法律法规，可以要求国际仲裁。

（二）投资合作注意事项[③]

【投资方面】采取积极有效的方式，通过当地政府、中介组织和中国驻吉尔吉斯共和国大使馆经商参处，介绍和推荐有信誉和可靠的合作伙伴进行合资合作，以避免不必要的风险。选择可靠的实力雄厚的合作伙伴。如果是中方独资项目或

---

① 部分信息及数据参考商务部2018版《对外投资合作国别（地区）指南——吉尔吉斯斯坦》，第43～44页。

② 部分信息及数据参考商务部2018版《对外投资合作国别（地区）指南——吉尔吉斯斯坦》，第48页。

③ 部分信息及数据参考商务部2018版《对外投资合作国别（地区）指南——吉尔吉斯斯坦》，第54～56页。

企业，亦需聘请有实力的顾问，帮助协调解决与各级政府部门和企业之间的相关事宜。在吉尔吉斯斯坦从事投资和生产等经营活动，必须严格遵守当地的相关法律，规范在当地的投资经营活动。首先要获得合法的身份，缴纳税费，其次要加强与所在地政府部门、执法机关的沟通，还要融入当地社会，建立平等互利的合作伙伴关系。完善企业登记注册手续。最好聘用当地律师协助准备注册文件，正确履行相关程序。当中方企业或人员的合法权益在吉尔吉斯斯坦受到侵犯，与他人发生经济和劳资等民事纠纷，并通过法律途径维护自己的权益时，可向当地的政府部门及中国使馆反映有关情况，请求提供必要的协助。

【承包工程方面】及时和全面了解吉尔吉斯斯坦合作方资信情况。深入掌握工程项目资金落实情况。由于吉尔吉斯斯坦当地建材价格高于中国国内，中国施工单位多由国内进口建材，长途运输有时导致停工待料现象。要高度重视安全施工。

【劳务合作方面】认真研究吉尔吉斯斯坦相关法律，只有获得招收外国劳动力许可证的企业才可雇用外籍劳务。注意提升中国劳务人员的素质，树立良好的中国劳务形象。劳务派出单位应组织劳务人员出国前的培训，使其了解吉尔吉斯斯坦的风土人情，礼仪礼节，自觉遵守当地的相关法律法规。严格审评申报和备案程序。

在吉尔吉斯斯坦开展投资、贸易、承包工程和劳务合作的过程中，要特别注意事前调查、分析和评估相关风险，事中做好风险规避和管理工作，切实保障自身利益。包括对项目或贸易客户及相关方的资信调查和评估，对项目所在地的政治风险和商业风险分析和规避，对项目本身实施的可行性分析等。

建议企业在开展对外投资合作过程中使用中国政策性保险机构——中国出口信用保险公司提供的包括政治风险和商业风险在内的信用风险保障产品；也可使用中国进出口银行等政策性银行提供的商业担保服务。

五、阿联酋

（一）阿联酋法律法规与政策

自 1971 年 12 月 2 日成立以来，阿联酋制定了临时宪法，该宪法迅速成为永久性宪法。宪法解释了国家政治和宪法组织的主要规则，行政、立法和司法权力分离。阿联酋宪法并于 1972、1976、1981、1986、1991、1996、2004 年和 2009 年多次修订。

1. 国际工程承包法律法规与政策 [①]

外国承包商在阿联酋承接工程，必须在阿联酋设立机构，对此，每个酋长国规定了不同的要求。外国公司在阿布扎比开展承包工程业务首先需要注册登记，取得当地营业执照。根据阿布扎比酋长国政府的有关规定，已经取得营业执照的承包公司还必须在阿布扎比酋长国经济发展局履行分级登记手续并取得分级证书，才能对政府项目投标，担当总包商。

阿布扎比酋长国政府于 2010 年修订了 1980 年颁发的关于承包商分级的规定：所有承包公司共分 7 级，即特级和 1～6 级。承包商分级每两年更新一次。承包商只有在承包商分级委员会分级后，才允许参加政府各部招标的工程投标。投标范围可以在其被划分的那一级或比该级低两级的范围投标和承包项目。

外国自然人不能以个人身份承揽工程承包项目。但外国自然人可以持有阿联酋当地的工程承包公司的一定比例的股份，该比例不得高于 51%。阿联酋关于外国承包商的法律规定，不适用于外国自然人。对于私人类项目，不存在禁止外国承包商进入的领域，前提是外国承包商有资格在阿联酋经营。对于公共类项目，不禁止外国承包商从事于一般的房建、基础设施类项目的承建，但对于国防部的军事类项目须遵循国防部的特别规定。

根据阿布扎比酋长国最高咨询委员会的规定，政府工程项目的招标分国际招标和当地招标两种方式。国际招标即各国公司均可参加（如有资格预审的项目参加者必须先通过资格预审），不需要在当地登记注册。但必须先找一个当地项目代理人或合伙人。当地招标只限在当地登记注册并已经取得分级证书的外国公司及当地公司参加。

2. 国际贸易法律法规与政策 [②]

阿联酋联邦政府负责对外贸易管理的部门主要是经济部。经济部的职能主要包括：制定经济贸易政策；制定规范经济贸易活动的法律法规；检测经济运行情况，保护消费者权益；管理国内投资，吸引外资；协调政府部门和企业间的关系。除经济部外，阿联酋 7 个酋长国均设有商工会，商工会属半官方机构，主要职能包括：贯彻执行本酋长国有关工商业政策；管理本酋长国私人公司和企业，负责公司和企业的登记注册，发放营业执照和商工会会员证书等事宜；为本酋长国商工会会员提供有关经济贸易和市场等方面的信息，介绍客户。7 个酋长国商工会联合组成阿联酋联邦商工会（FCCI），总部设在阿布扎比，主要负责协调各酋长

---

① 部分信息及数据参考商务部 2018 版《对外投资合作国别（地区）指南——阿联酋》，第 58～62 页。

② 部分信息及数据参考商务部 2018 版《对外投资合作国别（地区）指南——阿联酋》，第 40～41 页。

国商工会之间的关系、组织参加酋长国间商工会活动和推动阿联酋企业家对外交往与合作。

阿联酋是松散联邦制国家，除国防和外交相对统一外，经济、贸易和投资等方面各酋长国自成一体，联邦政府的一些法律在一些酋长国未得到严格执行。阿联酋实施自由经济政策，对外贸易进出口自由。除军事装备和武器由政府统一进口外，对一般消费品和机械设备等没有限制。政府大型项目采购由政府统一招标进口。阿联酋现行有关贸易的法律主要有公司法、商业代理法、商标法、保险法、审计法及商业交易法等。近几年来，为适应新的经济形势需要，阿经济部牵头修订包括公司法、投资法、破产法和知识产权法等在内的10部法律，其中新的联邦《商业公司法》和《破产法》已分别于2015年和2016年颁布，其余也将于近期陆续出台。根据阿联酋《商业公司法》的规定，除在自由区内设立公司或经相关部长与部门协商并报请内阁批准后允许作为例外处理的公司，一般来讲，外国公司不得在阿联酋境内直接从事经营活动。

为维护公共健康与安全，维护伊斯兰宗教信仰，阿联酋对部分商品实行进口管制。进口管制所涉及商品包括禁止进口商品和限制进口商品。阿联酋采用与海合会标准基本一致的进口商品标准，除对影响公共生活、健康、安全、环境的商品控制较为严格外，其他进口商品准入标准相对宽松。在食品进口方面，阿联酋实行严格的检验检疫制度。

阿联酋于2003年1月1日正式实施海湾合作委员会（海合会）国家关税联盟规定。根据联盟规定，除53种免税商品外，其余1236种商品统一征收5%的关税，此外每张报关单还要加收30迪拉姆（约8.2美元）的费用。根据该联盟规定，所有进口海合会国家的货物在该货物抵达第一个海合会国家港口时征收5%的关税，而后转运至其他海合会国家时不再征收关税。

3. 海外投资法律法规与政策 [①]

阿联酋联邦政府负责投资管理的部门主要包括经济部和财政部。

WTO服务贸易领域中的娱乐、文化、体育服务和视听服务中仅下列领域允许外商投资：艺术及电影工作室、剧团、电影院、剧场、艺术品展览馆和体育活动。外商对自然资源领域的投资规定由各酋长国制定。阿联酋的石化工业完全由各酋长国自行所有，外商投资必须以合资企业的形式并由国家控股。电力、水、气等资源领域也均由国家垄断，但是由于国际油价下跌以来阿联酋各级政府财政日益窘迫，近年来启动的大部分水电项目都纷纷采用PPP和BOT等模式以吸引民营及外国资本。

---

① 部分信息及数据参考商务部2018版《对外投资合作国别（地区）指南——阿联酋》，第42～43页。

根据阿联酋《商业公司法》，本国资本在阿联酋境内设立的公司中所占股份不得低于51%，以下情况除外：（1）自由区内的公司可由外商100%所有；（2）海合会成员国100%控股企业的商业活动；（3）海合会成员国100%控股企业与阿联酋籍国民合作；（4）专业型公司可由外商100%所有；（5）经由相关政府部门协商并报请内阁批准的。

2012年联邦第4号法令颁布《阿联酋竞争法》，旨在保护和促进市场竞争活动，反对垄断行为，对限制协议、经营者集中（收并购控制）以及滥用市场支配地位问题作出了规定。法律还规定成立竞争监管委员会，以作为市场竞争执行机构，负责提出维护市场竞争的政策建议，法令执行，年度分析报告，申请核查等工作。委员会将由内阁负责任命理事会成员，开展业务指导以及决定组织架构。

2014年内阁通过第37号决议，出台了《阿联酋竞争法实施细则》，详细规定了实施竞争法、处理限制协议及行为、经营集中活动、针对违反竞争法行为和组织的投诉等的申请、调查、取证以及最终处理等工作流程。

4. 财税金融法律法规与政策 [①]

阿联酋负责金融监管的部门主要有阿联酋中央银行、阿联酋证券及商品管理局和迪拜金融服务管理局。2014年1月新推出了对货币兑换业务的监管规定，2015年1月开始实施巴塞尔协议III，对本地银行的资本充足率和流动性监管等提出了要求。迪拜国际金融中心的监管主体为迪拜金融服务局（DFSA）。

阿联酋是一个低税国家，境内无企业所得税、个人所得税和印花税等税种。阿联酋联邦税务局于2017年初组建，并相继颁布《增值税法》《税收程序法》和《消费税法》等税务法案，进一步明确阿联酋国内两大主要税种，选择性消费税和增值税的征收程序和规定。

阿联酋联邦政府对一般商品征收5%的进口关税，部分农产品和药品免税，但对奢侈品征重税，如烟草税为50%～70%。2017年10月1日起，阿联酋开始征收选择性消费税，对碳酸饮料征收50%消费税，对功能饮料和烟草制品等征收100%消费税。自2018年1月1日起，阿联酋开始征收5%的增值税（VAT）。联邦税务总局宣布，包括教育、医疗保健、石油天然气、交通和房地产等行业的增值税将定为零税率，而交通运输、房地产和金融服务等行业服务提供商将完全免征增值税。同时，某些政府活动也将免征增值税，其中包括由政府单独开展、没有私营部门参与竞争的活动，以及由非营利组织开展的活动。

阿联酋联邦政府不征收公司所得税和营业税等。各酋长国政府会根据自身的实际情况制定相关法律对企业经营实体征收所得税，但实践中，仅有油气勘探生

---

① 部分信息及数据参考商务部2018版《对外投资合作国别（地区）指南——阿联酋》，第45和55页。

产及石化类公司以及外资银行分支机构需要纳税。阿联酋没有个人所得税,不需要对工资收入和资本所得征税,但大部分酋长国会征收市政税,包括对餐厅出售的食品征收 5% ～ 10% 的税,对酒店按客房征收 10% ～ 15% 的税,对商业房产出租征收 10% 的市政税,对住宅用房产出租征收 5% 的市政税等。

5. 环境保护法律法规与政策 ①

阿联酋环保管理部门主要包括:气候变化与环境部、阿布扎比环境署、环境及保护区管理局。

阿联酋有关环境保护的法律法规主要有:(1)联邦法 1983 年第 9 号,《狩猎法》(Hunting Law),这是阿联酋最早一部环境保护法律;(2)1997 年联邦政府出台《国家环保战略规划》,旨在保证国民经济持续发展,避免工业化国家曾经遭遇的环境污染;(3)联邦法 1999 年第 24 号,环境法;各酋长国同时根据联邦环境法制定了自己的环境法。在阿联酋开展工程项目需要同时符合联邦环境法及所在酋长国环境法规定要求;(4)联邦法 2000 年第 24 号,保护海洋环境的规定;(5)联邦法 2002 年第 11 号,濒危野生动植物贸易的管理规定;(6)联邦法 2004 年第 55 号,防止电离辐射污染的基本规定;(7)联邦法 2004 年第 56 号,防治交通污染的规定;(8)联邦法 2004 年第 57 号,关于垃圾处理的规定;(9)联邦法 2006 年第 11 号,修订环境法;(10)联邦法 2007 年 16 号,动物保护法;(11)联邦法 2014 年第 26 号,臭氧层保护法;(12)2018 年 5 月,阿联酋联邦议会通过了综合废弃物管理联邦法案。法案涉及阿联酋全境(包括自由区)所有废弃物的从产生、分类、收集、运输、储存、回收和处理全管理过程,但不包括核废物和放射性废物。

与环境相关的贸易法规主要包括:(1)《控制危险废料越境转移及处置的巴塞尔公约》(Basel Convention);(2)《关于在国际贸易中对某些危险化学品和农药采用事先知情同意程序的鹿特丹公约》(Rotterdam Convention on prior informed consent);(3)《濒危野生动植物物种国际贸易公约》及附录Ⅰ、Ⅱ和Ⅲ(CITES Convention);(4)1999 年联邦第 24 号法令规定:任何公共或私人机构,具备或不具备资质的个人都不得在阿联酋进口、输入、掩埋或处置任何形式的危险废料;(5)危险化学品及废料处理应依照《危险物质、危险废料以及医疗废料的处理规定》(the Regulation on Handling of Hazardous Substances, Hazardous Waste and Medical Waste)执行。

阿联酋对工程项目从策划到执行过程中的环境保护均有要求。企业在阿联酋承包工程基本上都需要向所在酋长国的环境保护主管部门提交环评报告,申

---

① 部分信息及数据参考商务部 2018 版《对外投资合作国别(地区)指南——阿联酋》,第 56 ～ 58 页。

请环评的方式一般为委托官方认可的专业环评报告公司针对项目撰写环评报告（Construction Environmental Management Plan，CEMP），费用因项目而异，撰写 CEMP 的时间大约为 3 周。

6. 劳务合作法律法规与政策①

阿联酋《劳工法》全面规定了劳动关系中的所有范畴。

劳动争议。个体争议可通过人力资源与本土化部乃至法庭解决，集体争议由人力资源与本土化部的调停和解委员会、法院及最高仲裁委员会解决。根据《劳工法》所主张的所有权利，时效为 1 年。只有人力资源与本土化部门可以把争议提交法院解决。

外籍劳务进入阿联酋实行工作许可制度。（1）外籍劳务只有取得在人力资源与本土化部注册许可企业的担保下，才能获得工作许可。（2）外籍劳务只有在满足以下条件，人力资源与本土化部才有可能发放工作许可：年龄不得低于 18 岁；员工专业能力和企业业务范围相匹配；持有的护照有效期在 6 个月以上；身体健康。

据阿联酋人力资源和本土化部法令，雇主必须为月薪低于 2000 迪拉姆的低薪劳工提供免费住宿。该法令于 2016 年 12 月生效，并只适用于雇佣超过 50 名员工的企业。此外，人力资源和本地化部部长还授权地方当局制订相关规章制度，进一步保障那些在不足 50 名员工企业中工作的劳工以及月薪超过 2000 迪拉姆劳工的住宿条件。而一旦此类规章制度得以出台，则需定期检查劳工住宿环境并确认其是否符合相应的标准。

对引进外籍劳务的态度。阿联酋经济自由，对劳务的国籍没有限制，雇主依据劳工法及有关规定，可以从世界上任何国家招聘劳务，实行"非移民、临时性、合同制"劳务政策。合法的外籍人员在阿联酋务工面临的法律和政策风险较小。

阿联酋人力资源与本土化部为了使外籍劳务能够保护自己的权利和更好地理解自己的义务，发行了《阿联酋外籍劳务指南》。该指南针对劳务们所关心的问题，提供了包括阿联酋劳动法律法规，招聘的各项程序，劳务的权利和义务等在内的基本内容。该指南通用于各行各业。中国企业和个人如果计划前往阿联酋务工，请查询阿联酋政府网站更加准确的信息。②

7. 知识产权合作法律法规与政策③

阿联酋有关知识产权的主要法规有：Federal Law No.7 of 2002 concerning

---

① 部分信息及数据参考商务部 2018 版《对外投资合作国别（地区）指南——阿联酋》，第 49～53 页。

② 外籍劳务指南详见中国驻阿联酋大使馆经商参处网站：ae.mofcom.gov.cn/aarticle/ddfg/laogong/200302/20030200067128.html。

③ 部分信息及数据参考商务部 2018 版《对外投资合作国别（地区）指南——阿联酋》，第 63 页。

copyrights and neighboring rights（版权法）；Federal Law No.37 of 1992 on trademarks as amended by Law No.19 of 2000 and Law No.8 of 2002（商标法）；Federal Law No.17 of 2002 on the industrial regulation and protection of patents，industrial drawings and designs（专利法）。2006 年联邦第 31 号法令进行修订。Federal Law No.31 of 2006，Industrial Property Law（工业产权法，修订了 2002 年的专利法，并规定了工业设计部分，特别着重保护商业秘密）。

阿联酋联邦当局和各酋长国职能部门对于知识产权侵权的商品和行为有扣押商品和处以罚款的权利，海关部门有没收和销毁非法货物的权利。但是，目前阿联酋还没有知识产权法院和法官，特别在基层法院，知识产权相关的专业技术人才十分缺乏，难以处理知识产权中的技术问题。对于侵权行为的处罚一般都会处以监禁加罚金。

8. 法律争议法规与政策[①]

在阿联酋产生商务纠纷主要可以通过仲裁中心和法院解决，有 3 家机构负责解决商务纠纷，分别是阿布扎比商务调解仲裁中心（ADCCAC）、迪拜国际仲裁中心（DIAC）和 DIFC-LCIA 仲裁中心（迪拜国际金融中心 - 伦敦国际仲裁院）。此外，2016 年 4 月，阿联酋还成立海事仲裁中心，以处理和解决海上争端。阿布扎比商务调解仲裁中心隶属于阿布扎比商工会，为阿联酋本地或跨国贸易纠纷进行法律咨询，提供仲裁人、调解人、专家和翻译名录，定期举办会议和研讨活动，并邀请信息部门和法务部门相关人士出席。迪拜国际仲裁中心是一家自主非营利机构，其仲裁结果与法院裁决具有同等效力。DIFC-LCIA 仲裁中心是由迪拜国际金融中心和伦敦国际仲裁院合作成立的一家独立仲裁机构，旨在通过调解及仲裁的方式处理国际商业纠纷。

（二）投资合作注意事项[②]

根据现行法律，阿联酋不仅对外资可以进入的行业领域有明确的法律规定，而且对外商投资的持股比例有明确的规定，一是在自由区内，外资可 100% 控股，二是自由区外，外资持股不能超过 49%。外方投资者可以设备、技术和物资的形式投资，也可以现汇投资。在税收上，外国合资、独资企业与当地企业在法律上是平等的。阿联酋本国企业与外国企业合资投资一般采用两种方式：一是用现金作为资本直接投资于合作的项目；二是以土地、厂房和车辆等实物投资。阿联酋要求外国企业在当地投资必须选定当地代理人并支付一定的费用，中资企业应充

---

① 部分信息及数据参考商务部 2018 版《对外投资合作国别（地区）指南——阿联酋》，第 65 页。
② 部分信息及数据参考商务部 2018 版《对外投资合作国别（地区）指南——阿联酋》，第 72 ～ 78 页。

分了解此项要求，并对可能产生的额外财务和交易成本有所准备。

在阿联酋开展投资、贸易、承包工程和劳务合作的过程中，要特别注意事前调查、分析和评估相关风险，事中做好风险规避和管理工作，切实保障自身利益。包括对项目或贸易客户及相关方的资信调查和评估，对项目所在地的政治风险和商业风险分析和规避，对项目本身实施的可行性分析等。

建议企业在开展对外投资合作过程中使用中国政策性保险机构——中国出口信用保险公司提供的包括政治风险和商业风险在内的信用风险保障产品；也可使用中国进出口银行等政策性银行提供的商业担保服务。

六、印度尼西亚

（一）印度尼西亚法律法规与政策 [①]

印度尼西亚的法律及其发展深受欧洲大陆法系特别是荷兰法律的影响，法律文化呈多元化。法律渊源主要包括习惯法、伊斯兰教法和荷兰殖民时期的法律和法令以及独立以后印尼制定的法律法规。习惯法是在历史中逐步形成的，一些习惯原则被立法吸收到现代法律制度中。伊斯兰教法源于《古兰经》，规定穆斯林的行为准则，其法律制度尤其是婚姻家庭等民事领域与伊斯兰教法的道德与价值观念紧密结合。印尼在历史上受荷兰的殖民统治达三百年之久，其法律制度尤其是现代商事领域法律深受荷兰法的影响。

人民协商会议是国家立法机构，由人民代表会议和地方代表理事会共同组成，负责制定、修改和颁布宪法，并对总统进行监督，如总统违宪，有权弹劾罢免总统。国会行使除修宪和制定国家大政方针之外的一般立法权。地方代表理事是2004年10月新成立的立法机构，负责有关地方自治、中央与地方政府关系、地方省市划分以及国家资源管理等方面的立法工作。

印尼实行三权分立，最高法院独立于立法和行政机构。根据审判案件的不同，法院分为五种类型：普通法院、宗教法院、军事法院、行政法院和人权法院。近几年印尼又新设了宪法法院，宪法法院是独立的法院，其职责是由印尼最高法院负责。

普通法院按照审级分为：最高法院、高等法院（包括马来亚高等法院和婆罗洲高等法院）和初级法院（包括地方法院和巡回法院）3级。

---

① 部分信息参考商务部《全球法规网》——印度尼西亚 http://policy.mofcom.gov.cn/page/nation/Indonesia.html.

1. 国际工程承包法律法规与政策 [①]

按照印尼法律规定，外国承包商在印尼执行承包工程需获得许可。

印尼限制外企在政府基础设施工程，以保护国内企业市场份额。外资企业只被允许参加基础设施部门建筑价值在 1000 亿盾以上和其他部门采购和服务价值在 200 亿盾以上的投标。此外，外资企业只许参加合同价值在 100 亿盾以上的服务咨询投标。外企投资受限制的范围只在经费来源为国家收支预算的政府采购方面。如果工程由私企主导，则不受此限制。印尼工程建设实行严格的招标制度，不进行公开招标的项目需要特别说明。

2. 国际贸易法律法规与政策 [②]

印尼主管贸易的政府部门是贸易部，其职能包括制定外贸政策，参与外贸法规的制定，划分进出口产品管理类别，进口许可证的申请管理，指定进口商和分派配额等事务。

印尼与贸易有关的法律主要包括：《贸易法》《海关法》《建立世界贸易组织法》和《产业法》等。与贸易相关的其他法律还涉及《国库法》《禁止垄断行为法》和《不正当贸易竞争法》等。

贸易管理的相关规定除少数商品受许可证和配额等限制外，大部分商品均放开经营。2007 年底，印尼贸易部宣布了进出口单一窗口制度，大大简化了管理程序。

印尼政府在实施进口管理时，主要采用配额和许可证两种形式。适用配额管理的主要是酒精饮料及包含酒精的直接原材料，其进口配额只发放给经批准的国内企业。2010 年，印尼开始实施新的进口许可制度，将现有的许可证分为两种，即一般进口许可证和制造商进口许可证。

出口货物必须持有商业企业注册号／商业企业准字或由技术部根据有关法律签发的商业许可，以及企业注册证。印尼所有进口食品必须注册，进口商必须向印尼药品食品管理局申请注册号，并由其进行检测。2009 年以来，印尼政府开始在食品、饮料和渔业等诸多行业强制推行国家标准。贸易部出台新规，要求包括进口产品在内的所有产品必须附有印尼文说明。

印尼关税制度的基本法律是 1973 年颁布的《海关法》。现行的进口关税税率由印尼财政部于 1988 年制定。自 1988 年起，财政部每年以部长令的方式发布一揽子"放松工业和经济管制"计划，其中包括对进口关税税率的调整。印尼进口产品的关税分为一般关税和优惠关税两种。印尼关税制度的执行机构是财政部

---

① 部分信息及数据参考商务部 2018 版《对外投资合作国别（地区）指南——印度尼西亚》，第 52 页。

② 部分信息及数据参考商务部 2018 版《对外投资合作国别（地区）指南——印度尼西亚》，第 31 ～ 34 页。

下属的关税总局。

根据《中国 - 东盟全面经济合作框架协议货物贸易协议》，中国和印尼逐步削减货物贸易关税水平。中国 - 东盟自贸区在 2010 年初建成后，中国和印尼 90%以上的进出口产品实现零关税。

3. 海外投资法律法规与政策 [①]

印尼主管投资的政府部门分别是：投资协调委员会、财政部和能矿部。印尼投资协调委员会负责促进外商投资，管理工业及服务部门的投资活动，但不包括金融服务部门；财政部负责管理包括银行和保险部门在内的金融服务投资活动；能矿部负责批准能源项目，而与矿业有关的项目则由能矿部的下属机构负责。

根据 2007 年第 25 号《投资法》，国内外投资者可自由投资经营任何行业，除非已为法令所限制与禁止。法令限制与禁止投资的行业包括生产武器、火药、爆炸工具和战争设备。另外，根据该法规定，基于健康、道德、文化、环境、国家安全和其他国家利益的标准，政府可依据总统令对国内与国外投资者规定禁止行业。相关禁止行业或有条件开放行业的标准及必要条件，均由总统令确定。2007 年 7 月 4 日，印尼颁布第 25 号《投资法》的衍生规定，即《2007 年关于有条件的封闭式和开放式投资行业的标准与条件的第 76 号总统决定》和《2007 年关于有条件的封闭式和开放式行业名单的第 77 号总统决定》。根据这两个决定，25 个行业被宣布为禁止投资行业，仅能由政府从事经营。禁止投资的行业包括：毒品种植交易业、受保护鱼类捕捞业、以珊瑚或珊瑚礁制造建筑材料，含酒精饮料工业、水银氯碱业、污染环境的化学工业、生化武器工业，机动车型号和定期检验、海运通讯或支持设施、舰载交通通信系统、空中导航服务、无线电与卫星轨道电波指挥系统、地磅站，公立博物馆、历史文化遗产和古迹、纪念碑以及赌博业。此外，外国投资者可投资绝大部分经营行业。依照印尼《投资法》的规定，外国直接投资可以设立独资企业，但须参照《禁止类、限制类投资产业目录》（《目录》）规定，投资没有被该《目录》禁止或限制外资持股比例的行业。

外国投资者也可在规定范围内与印尼的个人或公司成立合资企业，还可通过公开市场操作，购买上市公司的股票，但受到投资法律关于对外资开放行业相关规定的限制。该目录在 2016 年 5 月进行了调整，对外资开放了更多行业。

印尼外商投资协调委员会（BKPM）于 2017 年 12 月 4 日颁布了 13 号令——Regulation No.3 of 2017 on Guidelines and Procedures for the Implementation of Capital Investment Licensing and Facilities。新规将 BKPM 原颁发的"投资许可证"（Izin Prinsip）更名为"投资申请"（Pendaftaran Penanaman Modal）。这意味着 BKPM

---

① 部分信息及数据参考商务部 2018 版《对外投资合作国别（地区）指南——印度尼西亚》，第 34 ～ 41 页。

旨在改变原有的审批体制,对于无须在公司运营前进行前期准备且满足特定条件行业要求(比如不需要建设厂房,引进生产经营设备的行业)的行业领域,允许其直接申请营业许可证,而无须根据此前的规则(先申请临时投资许可证待公司具备生产经营条件后再申请正式的营业许可证)。新规规定某些特定业务领域(主要包括建筑施工和基础设施建设等业务领域)的外资投资者/公司可以直接申请营业许可证,而无须先获得投资申请后再申请营业许可证。新规再次强调了禁止外资公司的股权代持。根据新规,可以要求投资者作出股权不存在代持的公证声明。此项规定增加了外资公司股权代持的法律风险。新规规定投资额在 100 亿印尼盾(不包括土地和对建筑物的投资)以下的公司若要申请延长投资许可期限,需要将投资额增加到 100 亿印尼盾(不包括土地和建筑物的投资)以上。新规规定,如外资公司不满足以下任一条件只可申请有效期为一年的"临时营业许可证":(1)最新财务报表显示公司净资产超过 100 亿印尼盾,不包括土地和建筑物的资产;(2)最新财务报表显示公司年度收入额超过 500 亿印尼盾。"临时营业许可证"可以申请延长一次,一次延长一年。新规规定外资区域代表处的许可证有效期为三年,且可以延长。但是新规没有规定可以延长的次数和期限。新规将公司分支机构设立的批准机构由以往的省级政府变更为 BKPM。

4. 财税金融法律法规与政策[①]

根据印尼有关法律,对在印尼注册的外国公司参与证券交易(包括股权并购)与本土公司享受同等待遇。

印度尼西亚税务总署是所属财政部负责税务征管的部门,其主要机构有:税务总署办公室、税务数据及文档处理中心、雅加达特殊税务区域办事处、税务总署区域办事处、大企业税务办公室、税务主管办公室和税务咨询办公室。

印尼实行中央和地方两级课税制度,税收立法权和征收权主要集中在中央。现行的主要税种有:公司所得税、个人所得税、增值税、奢侈品销售税、土地和建筑物税、离境税、印花税、娱乐税、电台与电视税、道路税、机动车税、自行车税、广告税、外国人税和发展税等。印尼依照属人原则和属地原则行使其税收管辖权。

除 2008 年 7 月 17 日通过的《所得税法》之外,为吸引外国投资,印尼出台了一系列优惠政策。公布于 1999 年的《第七号总统令》恢复了鼓励投资的免税期政策;2009 年印尼政府通过的经济特区新法律进一步规定了特别经济区税收优惠政策。所得税优惠由《有关所规定的企业或所规定的地区之投资方面所得税优惠的第 1 号政府条例》规定。自 2011 年 12 月 1 日起,在印尼的投资者可以申请免

---

① 部分信息及数据参考商务部 2018 版《对外投资合作国别(地区)指南——印度尼西亚》,第 42 页。

税优惠，根据相关的执行准则规定，凡有意申请免税优惠的投资者，必须把总投资额 10% 资金存放在印尼国民银行。投资者可以向印尼工业部或投资协调署提出免税申请。

所得税 2008 年 7 月 17 日印尼国会通过了新《所得税法》，个人所得税最高税率从 35% 降为 30%，分为四档，5000 万印尼盾以下，税率 5%；5000 万印尼盾至 2.5 亿印尼盾，税率 15%；2.5 亿印尼盾至 5 亿印尼盾，税率 25%；5 亿印尼盾以上者，税率 30%。除上述规定以外，个人取得的股息分红的最终税率为 10%。

增值税 印尼的增值税标准税率为 10%，根据不同货物可调整范围为 5% ~ 15%。向进口商、生产商、批发商及零售商等提供服务，大部分按 10% 的一般税率征收增值税。

奢侈品销售税 除增值税外，印尼对于属于应税分类的奢侈品销售或进口征收奢侈品销售税。

印花税 是对一些合同及其他文件的签署征收 3000 印尼盾或 6000 印尼盾的象征性税收。

新税法条例 2018 年 8 月 2 日，有关采矿企业的新税率生效，新税法明确要求矿业公司将目前的合同转换为特别采矿许可。新税法规定公司税率为 25%。矿业公司还需要向中央政府缴纳净利润的 4%，向地方政府缴纳净利润的 6%。

5. 环境保护法律法规与政策 ①

印尼政府主管环境保护的部门是环境国务部。其主要职责是依据《环境保护法》履行政府环境保护的义务，制定环境保护政策，惩罚违反环境保护的行为。

印尼基础环保法律法规是 1997 年的《环境保护法》，该法主要规定了环境保护目标、公民权利与义务、环境保护机构、环境功能维持、环境管理、环境纠纷和调查及惩罚违反该法的行为。1997 年的《环境保护法》是印尼环境保护的基本法，其对环境保护的重大问题作出原则规定，是制定和执行其他单项法律法规的依据，其他环境单项法律法规不得与本法相冲突和抵触。本法较注重对生态和环境的保护，明确规定："环境可持续发展是指在经济发展中充分考虑到环境的有限容量和资源，使发展既满足现代人又满足后代人生存需要的发展模式。"这表明，印尼在发展经济的同时，对自然资源的利用采取优化合理的方式，关注到环境的承载能力，力求使人民获得最大利益，形成人与环境之间的平衡和谐关系。印尼森林和动植物等生物保护的法律制度以《生物保护法》和《森林法》为基础。法律中明确规定了用语定义和限制行为及罚则等，结构完善，但条文的细节解释有

① 分信息及数据参考商务部 2018 版《对外投资合作国别（地区）指南——印度尼西亚》，第 50 ~ 51 页。

模糊之处，且缺少对详细事项的规定，当前法律明确禁止的保护种捕获及森林刀耕火种等问题仍然存在。

印尼《环境保护法》要求对投资或承包工程进行环境影响评估（AMDAL），规定企业必须获得由环境部颁发的环境许可证，并详细规定了对于那些造成环境破坏的行为的处罚，包括监禁和罚款。

6. 劳务合作法律法规与政策[①]

印尼国会于 2003 年 2 月 25 日通过第 13/2003 号《劳工法》，对劳工提供相当完善的保护，但因部分规定过于偏袒劳工方，大幅提高了劳工成本，影响了印尼产品之竞争力；2006 年，印尼政府决定修订该法，但因劳方强烈示威抗议，劳工法修订工作无果而终。

印尼劳工总政策旨在保护印尼本国的劳动力，解决本国就业问题。根据这一总政策，印尼目前只允许引进外籍专业人员，普通劳务人员不许引进。近年来，随着中国 - 印尼经贸关系的迅速发展及中方赴印尼投资企业数量的增加，越来越多的中国籍务工人员也纷纷前往印尼工作，对于印尼经济建设和国家发展需要的外籍专业人员，在保证优先录用本国专业人员的前提下，允许外籍专业人员依合法途径进入印尼，并获工作许可。依印尼政府规定，外国人投资工厂应允许外国人自由筹组工会组织。全国性的工会联盟有全印尼劳工联盟（SPSI）和印尼工人福利联盟（SBSI）。印尼对外国籍劳工入境工作有着严格的规定，印尼主管外国劳工问题的部门——移民和劳工部要求，相关外资企业一定要严格遵守印尼相关法律规定，并强调目前外籍劳工入境手续相较之前已经简便许多，而且在手续齐全的前提下，办理过程往往只需要一个月的时间。

7. 知识产权合作法律法规与政策[②]

法律和人权事务部下属的印尼知识产权总局全权负责知识产权政策制定，负责管理所有与知识产权相关的审批和行政管理事务。印尼知识产权总局下设总局秘书处、版权、工业品外观设计、集成电路布图设计与商业秘密局、专利局、商标局、合作与发展局和信息技术局等部门。知识产权总局拥有 33 个地方办事处负责接收知识产权申请。在 2010 年，印尼知识产权总局建立了一个调查理事会，专门负责调查涉嫌知识产权侵权的权利持有人报告；与警方合作，扣押涉嫌商品，在案或在押信息不会披露。印尼知识产权总局还建立了一个光盘监督队作为其防止影视媒体盗版行为的有效组成部分。影视媒体盗版是印尼长期关注，也是其一直在《美

---

① 部分信息及数据参考商务部 2018 版《对外投资合作国别（地区）指南——印度尼西亚》，第 47～49 页。

② 部分信息及数据参考商务部 2018 版《对外投资合作国别（地区）指南——印度尼西亚》，第 52～53 页。

国特别 301 报告》上榜的理由之一。监督小队与产业部、法律和人权事务部、商贸部及海关和公安部协调合作。印尼法律规定，违反知识产权保护法规的行为，将受到法律制裁，包括经济处罚和刑事处罚。

印尼现行的知识产权法主要有：2001 年《专利法》、2001 年《商标法》、2002 年《著作权法》、2000 年《商业秘密法》、2000 年《工业设计法》、2000 年《集成电路布图设计法》和 2000 年《植物品种保护法》。《专利法》规定，专利保护期为 20 年，期满后不得续展。《商标法》规定，商标保护期为 10 年，保护期可以续展。《著作权法》规定；有效期分别不同情况为作者终生及其死后 50 年和首次发表后 50 年。

印尼加入的国际条约包括：《保护工业产权巴黎公约》《专利合作条约》《商标法条约》《伯尔尼公约》《WIPO 版权条约》《WIPO 表演和录音制品条约》和《与贸易有关的知识产权协议》，也是世界知识产权组织的成员国。印尼是 WTO 中与贸易有关知识产权协议（TRIPS）委员会中的活跃成员。在 WTO 知识产权论坛上印尼提倡对 TRIPS 中的一项要求，即将遗传资源和相关传统知识信息的披露整合入协议中。

8. 法律争议法规与政策

企业要严格依法注册，守法经营，在必要时还要通过法律手段解决问题，维护自己的合法权益。处理与经济纠纷有关的案件既可以申请仲裁，也可以直接向当地法庭起诉。印尼商业仲裁中心主要在处理劳资纠纷、债务重组及商业合同纠纷等方面提供仲裁服务，企业也可以在合同中约定由国际仲裁组织进行仲裁。

（二）投资合作注意事项[①]

【投资方面】

（1）印尼的法律体系整体比较完整，但也有很多法律规定模糊，可操作性差，且不同的法律之间存在矛盾和冲突。中国企业到印尼开展投资合作需密切关注当地法律变动的情况，要坚持守法经营，依法保护权利，履行义务。

（2）做好企业注册的充分准备。在印尼投资设立公司注册手续繁多，审批时间较长；虽然印尼政府修订了《投资法》和《公司法》，并完善了相关的配套措施，推行"一站式"审批服务，以促进和吸引外国投资，但执行效果不理想。

（3）适当调整优惠政策期望值。印尼《投资法》明确规定平等对待内外资，为了吸引外国投资，印尼政府出台了一些投资鼓励政策，但力度并不大。

（4）充分核算税赋成本。印尼的税收体制比较复杂，企业的税赋成本比较高。

---

① 部分信息及数据参考商务部 2018 版《对外投资合作国别（地区）指南——印度尼西亚》，第 61 页。

印尼国会通过新的《所得税法》调低了企业所得税和个人所得税税率。印尼税法对于中小微型企业有税收优惠，还有其他产业税收优惠措施等。

（5）有效控制工资成本。印尼的工资成本整体来说相对较低，但《劳工法》对于劳工保护规定比较苛刻，对资方不利。

【承包工程方面】合理控制风险。印尼财力较弱，外汇储备不够充足，资金较为短缺，偿付能力较差。对于印尼政府不提供政府担保或者不动产抵押的项目，应谨慎操作，合理评估和控制风险。加强经营管理。印尼劳动力市场巨大，劳动力成本较低，但劳动力技能普遍不高，加强施工前的人员培训和施工中的科学管理十分重要。

【劳务合作方面】获取工作许可难度大；非法居留工作问题；企业用工成本问题。

在印度尼西亚开展投资、贸易、承包工程和劳务合作的过程中，要特别注意事前调查、分析和评估相关风险，事中做好风险规避和管理工作，切实保障自身利益。包括对项目或贸易客户及相关方的资信调查和评估，对项目所在地的政治风险和商业风险分析和规避，对项目本身实施的可行性分析等。

建议企业在开展对外投资合作过程中使用中国政策性保险机构——中国出口信用保险公司提供的包括政治风险和商业风险在内的信用风险保障产品；也可使用中国进出口银行等政策性银行提供的商业担保服务。

下 编

"一带一路"中国企业走出去法律实务案例

下编从中国企业对外投资准入阶段、运营阶段和退出阶段面临的法律风险展开，系统介绍海外投资、贸易、工程承包、劳务合作、财税金融、知识产权和争议解决等有关领域法律制度，依据各国在相应海外投资项目中的法律实务为指导参考。作者均为多年从事或参与海外项目的投资方、实施单位、海外律所、涉外律师和高校法学教授等，作者将从自身工作出发，通过不同视角对案例进行梳理并加以分析，希望能给读者就"一带一路"倡议实施，提供一个全面和实用的参考指引。

案例一 巴基斯坦投资环境："CPEC"试点项目对中国的益处

作者：泽米尔·阿万 Zamir Ahmed Awan

巴基斯坦国立科技大学中国学研究中心副主任、巴基斯坦原驻华参赞

关键词：海外投资 中巴经济走廊

（一）引 言

巴基斯坦是世界第五大人口大国[①]，建国 73 年，世称"纯净的土地"。巴基斯坦位于印度河流域文明的中心，历史悠久，可追溯至 5000 年前；巴基斯坦拥有众多历史遗迹，哈拉帕（Harrapa）、摩亨佐·达罗（Moenjodaro）和塔克西拉（Taxila）等历史遗迹可追溯至公元前 3000 年，文化底蕴深厚。巴基斯坦位于亚洲交通要道，毗邻中国和印度等全球增长最快的经济体，地理位置十分优越，极具战略意义；同时，巴基斯坦还与阿富汗和伊朗等战略敏感国接壤，进一步提升了其国际政治和经济战略地位。

2013 年，巴基斯坦加入了中国国家主席习近平提出的"一带一路"倡议（BRI）[起初被称为"一带一路"（OBOR）]，这是近代历史上最大的经济项目之一。习近平主席在对哈萨克斯坦进行国事访问时，在纳扎尔巴耶夫大学发表演讲时首次提出共建"一带一路"倡议；该倡议由两个部分组成，即丝绸之路经济带（SREB）和海上丝绸之路倡议（MSRI）。陆路互联计划和海上互联包括建设一座新欧亚大陆桥和五条经济走廊，即中巴经济走廊（CPEC）、中国 - 蒙古 - 俄罗斯经济走廊、中国 - 中亚 - 西亚经济走廊、中国 - 印度支那半岛经济走廊和孟中印缅经济走廊（BCIM）[②]。

---

① 美国人口普查局，参见：https://www.census.gov/popclock/print.php?component=counter。

② Fareeha Sarwar，《中国"一带一路"倡议：新欧亚大陆桥对全球势力的影响》，巴基斯坦国家科技大学（NUST）Journal of International Peace & Stability，2018 年，卷 1（2），第 128～141 页，参见：www.academia.edu/37177533/Chinas_One_Belt_and_One_Road_Impact_of_New_Eurasian_Land_Bridge_on_Global_power_play_in_region。

无可否认，中巴经济走廊（CPEC）是近期最重要的经济项目，它不仅对巴基斯坦影响深远，还对该区域的经济发展以及参与南亚政治的各国产生重大影响。原因很简单，但也非常重要，即这种多维度多层面的长期项目不仅会直接影响签订协议的两国，而且会影响整个区域经济环境及未来全球贸易和经济关系动态。

中巴经济走廊旨在促进双边互联和建设，探索潜在双边投资、经贸和物流合作机遇，增进民间交流，加强区域互联，提升两国人民福祉。

其使命和愿景是构建综合运输和 IT 系统，涵盖公路、铁路、港口、航空和数据通信渠道、能源合作、空间布局、功能区、工业和工业园区、农业发展和扶贫脱贫、旅游合作和民间交流、民生领域合作、金融合作和人力资源开发等。

中方和巴方关于中巴经济走廊的讨论主张所有利益相关者就中巴经济走廊的重要性达成共识，并一致决心落实。人们常说，特别是在巴基斯坦，2 亿多巴基斯坦人民的未来完全仰赖于中巴经济走廊。这是可以理解的，毕竟相较于巴方严峻的经济形势和安全局势，中国经济发展迅猛稳健，在地区和全球事务中的拥有较高政治影响力，因而，中巴经济走廊自然成为希望的灯塔。然而，过多的此类负面偏激言论会导致公众认知偏离中巴关系更重要的方面，并造成单方话语权。中国政策制定者所提出的合作共赢和机遇共享的理念本是所有项目开展的基本工作方针，但由于竞争对手不断传播某些消极负面的信息，这一积极合作共赢的理念反而变得模糊，引发两国间的不信任①。在此背景下，分析中巴经济走廊对中国的经济利益就非常重要，这有助于澄清双方的立场和观点，为政策决策与实施创造更有利的环境。最重要的是要分析和厘清基本概念逻辑，即合作共赢和命运共同体，这也是习近平主席提出的中巴经济走廊的根本基础②。它表明了中国维护中方及其他各国在中巴经济走廊项目和"一带一路"倡议下利益的决心。

本报告将分三个层面，深入分析这一大型项目对中国的深层次影响和利益。这是一个双方合作共赢的项目，也是"一带一路"倡议的一部分，要在不断变化

① "牵涉另一家东印度公司；国家利益并未受到保护。我们为中巴两国人民之间的深厚友谊深感自豪，但国家利益应为首位。"某些委员会成员提出政府并未保护人民权益的关切时，参议院规划与发展常务委员会主席塔希尔·马什哈迪（Tahir Mashhadi）如是说。2016 年 10 月 18 日，参见：http://www.dawn.com/news/1290677。另见《中国扩大其在"经济殖民地"巴基斯坦的影响力》（China expands influence in "economic colony" Pakistan），参见：http://www.dw.com/en/china-expands-influence-in-economic-colony-pakistan/a-18393881 或《巴基斯坦是否变成了中国的殖民地》（Is Pakistan turning into a China's Colony），参见：http://www.marxist.com/is-pakistan-turning-into-chinas-colony.htm。

② 习近平主席在巴基斯坦议会发表重要讲话，题为《构建中巴命运共同体 开辟合作共赢新征程》（Building a China-Pakistan Community of Shared Destiny to Pursue Closer Win-Win Cooperation），中国外交部，2015 年 4 月 21 日。参见：http://www.fmprc.gov.cn/mfa_eng/topics_665678/xjpdbjstjxgsfwbfydnxycxyfldrhyhwlhy60znjnhd/t1257288.shtml，引用日期：2019 年 8 月 28 日。

的国际背景及中国作为世界第二大经济体的宏观框架下从多方面和多角度综合探究中巴经济走廊对中国的益处。世界各国之间的经济联系日益紧密，孤立主义无益于国家经济发展，政治和战略事务与各国经济事务紧密联系。因此，本文研究主要从中巴经济走廊的各经济特区入手，着重关注中巴经济走廊为中国带来的经济优势。

（二）两步走战略下中国的投资机遇

中巴经济走廊项目共投资 650 亿美元，包括各层面的项目和活动，如基础设施（道路、桥梁和铁路网络）的发展，通信网络以及经济区，能源相关项目和瓜达尔（Gwader）港口发展。因此，它绝非两个接壤国家之间简单的双边互联项目。既然有投资，投资方就要有收益。该项目为中国带来了一系列经济优势，主要包括以下几个方面。

大多项目的主体投资都由中国公司通过中国国家开发银行（CDB）和中国进出口银行等中国银行系统并在巴基斯坦政府的主权担保下投资的[1]。这纯粹是财务安排，各方、各投资银行以及各公司都将获得丰厚利润。

中国企业参与在巴项目为拥有相关领域专业知识的中国民众提供了更多就业机会，这是该项目为中国带来的经济利益之一。越来越多的中国人在巴基斯坦就业，促进了两国游客人数不断增加[2]；因而，中国航空公司的商业潜力也在不断提升[3]。随之而来的，不仅是在巴的中国民众人数将进一步增加，而且他们多样化的需求将为更多中国人在巴基斯坦的生活和工作开拓新的工作领域和就业途径。《先驱报》称，中巴经济走廊各项项目启动后，巴基斯坦首都伊斯兰堡共吸纳了约 1 万名中国公民，至少有 3.5 万中国公民因此项目居住在巴基斯坦其他地区[4]。

此外，巴基斯坦人口 2.07 亿，国内市场庞大，中产阶级人数稳步提升，贫困人口减少，人口结构稳步优化，在对外国直接投资方面拥有得天独厚的优势。

---

[1] 中国国家开发银行、进出口银行准备增进合作，Dar 鉴证，2016 年 1 月 27 日，中华人民共和国驻卡拉奇总领馆经商处，参见：http://karachi2.mofcom.gov.cn/article/bilateralvisits/201601/20160101244254.shtml。

[2] 官方报告显示，2016 年上半年中国民众向巴基斯坦提交的旅游签证申请数量增加了 37 倍。见：http://nation.com.pk/national/01-Aug-2016/increased-trend-of-chinese-people-visiting-pak《中国游客出游巴基斯坦的趋势看涨：报告》（Increased trend of Chinese people visiting Pakistan：Report）。

[3] 同上。

[4] Ahmad、Danyal，《伊斯兰堡的中国游客不断增加》（Increasing Chinese footprint in Islamabad），先驱报，2019 年 1 月 24 日，参见：https://herald.dawn.com/news/1398787，引用日期：2019 年 8 月 29 日。

巴基斯坦人口基数庞大，劳动力资源丰富，GDP 增长势头强劲（2018 年 GDP 达 312.57 亿美元）[①]。政府引入了大量私有化、减税或免税激励措施、保证本地和外国投资者享有平等待遇等吸引外国直接投资的利好政策，推进各项经济改革。能源、港口、高速公路、电子和软件等是工业优先领域，巴基斯坦政府也已采用税收优惠政策以吸引投资。政府建立出口促进区域（EPZ）以提振外国直接投资。政府提供的激励措施包括免除所有联邦、省、市对机械、设备和材料税费及关税。令人鼓舞的举措还包括政府对农业和其他社会部门等战略部门设定了上限。但这一系列优惠政策的落实存在很多内部和外部障碍。内部安全威胁以及来自印度和阿富汗等邻国的安全威胁是巴基斯坦投资氛围和平稳定的主要障碍之一。印度方面构成的一些安全威胁来自于美国的幕后支持。美国采取支持印度政策的目的主要是为了阻挠和破坏中巴经济走廊的平稳推进和顺利完成，削弱中国在南亚地区的经济影响力。政府腐败和办事效率低等内部因素也严重抑制了外国投资；而中国某些投资巴基斯坦的企业，其腐败问题也同样严重。中巴合作确保金融事务透明度将是中巴经济走廊的重大成就之一。自然灾害和不确定的政治局势也是造成巴基斯坦外国投资跌宕起伏的重要因素之一。但世界银行报告显示，2019 年，巴基斯坦经商便利指数（EODB）的排名从 2018 年的 147 位[②] 提升至 136 位[③]。迄今为止，中国是巴基斯坦最大的投资国；但 2018 年下半年，英国、日本和韩国等国投资额增加，中国投资份额相对下降[④]。这些数据表明，巴基斯坦政府推行的一系列政策促进了外国在巴的投资增长。

世界银行服务贸易限制性指数（STRI）表明，整个南亚地区，巴基斯坦拥有最自由的投资政策制度和公私伙伴关系框架[⑤]。2019 财政年度，巴基斯坦政府优先考虑中巴经济走廊的四个关键领域。官方声明称，"确定该时期为工业合作、社会经济和农业部门的发展阶段。制定优先经济特区的发展规划时间表，确保在

---

① 巴基斯坦国内生产总值 https://tradingeconomics.com/pakistan/gdp，引用日期：2018 年 8 月 28 日。

② 《巴基斯坦：外国投资》（Pakistan: Foreign Investment），参见：https://en.portal.santandertrade.com/establish-overseas/pakistan/investing，引用日期：2019 年 8 月 29 日。

③ 《巴基斯坦：2019 年世界银行营商环境报告》（Pakistan: 2019 Doing Business Report），参见：https://www.doingbusiness.org/en/data/exploreeconomies/pakistan。

④ 《世界投资报告——经济特区》（World Investment Report—Special Economic Zones），贸发会议，参见：https://unctad.org/en/PublicationsLibrary/wir2019_en.pdf，引用日期：2019 年 8 月 29 日。

⑤ 《贸易相关投资政策框架（2015-2023）》（Trade Related Investment Policy Framework（2015-2023）），商务部，参见：http://www.commerce.gov.pk/wp-content/uploads/2018/10/Trade-Related-Investment-Policy-Framework-2015-2023.pdf，引用日期：2019 年 8 月 29 日。

2019 年上半年实现突破性进展"[1]。

区域经济影响 中国领导层的长期愿景是发展中国西部地区,将喀什建设成为经济中心。历史上,这一地区一直是古代丝绸之路的中心,中国领导层希望重振和复兴该地区经济发展[2]。中巴经济走廊建设是使喀什地区成为欧亚经贸枢纽的关键步骤,同时还会提升该地区经济重要性。目前,在西部边境城市喀什增设机构的中国公司数量大幅增加[3]。

瓜达尔港口减少了中国对中东和东南亚地区的依赖 另一至关重要的优势是瓜达尔港口便利了运输、降低了成本;不仅节省了贸易时间,而且为中国带来了巨大的战略收益,使其对中东和东南亚等地区的依赖程度降低。此前,中国东部和东南部地区 60% 的石油需求都经由波斯湾地区运输,道路漫长,全程约 16000 千米,耗时约 2 ~ 3 个月;船只必须经由印度洋和马六甲海峡,不仅运输成本较高,而且一旦局势不稳定势必带来较高的风险,且由于中国南海的紧张局势,风险指数更是增高[4]。但若经由中巴经济走廊规划的铁路和管道这一陆路运输,那么风险会显著降低,且运输全程仅需 4 至 5 天,甚至更短[5]。

40 年来,其运营也外包给了中国[6]。根据租约,中国将获得瓜达尔港口海运收益的 90% 以上以及管理瓜达尔自由区(2019 年 1 月成立)所产生利润的 85%。目前,已有 30 多家公司投资了这一自由区,投资额约为 4.74 亿美元[7],涉及酒店、银行、物流和鱼类加工等领域。事实上,国际贸易主要依赖于海运,印度洋因其得天独厚的地理优势,一直扮演着重要角色。港口的运营也将为中国带

① 《中巴经济走廊优先考虑的四个关键领域》(Four key areas under CPEC prioritized),黎明报,2019 年 1 月 19 日,参见:https://www.dawn.com/news/1458411。

② Khan,Shabbir Ahmad,《瓜达尔海港和喀什经济区对巴基斯坦和中国的地缘经济意义》(Geo-Economic Imperatives of Gwadar Sea Port and Kashgar Economic Zone for Pakistan and China),IPRI 期刊第十三期第 2 刊(2013 年夏),第 87 ~ 100 页,参见:http://www.ipripak.org/wp-content/uploads/2014/02/art5sha.pdf。

③ 《2015 中国展·望》(China Outlook 2015),毕马威全球中国业务发展中心,参见:http://www.kpmg.com/ES/es/Internationalization-KPMG/Documents/China-Outlook-2015.pdf。

④ 《全球最重要的贸易线?》(The world's most important trade route?),世界经济论坛,2014 年 5 月 21 日。参见:https://www.weforum.org/agenda/2014/05/world-most-important-trade-route/。访问日期:2016 年 10 月 17 日。

⑤ Fatima Qamar 和 Jamshed Asma,《印度洋的政治和经济意义:分析》(The Political and Economic Significance of Indian Ocean:An Analysis),南亚研究,南亚研究期刊,2015 年 7-12 月,第 30 卷,第 2 期,第 73 ~ 89 页。

⑥ 同上书,第 79 页。

⑦ 《瓜达尔港自由区一期落成》(Phase One of Gwadar Port Free Zone Inaugurated),美国海事杂志 Maritime Executive,2018 年 1 月 29 日。参见:https://www.maritime-executive.com/article/phase-one-of-gwadar-port-free-zone-inaugurated。访问日期:2019 年 8 月 30 日。

来可观的经济收益。中东地区出产的石油将储存在瓜达尔的炼油厂，并将通过公路、管道和铁路运往中国。如此一来，从中东进口石油会更加便捷[①]。这将使中国和中东边缘成为通往霍尔木兹海峡的门户，充分释放内陆里海地区的贸易潜力。此外，这还将提升中国贸易的韧性。海盗、恶劣天气、政治对手干扰和其他风险会阻碍贸易的顺利进行。若美国或印度在马六甲海峡进行战略干预，中巴经济走廊将会是另一条切实可行的贸易路线。中国在中亚和南亚等地区开展贸易活动会更加便捷，且成本更低、更为经济；相较而言，波斯湾和亚丁湾及其周边地区，有许多不利因素阻碍了贸易的顺利进行。

中国协助参与巴方的国际机场建设，预计该项目将在未来三年内完成[②]，届时会为经济活动创造更为有利的环境[③]。瓜达尔港于 2016 年 11 月 14 日全面投入运营，前总理纳瓦兹·谢里夫（Nawaz Sharif）和军方总司令拉赫利·谢里夫（Raheel Sharif）出席开幕典礼。凭借中国雄厚经济实力的支撑，该港口城市将成为该地区的新经济中心，瓜达尔港也将成为该地区的主要港口之一。

经济特区　中国是经济特区产业发展的典范。截至 2009 年，中国共建立了约 1750 个国家级和省级经济特区；其中国家经济特区占国内生产总值增长的 22%，占外国直接投资的 46% 和出口总量的 60%[④]。由于经济特区可以适应不断变化的外部环境，持续刺激创新，推动工业发展，因而是中巴经济走廊的重要组成部分。尽管该重要部分进展缓慢，但随着经济区的成立与发展，必将会为中国公司带来可观的经济开放机遇与收益。随着巴基斯坦将中国经济特区的发展理想化，中国公司的投资机会、具有相关专业知识和经验的中国公民的咨询服务和就业前景，以及从中国进口机械设备等，都将是天然的中国经济受益潜力。由于资金充足，投资收益在中国国内的经济特区中几乎处于饱和状态，因而某些行业逐步进入巴基斯坦也会使这些经济区内的中国工业家们和各企业受益。目前，中国商人已对巴基斯坦境内许多新领域的投资表现出浓厚兴趣，包括中小企业（SMEs）等。除了锡亚尔科特（Sialkot）外科用品集群、古吉拉特邦（Gujarat）陶瓷 / 陶器产业集群、费萨拉巴德（Faisalabad）

---

① Teizzi Shannon，《揭示：中国建立中东关系的蓝图》（Revealed：China's Blueprint for Building Middle East Relations），外交官，2016 年 1 月 14 日，引用日期：2016 年 10 月 18 日。
② 巴基斯坦总理依姆兰·汗（Imran Khan）于 2019 年 3 月 29 日出席中巴经济走廊框架下的重点项目新瓜达尔国际机场奠基仪式。引用日期：2019 年 8 月 30 日。参见：http: //www.cpecinfo.com/news/pm-imran-khan-lays-foundation-of-the-new-gwadar-international-airport-under-cpec/Njg4MQ==。
③ 中国队将访问新瓜达尔机场，黎明报，2016 年 3 月 7 日，引用日期：2016 年 9 月 18 日。
④ 《中国经济特区的发展经验》（Experience Gained in the Development of China's Special Economic Zones），国家开发银行，世界银行，参见：https://www.worldbank.org/content/dam/Worldbank/Event/Africa/Investing%20in%20Africa%20Forum/2015/investing-in-africa-forum-chinas-special-economic-zone.pdf。

成衣服装制造集群、开伯尔 - 普什图省（Khyber Pakhtun Khwa，KPK））大理石集群和制革 / 皮革工业集群和古吉兰瓦拉（Gujranwala）集群等①，巴基斯坦大多工业集群收益均不理想。国际物流、建材、高端服装生产、供应链流程、家具、钢结构和进出口业务等来自不同领域的企业家们均对合资企业表现出浓厚的兴趣。

中巴经济走廊框架下经济特区详述　通常，成功经济特区的经商便利指数（EODB）较高，如一站式服务、持续的廉价电力、废物管理工厂、资源丰富的集群等；这些都是投资者们考量的因素。巴基斯坦拥有丰富的资源，但缺乏投资、技术、大量全球订单；这可通过吸引出口、专注经济特区的国际企业来解决②。

根据中国经验带来的灵感，中巴经济走廊还拥有中国资助的经济特区。 目前，政府宣布了 9 个经济特区，如下③。

位于开伯尔 - 普什图省（KPK）Nowshera 的拉斯哈凯（Rashakai）经济特区，占地逾 1000 英亩，主要有水果、食品、包装、纺织品和缝纫或针织等工业。

位于信德省（Sindh）的塔贝吉（Dhabeji）中国经济特区面积将超过 1000 英亩。

位于俾路支省（Balochistan）的博斯坦（Bostan）工业区占地将超过 1000 英亩，包括水果加工、农业机械、制药、摩托车组装、铬铁矿、食用油、陶瓷工业、冰冻及冷藏、电器和清真食品等工业。该经济区已开发了 200 英亩，互联性非常高，十分有利。

位于费萨拉巴德（Faisalabad）的阿拉马·伊克巴勒（Allama Iqbal）工业城占地面积约 3000 英亩，囊括纺织、钢铁、制药、工程、化学品、食品加工、塑料和农业工具等行业；毗邻 M-3 工业城市费萨拉巴德（Faisalabad）的现有经济特区。

ICT 模型工业区伊斯兰堡位于巴基斯坦首都，占地 200～500 英亩，主要有钢铁、食品加工、制药和化学品、印刷包装和轻工程等行业。该经济区土地规划

---

①　《经济特区（SEZ）与中巴经济走廊：背景，挑战和战略》（Special Economic Zones（SEZs）and CPEC：Background，Challenges and Strategies），Khan，Karim 和 Anwar Saba，巴基斯坦发展经济研究所。参见：http：//www.pide.org.pk/psde/pdf/AGM32/papers/Special%20Economic%20Zones.pdf。

②　巴基斯坦为能源、汽车、纺织、外科设备、基础设施、工程、农业、矿产和中小企业的投资提供了巨大的市场。此外，可再生能源，如太阳能、风能、热能和沼气等也是重点发展领域。巴基斯坦拥有 1.8 亿人口，其中产阶级（7500 万）不断增长，对各产品的需求不断增加，这对于中国投资者而言，无疑是巨大市场潜力和发展前景。巴基斯坦欢迎中国在各领域的投资，发挥自由和前瞻性投资政策的优势。对于进口到巴基斯坦用于开发、运营和维护的所有资本货物，经济特区都将免征 10 年的关税和税收。《经济特区（SEZ）和中巴经济走廊：背景，挑战和战略》（Special Economic Zones（SEZs）and CPEC：Background，Challenges and Strategies）参见：http：//www.pide.org.pk/psde/pdf/AGM32/papers/Special%20Economic%20Zones.pdf。

③　《经济特区》（Special economic Zones），Obortunity，参见：https：//obortunity.org/cpec-news/cpec-special-economic-zones-sezs/。

仍在进行中。

另一重要的经济特区是巴基斯坦钢厂在卡拉奇（Karachi）附近的卡西姆（Qasim）港口的开发工业园区，占地面积将超过 1500 英亩，包括钢铁、汽车及相关、制药、化工、印刷、包装和服装等工业。该园区已获批专业用地。

米尔布尔（Mirpur）经济特区，预计占地 1078 英亩，将满足各种不同行业的需求，毗邻各种主要通信基础设施。

莫赫曼德大理石城（Mohmand Marble City）也是 FATA 地区（即联邦直辖部落地区）即将成立的经济特区。该特区用地已获批，地理位置十分便利。

位于吉尔吉特-巴尔蒂斯坦（Gilgit Baltistan）的 Maqpondass 经济特区是第九个占地达 250 英亩的经济特区，囊括大理石和花岗岩、铁矿石加工、水果加工、钢铁、选矿和皮革等工业。目前，政府已为此经济特区划批了土地。

巴方已与中国政府分享了所有九个经济特区的可行性研究。中巴经济走廊框架下的优先领域有物流、食品加工、IT、汽车和纺织品等。经济特区的发展模式包括公有部门、私营部门和公私合营。巴基斯坦投资委员会是经济特区的秘书处[①]。

中方消息称，将在能源、食品、农业工业、畜牧业、建筑业、钢铁、运输和物流、轻工程、塑料、纺织、采矿和矿石、非有色金属、装配操作和 IT 服务等行业或部门投资。

中巴经济走廊与其他领域的合作 中巴经济走廊将成为加速中巴双方在共同利益领域合作的催化剂，涵盖众多领域；其中，核工业与国防合作是关键领域（当然也是敏感领域）。中巴经济走廊框架推动深化了此类合作，这种合作本身即具有经济意义。例如，巴基斯坦从中国购买了八艘改装的柴电攻击潜艇，是巴基斯坦成交金额最高的武器交易之一[②]，价值约为 50 亿～60 亿美元。2023 年，巴基斯坦将获得第一批货物——四艘潜艇，其余四艘将在卡拉奇组装[③]。这无疑具有经济效益。同样，铁路或核动力反应堆等项目也将成为中国发挥其技术优势的前景项目，为中国带来经济效益。

（三）"一带一路"方面

若未在"一带一路"的大背景下审视中巴经济走廊，那么我们就无法充分理

---

① 巴基斯坦经济特区框架，投资委员会，访问日期：2019 年 8 月 29 日，参见：https://invest.gov.pk/sez。

② 《中国将向巴基斯坦提供八艘新型攻击潜艇》，快速论坛报，2016 年 8 月 31 日。访问日期：2016 年 10 月 20 日。参见：http://tribune.com.pk/story/1173324/china-supply-pakistan-eight-new-attack-submarines/。

③ 新型潜艇——041 元级，2016 年 10 月 15 日，参见：http://www.globalsecurity.org/military/world/pakistan/ss-new.htm。

解中巴经济走廊作为"一带一路"倡议下"大型项目"的发展潜力。若"一带一路"倡议成为现实，那么就会连接全球 65 个国家。韩国学者 Jae Ho Chung 称，一旦成功，"一带一路"将涵盖（超过）60 个国家，占世界人口的三分之二，占全球 GDP 的 55% 和全球能源储备的 75%[①]。该倡议包括价值约 1.3 万亿美元的 900 个基础设施项目[②]。项目主要融资来源是中国国家开发银行、丝路基金和中国进出口银行。《南华早报》称，"一带一路"是中国提出的最重要和最具影响力的项目[③]。作为这一倡议的架构师，中国必然将在倡议的提出和落成等各阶段发挥重要作用，而且也会是主要的捐赠方。尽管是"一带一路"倡议下唯一的双边项目，中巴经济走廊的重要性却不言自明。作为"一带一路"之间的虚拟联系，中巴经济走廊会使中东地区、海湾地区、非洲以及南亚和中亚等地区间的交通经贸更加便捷，更加经济高效，使"一带一路"倡议得到更广泛的认可。倘若没有这一重要联系，那么这两个项目就会彼此脱节，丧失其重要意义。

必备的资本和技术技能、专业知识和知识将决定中巴经济走廊框架下各基础设施项目能否顺利开展的保证，这些也是大型项目的硬件条件；如加强政策沟通，多频次协商以采取必要措施实现平稳活动等软件条件，则对实现更宏大目标而言更有助益。协商与海关清关有关的条例和细则，制定兼容和标准的运输规则，以实现国际运输便利化以及通信和信息机制联网，这些内容都应列为各方磋商的内容。

中巴经济走廊，是一系列互联项目的关键先行项目之一，所有相关谈判和协商都将有助于为类似项目的磋商奠定基本框架。中国国家预防腐败局副局长刘建超曾在访问巴基斯坦时强调，"中巴经济走廊的成功对中国而言意义非凡，它的成功有助于进一步落实'一带一路'倡议"[④]。

中巴经济走廊作为中国的试点项目，旨在推动制定框架并处理所有互联项目难题。值得注意的是，中巴双方就具体事宜及双边关系性质进行磋商，往往无关乎深层信任，但各问题和流程不可避免地存在某种程度的相似，因而可以为磋商、谈判和实施计划提供指导。

---

① Chung Ho Jae，《中国和东亚的崛起：全球新区域秩序？》（The Rise of China and East Asia: A new Regional Order on the Horizon?），中国政治学评论，2016 年 3 月，第 1 卷，第 1 期，第 47 ～ 59 页。

② Khuroro，Ghulam Murtaza，《"一带一路"和中巴经济走廊二期》（OBOR and CPEC II），商业记录，2016 年 9 月 5 日。参见：http://www.brecorder.com/articles-a-letters/187：articles/82739：obor-a-cpec-ii/?date=2016-09-05。

③ http://www.scmp.com/comment/insight-opinion/article/1753773/one-belt-one-road-initiative-will-define-chinas-role-world。

④ Ibrar，Mian，中国巴基斯坦对中巴经济走廊采取腐败零容忍政策，2015 年 11 月 25 日，访问日期：2016 年 11 月 3 日。参见：www.pakistantoday.com.pk/2015/11/25/news/china-pakistan-to-adopt-zero-tolerance-policy-against-corruption-in -cpec /。

最后，有必要指出，目前，"一带一路"倡议下正在进行的六个互联项目中，中巴经济走廊是唯一的双边项目，其余都是多边项目。这意味着在其相互沟通中出现问题和争议的可能性较小，因此，中国发布的"一带一路"首份数据报告中称，在"一带一路"倡议下中国与俄罗斯、哈萨克斯坦、泰国和印度尼西亚等国开展广泛合作，而巴基斯坦是"最合作"的国家[1]。这有利于降低中国海上贸易活动的运输成本和缩短运输距离，在战略上分散地区局势不稳定带来的风险。此外，由于瓜达尔独特的地缘战略地位，中巴经济走廊使中国可轻松地进入中国期望通过"一带一路"倡议打开的全球市场，为中国提供了独特的经济优势。中国将更加便利地进入中东、非洲、西亚和中亚以及欧洲市场[2]。

---

[1] 中国发布了"一带一路"倡议的首份大数据报告，2016 年 10 月 28 日。参见：http://www.scio.gov.cn/32618/Document/1501156/1501156.htm。

[2] 李克强指出，中巴经济走廊建立了双边务实合作的战略框架，是中国与周边国家互联互通的旗舰项目。http://www.fmprc.gov.cn/mfa_eng/topics_665678/ytjhzzdrsrcldrfzshyjxghd/t1209089.shtml。

案例二 从"豪客比奇案"谈境外收购尽职调查中需要注意的法律问题

作者：程绍铭
美国注册会计师 美国华盛顿成云律师事务所主任 美国律师协会会员
关键词：海外投资 尽职调查

（一）案例要旨

随着全球资本流通性的增加，华人进行海外投资活动越来越普遍了。在对海外公司进行股权收购与兼并的过程之中，买方对于目标公司的尽职调查显然是整个商业交易行为的重中之重。Merriam-Webster Dictionary 将尽职调查定义为：为准备商业交易而对公司或者组织进行研究和分析的程序。也就是说，尽职调查是股权收购和公司兼并等商业交易完成之前须进行的必要过程，其本质是对于收购行为的风险评估与控制，深入了解在收购过程中可能会存在的法律风险与经济风险，以达到规避风险、避免损失和完成交易的最终目的。

尽职调查主要涉及的内容包括对与目标公司的财务状况、经营情况和知识产权与技术的状况，涉及目标公司相关重要合同的审查，披露计划和目标公司及收购方当地法律法规对收购行为的影响程度等多个方面。如果其中一个部分没有进行详尽的审查，那么整个收购行为的风险就会极大地增加，最终产生不可估量的后果。著名的"豪客比奇案"就体现了由于收购方尽职调查的不完备，从而导致了巨大的经济利益损失。

（二）案例综述

豪客比奇公司是世界领先的公务及特殊任务飞机制造商，为全球企业、政府和个人打造高品质飞机并提供支持服务。其旗舰机型为豪客4000，其机身使用复合材料打造，是现如今世界上最为先进和最豪华的超中型公务喷气机。它在超中型公务机级别真正树立了顶尖的质量、性能和价值标准。

但是在 2011 年年底，豪客比奇公司根据美国《破产法》第十一章规定的"破产保护"程序，向美国纽约南区破产法院提出破产保护申请，希望以此达到在能够进行正常经营的状态下进行债务、资产和业务等方面的重组整合，让整个公司能恢复正常运行。具体来讲就是希望能够解除大约 25 亿美元的债务和 1.25 亿美元的年度现金利息支出，再获得接近 4 亿美元的破产保护期贷款。而造成豪客比奇现状的主要原因在于 2008 年的全世界的金融危机的爆发，引爆了 2007 年底美国 GS Capital Partners 和加拿大 Onex Partners 在对作为豪客比奇前身的雷神飞机公司的收购行为中埋下的"炸弹"。GS Capital Partners 和 Onex Partners 收购雷神飞机公司的行为是一种典型的杠杆收购，其 2/3 的资金来源于举债，只有在财务层面能够进行正常运转的前提条件下，再加上外部的市场环境稳定，才能偿还因举债收购而带来的巨额债务和利息。但是随着金融危机的爆发，外部市场的疲软，全球公务机的销售额从 2008 年开始的 3 年内下降了 30%，豪客比奇也无可避免地遭受到打击，其销售额和利润骤减，2010 年和 2011 年的运营亏损分别达到 1.74 亿和 4.82 亿美元，巨量的亏损导致其无法偿还巨量的债务和利息，再加上其涉及美国军方的业务，随着美国国防预算的压缩，使它现金流无法运转，走到了破产这一步。

反观中国自 2005 年起，随着经济的发展，旅游业的蓬勃兴起，再加上民用航空市场的放开，民用航空业开始了飞速的发展，连续 6 年维持了 20% 的增长率。随着 2012 中国公务机联盟成立，并发表了《2012 中国公务机上海宣言》，这预示着中国民用航空业一个崭新的篇章正式开启。同年豪客比奇进入了公开竞标程序，将资产售于第三方，以此达到将债务、资产和业务等方面重新整合的目的。作为新兴的中国民用航空企业来讲，这无疑是一块巨大的蛋糕，对于增加自身的实力，作为国内再融资筹码，抢占国内民用航空市场等方面都是极大的助力。当时一共有七家公司投标，其中有四家是中国公司。我所在的泰和泰华盛顿律师事务所代理其中的一家中国公司。最后由一家美国大型律师事务所代理的 A 公司以 17.9 亿美元中标。

（三）案例分析

A 公司在投标之前并没有认真地完成对豪客比奇收购的尽职调查，即对于豪客比奇的财产状况和运营状态调查不够，对于它目前的负债和收购之后债务转移和偿还的问题没有清晰明确地认知，对于美国当地的法律法规和 CFIUS，即美国外资投资委员会审核此类可能涉及对方国有资产收购时的审查流程认知不清晰，综合上述因素导致其最终收购失败。

具体来说，A 公司本身其实无法承担 17.9 亿美元的高额收购费用，其自信心来源于背后的 B 投资公司，B 投资公司是北京市政府下属的投资平台，自身定位则是政府投融资平台，其大部分资金来自公路等基础设施项目。

2012 年 7 月 17 日，美国纽约破产法院授权豪客比奇和 A 公司进入 90 天的"排他性谈判期"。由于 A 公司强烈要求，在此期间豪客比奇继续推进喷气机业务，交换条件则是需要支付该业务所产生的费用。豪客比奇的律师和财务团队经过计算，得出三个月的破产延长期的成本为 5000 万美元，约 3 亿元人民币。于是，A 公司和豪客比奇签署了相关协议"如果双方完成拟议交易，则 5000 万美元的预付款将用于抵扣收购价格；如果交易终止，则 5000 万美元预付款不予退还。"由于收购豪客比奇是以 A 公司的名义但是超过 60% 的资金来源于 B 投资公司，豪客比奇谈判组来到北京进行谈判时，实际谈判人为 B 公司的负责人，且双方对之前 A 公司与豪客比奇牵头拟定的合同无法达成一致，很快就到达了 90 天"排他性谈判期"的尾声。由于此前签订的文件显示，现在进行的谈判和之前商定的内容大相径庭，与事实情况完全不符，整个交易从事实上已经破产，A 公司最终损失了 5000 万美元的天价预付款。

从以上 A 公司收购的失败中我们可以看出，在企业进行境外投资的过程中，就尽职调查的部分应当着重关注到以下几点。

1. 财务的审查

境外公司收购进行的尽职调查，很多买方是委托四大会计师事务所进行处理，即德勤、普华永道、毕马威和安永，其对目标公司的盈利质量进行分析和审查，对营运资金和净负债值进行分析，判断在公司转移之后是否自身有着足够的资金偿债和运营，对于其现金流量和资本性支出进行分析等。在财务层面上的尽职调查主要针对于三个方面发挥作用，首先是为财务估值模型提供支撑性的数据。因为尽职调查其作用并不是解决问题，而是为可能出现的问题提供预警，所以在面对目标公司可能存在的重大交易风险，应当在交易调查过程中也就是尽职调查中进行评估，来辨别与判断是否存在导致交易破裂点（Dealbreaker）事项存在，避免因此而导致的交易失败；其次是对拟收购的目标公司进行详细的财务分析，包括所有资产、运用成本和现金流量等，用来全面了解公司的运营与财务状况；接下来对财务状况和运营状况进行详细分析，以理解目标公司业务优势和弱势，发现潜在问题，进行风险的规避；最后是参与审阅收购协议这方面，识别收购协议中不利于收购方的、与财务相关的约束性条款，以此来保障收购方的利益。

在 A 公司收购豪客比奇的案件中，A 公司对于豪客比奇自身负债状况和盈利能力的认知极其不足，没有考虑到在面临如此巨大亏损的一个企业，它会选择的收购方的资金来源应当足够可信且资金量足够雄厚，但是综上两点 A 公司都不具备条件。且在进行审阅收购协议这方面，A 公司的代理机构并未对"5000 万美元预付款"的相关协议进行详尽地审查，最终在双方无法于90天的"排他性谈判期"中达成一致时，A公司单方面蒙受巨大损失。

2. 对劳务合同和其他重要协议的审查

在对于目标公司收购前的尽职调查中，应当对于目标公司的各类劳务合同和重要协议进行审查，主要判断是否会存在公司转手之后收购方还需要强制履行的各种义务，以及根据各类协议上所示要求，如果存在会对整个公司的盈利和经营状况造成影响的必须履行之义务，在考量到权利和义务的转移之后，收购的价格是否依然合理等问题。只有在提前确定权利和义务的分配，在公司交接后才能保证购买方的利益不会受到侵害。

2011年Bank of American收购Country Wide时并未对其各类重要协议进行详尽地审查，其后纽约联邦陪审团认定Bank of American应对Country Wide的一项民事欺诈指控负责。政府表示，Country Wide在一个名为"非法兜售"的过程中发放了劣质房屋贷款，并将其出售给Fannie Mae和Freddie Mac两家企业。美国司法部表示将寻求高达8.482亿美元的赔偿，这是Fannie Mae和Freddie Mac两家企业在贷款上所遭受的损失。最终司法部与Bank of American达成了16.5亿美元的和解协议，这是美国历史上最大的单一实体民事和解协议，以解决联邦和州对它的诉讼。而这一切都是在尽职调查中，并没有对目标公司的各类重大协议进行仔细审查的结果，从而造成了巨大的损失。

3. 对于当地法律法规的审查

随着华人在海外投资的情况越来越普遍，在进行收购时进行的尽职调查应当涉及对于目标企业所在国家的法律法规的"审查"。这里的审查实质是对目标企业是否合规合法的审查，特别是在美国的收购行为便绕不开CFIUS：对于是否存在企业收购有着潜在威胁美国国家安全的可能性的审查。即作为购买方的代理人，应当审查购买者是否符合CFIUS的审查范围，抑或者是否有着被CFIUS中止交易的可能性。具体来讲，就是代理人需审查收购方自身的资本结构、是否为民营企业、国内上市公司还是国有企业或者有着国有资本的注入。因为根据CFIUS相关法律规定，国有企业在美国的投资和并购将受到更为彻底地审查，这也表明需要更长的时间并有着被中止的风险。且还应当考虑到，随着2017年8月4日，国务院办公厅签发74号令，关于进一步引导和规范境外投资方向指导意见的通知中，我国鼓励投资人进行海外投资的企业多涉及高新技术企业和能源企业，而这些领域都是敏感的，极其容易受到CFIUS的审查。因此一旦代理人在尽职调查中做好了此类审查，提前告知投资人可能出现的结果，那么在做出决定和签署协议时，投资方就会更加谨慎，从而避免损失。

在国际形势愈来愈复杂的今天，CFUIS对于其审查标准的"危害美国国家安全"的解释也愈加广泛。2016年1月，CFIUS 建议否决 GSR Ventures 和南昌工业集团以 33 亿美元收购荷兰飞利浦公司生产 LED（包含有半导体芯片）的子公司 Lumileds，交易双方随后放弃了该并购。2016年2月，美国半导体芯片生产企业 Fairchild Semiconductor International 出于 CFIUS 审阅的顾虑拒绝了华润微电子和华创投资 24.9 亿美元的收购。上述收购并未涉及所谓军方等领域，但都以"破坏供应链的完整性，供应链的完整性对于美国政府极为重要"为理由而中止。所以代理人也应当以敏锐的嗅觉，在进行尽职调查时考虑到当前国际形势的变化，为投资者规避风险。

在豪客比奇收购案中，代理人对于 CFIUS 的审查认识严重不足。作为收购行为的主要出资方 B 投资公司，其是北京市政府下属的投资平台，显然就是一个国有企业并涉及国有资产，且除了民用飞机外，豪客比奇飞机公司还为美国政府和国防部提供许多种类的飞机。"坚鸟鹰"（T-1A Jayhawk）喷气教练机与 C-12 涡轮螺旋桨飞机，都在美国军方被广泛使用，所以此次的收购行为也很明显会有涉及美国军方的可能性。CFIUS 有着足够的理由中止交易，至少是延长审查时间，进行更为细致地审查，那么如果考虑到这点，在签署 90 天的"排他性谈判期"协议时，作为 A 公司就应当更为谨慎。

4. 对于代理人的选择

从"豪客比奇案"中我们可以看出，随着华人和中资企业在海外投资活动愈来愈频繁，尽职调查这一环节更应当慎重和仔细，不单单是要符合中国国内的法律法规和习惯，顺应我国发展的大趋势，也应当熟悉和了解目标公司当地的法律法规，在选择进行尽职调查的律所时也应当考虑到，作为传统的中国律所对于国外法律法规不熟悉的问题和目标公司本国律所与中国的企业文化，习惯的差异从而产生的理解偏差与信息不对称，最终会导致糟糕的结果。而在海外执业的华人律所作为熟悉中华文化与习惯，了解中国法律法规，并在国外的法律环境中拼搏了多年，在华人海外投资越来越频繁的今天，应当尽到为他们保驾护航的责任，在海外进行公司兼并与投资的华人也更应当选择这样了解两国国情和法律法规的律所，让其进行尽职调查，与其咨询相关的问题，这样才能够避免经济上的重大损失，保障自身的利益，促进交易的成功。

案例三　中资国企并购澳洲矿业资源案例分析

作者：唐林

唐林律师事务所[1]

关键词：海外并购 矿业

（一）案例要旨

澳大利亚拥有丰富的矿产资源，大量不可再生资源吸引着众多外国投资。投资并购澳大利亚矿产资源，按照正常的程序，需要有澳大利亚外国投资审查委员会（Foreign Investment Review Board，FIRB）批准[2]。FIRB 主要依据澳大利亚的国家利益对外国投资申请进行审核。当一个投资实体中来自于一外国政府或机构的投资比例合计占 20% 或以上，或来自于多个外国政府或机构的投资比例占 40% 或以上，或由外国政府或机构作为一个集团控制的实体，则会被认为是外国政府投资者（Foreign Government Investors），外国政府投资者的投资必须接受 FIRB 的审查[3]。从中资国企在澳并购的规模来看，大规模的并购主要集中在矿产并购。事实上，中资在澳大利亚迄今为止最大规模的五项投资中，三项都集中在了矿业领域，这三项大规模并购项目分别是兖州煤业项目、中信泰富在西澳的中澳铁矿项目，以及五矿资源的项目。虽然在 2015 年后中资对澳洲投资总额的比例大幅下降，但 2017 年矿业投资依然是澳大利亚吸引中国企业投资最多的行业，占中资对澳洲投资总额的 35%。

本文作者在 2017 年翻译了由 Michael W. Hunt 所著的《西澳矿业法》，并由中国法律出版社出版。该书以西澳的矿业发展为例，介绍了澳洲矿业法规则，以

---

[1]　唐林，唐林律师行首席律师。澳大利亚最高法院与联邦法院律师、新南威尔士州最高法院律师。于 2015 年组织翻译了《西澳矿业法》（Hunt on Mining Law of Western Australia），中国法律出版社，2018 年。

[2]　澳大利亚投资审查委员会（FIRB）是依据 1975 年《外商并购法》设立的评估和审查澳洲所有潜在海外投资是否违背澳大利亚的国家利益的独立审查委员会。

[3]　Australia's Foreign Investment Policy（2019）.

及澳洲矿业并购的基本运作模式，为中资企业并购澳洲矿业提供了最基本的指引。而此次再谈澳洲矿业并购，作者希望通过分析过往中国企业并购澳洲矿业的相关案例，在宏观上总体总结中资国企在澳大利亚投资矿业方面的经验，也试图找出在未来的投资中需要引起高度关注的相关教训，从而为中资国企更为成功地并购澳大利亚矿产资源提供借鉴。

（二）案例综述

1. 成功的并购案例

2009 年年初，在澳大利亚否决中国五矿有色金属股份有限公司（简称中国五矿）的初步收购方案后，中国五矿及时依据澳洲政府的要求，修改了并购方案，放弃收购位于军事区附近的 Prominent Hill 区[①]，最终收购方案得到政府的批准，成功以 13.86 亿美元收购 OZ Minerals 资产。中国五矿在 OZ Minerals 公司急需资金注入的时候与其洽谈收购事宜，掌握了主动权，成功完成了该矿产的收购。

2009 年，中金岭南以不到 100 天的时间，以人民币 2 亿元成功收购了澳洲上市公司 Perilya 公司 50.1% 的股权。该公司曾是澳洲最大的铅锌矿业公司，其资源储量与生产能力位于澳洲前三。虽然在并购时遇到了澳洲上市的矿业公司 CBH 的竞争，但是中金岭南以现金收购的模式，顺利地完成了该次收购。2013 年中金岭南再次以每股 0.35 澳元收购 Perilya 全部非自有股份，完成了 100% 对 Perilya 的控股。

2010 年 7 月，武钢完成与澳大利亚 CXM 公司矿权交割，成功收购 CXM 公司的铁矿石资源矿权，武钢澳洲资源投资公司和 CXM 公司以 6∶4 的比例组建合资公司，并由武钢主导该矿产资源的开发和勘探。

最值得一提的是兖州煤业澳洲收购案。2017 年 6 月，在 Rio Tinto Plc 和 Rio Tinto Limited 的股东大会会上，力拓集团（简称力拓）持股 97.2% 的股东表决通过了兖州煤业控股子公司控股兖州煤业澳大利亚有限公司（简称兖煤澳洲）的收购方案，最终兖煤澳洲以 26.9 亿美元收购力拓[②]。在 2017 年兖煤澳洲收购了力拓在联合煤炭中的全部股权后，兖煤澳洲成为目前澳大利亚最大的专营煤炭生产商，也使得兖煤澳洲代表中资煤炭企业在国际市场上有一定的话语权。2017 年兖州煤业全年商品煤权益产量同比增长 47%，商品煤权益销量同比增长 58%，一扫以往

---

① P Smith，"Oz Minerals shareholders accept Minmetals bid"，The Financial Times，11 June 2009. Retrieved 26 July 2019. https://www.ft.com/content/9056355a-559f-11de-ab7e-00144feabdc0#axzz3dlzyipBI.

② Rio Tinto's NSW coal mines taken over by China-backed Yancoal，https://www.abc.net.au/news/2017-06-29/rio-tinto-nsw-coal-mines-taken-over-by-china-backed-company/8664914.

的低迷态势，销量与开采数量持续增长。

兖煤澳洲成功的收购案例也说明了澳大利亚并没有针对中国企业设置额外的投资门槛，只要投资符合正常的商业运作模式以及不违背澳大利亚的国家利益，则收购方案能够顺利通过相关政府部门的审查。另一方面，在考虑澳大利亚国家利益的时候，FIRB 又有一定的自由裁量权。这些自由裁量权在受到政治影响的时候，其作出的决定不见得是每时每刻都对中资国企有利的。

上述的成功收购并购案例无一不是得益于专业的并购团队，在充分了解了被收购方所面临的困境，以及收购方自身的优势，用西方人的规则，玩西方人的游戏，掌握了收购中的主动权，而最终获得了成功。反观之，中铝在近十年来国际收购并购业务中，过于自信的收购态度使得其错失了收购的良机，以及缺乏专业团队为其分析海外并购的风险，其自 2007 年以远高于年利润的对价 140.5 亿美元收购力拓英国 12% 的股份后，自 2008 年起连续两年亏损，累计亏损达 120 亿元。

2. 失败的并购案例

2006 年中信泰富与澳洲 Mineralogy 公司签署协议，以 4.15 亿美元全资收购西澳两个分别拥有 10 亿吨磁铁矿开采权的公司，被称为中澳 SINO 铁矿项目[①]，这是迄今为止在海外矿产资源领域最大的投资项目。然而直至 2016 年 5 月，该项目中 6 条生产线的最后一条才进入调试；同时自 2012 年起，中信泰富与原卖方实际持有人 Clive Palmer 诉讼纠纷不断，2017 年西澳最高法院判决中信泰富需要在未来 30 年，每年向 Mineralogy 公司缴付 2 亿澳元的特许经营费用[②]。

由于中信泰富此前没有海外大型矿山开发经验，在投资时没有进行充分的调研，对澳大利亚工程建设的法律环境和市场条件等相关问题没有进行充分的调查，没有充分研究开发时有可能面临的问题。同时，过于依赖总承包商中冶集团，未能及时发现在施工中所存在的问题，从而导致在后期的实施过程中工期未能如期完成，项目报价不断增加。

同样，由于对西方世界的游戏规则不熟悉，而导致了中铝在并购力拓时最终以失败告终。中铝收购力拓在 2009 年 2—5 月期间，顺利通过了澳洲各部门包括 FRIB 的认可，然而最终在 2009 年 6 月时，力拓单方面决定废除与中铝 195 亿美元的交易，最终该并购以失败告终。虽然中铝在审查过程中成功通过了 FIRB 以及澳大利亚竞争和消费者委员会（ACCC）的认可，在前期准备收购中也做了充足的准备，但由于没有对国际市场环境变化做好预估，在力拓最需要资金注入时及时签订并购协议，而且约定的违约金也仅占交易额的 1%，过于自信的投资策

---

① "Mineralogy sign \$5b iron ore deal". The Age. 3 April 2006，Retrieved 25 July 2019.https: // www.theage.com.au/business/mineralogy-sign-5b-iron-ore-deal-20060403-gdnaob.html.

② Mineralogy Pty Ltd v Sino Iron Pty Ltd. [No. 16]〔2017〕WASC 240.

略使得中铝收购方案失败。

（三）中国企业并购澳洲矿业的经验与教训

出于对澳大利亚本国利益的保护，澳大利亚设立了 FIRB 主要负责审查外国投资是否影响到国家安全，尤其主要审查涉及国家关键基础设施以及农业土地方面的投资[①]。

FIRB 主席欧文（David Irvine）强调，澳大利亚对关键基础设施的审查规定适用于所有国家和地区的投资者。 澳大利亚当前对关键基础设施采取了基于国家安全的投资限制，即在欢迎外国投资的同时，需要兼顾保护本国的利益[②]。 因此，中国企业在进行澳洲矿业投资时，需要充分调查所涉及开发投资的区域是否会有涉及和影响澳洲本国公民的权益（Contrary to the National Interest）[③]。

如中国五矿收购 OZ Deal 时，其在最后的并购方案中修改并删除了 Prominent Hill 矿所涉及的军事敏感区——Woomera 地区，因而其方案在 2009 年 4 月被批准通过，最终 2009 年 6 月成功收购。

因此在中国企业进行境外投资时，应当对所要并购的公司所掌握的资源进行充分地了解，聘请有经验的咨询机构和专业人员开展并购业务。同时，在国企走出国门的同时，应当坚持以市场化的竞争中立原则来从事市场交易，尊重澳洲本地的法律规定，尊重西方人的交易规则。

FIRB 在进行"国民利益准则"审查的时候考量的一项重要指标是，投资者的业务运作是否独立于相关的外国政府。因此国有企业（SOE）在投资澳大利亚矿业时，需要加强与当地公关咨询机构的合作，完善投资并购方案，避免在 FIRB 审查时因为不符合其要求，而在最后阶段并购失败，浪费了前期大量的人力和资金投入。

由于矿业投资并购需要大额资金注入，所以该行为一般都由国有企业（SOE）来完成，私营企业和民营企业一般难以一次性投入大量资金，而国有企业在澳大利亚投资又无法避免需要接受 FIRB 的审查并获得批准。由此，一般建议国有企业在澳大利亚矿业投资时，在交易确定或者公布前应当尽早让 FIRB 介入进行审查，并且方案保持一定的灵活性，以便应对 FIRB 提出的要求和质疑，及时修改和完善并购方案，把握并购的时机。

此外，国有企业在投资时也可以考虑以合资的方式来进行并购，一方面既能

① FIRB：收紧外资规定非针对中国，澳洲对所有国家一视同仁。
② "Australia's foreign investment review framework balances the need to welcome foreign investment against the need to reassure the community that the national interest is being protected."，Australia's Foreign Investment Policy.
③ Australia's Foreign Investment Policy（2019）.

够降低成本，另一方面，若合作方为澳洲公司，也能够更加清楚了解收购方的情况，从而提出更为合理的报价。此前中国中钢集团公司（简称中钢）收购中西部铁矿石项目（Midwest Corporation Limited）正是因为不了解游戏规则，被卖方故意放出的假消息所误导，导致中钢的收购价格比原报价高出近20%，虽然最终中钢成功收购了中西部公司的股份，但没有获得港口项目和铁路的建设权，由于基建设施迟迟没有完成，导致该中西部铁矿开采项目至今尚未开展。

（四）总　结

伴随"一带一路"倡议在全球受到的关注度不断提升，澳大利亚也在寻求机会与中国签订"一带一路"的合作意向，丰富的矿产资源也吸引着中国的投资。国企在前往澳大利亚收购或并购矿产资源公司时，应当提前咨询澳大利亚当地的法律服务机构与相关的专业人员，做好尽职调查，充分了解当地的风俗文化以及原住民利益，在不损害澳大利亚国民利益的同时，制定合理的收购方案，把握最佳的时机，从而成功收购或并购澳洲公司。

案例四　投资印度需要具备的基本法治常识

作者：张文娟
印度金德尔全球法学院副教授　印中研究中心执行主任
关键词：海外投资 基本法治

印度是中国山水相连的邻居，中印两个古老文明的历史交流也源远流长，但这并不意味着，印度在治理结构和法律体系上与中国相似或相近。中国投资者在印度已经或正在遭遇着很多落地难题，大都与对印度法治的不熟悉相关。但因为印度有着 13 亿人口的大市场，中资还将继续大量涌向印度。因此，有必要就容易被忽视和误解的关于印度治理结构和法律体系的基本知识予以介绍，本文是其中的努力之一。

（一）印度的宪治理念和政治经济社会特点

要想了解印度的治理结构，我们需要从印度宪法开始。印度在语言、宗教和种姓等方面非常多元，不是一个严格意义上的民族国家，是印度宪法凝聚着这个原本只有地理意义上的现代国家。因此，了解印度宪法确立的原则和权力配置模式意义非凡。

在了解印度的宪法性权力配置之前，我们需要简单了解印度的宪治理念。印度在宪法序言中将自己界定为社会主义、民主和世俗的主权国家，这种宪治理念既是其政治、经济和社会的一个现实反映，同时又进一步影响着其政治、经济和社会的运行。

大家需要了解的是，印度建国者以尼赫鲁为代表，是有很深社会主义情怀的人，印度也是世界上少有的将社会主义写入宪法序言的国家，经济资源配置模式强调国有化和计划经济。印度这种将民主政治与计划经济相结合的模式，对印度的经济运行有着深刻影响。如在土地改革中，一方面，尼赫鲁想进行比较彻底的土地改革；另一方面，印度的最高法院就财产权的保护进行强有力的坚持，这导致土地改革成为半成品，此后的竞争性选举中，为争取更多农民选民，立法使土地征收的难度进一步提高。在印度涉及大量土地使用的项目，都会面临着不确定性的延期或最终项目的搁置，如日本计划投资的 Mumbai 至 Ahmedabad 的高铁，征地进程非常缓慢，自 2017 年 9 月启动，计划 2019 年 12 月完成征地，但到 2018 年 10 月，刚征了 1.46%[①]；大连万达在哈里亚纳邦的工业园项目也已经搁置，虽然原因很多，但土地征收难度肯定是重要原因之一。另一方面，民主和计划经济结合的另一个典型是，印度劳工保护立法复杂而严格，很多条款不利于大规模工业的设立，活跃的工会和经常性罢工，也是海外投资者需要应对的法律和政治问题。

印度于 1991 年正式开始经济自由化改革，国有资源大量私有化，教育和医疗等领域只保留少量的国有，这些国有企业或公立部门基本与市场隔绝，价格低，但效率也很低。因此建议，在涉及电力、通信和天然气等资源使用时，投资者首先要看是否有私营部门可选择，要是没有私营部门可选择或者出于价格考虑，需要选择国企，则在与印度国企签订合同时，一定要对所需要的时间做出充分地考虑和有效地安排，对其低效和官僚化有足够的心理准备，中资已经有过教训。如有家从事制造业的中国企业，在与印度国企签订了天然气供应的合同后，根据合同供应的期限，准备好了厂房，聘用的人员也全部到位，结果对方拖延了近一年才供气，导致企业要么停工一年，还要支付劳工工资；要么就是花高价，从私营部门那里购买天然气临时替代，度过困境。这家企业选择了后者，额外支付特别大。

中国企业家到印度后，可能会面临在中国文化环境下不会面临的困惑。例如，如何在跨种姓和跨宗教的员工中建立起建设性的企业文化，如何应对员工那些基于种姓文化自我设置的工作范围限制等。而抗争性的民主政治又让印度的政治社会文化，特别看重程序而缺乏结果的责任意识和长远思维，这与中国公民的思维模式非常不同。如何在企业文化中培养员工的结果责任意识和长远企业忠诚意识，需要更多创造性思维。很多中资已经意识到这个问题，有些也已经将中国海底捞等企业文化引入到印度，结合印度强烈的家庭观探索出了一些比较好的企业忠诚文化建设模式。

另外，大家还要意识到，印度是一个宗教国家，虽然印度宪法中提到"世俗"国家，关于世俗化，印度也有自己的理解。印度的世俗化，不像法国等国家，简单地将宗教与政治分离，而是在制宪会议讨论中留下了模糊的界定，随着时间演

---

① Modi，Abe launch India's first bullet train project：Fast facts you need to know，Hindustan Times，Sep. 14，2017，https://www.hindustantimes.com/india-news/mostly-elevated-partly-under-sea-all-you-need-to-know-about-mumbai-ahmedabad-bullet-train/story-nzG4ROjD9IRE00FcK4fD7N. html. Himanshu Kaushik，Till October 18，just 1.46% of land for bullet train was acquired，Times of India，Jan. 5，2019，https://timesofindia.indiatimes.com/city/ahmedabad/till-oct-18-just-1-46-of-land-for-bullet-train-was-acquired/articleshow/67389504.cms.

化，印度世俗化的宪法理解，是对多种宗教的平等对待，而非将宗教与政治相分离①。这意味着，印度的宗教很可能被政治所利用，并在印度的政治和社会生活中扮演着非常重要的角色，这对商业也有着很大的影响。如最近 Whats'up 在印度遭到政府的不停警告，就是因为一些暴民利用 Whats'up 传播宗教护牛理念和虚假的儿童绑架理念，印度政府要求 Whats'up 公司采取强有力的措施②。Whats'up 近乎是躺枪，但这就是印度。Whats'up 在其他国家的信息传播方面尽一般注意义务就可以，但在印度就要尽更大的注意义务，印度政府甚至要求其分享端到端的加密信息，就算尽到了最大的应对努力措施，到现在还没完全解决。这提醒中资在印度要强化宗教敏感意识，增加额外注意义务。

（二）印度的宪法性权力配置模式

到一个陌生国度投资，除了了解其宪治理念在现实中的投射外，还要非常清晰地了解一个国家的宪法性权力配置逻辑，因为这是一个国家政治和行政运行的基石。印度的宪法治理框架非常复杂，要详细介绍，远非一篇文章所能实现，甚至一本书都难以描述细致。从基本治理常识角度，本文只介绍其横向和纵向权力配置的基本架构。

印度的横向权力配置是议会制政府加司法审查模式，这与美国的三权分立模式不太一样，与法国的议会主权模式也不相同。印度在联邦和邦层面其配置基本上都类似。即人民院（下议院）在选举中获得多数的党组阁政府，如果没有一个党获得多数，可以由几个党以总合起来的多数组建联合政府。一般而言，联合政府执政时，政府和议会的权力行使往往较弱；如果一个党在人民院获得了多数，这样的政府往往比较强，因为这意味着一个党派可以同时控制下议院和政府。与代表邦利益和通过间接选举实现的联邦院（上议院）相比，人民院的权力更大，印度凡是涉及金钱的法案，都必须经过下议院通过才生效。从 2014 年开始，印度人民党连续两届获得了人民院的多数席位，2019 年的选举优势更加明显，这意味着联邦政府在推行某些政策时会更加有利。在经济发展方面，与国大党相比，人民党的执政理念更趋向发展，而国大党则在促进公平方面往往趋向更明显。

不过值得注意的是，印度宪法确立了法院的司法审查权，印度的司法独立在世界上是非常著名的。如果走进印度社会，大家会发现，印度的最高法院所享有

---

① Hanna Learner, The Indian Founding A Comparative Perspective, in Sujit Choudhry and et al（Ed.）The Oxford Handbook of the Indian Constitution，Oxford University Press，2016，pp. 55-70.

② Check fake news or face legal action：Govt in new warning to WhatsApp，Indian Express，July 20，2018，https://indianexpress.com/article/india/check-fake-news-or-face-legal-action-govt-in-new-warning-to-whatsapp-5266812/.

的口碑，绝非印度政府或印度议会所能相比。印度最高院的独立性，从某种程度上而言，可能比美国还要高①。首先，印度最高院的法官提名和任命，基本上实行"同事任命制度"，与美国的总统提名，参议院任命不同，在印度其他两权对最高法院法官任命的影响是形式性的。其次，印度最高法院还有对宪法修正案的司法审查权，这也是世界上少有的。印度最高院在印度社会改革中的牵引角色非常突出。这意味着，印度政府的决定往往不是最终的决定，人们还会将诉讼提交到法院，去寻求不一样的答案。在大多数情况下，印度最高院的判决都将是最终的，但从宪法的角度，议会还可以通过立法来否决最高院的判决，中间的过程会很复杂，但企业是有司法空间可探索的。这其中最典型的例子是沃达丰与印度政府的股权收购税收案。2007 年沃达丰与和记电讯香港控股进行了间接股权收购，随后印度政府起诉沃达丰要求其缴税，2012 年印度最高院驳回了孟买高等法院的判决，认为印度政府不能对沃达丰课税②。印度政府在同年推动印度议会通过《财政法案》（Finance Act 2012），修改了 1961 年的《收入税收法案》（Income Tax Act），并且规定修改后的法律有可溯及力，可追溯到 1962—1963 年以来的所有海外投资③。印度政府于 2017 年再次向沃达丰课税 2100 亿卢比（约 210 亿人民币）④，同时向和记征收 3232 亿卢比（约 323.2 亿人民币）的税收⑤。沃达丰于 2012 年就印度政府修改后的可溯及力税收法案，根据印度 - 荷兰双边税收协定，提起了仲裁（BIT Arbitration）申请，印度政府也随即采取了各种可能措施搁置仲裁；沃达丰于 2017 年再次根据印度 - 英国双边税收协定提出仲裁，印度政府也随即向德里高院提起诉讼，并请求德里高院对沃达丰发出命令，禁止其申请 BIT 仲

① Upendra Baxi, Law, Politics, and Constitutional Hegemony: the Supreme Court, Jurisprudence and Demoprudence, in Sujit Choudhry and et al （Ed.） The Oxford Handbook of the Indian Constitution, Oxford University Press, New Delhi, 2016, pp.94–109.
② 案件过程可参考中国税收研究会，《间接股权转让税收——印度》，载《世界税收信息》，2012 年 第 2 期，http: //www.citri.org.cn/wtax/newshtml/201202/20121016172526.htm。同 时 可 参见，Aditi Mukundan and Bijal Ajinkya, The Vodafone Decision: All Is Not Lost, http: //www. nishithdesai.com/fileadmin/user_upload/pdfs/The_Vodafone_Decision_-_All_Is_Not_Lost.pdf.
③ Nikhi Kanekal and Kian Ganz, Vodafone-Hutch deal | Retrospective change to I-T Act, Livemint, March 17, 2012, https: //www.livemint.com/Politics/n4zC41fejoQ7ObfL4Bue6N/VodafoneHutch-deal-Retrospective-change-to-IT-Act.html. https: //www.livemint.com/Opinion/6csolUJAlqVO3iMJs8NlMN/India-sending-CK-Hutchison-a-5-billion-tax-bill-is-so-retro. html.
④ Andy Mukherjee, India sending CK Hutchison a $5 billion tax bill is so retro, Live Mint, August 29 2017.
⑤ Income Tax department seeks Rs 32, 320 crore from Hutchison over Vodafone deal, Economic Times, August 30, 2017, Read more at: //economictimes.indiatimes.com/articleshow/60273810. cms?utm_source=contentofinterest&utm_medium=text&utm_campaign=cppst.

裁,德里高院驳回了印度政府的请求,印度政府上诉到最高院,最高院也不予支持,最终,2018年5月德里高院判决沃达丰有权申请BIT仲裁[1],目前仲裁还在进行中。

除了理解横向权力配置,还要看印度纵向权力配置,即其联邦结构。准确地说,印度是一种准联邦制,印度宪法确立了联邦制,但同时给予中央政府很多强制性权力[2]。与美国的联邦制不同,印度只有一部统一的宪法,各邦没有自己的宪法;在立法权上,印度宪法列举了邦的立法权、联邦政府的立法权和两者共享的立法权,同时宪法还规定,印度的剩余立法权归联邦政府;必要时联邦政府可以把邦的立法权改变为联邦立法权[3]。同时,印度宪法还给了总统一项特殊权力,即"总统规则",即宣布某个邦进入紧急状态,则由联邦政府紧急接管[4]。当然,大家也需要了解,虽然印度是一种偏联邦政府的准联邦制,但实际上,由于多党制的存在,印度地方分权还很严重。从实证研究来看,印度的分权对投资者的投资地域选择还是有比较直接的影响。Chanchal Kumar Sharma博士利用2000—2013年的数据,对印度FDI的地域选择,与该邦与联邦政府的关系进行了实证分析,发现与联邦政府执政党同属于一个党的邦在人均外资吸引量上,比反对党执政的邦要大;当然,也有例外,如有强人政治的邦,或某邦在议会中有很多与总理所属政党为同一个政党议员的邦,他们在吸引外资方面也有竞争力[5]。总体上而言,印度的复杂联邦制给外资增加了不确定性或者落地的难度。最近的一次事件也在说明这一点,西孟加拉邦的执政党不同于联邦政府的人民党,其首席部长Banerjee女士是非常有声望也非常强势的部长,即便如此,2018年6月她的中国商务考察之旅却在最后一刻被联邦政府取消[6]。

(三)印度的法律体系和法律实践特点

就印度属于何种法系,其实很难做出一个严格分类。在印度,制定法和判例的作用都非常重要。就印度的法律体系和法律实践,我们可简单总结为:立法的

---

① Prabhash Ranjan and Pushkar Anand,Vodafone Versus India – BIT by BIT,International Arbitration Becomes Clearer,Wire,May 17 2018,https://thewire.in/business/vodafone-versus-india-bit-international-arbitration.
② 张文娟,《印度宪法设计逻辑初探》,载《东南亚南亚研究》,2017(2),第32～33页。
③ 同上。
④ 同上书,第33页。
⑤ Dr. Chanchal Kumar Sharma,Federalism and Foreign Direct Investment:How Political Affiliation Determines the Spatial Distribution of FDI – Evidence from India,GIGA Working Papers No. 307,October 2017,https://www.giga-hamburg.de/en/system/files/publications/wp307_sharma.pdf.
⑥ West Bengal chief minister Mamata Banerjee cancels China visit after failing to get confirmation from Beijing,First Post,June 23 2018.

法眼很密和司法存在双重性。

1. 印度的法律网织得很密

印度的制定法，包括宪法，非常具体，基本可以网住法人和自然人的社会和商业实践。在独立前，印度已经制定了一些工业和商事立法，这些在独立后继续施行，直到今天依然有效，如 1872 年的《印度合同法》、1923 年的《工人赔偿法》（2000 年修订）、1926 年的《工会法》（2001 修订）、1932 年的《合伙人法》、1936 年的《工资支付法》、1946 年的《工业雇佣法》和 1947 年《工业纠纷法》等。还有一些立法制定于独立后经济自由化之前，如 1949 年的《银行规制法》（2012 年修订）、1956 年的《公司法》（2013 年和 2015 年修订）、1965 年的《奖金法》、1972 年的《养老金法》和 1986 年的《消费者保护法》等。还有一批立法则制定于 1991 年经济自由化之后，如 1992 年的《外贸（发展与规制）法》、1996 年的《建筑和其他施工工人法》、1999 年的《外汇管理法》、2000 年的《信息技术法》、2002 年的《竞争法》和 2008 年的《有限责任法》等。

印度的法律体系非常庞杂，从立法权的分配看，第七附表中包括联邦议会的立法权单子、邦议会的立法权单子以及联邦和邦共享的立法权单子。以劳动法为例，现行有效的联邦立法有 40 多个，还有近 100 个邦一级的立法。立法之外，印度政府还会针对每个法律制定很细致的执行规则。另外在印度，只看立法是有很大问题的，因为印度的高等法院和最高法院有司法解释和司法审查权。这意味着，法官造法也是印度有约束的法律规则的重要组成部分。如 1997 年，印度最高院在维沙卡与其他起诉拉吉斯坦邦（Vishaka and others vs. the State of Rajasthan）一案中就职场性骚扰问题做出了历史性判决，该判决又被称为 Vishaka 指南[1]，如对职场性骚扰进行了界定，要求 10 人以上的雇佣单位应该成立性侵问题委员会等；在其核心内容被 2013 年的《职场性骚扰（预防、禁止及处理）法案》（Sexual Harassment of Women at Workplace（Prevention，Prohibition，Redressal）Act）采纳之前，该判决本身就作为有约束力的法律规则而执行。

从上面列子可知，印度的立法存在双重性，既有可能过于滞后，因为很多立法制定于经济自由化之前；也可能因为民间组织或社会精英绕过立法程序、通过公益诉讼而推动法律变革，进而变得过于激进。如印度《工会法》规定，7 人以上工人可以自由组成工会[2]，但该法并没有规定雇主是否应该接受此类工会或哪个工会[3]；印度有世界上最大数量的工会，但也存在普遍规模小、内部派系分立、

---

[1] 具体内容见 http://www.nitc.ac.in/app/webroot/img/upload/546896605.pdf。

[2] 根据 2001 的修订，如果加入工会的人数少于总工人人数的 10% 或少于 100 人，工会不能注册。

[3] Paul Lansing and Sarosh Kuruvilla，Industrial Dispute Resolution in India in Theory and Practice，Cornell University ILR School Digital Commons，1987，p.1.

资金不足和政治化倾向等特点①。再如印度政府于 2019 年通过了全国统一的最低工资法案，设定每天每人不低于 178 卢比，而此时印度市场上有 45% 的常规性受雇工人的工资低于这个最低工资标准②。有些邦在最低工资标准上更加激进，如哈瑞亚纳邦规定无任何技术的普通工人，每月工资不低于 8827.40 卢比，这是最低工资标准中的最低标准③，这个标准很可能比这个邦一半工人的实际收入还要高。对于一个外资企业，如何应对这种有时滞后、有时激进的立法，是需要很专业的法律团队提供专业服务的。

2. 印度司法的双重性

有的人认为，印度有独立司法系统，是法治水平很高的国家；也有的人认为，印度的法治水平其实很低，司法效率低，司法腐败也很严重。其实，这看似矛盾的说法，都是对的。正如前面所介绍，印度有世界上最强大的最高法院，印度最高法院也在印度社会中享有较高声誉，在一些重要案件中，印度最高院可以做出不利于政府的判决。但是，我们同时也必须看到，印度的司法效率极其低下，合同执行率非常差。

下图是印度政府建立的案件迟延数据库的动态数据，到 2019 年 8 月 14 日，印度拖延十年以上的案件达到 199 多万件④，遇到商事纠纷，在印度选择诉讼是非常不明智的。

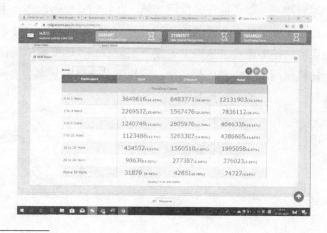

① Abhishek Gupta* and Neetu Gupta，The 21st Century Trade Union Challenges in India，Journal of Accounting and Marketing 2：104，doi：10.4172/2168-9601.1000104.

② Amir Ullah Khan，Why minimum wage won't fix India's woes，Live Mint，13 Aug 2019，https://www.livemint.com/news/india/why-minimum-wage-won-t-fix-india-s-woes-1565619815429.html.

③ Revised Minimum Wage in Haryana，https://blog.sgcservices.com/revised-minimum-wages-in-haryana/，Feb. 21，2019.

④ National Judicial Data Grid，（国家司法数据网）https://njdg.ecourts.gov.in/njdgnew/index.php.

下面是世界银行关于印度营商环境 2019 年的报告①，从中我们看到，印度排名最靠后的一项是合同履行，排名第 163，而中国在合同履行上却在世界上排第六，由此可以想见在印度合同履行的难度。

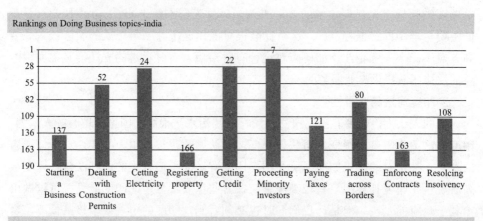

Ease of Doing Business score on Doing Business topics-India

从世界公平项目的法治指数排名上看②，印度在法律与秩序、民事司法和刑事司法等方面，表现不如中国好，其刑事司法和民事司法得分并不高，也与其司法效率低下有很大关系。

很多企业家自嘲说，如果能在印度赚到钱，在任何其他国家都不用犯愁了。相信在其他国家的企业家可能也会说类似的话，因为企业家离开自己熟悉的政治文化环境营商，总会面临很多困难。从以上论述我们能看到，印度跟中国在法治运行上太过不同，不转换思维，就容易处处碰壁。遂执笔写下以上基本法治常识，跟大家一起探讨。

① https://www.doingbusiness.org/en/data/exploreeconomies/india。
② https://worldjusticeproject.org/sites/default/files/documents/India_0.pdf；https://worldjusticeproject.org/sites/default/files/documents/China_0.pdf。

案例五　中国企业泰国收购投资风险与防范

作者：史大佗
泰国大拓律师事务所首席合伙人 泰国贸易院仲裁委员会委员、仲裁员
关键词：海外投资 股份收购

随着中国"一带一路"倡议、规划以及泰国"经济发展4.0"战略的双重刺激，并受到国际贸易局势的影响，中国企业赴泰国投资近年来实现迅猛增长并达到空前高度。但另一方面，中国企业在泰国投资和经营所面临的风险、遇到的问题和发生争议纠纷也逐渐凸显，并可能构成企业将来可持续和良好发展的隐患。为此，作者结合多年在泰国大拓律师事务所实操经验，以收购为例总结形成本文，供赴泰的中国投资者研判，以期进一步提升法律风险意识，提早筹划防范，在发生问题和争议时快速和及时地寻求到有效的解决途径。

在泰国法律制度下以及交易实践当中，收购主要体现为以下二种模式。

（一）股份收购

股份收购即购买标的为公司的股份。通常由收购方与标的公司的股东达成股份购买协议，必要时也可考虑将标的公司纳入股份购买协议当中，作为交易合同主体之一。股份收购的方式具体可通过向标的公司现有股东购买其所持有的标的公司股份，或者购买标的公司增资扩股后新发行的股份，或者二者兼有来实施。而相应地，收购对价的接收主体也会不同，向现有股东收购其所持的标的公司股份，则收购对价通常需向现有股东支付；而增资扩股方式收购标的公司股份，则收购对价可直接进入标的公司作为增加的注册资本。股份收购在法律上只改变标的公司股东或股东的持股结构，通常不会对标的公司资产权属以及资质造成影响。

对于中国投资者来说，采用股份收购方式来收购泰国企业有以下优势和劣势。

1. 优势

（1）收购股份所适用的程序相对简单且快速，通常在泰国商业发展厅完成标的公司的股东、持股比例和授权董事的变更即可实现股份收购的效果（若采用增资扩股方式，还会涉及标的公司注册资本的变更）。

（2）标的公司既有的资产权属和资质证照主体不发生改变，收购后可继续开展经营。

（3）无须征得标的公司雇员的同意，不会受标的公司既有的劳动关系的羁绊。

（4）所涉及的税种单一，仅为所得税和印花税，不涉及流转类的税费。

2. 劣势

（1）标的公司所有的负债、义务及责任主体仍为标的公司，不受股份收购影响，收购方往往面临标的公司或有负债风险。

（2）可能需要获得第三方的同意，如银行等债权人、其他股东或有关部门；如果标的公司其他股东享有优先购买权，则出售股份的股东就必须将欲售出的股份卖给优先股东，除非享有优先购买权的股东书面声明放弃优先购买权。

（3）收购方往往需要付出较大成本和较长时间对标的公司业务、财务及法律方面开展全面尽职调查。

（4）若涉及上市公司的股份收购，可能触发对其他股东的强制要约。

（二）资产收购

资产收购购买的是标的公司的资产。通常由收购方与标的公司达成收购协议，但往往需要经过标的公司股东（股东会）的批准。转让主体是标的公司，转让对价通常也是由收购方向标的公司支付。资产收购所涉及的资产形式较为多样化，既可以是土地、厂房和机器设备等实物资产，也可以是债权和知识产权等非实物资产。在泰国法律和财税框架下，通常分为整体业务转让（Entire Business Transfer，EBT）和部分业务转让（Partial Business Transfer，PBT）。整体业务转让类似于中国法律制度下的吸收合并，标的公司整体的资产、负债及业务转移给收购方，根据泰国税法可享免增值税的优惠，但条件是出让方（标的公司）在整体业务转让后须进行清算。部分业务转让则不涉及出让方（标的公司）的清算，交易完成后标的公司仍持有剩余其他资产和业务。

对于中国投资者来说，采用资产收购方式来收购泰国企业有以下优势和劣势。

1. 优势

（1）收购方取得标的公司的资产，而无须承担标的公司的义务和负债。收购方的或有负债风险较低。

（2）收购方可选择有价值的优质资产收购并吸纳标的公司优秀的人员，而无须概括地受让所有资产和人员。

（3）收购方对拟收购的资产所进行的尽职调查时间及金钱成本相对较低。

2. 劣势

（1）收购的资产发生权属的转移需要进行变更登记，收购的业务经营主体由标的公司变为收购方，需要重新申请相应资质和证照，甚至存在难以申请取得的风险。

（2）需要交纳资产转让相关的流转税。

（3）涉及业务转让的交易往往变更既有合同的主体，可能需要重新签署大量业务合同或权利义务的转让协议，耗费时间。

3. 收购具体流程

（1）收购前期筹备及投资框架规划

初期的交易模式和框架搭建基于时效性、交易成本和合规可行等因素通常在以下方面予以考量。

① 投资主体（即实施收购的主体）的选择，采用中国大陆的主体实施收购，还是采用香港、新加坡或开曼群岛的主体实施收购，相应的监管要求是不同的，涉税的成本也会有所不同。比如，大陆的企业需要进行境外投资备案或核准，资金出境需要履行相应外汇管理合规手续。中国与泰国直接存在投资保护协定和避免双重征税协定，而开曼或维京群岛与泰国之间则没有此类税收协定。

② 收购方式的选择，采用股份收购还是资产收购。如一些标的公司的相关经营证照的取得门槛较高、难度较大，则宜采用股份收购的模式，避免资质或证照的变更或重新申请。

（2）达成合作意向

企业确定收购标的以及作出收购决策后，与出让方作初步接触和协商，并沟通交易合作意向，双方签署《意向书》或《备忘录》，通常应对以下事项作出约定：①双方交易意向；②交易暂定对价或对价范围、构成体系，以及调整机制；③尽职调查；④交易安排；⑤重要先决条件；⑥交易时间表；⑦保密约定；⑧排他约定（排他约定下，出让方有可能要去受让方支付诚意金）；⑨条款约束力。

（3）法律尽职调查

法律尽职调查属于收购交易中的重要环节，起到交易风险识别的关键作用，并影响交易对价的评估。泰国企业收购法律尽调通常包括商事登记与历史沿革、经营合规、重大资产、重大合同及义务、劳动人事和涉诉情况等。特别需要关注泰国标的公司章程中是否有优先股安排、是否持有外商经营执照或投资优惠证书、不动产取得的合法性、经营合规性和涉诉风险等事宜。

（4）交易规划

收购方在完成尽职调查后，对收购标的以及相关风险有较为全面详细的了解和认识基础上，需对收购交易模式以及交易框架作出整体规划，比如对付款节奏以及相应条件的设定、价格调整机制、交割机制、担保机制和税务筹划等，旨在明确交易安排和降低交易风险。

（5）最终交易文件

最终交易文件通常以《收购协议》《股份买卖协议》和《资产买卖协议》等形式体现。需结合尽职调查报告中所发现的问题、风险，并依据交易规划来针对性的起草、制定。最终交易文件中需要着重把握以下要素：①交易标的（如股份、资产）的描述，权属及负担；②交易对价的设定以及调整机制；③交易对价的支付方式（如采用监管账户）以及支付先决条件；④交割安排以及管理层重组；⑤转让方的陈述与保证，以及对影响交易或标的的重大情形披露；⑥交割前后各方权利与责任的划分、标的公司义务与债务的承担，特别是对标的公司或有债务风险的防范，必要时需将标的公司实际控制人纳入交易担保；⑦违约救济与终止；⑧管辖、适用法和争议解决方式。

签署最终交易文件时应特别关注签署各方是否取得足够授权，核对签署人身份和相关附件是否齐备、签字形式是否正确；此外，还要注意文本使用何种文字，使用不同文字时文本的效力问题。

（6）收购合规手续

收购合规主要分中国和泰国两个法域涉及的监管合规。

① 中国方面主要涉及：商务部（各地商务厅/局）《境外投资备案证书》；发改委（各地省级发改委）《项目备案通知书》；外汇管理局境外投资外汇登记；国资委审批备案（国有企业必要手续，需在申请境外投资项目审批、企业设立审批及用汇审批之前办理）；境外企业中方负责人向中国驻泰王国大使馆经商处报到登记。

② 泰国方面主要涉及：泰国贸易竞争委员会反垄断申报与批准（针对市场支配地位主体的收购）；泰国国家银行资金入境申报。

（7）交割与重整

交割是交易双方共同完成的事项，通常包括：①出让方移交股份证书、股东名称及其他公司文件、公司公章；②出让方移交公司经营场所及相关资产；③受让方支付交易对价；④受让方接受公司文件及公章移交；⑤受让方接管公司经营场所及相关资产；⑥交易双方签署转股文件并在泰国商业发展厅办理股份/股东变更登记，涉及不动产收购则需要办理相关不动产过户登记。

交割需对以下事项予以重点关注和把握：对标的企业的资产负债作全面盘点，并与收购前交易对方的披露情况作比对，并对最终交易文件的履行情况作检查与核对。公司经营相关证照、许可的登记或申请：如标的企业获得的 BOI 投资优惠权益中对持股结构有所要求，则股份收购后新的股份结构需向泰国投资委员会备案；又如收购工厂交易完成后，需变更或重新申请相应的工厂许可。公司账户的调整：对原公司账户的签字人和印鉴等作出调整和更换，必要时启用新的账户。公司内部人员调整：一方面需要及时对关键岗位人员的委任和去留作出安排；另一方面也需妥善处理既有员工的劳动关系。

4. 合资公司运营情况

外国投资者在泰国与泰国股东合资设立公司（或收购泰国企业部分股份）开展经营的情形并不少见，主要分为两种情形：一种是双方为真实合作伙伴关系。真实出资、共同管理合资公司、共享收益和共担风险。合资双方各尽所长，利用相关资源、渠道、技术和场地等促进合资公司经营发展。另一种则是为了规避泰国法律对外资经营的限制，不得已找泰籍股东合资，并由泰籍股东持股过半，以泰籍公司身份开展外资受限制的经营活动。这种合资中，往往泰籍股东未真实出资，而是代外籍股东持有股份，表面上是泰籍公司身份，而实质是外籍控股的公司。此种代持方式的合资是泰国《外商经营法》明令禁止的行为，不仅代持会受到处罚，被代持一方乃至教唆代持的一方都将受到处罚，包括罚金、监禁以及二者并罚的刑事责任。投资者应避免采用此类不合法的合资方式。

此外，在泰国经营合资公司时，特别是中方出资比例较高的合资公司中，一些关键点需引起注意。

（1）《合资协议》《股东协议》以及《公司章程》中应对合资公司的经营管理决策权作出相应设定，保障中方的控制权。通常可以综合采用董事会多数席位、授权董事任命权、优先股和会议合法召集与表决程序设定等方式来加强经营管理控制。

（2）泰国的授权董事及签字权限在泰国商业发展厅登记并对外公示，其享有非常广泛的权限，对外签署文件代表公司并对公司产生法律约束力。因此应尽可能把握授权董事的任命或采用联名签字的方式予以制衡。

（3）避免公司僵局：合资公司不论在股份结构还是董事席位上，尽量减少双方对等各占50%的情况，以避免发生公司僵局发生。此外，在泰国法律下，有限公司最少3名股东，很多企业仅维持3名股东的最少数额，但实务当中，出席股东会的股东人数少于2人时，官方往往不认可股东会召开的合法性。在3名股东合资情况下，中方至少应有二方合资者方可在另一方不配合的情况下召开股东会，否则公司往往会陷入僵局。

（三）中资企业在泰国股份收购案例分析

一家中国公司 A 拟在泰国投资收购一家泰国循环再生企业 B，经尽职调查，确认该 B 公司享有 BOI 投资优惠权益，持有有效的工厂许可，同时拥有土地、厂房和机器设备等重要资产。但发现 B 公司股东持股较为分散，最大股东持股比例仅为 33%；存在大额银行贷款及土地抵押；B 公司正在申请有害健康事业经营执照，尚未获得批复；同时还存在与第三方的未决诉讼，且 B 公司为被告。经综合评估，采用股权收购的方式，先由主要交易股东完成对 B 公司其他现有股东的股份收购，实现股权集中。然后由 A 公司分两期审慎完成对 B 公司收购。第一期完成 60% 股份收购；第二期间隔一年后完成对剩余 40% 股份收购。股份收购协议中将取得银行同意和获得有害健康事业经营执照等作为支付对价先决条件，并约定由原股东承担管理层变更之前的所有公司债务（包括或有债务）。最终完成 40% 股权收购时，B 公司原股东已为 B 公司办理完备经营资质，并自行负担支出与诉讼相对方达成和解撤诉。

（四）启　示

企业进入泰国之前，应根据自身发展规划选择最优路径。A 公司股权收购方式完成对 B 公司的收购，一方面保持了 B 公司既有的优惠权益以及经营资质的持续有效性；另一方面也大量节省重新设立和申请证照的时间，快速进入泰国市场。但另一方面，经营合规以及债务风险等也成为股份收购中难以穷尽调查以及完全规避的核心风险，一方面需要在尽职调查中作有针对性的核查，另一方面，在股份收购协议以及整体交易安排中也需要作全面地统筹和具体的条件、义务、责任设定，一步步消除风险，同时也预留风险过渡期间。

（五）问题与参考

1. 中国企业赴泰投资设立公司是否法律要求一定要与泰国人合资

答：不一定，视具体行业而定，一些行业可以通过申请取得外商经营执照（FBL）或投资优惠措施（BOI）后实现外资 100% 控股，或达到一定条件而豁免外商经营的限制。一些行业或业务则不受外商经营限制，如酒店管理公司、控股公司以及生产及出口企业，无须与泰方合资。

2. 泰国法律对在泰国设立的公司是否有最低注册资本要求

答：泰籍公司无法定最低注册资本要求。外籍公司则需要看具体情况，若从事的是泰国《外商经营法》限制类的业务，则最低法定注册资本为 300 万泰铢；若从事的业务非泰国《外商经营法》限制的业务，则最低法定注册资本为 200 万泰铢。

3. 如何判断一家泰国注册的公司是泰籍公司还是外籍公司

答：需要看公司中泰籍股东的持股比例。根据泰国《外商经营法》，若一家在泰国注册的公司中，泰籍股东持股高于 50%，则这家公司被视为泰籍公司，不受《外商经营法》的限制和调整；若泰籍股东持股等于或低于50%，则这家公司被视为外籍公司，受《外商经营法》的限制和调整。

4. 泰国法律对招聘外籍员工和泰籍员工是否有比例要求

答：泰国法律要求公司每招聘1名外籍员工，至少需要招聘4名泰籍员工，即满足1∶4的比例要求。但如果公司取得BOI优惠权益的情况下可以突破1∶4的比例要求。此外，如果泰国设立的是分公司的话，外籍员工与泰籍员工的比例要求为1∶1。

5. 在泰国是否能设立外商独资公司

答：泰国法律要求有限公司中至少要满足3个股东的最低要求，所以形式上不存在仅有1个股东的独资公司。

6. 外籍公司是否可以在泰国购买土地

答：泰国土地法禁止外国人（包括外籍公司）在泰国购买并持有土地，但取得BOI投资优惠权益的公司可以突破此限制，即可以100%外资持股购买持有土地。

7. 泰国是否存在外汇管制

答：泰国没有严格的外汇管制制度，外国投资者涉及资金进出泰国的交易（如投资和借款等），若金额超过5万美元，则需要通过其涉及交易的泰国商业银行向泰国国家银行进行申报备案。

8. 限制外资的行业是否可以采用泰国股东代持的方式

答：在限制或禁止外商投资领域及行业，采用泰国股东代持股的方式规避限制是泰国法律明确规定的违法行为。代持人、被代持人以及教唆人都将面临罚金、监禁或二者并罚的法律责任风险。

9. 泰国是否对企业的注册资本和负债金额之间比例有限制

答：泰国没有资本弱化的规定。但申请外商经营执照的外资公司，资本与负债比例通常要求不得超过1∶7，申请BOI投资优惠权益的外资公司，资本与负债比例通常要求不得超过1∶3。

10. 泰国公司是否有法定代表人

答：泰国公司没有"法定代表人"这一明确的称谓，但泰国公司的授权董事行使类似于中国公司法定代表人的职权。泰国公司授权董事以及其签字权限直接在泰国商业发展厅以及公司证明文件上登记公示，其权限范围内对外签字代表公司并对公司产生法律效力。

案例六　俄罗斯战略资源外资准入法律障碍的突破

——首例通过立法程序获得俄罗斯战略资源控股权项目分析

作者：陈巍

北京德恒律师事务所

关键词：海外投资 尽职调查 外资准入 战略资源控股

（一）案例要旨

德恒律师受中国黄金集团有限公司（简称"中国黄金"或"客户"）的委托，担任客户收购俄罗斯国家战略级金矿——克鲁奇金矿 70% 股权项目（简称"本项目"）牵头法律顾问，协调组织俄罗斯和香港等地律师从法律尽职调查、交易文件起草、谈判、签约到项目交割，为本项目提供了历时近 4 年的全程法律服务。

由于俄罗斯法律明确禁止外国国有企业通过交易取得俄罗斯战略性企业的控制权，在俄罗斯现行法律环境下，客户以收购方式取得俄罗斯克鲁奇公司（简称"目标公司"）控股权存在不可逾越的法律障碍，几乎是不可能完成的任务。客户在现行法律框架下实现预期的目标，能够实现突破吗？德恒律师认真研究了俄罗斯相关法律并深入探讨论证，创造性地提出从立法上寻求突破的大胆设想，最终在中国黄金项目组的全力支持下，本项目排除重重困难通过创立法律例外获得了顺利地实施与完成。

俄罗斯是中国"一带一路"倡议中最重要的国家之一，中国企业投资俄罗斯既有机遇也有挑战。本项目突破了俄罗斯法律关于外国国有企业对俄罗斯战略资源的控股限制，开创了金砖国家框架下中、俄、印三国矿业开发合作的先河，并首次实现了中国国有企业对俄罗斯战略级资源企业的控股，对中国企业进入俄罗斯、开发俄罗斯战略资源具有里程碑式的重要意义，也在"一带一路"建设的道路上增添了浓墨重彩的一笔。

（二）案例介绍

1. 客户需求

中国黄金是我国黄金行业唯一一家中央企业，是中国黄金协会会长单位，也是我国黄金行业综合实力最强的企业之一。2015 年下半年，客户在对克鲁奇金矿储量、区内设施和交通等进行评估后，决定利用其在金矿建设、开采和选矿等领域的技术优势，借助国家"一带一路"倡议实现和中俄全面战略协作伙伴关系的建立的有利形势，收购克鲁奇金矿 70% 的股权。同时，本项目卖方——印度阳光公司（简称"卖方"），也表达出强烈的与客户合作的意愿，并与客户就本项目开发建设达成了初步意向。为此，客户委托德恒律师事务所对俄罗斯的投资法律环境进行评估，并就本项目开展法律尽职调查。

2. 细致调研

在调查过程中，德恒律师发现俄罗斯法律对于外商投资设有准入限制，就外国投资者对涉及国家安全和具有国防战略意义的俄罗斯公司（简称"战略性企业"）的收购行为进行严格管控。更困难的是，俄罗斯法律明确禁止外国国有企业通过交易取得战略性企业的控制权。

（1）《战略投资法》

根据于 2008 年 5 月 5 日在俄罗斯生效的《外资进入对保障国防和国家安全具有战略意义的商业组织程序法》（简称《战略投资法》）规定，共 42 种对于国家安全和国防有战略意义的经营行业被视为战略性行业，主要包括：联邦级的地下资源区块开发；水下资源；部分自然垄断部门（公共电信、公共邮政、供热供电、港口服务除外）的服务等。若地下资源储量超过 50 吨岩金、50 万吨天然铜、7000 万吨石油或 500 亿立方米天然气（陆上），则该矿产即达到俄罗斯联邦战略资产的标准。

（2）审查标准、审批机关、流程和权限

俄罗斯对外国投资者收购俄罗斯战略性企业的比例有明确的法律限制。

① 若外国私有投资者拟收购使用联邦地下资源的战略性公司超过 25% 的有表决权股份或控制权（或未使用联邦地下资源的战略性公司 50% 的有表决权股份或控制权），需要在完成交易之前取得审批机关的事先批准。

② 若外国政府、国际组织或其控制的组织（包括外国国有企业）拟收购使用联邦地下资源的战略性公司超过 5% 的有表决权股份（或未使用联邦地下资源的战略性公司 25% 的有表决权股份），需要在完成交易之前取得审批机关事先批准。

③ 禁止外国政府或其控制的组织（包括外国国有企业）通过交易取得使用联邦地下资源的战略性公司的 25% 以上的有表决权股份或控制权。

外国投资者收购俄罗斯战略性企业的审批机关为联邦反垄断局（简称"联邦反垄断局"）和俄罗斯总理领导的、包含多个政府部门（联邦安全局、国防部和国家机密保护委员会）的外商投资监管政府委员会（简称"外商投资监管委员会"）。

具体审批流程如下。

① 提交申请与登记：外国投资者向联邦反垄断局提交申请，申请材料包括草拟的商业计划、外国投资者章程和交易文件草稿。如申请材料完整，联邦反垄断局应在提交申请后 14 日内进行登记。

② 初审：联邦反垄断局对交易进行初审，确定交易是否达到审查标准（例如上文中提及的股权比例或实际控制权）。

③ 审查：联邦反垄断局将协调联邦安全局、国防部和国家机密保护委员会就交易给出意见，联邦反垄断局所有申请材料和政府部门意见及其建议提交至外商投资监管委员会。

④ 决定：外商投资监管委员会决定批准（含附条件批准）或否决申请。联邦反垄断局基于外商投资监管委员会的决定向外国投资者出具正式决定。

审批时限为自联邦反垄断局登记申请之日起三个月（外商投资监管委员会有权延长三个月），但实践操作中可能会长达九个月，主要原因在于外商投资监管委员会会议时间没有规律，通常每年仅召开三至四次会议。

3. 法律障碍

《战略投资法》明确禁止外国政府、国际组织或其控制的组织（包括外国国有企业）通过交易取得使用联邦地下资源的战略性公司的 25% 以上的有表决权股份或控制权。而本项目目标公司持有的克鲁奇金矿储量超过 50 吨原生黄金，被俄罗斯政府列为国家战略级资源。也就是说，在俄罗斯现行法律环境下，客户收购俄罗斯克鲁奇公司的 70% 股权几乎就是不可能完成的任务。

（三）分析与应对

1. 困难重重

项目初期，考虑到《战略投资法》的禁止性规定，对于客户收购俄罗斯克鲁奇公司的 70% 控股权是重大障碍，中国黄金及各交易顾问团队考虑了多种替代解决方案，例如在客户持有不超过《战略投资法》所规定的比例的情况下再同时由其他非国企为国企代持一定比例股份以实现实际上的控制；通过目标公司在塞浦路斯设立交易 SPV，由客户在俄罗斯境外开展交易；或通过客户与其他俄罗斯合作方先在俄罗斯境内设立合资 SPV（其中客户持有 49% 的股权），进而使用合资 SPV 收购目标公司控股权等多种其他替代交易方式，以规避《战略投资法》的上述规定来实现收购的目的。经过多方的长时间论证，上述替代交易架构虽然可以形式上规避《战略投资法》，但其很有可能导致出现中国黄金对于目标公司的控制权不稳定或无法实现直接控制等风险。中国黄金作为央企对于合规的要求很高，上述替代解决方案很难满足中国黄金的合规需求。

2. 另辟蹊径

由于替代解决方案并不可行，德恒律师和客户及各交易顾问团队并没有轻言放弃，而是明知山有虎，偏向虎山行。在现有法律框架难以找到解决方案的情况下，德恒律师跳出法律的限制，从立法的意图、中俄两国的合作现状、项目各方的优势和项目的特点进行综合分析，探讨新的解决方案。

中俄两国有长期友好的历史，俄罗斯为"一带一路"倡议重要参与国家。 在现阶段，中俄是战略伙伴关系；在经济领域，中俄在多个领域寻求合作。

本项目对于俄罗斯经济有重要意义，俄罗斯中央及当地政府对该项目给予大力的支持。本项目作为资金密集型、劳动密集型和周期长的金矿开采项目，可以极大地促进俄罗斯的资本流入和就业。

客户与卖方均具有强大的实力优势，能有效推进项目，从而促进所在地的经济发展。 客户中国黄金是我国黄金行业唯一一家中央企业，是中国黄金协会会长单位，也是我国黄金企业综合实力最强的企业之一；而卖方印度阳光公司是在印度和俄罗斯具有重要地位的投资集团，其在全球投资方面具有前瞻性视角和丰富经验。

综合上述因素，德恒律师敏锐地发现《战略投资法》中对外国国企投资的严格管控与目前中俄两国加强合作和鼓励投资的意愿存在矛盾。基于此"矛盾"，德恒律师创造性地提出从立法上寻求突破，即创立法律的例外来推进本项目的大胆设想。该方案虽然实施难度较大，但其既能够让客户直接实现对目标公司的控制，也同时能够为客户提供经得起时间考验的法律保障，因此得到了客户的全力支持。

3. 拨云见日

德恒律师作为中国黄金本次收购项目的牵头法律顾问，协调指导俄罗斯、香港和泽西岛律师，代表中国黄金多次对目标公司及其多家子公司进行了全面严谨的法律尽职调查，包括至矿业部门核实矿权证、核实项目公司及其子公司资产情况、参与股份转让情况、因免除债务产生的税务问题等。随后德恒律师代表客户谈判并起草极为复杂的交易文件，经过数百个过程稿的修订完成了所有交易文件的起草，该项目最终签署的文件达数千页。

与此同时，德恒律师积极协助客户与中俄两国政府部门沟通。经过长时间和多次的反复谈判，最终促成中国和俄罗斯政府就本项目签署了《中华人民共和国和俄罗斯联邦政府关于克鲁奇金矿开采项目合作协议》。2018 年 7 月 26 日，该协议经俄罗斯国家杜马（下议院）审阅并获得批准；2018 年 7 月 28 日，该协议经联邦委员会（上议院）审阅并获得批准；2018 年 8 月 3 日，该协议经俄罗斯总统普京审阅并批准。至此，该协议事实上针对俄罗斯《战略投资法》创设了一项法律上的例外，并使得本项目获得俄罗斯法律上的豁免，从而为本次交易得以顺利进行并交割奠定了稳固的基础。

2018 年 9 月 21 日，在中俄总理定期会晤委员会工业合作分委会第三次会议上，经中国工业和信息化部苗圩部长、俄罗斯工贸部曼图罗夫部长及云南省阮成发省长见证，中国黄金党委书记、董事长宋鑫与印度阳光公司副总裁、首席运营官希夫·维克拉姆·克赫姆卡签署了中国黄金购买克鲁奇金矿 70% 股权的相关协议。2019 年 6 月 7 日，目标公司 70% 股权完成转让手续。至此，本项目最终顺利完成交割。

4. 继往开来

本项目突破了俄罗斯法律关于外国国有企业对俄罗斯战略资源的控股限制，开创了金砖国家框架下中、俄、印三国矿业开发合作的先河，并首次实现了中国国有企业对俄罗斯战略级资源的控股，对中国企业进入俄罗斯、开发俄罗斯战略资源具有里程碑式的重要意义和重要的借鉴意义。

在本项目中，面对几乎是不可能突破的法律壁垒，德恒律师没有知难而退而是迎难而上，深入研究俄罗斯相关法律及其立法原理，站在国家政策和两国合作的高度，创造性地提出解决思路，协助客户成功的找到突破路径，为项目的成功起到了重要作用。

我国企业响应"一带一路"倡议，在走出国门的过程中不乏各种具有挑战性的法律障碍，涉外律师在法律服务过程中应充分考虑项目自身特点及客户需求，为客户提供具有前瞻性的见解、充分的法律风险规避建议以及创造性的法律障碍解决方案，从而协助项目实现突破性进展，帮助客户顺利完成交易，保护客户海外投资安全，实现为中国企业"出海"保驾护航的宗旨。

本项目的成功，德恒律师建议的是一条看起来最难、实现可能性最小的路，但突破以后是保障性最好的路。比较而言，找当地企业或者居民代持股份、找国内企业或者居民代持股份，从而实现对目标公司的间接控制或者实际控制，对德恒律师而言通过一系列的框架设计及法律文书的安排是可以实现的，但对客户而言却极大地增加了不可控性，为未来的合作埋下隐患。

德恒律师开拓思路，推动立法保障，虽然困难很大，但关键是抓住了"势"。抓住中俄加强经济合作的"大势"，深刻把握俄罗斯对黄金的极度渴望与需求，促成了议会开创突破现行立法桎梏的先河。

（四）案例涉及法律条款梳理

1. 根据俄罗斯《战略投资法》第 2 条第 3 项规定，若交易能够使外国、国际组织或其控制的组织直接或间接掌握：

（1）对国防和国家安全具有战略意义的公司的超过 25% 的注册资本股份（份额）所属总投票权，或；

（2）对国防和国家安全具有战略意义，并在联邦级地下资源地段进行地下资源地质研究和（或）勘探、开采（简称"使用联邦级地下资源地段"）的公司的注册资本股份（份额）所属的 5% 的投票权，此等交易均需获得预先同意。

2. 根据俄罗斯《战略投资法》第 5 条规定，对于具有战略意义并使用联邦级地下资源地段的公司（被控制对象），若符合以下条件之一，即属于处于外国投资者、团体（控制人）的控制之下：

（1）控制人有权直接或间接掌握被控制对象注册资本 25% 及以上投票权的股份（份额）；

（2）控制人获得能够决定被控制对象的决议、决定其经营活动条件的权利或职能；

（3）控制人有权任命被控制对象独任制执行机关，和（或）集体制执行机关 25% 及以上成员，和（或）有权推举 25% 及以上董事会或其他集体管理机关的成员；

（4）控制人行使被控制对象的公司管理职能。

3. 对于具有战略意义但非使用联邦级矿产地的公司（受控制对象），若符合以下条件之一，即属于处于外国投资者或团体（控制人）控制之下：

（1）控制人有权直接或间接掌握超过被控制对象注册资本超过 50% 投票权股份；

（2）控制人依据合同或其他交易有权利或权限确定被控制对象采取的决定包括其企业活动的环境；

（3）控制人有权任命被控制对象独任制执行权力机构和（或）集体制执行机关超过 50% 成员，并（或）有权力选择超过 50% 董事会（监事会）或其他集体管理机构的成员；

（4）控制人行使被控制对象的公司管理职能。

此外，被控制对象若存在以下特征时也会被认为处于控制之下：虽然控制人有权直接或间接掌握被控制对象注册资本少于 50% 投票权的股份，但控制人可以通过与其他拥有被控制对象注册资本可投票股份的股东的关系而使控制人可以掌控被控制对象做出的决策。

4. 根据俄罗斯《战略投资法》第 7 条规定，可以使得外国、国际组织或其控制的组织有权直接或间接控制具有战略意义并使用联邦级地下资源地段的公司注册资本超过 5% 有投票权股份（份额）的交易，属于需要获得预先同意的交易。

案例七　海外投资"捷径"之收购上市公司

——金发科技收购印度公司 Hydro S&S Industries Ltd. 项目浅议

作者：赵华，胡瑞瑞，张雄 [1]

关键词：海外投资 收购

（一）案例要旨

自 2014 年印度总理莫迪上台以来，印度政府的一系列改革动作迅速吸引了世界投资者的目光。不仅推出"印度制造"战略、"废钞令"、"GST 税改"和"企业破产加速"等一系列措施，而且大力推动基础设施建设，清理巨额银行不良贷款，着力补齐制约印度吸引外资的"短板"。

一剂剂猛药下来，投资者的投资信心随之"飞涨"。根据彭博社 2018 年 7 月 30 日的消息，印度企业今年上半年的整合和并购的交易额已近千亿（976 亿）美元。

乘着"一带一路"倡议的东风，现阶段中国企业海外投资战略也正在从欧美等发达国家，逐渐转向新兴互联网和科技企业迅猛发展的印度，仅 2016 年中国对印度的投资就已突破 10 亿（10.63 亿）美元。

近几年，印度赶超中国，成为世界投资者新宠儿的言论不绝于耳。在印度这个竞争地带，海外投资的正确打开方式应该是怎样的呢？前有金发科技 2000 万收购印度老牌公众上市公司，现有复星医药 71.42 亿元收购印度领先的仿制药上市公司。当下中国企业收购印度上市公司无疑是一条投资"捷径"。

（二）案例介绍

2013 年 5 月，改性塑料行业龙头企业金发科技斥资 1199.90 万元人民币，成功收购了一家印度名叫 Hydro S&S Industries Ltd. 的"老牌"改性塑料上市公司 66.5% 的公司股份。

---

[1]　赵华：律师，北海国际仲裁院仲裁员。胡瑞瑞：律师。张雄：律师。

截至 2014 年 12 月 31 日，金发科技总共持有目标公司 82.80% 的股权，总投资额为 1657.86 万元人民币。

2014 年 12 月，目标公司即实现扭亏为盈。此后市值不断攀升。

2016 年 4 月 1 日，目标公司更名为 Kingfa Science & Technology （India） Limited.

2016 年市值直线上升近 2015 年的 4 倍（以上数据从公共渠道获得，仅作为参考）。

1. 初步并购的达成

慧眼识珠的中国企业金发科技早在 2013 年便把海外投资的战略部署投向了印度市场。

2013 年，金发科技出资不到 2000 万人民币收购了印度"老牌"改性塑料公司 Hydro S&S Industries Ltd. 的 66.5% 股权。随后，根据印度证券交易委员会颁布的《重大股权收购》规则，金发科技向该目标公司公众股东发出公开要约，要约收购公众持有占实收股本 26% 的股权，收购需支付投资额取决于接受要约的公众股份占比，最高额约达 801 万元人民币。

2. 并购后的品牌提升

初步并购成功后，并不是就大功告成了，更为重要的是海外资产增值、品牌提升和市场增量。

2014 年 12 月，技术和管理层面大调整，实现公司扭亏为盈。

2015 年 10 月，技术和资本优势破解企业规模问题，在印度浦那建设大型基地。

2016 年 4 月，优秀企业文化打动印度本土团队和客户，正式更名"Kingfa Science & Technology （India） Limited"。

3. 回顾并购目标的选择

一是"老牌"——金发科技并购的目标企业是上市公司，而且是一家"老牌"的公众上市公司。首先老牌意味着在本地有着相当多的公众知名度和产业基础。其次是老牌的上市企业也意味着公司模式具有较为突出的投资潜力。这从侧面反映出投资者的综合评估能力和眼光。

二是"家族"——目标公司由 11 名发起人股东组成，主要成员为 Mr.Murali Venkatraman 及其"家族"。充分的尽职调查之后，金发科技以该家族为着手点，实现了绝大多数股权的规模化协议转让。这也反映了对目标企业的历史因素和股权构成进行深刻的挖掘是撬动股权收购的关键支点。

三是"孪生"——目标企业的主营业务是改性塑料，而金发科技本就是我国改性塑料的龙头企业。巴菲特投资的标准之一叫作"不投不懂得的"。的确从来都是老行当才是拿手好戏，选择海外相同或相似的产业已成为海投的大趋势。中国的互联网公司对印度市场上的"孪生兄弟"就显得情有独钟。阿里、腾讯和携程等对印度互联网公司，如 Paytm（印度支付平台）、Flipkart（印度最大的本土电商平台）和 MakeMyTrip（印度在线旅行社）的战略性投资。

四是"安全合规"——金发科技海外并购的路径是要约并购，反映的是其两步走的战略要点，首先通过协议/间接收购方式直接取得目标上市公司现有股东的绝大多数股权，随后根据相关规定发出"部分要约"，成功实现合法控制权，安全着陆。海外战略投资的关键不仅是国内政策的护航，更是国外基础设施和特殊政策法规的熟练掌握与理性遵循。步步谨慎，水到渠成。

五是"尊重"——2013 年战略收购成功之后，中方投资者并没有一蹴而就地进行改名，而是考虑到维持原有客户关系及市场声誉，并尊重印度本土团队的决定，沿用印度公司名称 HYDRO S & S INDUSTRIES LIMITED，直至经过两年多的整合运营，印度本土团队逐渐认同并融入金发科技的优秀企业文化。而且是在印度市场客户及资本市场充分感受到了金发科技在印度的实力和品牌影响力之后，主动建议印度公司更名时，才因时就势地更名为"Kingfa Science & Technology（India）Limited"。这说明在海外投资金发科技有重头部署，更从细节之处彰显"尊重"文化之魅力。

（三）分析与应对

1. 民企海外收购确实风险重重

（1）金发科技等民营企业与国企乃至央企相比，有着众多的短板，人才的匮缺是最重要的一块。而且目前国企走出去会获得更多的政策和资金支持，而像金发科技等民企则多是单打独斗。

（2）海外投资国际竞争激烈，非一国、一区域的对手之争。如世界高性能塑料巨头比利时索尔维公司也同样对印度市场虎视眈眈。

（3）境内外政策收紧、外汇管制和融资渠道有限。如：印度在某些领域不合理的门槛限制依然将部分外国投资者挡在门外。如对于莫迪的"废钞令"，《金融时报》表示，"严格的废钞措施带来了不确定性，使消费者和企业遭遇意想不到的现金短缺局面，进一步抑制了投资"。而印度的国际私法原则也使外商很难通过法律途径有效和公正地解决与印度公司的纠纷。

（4）印度经济高速增长潜力的背后，是不得不考虑的极其复杂的文化和宗教问题。比如语言，不同于中国有一国通用的普通话，印度各地区语言差异大，且流行白话，很难提供定制化服务。语言的障碍不仅加大投资的成本，而且因沟通不畅或者文化差异的误解增加了摩擦的机会。

所以中国投资企业，绝不能简单地把印度当作十年前或五年前的中国。中国资本投资印度，在一定程度上面临信息不对等和投资后续管理难的问题。

2. 挑战和机遇往往是朵双生花

首先，中国方面。国际化是中国企业的必经之路，国家的"走出去"战略部署成为企业海外战略投资的第一个推波大浪。"一带一路"倡议的机遇更是企业"乘风破浪会有时"的强力东风。

其次，印度方面。作为世界第二大人口国家，印度拥有了足以媲美中国的人口红利和庞大的消费市场。而且在产业布局顶端的互联网科技发展速度和水平双高的支持下，中产阶级的比重逐渐提升，经济增长速度一度高居世界首位（中国经济进入"调档换速"期，2015 年印度 GDP 增长为 7.5%，超过中国的 6.9%）。

最后，双方政府政策支持和法规的健全是企业走出去的有力护航武器。我国政府对勇于实施走出去战略部署的企业有诸多惠税支持，"大众创业，万众创新"鼓舞不断。

印方政府方面，莫迪总理的当选给印度的发展创造了稳定的政治环境。2016年 1 月 16 日宣布正式启动了"Start-up India and Stand-up India（印度创业，印度崛起）"计划，并成立高达 90 亿美元的创业基金，支持印度版的"大众创业、万众创新"。

而且中国成为印度创业者欢迎的境外投资者。印度创业公司 MyDermacy 的创始人安奇·胡拉纳曾直言选择中国投资者的唯一原因是为了获得潜在业务问题的答案。比如如何解决"规模化"的问题。中国创业投资公司 Cyber Carrier 执行官也曾公开表示：如果你想处理一个十二亿人规模的问题，中国可能比美国能提供更多的参考。当前的中国某种程度上就像是印度同班的"模范生"小伙伴一样，是个良师益友般的存在。

此外，印度资本市场还有两大特点：历史悠久和低估值。印度的资本市场有着一两百年的历史，管理规范而成熟，上市公司的治理结构、合规程度以及团队成熟度均与欧美发达国家的现代企业相当接近。

大势所趋，这些都是机遇所在。

3. 机遇只照顾有准备者

金发科技的成功离不开其处理长期以来积累的公司运营的"真功夫"。

首先，尊重文化差异和照顾民众情绪是风险管理的细节，也是要点。尊重国外法律法规和市场准入是前提条件，也仅仅是初步准备。更为微妙的是处理好文化冲突，特别是宗教和本土民众的认同问题。金发科技成功收购后，懂得尊重本土团队的决定，沿用印度公司旧称，就是一个很好的缓冲文化矛盾的方针。

其次，目标公司的现实困境是挑战更是机遇。目标公司此前之所以亏损，主要因为公司产品单一和技术等有困难。虽然当时印度的改性塑料应用领域广泛，但 60% ～ 70% 的改性塑料消费在汽车行业，其他行业的潜能还没有完全激发出来，以电动工具材料为例，据悉中国当时年产 2 万多吨，而印度只有 300 吨。所以针对性地解决瓶颈问题，除了技术和资本上优势整合目标企业，金发科技还利用行业专业性的眼光，战略性地在浦那建设年产 20 万吨的大型基地。

再次，相比于国企的决策机制，作为民企的金发科技自身体量小，在供给侧改革中能更灵活地转换方向。全球化布局中可以更灵活地调动自身资本。而且目标公司是色彩浓厚的家族企业而非国有企业，进行收购减少了民众抵制的风险和国家严格管控的压力。

最后，目标公司的产品生产和销售渠道等基础设施相对完备，且为同类产品企业，为要约收购打下铺垫，投资者不必采用"绿地投资"的方式耗费基础设施的建设成本。

相对于国家大的战略布局，企业的"谋篇布局"和充足的信息、资源准备是成功走出去的关键支点。

（四）总　结

目前印度的经济增长非常可观，每年以 7% 左右的速度一路狂奔，而且未来的潜力非常巨大。可以想见，未来的十年，随着印度人均收入的提升，印度的资本市场一定会像中国目前的资本市场一样繁荣且高估值。

机遇与挑战同在，中国企业去印投资热潮日益高涨，但市场动态发展，复制金发科技的成功着实不易。除了要研究成功案例的细节，重要的是把握当下印度市场的新风口。如开篇所述，伴随印度国内"企业破产过程加速"的步伐，一大批企业并购／整合的案例出现，如沃尔玛对线上企业的最大一笔收购也发生在印度（沃尔玛（WMT）收购印度电子商务公司 Flipkart）。

摩根大通东南亚业务首席执行官卡尔帕纳·莫帕里亚（Kalpana Morparia）表示，今明两年内，电商科技、传媒娱乐、电信和金融服务业将成为并购行为最活跃的领域。当前这些领域可以说是十分值得考虑的投资方向。印度作为"一带一路"倡议沿线最大的国家经济体，理应引起中国资本产业界的高度关注，风险与收益并存，在走出去的道路上我们应该向日本学习，理性谨慎并专业充分地考虑各种因素，最好是选择专业的服务机构，能够起到事半功倍的效果。

案例八　柬埔寨房地产项目投资并购风险浅议

作者：刘清勇，郑加华

良友（ToBeMine）律师事务所

关键词：海外投资 境外并购 房地产投资

（一）案例要旨

项目律师受某中国客户（简称"客户"）的委托，为其在柬埔寨首都金边并购某地标大厦进行尽职调查，并提供并购的文件起草和交割等全流程服务。由于柬埔寨法律禁止外国人享有土地所有权，导致客户投资受阻；同时该地标大厦未单独登记建筑物所有权，客户也无法直接持有该地标大厦，投资风险高。项目律师在充分调研论证的基础上，根据不同并购方式的税负差别，为客户设计了最优的并购架构并最大限度地降低交易的税负成本，从而保障了并购的顺利进行。

律师在处理类似事务时，应根据投资东道国的法律和税收制度以及交易对手的诉求等，以解决问题为目的，为客户设计安全、高效和低成本的投资架构。

（二）案例介绍

近年来，柬埔寨经济持续发展，GDP 保持 7% 左右的年增长率。在中国"一带一路"倡议的带动下，我国对柬埔寨的直接投资稳步提升。柬埔寨的旅游业、房地产、制造业和农业等领域迎来大批的中国投资者。在此大背景下，首都金边的办公室市场需求强劲，客户有兴趣投资写字楼。该地标大厦作为柬埔寨首都金边最有名的地标建筑之一，成为客户的优选投资标的。为确保投资并购合法和顺利进行，客户委托项目律师对投资标的进行全面尽职调查，并设计投资架构。

1.调查方法

客户的投资并购标的十分明确具体——该地标大厦。所以，项目律师首先调查该地标大厦的权属。通过调查发现，该地标大厦并未单独登记建筑物所有权，而该地标大厦所在的土地所有权登记于柬埔寨的 C 公司名下。C 公司有两个股东：一个为柬埔寨籍的自然人，持有 51% 股权；另一个为在 H 国注册的 X 有限公司，持有 49% 的股权。地标大厦所在土地的权属及 C 公司股权结构图示如下：

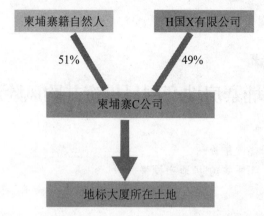

根据如上土地权属及股权结构，同时考虑到客户很可能同时考虑股权并购和资产并购的风险和税负差别，项目律师按照如下方法开展了全面的法律尽职调查工作。

（1）前往主管投资项目审批的柬埔寨发展理事会（Council for the Development of Cambodia）调查柬埔寨 C 公司是否有合格投资项目（Qualified Investment Project）并获取相关资料。

（2）前往柬埔寨商务部、税务总局、劳工部、金边市政厅和国家社保基金等调查柬埔寨 C 公司并获取相关资料。

（3）前往土地部调查地标大厦的建筑许可、开工许可和完工许可，并获取相关资料。

（4）前往金边市初级法院调查柬埔寨 C 公司并获取相关资料。

（5）通过互联网获取有关柬埔寨 C 公司和地标大厦的新闻报道和公开信息。

（6）与地标大厦的部分承租人进行沟通交流等。

（7）与柬埔寨 C 公司的董事和总经理等进行沟通交流。

2. 调查范围

项目律师的尽职调查涵盖了客户在柬埔寨投资、并购、经营和退出的各个方面，同时就股权并购和资产并购的特别问题进行深入的研究了解。除了 1.（3）所提示的特别问题之外，本次尽职调查涵盖了如下内容。

（1）公司法律制度。

（2）投资优惠制度，包括关税和所得税减免、加速折旧等优惠。

（3）合格投资项目的并购审批。

（4）资质管理与许可制度。

（5）外国人管理、签证和工作许可。

（6）税收制度，特别是股权转让税、不动产过户税、资本利得税、所得税等。

（7）避免双重征税协定。

（8）土地管理制度。

（9）不动产租赁制度。

（10）外汇管制制度。

（11）环境保护制度。

（12）争议解决机制。

（13）其他相关法律法规。

而基于客户本次并购，项目律师对土地管理制度、不动产租赁和股权并购的审批、资产并购的审批、建筑工程审批、股权并购和资产并购的税负等具体问题进行详尽的调查研究。

3. 投资障碍

项目律师发现，柬埔寨政府欢迎外商投资，对外资没有严格的限制性规定，但禁止外国人和非柬籍法人享有土地所有权。禁止外国人或者非柬籍公司享有土地所有权的规定，给客户的投资安全带来极大的障碍。主要问题如下。

（1）土地所有权

柬埔寨《宪法》第44条第1款和《土地法》第8条第1款规定，只有柬籍法人和柬籍公民才有权享有土地所有权。柬埔寨《土地法》第9条规定，在柬埔寨注册的企业，如果至少51%的股权由柬籍公民或另一柬籍法人享有，则有权享有土地所有权。《土地法》第8条第2款进一步规定，柬埔寨公民、国家机关、柬埔寨民商事企业以及法律认可为法人的柬埔寨组织等，可以享有土地所有权。2010年5月24日生效的《外国人产权法》第6条第1款，针对共有产权建筑物的第一层（相当于中国通常理解的二楼）以上的专有部分，外国人可以享有所有权；而针对共有产权建筑物的地面层或者地下层，外国人不能享有所有权。即便客户要求把该地标大厦单独登记建筑物所有权，客户也无法直接享有该地标大厦的全部建筑物所有权。

对于外国人进行"房地产开发和运营"，比如开发、建设和运营公寓、排屋、写字楼、酒店和度假村等房地产项目，柬埔寨法律没有限制，即外国人可以享有"房地产开发和运营"公司100%的股权。

（2）并购方式

并购该地标大厦并完全享有其利益有直接和间接两种方式：一是资产并购，即客户向柬埔寨C公司收购该地标大厦；二是股权并购，即客户并购柬埔寨C公司100%的股权而间接享有该地标大厦。不同的并购方式在柬埔寨法律项下有不同的税负成本，并且并购方式的选择也要考虑交易双方的利益诉求。当然，一方的税负成本归根结底可以通过交易安排，约定由哪一方最终承担。

如果采取股权并购的方式，即并购柬埔寨 C 公司 100% 的股权，那么，各方在柬埔寨税法项下的税负如下。

①买方：股权转让税，拟受让的公司股权价值的 0.1%。

② H 国 X 公司：作为卖方（非居民纳税人），转让公司股权所得属于"源于柬埔寨境内的所得"，需要缴纳 20% 的所得税。

③柬埔寨 C 公司：不涉及（公司资产无变化）。

如果采取资产并购的方式，即直接收购柬埔寨 C 公司的地标大厦，那么，各方在柬埔寨税法项下的税负如下。

①买方：不动产过户税，政府对该地标大厦（包括土地和建筑物）估值的 4%。

② H 国 X 公司：不涉及（作为股东，股权没有变化）。

③柬埔寨 C 公司：

a. 资产并购交易额的 1% 作为企业所得税的预缴。

b. 该资产并购交易额当作收入，适用年度净利润的 20% 计算所得税。

（三）分析与应对

柬埔寨是典型的依赖外资的国家，原材料和市场两头在外，而且本国工业基础薄弱，处于发展中国家的较低发展阶段。在这样的大背景下，柬埔寨需要借助大量外资促进本国的发展。而事实上，柬埔寨也有大量的外商投资不动产项目。从解决问题的角度出发，项目律师进行深入的研究论证，找到了解决办法，为客户提供极具价值的服务。

1. 土地所有权限制的规避安排

柬埔寨 2001 年颁布的《土地法》第 8 条第 2 款规定："柬埔寨公民、国家机关、柬埔寨民商事企业以及法律认可为法人的柬埔寨组织等，可以享有土地所有权。"《土地法》第 9 条规定："在柬埔寨注册的企业，如果至少 51% 的股权由柬籍公民或另一柬籍法人享有，则有权享有土地所有权。"

柬埔寨 2005 年颁布的《商事企业法》第 101 条规定："一个公司只有在满足如下条件才能被视为具有柬埔寨国籍：①公司的营业地址和注册地址位于柬埔寨王国；②公司中至少 51% 的表决权由柬籍自然人或者柬籍法人享有。"

根据如上的法律条款规定可知，在柬埔寨注册登记的公司，如果其 51% 的股权由柬籍自然人享有，则该公司具备享有土地所有权的法律资格。如此说来，客户与柬籍自然人组成合资公司并由柬籍自然人控股，该公司可以享有土地所有权。但是，此种安排必然会导致客户作为真正的投资人反而需要依赖柬籍自然人，因此，还需要通过其他方式帮助客户取得对公司的控制权。项目律师首先考虑，可以区分公司的股权类别，即使柬籍自然人控股，但客户可以通过章程和协议等方式实现对公司的实际控制。此外，再通过柬埔寨的法律规则辅助实现客户对公司的实际控制。

项目律师详细研究了柬埔寨2007年的《民法典》、2018年司法部《关于婚姻财产登记的规章》《商事企业法》和《投资法》的相关规定，并与政府官员和其他法律专业人士进行充分沟通后发现，在无法实现完全控股的情况下，客户仍然可以根据柬埔寨法律进行一系列的安排，以实现对公司的实际控制，具体如下。

（1）区分股权类别。柬埔寨《商事企业法》第145条规定："公司章程可以区分多于一类的股权。"因此，可以设置不同的股权类别并赋予其不同的权利，使得客户在未完全控股的情况下获得实际控制权。

（2）相对控股。在外国投资人占股接近50%的情况下，引入多于一个的柬籍自然人股东，稀释各柬籍自然人股东的投票权，实现相对控股。

（3）控制董事会席位。根据柬埔寨《商事企业法》第120条，合资公司的董事资格除非章程另有规定，否则可以由任何年满18周岁且具有完全行为能力的人任职。因此，外国投资人可以通过取得董事会多数席位或者全部席位，或者通过章程约定董事的特别资格，取得实际控制。

（4）控制分红权。在章程中约定，柬籍自然人的股权取得比例较少的分红。另外，分红由董事会提议，经股东会批准后执行。通过控制公司的董事会席位，可以间接控制分红。

（5）股权质押。可以通过对柬籍自然人的股权设定质押，使得柬籍自然人的股权无法自由转让。

（6）控制公司运营。由客户控制银行账户，可以进行存取款和贷款等。同时，由柬籍自然人出具授权书，由客户经营管理公司，或者在必要时，代表其进行投票。

（7）使用代持股东或者控制股东人选。即引入实际受外国投资人控制的柬籍自然人作为股东，并且在引入柬籍自然人股东的同时，要求其先行签署股权转让协议，并且在柬埔寨商务部规定的办理转股手续文件上签字和按捺指纹。但此种安排是否完全合法，具有不确定性，但是在法院现有的判决中，尚未发现有认定为违法的判决。

（8）合同控制。通过外国投资人或其控制的实体与合资公司签订系列合同，由控制实体提供排他性咨询和管理等服务，合资公司将其所有或绝大部分利润，以"服务费"等方式支付给控制实体；同时，控制实体通过合同，取得对合资公司全部股权的优先购买权和经营管理权等，从而实现实际控制。

（9）夫妻财产分配协议。在代持股东已婚时，可要求其与配偶签署婚姻财产约定，并进行公证且在柬埔寨司法部进行登记。以便在双方婚姻关系终止时，客户的利益不受影响。

（10）设立遗嘱。按照柬埔寨《民法典》亲属编的规定，代持股东设立遗嘱，在其不幸身故时，由客户作为其股权的利益继承人（受遗赠人）。

按照上述安排，客户可以控制公司的情况下，避开对禁止外国人享有土地所有权的限制。

2. 关于并购方式的选择

通过对比股权并购方式和资产并购方式的税负差别，可以知道，采取股权并购的方式更为节税，客户利益最优。此外，柬埔寨 C 公司没有取得特殊的税收优惠，只需要在商务部（公司登记机关）办理股权转让并进行税务登记，而不需要经过其他部门的审批。

3. 总结与启示

有原则必有例外。法律是规范社会生活的准则，一经确立，固然普遍适用于相关事项，然而世事千变万化，往往因情节有毫厘之差，而意义迥然不同。法律为求公平，势必斟酌调停于其间，不可拘泥一格，是以对法律关系一方面确立通常适用的原则；另一方面也承认例外。作为助力我国投资人对外投资的专业服务人员，不能仅仅找出法律规则说"不"，更要提出让"不"成为"是"的解决办法。

（四）案例涉及法律条款梳理

（1）柬埔寨《宪法》第 44 条第 1 款：所有的人，不论是个人，还是集体，都应享有所有权。只有柬籍法人和柬籍公民才有权享有土地所有权。

（2）《土地法》第 8 条：只有柬籍公民和柬籍法人才有权在柬埔寨王国享有土地所有权（柬埔寨《土地法》第 9 条）。

因此，下列人员或主体可以是柬埔寨土地的所有权人：柬埔寨公民、国家机关、柬埔寨民商事企业以及法律认可为法人的柬埔寨组织。

外国人为了成为柬埔寨王国土地的所有权人而伪造国家身份证件，应当依照本法第 251 条进行处罚。任何在此种情形下购买的不动产，都应当收归国有而国家不予任何补偿。

（3）《土地法》第 9 条：在柬埔寨注册的企业，如果至少 51% 的股权由柬籍公民或另一柬籍法人享有，则有权享有土地所有权。股权占比以章程的规定为准，任何违反本条规定的股东协议均为无效。

如果章程中的股权变更导致公司变为非柬籍法人，公司有义务修订章程以符合实际情况，并且应当依法通知有关主管机关。

（4）《商事企业法》第 101 条规定：一个公司只有在满足如下条件才能被视为具有柬埔寨国籍：①公司的营业地址和注册地址位于柬埔寨王国；②公司中

至少51%的表决权由柬籍自然人或者柬籍法人享有。

（5）《商事企业法》第120条：任何年满18周岁且具有完全行为能力的人都可以担任公司的董事或者管理人员。除非章程另有规定，公司董事不必是公司的股东，也不需要满足其他资格。

（6）《商事企业法》第145条：公司章程可以区分多于一类的股权，如果公司章程做此区分，那么，每一类股权的权利可以是绝对的或者相对的。公司章程应当规定每一类股权的权利、限制和条件。

（7）《民法典》第969条：①在结婚之前或者之后，夫妻可以订立合同规范他们之间的财产关系，但该合同不得违反有关请求扶助和法定特留份权利的规定。②除非夫妻订立了有关财产关系的合同，否则他们的财产关系适用第二章的规定（法定财产制）。

（8）《民法典》第1173条：①为了以公证方式设立遗嘱，遗嘱人应当在公证员面前履行第②款规定的形式。②以公证方式设立遗嘱应当满足如下形式。

a. 至少有两名证人在场。

b. 遗嘱人向公证员口头宣告遗嘱要点。

c. 公证员记录遗嘱要点，并大声向遗嘱人和证人宣读。

d. 确认书面内容无误后，遗嘱人和证人书写各自姓名、地址并按捺指纹于其上；但如果遗嘱人无能力书写或者签字，公证员应当予以记录，同时代遗嘱人签名，并且附录代遗嘱人签名的理由。

e. 公证员在文件上签名并署上日期。

案例九 意大利对于"一带一路"倡议的重要性

作者：白君毅

意大利大成 Dentons 律所合伙人

关键词：海外投资 一带一路备忘录

（一）概 述

古老的丝绸之路在欧洲的最后一站是罗马，也许正是因为这个原因，2019 年 3 月 23 日，中国与意大利签署了关于"一带一路"倡议的谅解备忘录。意大利政府表示支持中国的"一带一路"倡议，由此成为第一个与中国签署备忘录的 G7 国家。

从技术层面来看，备忘录仅是两国合作的起点，其旨在后续能够更好地定义和实施特定项目和签署相关协议。此类文件在机构关系中非常常见，目标是以书面形式确认各方之间的某种利益趋同，并明确共同的预定行动方针。

备忘录不是国际协定，鉴于其属性和特征，该文件对两国并无法律约束力（在备忘录中明确约定备忘录任何条款对缔约双方不具有法律约束力或经济约束力或其他约束力），但该文件对两国共同促进"一带一路"倡议仍然意义重大。

从这个意义上讲，基于对中意两国政府签署的最终文本的分析可以了解到，该备忘录包含了两国新丝绸之路项目的一系列合作意向（如其序言中和文本第一段所述）。

该备忘录还回顾了两国先前达成的官方协议，汇总了两国间各个合作主题（其中许多合作主题已于近期讨论过），该合作主题在新丝绸之路的背景下被再次重申。从这个意义上讲，此次签署的备忘录是系统性归纳两国关系与合作的文件。

（二）备忘录解读

该文件的第二段是核心内容，其中指出了两个国家拟推进的主要合作领域，从字面中可以看出，合作并不仅限于运输、物流和基础设施领域的项目及新丝绸之路项目的特有领域，而且还包括其他更大合作范围的各种主题。具体为 6 个领域的协同合作。

1. 加强两国关系的政策性对话。

2. 运输、物流和基础设施建设。

3. 消除商业和投资壁垒。

4. 金融合作。

5. 人文交流。

6. 环境领域合作。

关于第 1 点，有必要提及亚洲基础设施投资银行。目前中国和意大利都是该银行的成员国。两国同意使亚洲基础设施投资银行参与到相关项目中，以提供和发展亚太地区的基础设施建设，促进各国之间的连通性。

关于基础设施领域的合作，两国拟促进公路、铁路、桥梁、民用航空、港口、能源（包括可再生能源和天然气）和电信领域的合作，这些合作也将在中欧综合合作交往平台框架内实施，以提高欧洲与中国之间的连通效率。值得注意的是，两国明确认可建立公开、透明和非歧视性采购程序的重要性。

在国际贸易和投资方面，两国表达了增强合作的意愿，促进互惠互利和知识产权保护。在备忘录签署的同期举行的"意大利中国在第三世界经济合作论坛"期间，两国强调了在第三国市场合作的共同意图，这也是许多公司非常感兴趣的话题。

第 4 点还提到促进财政、金融和结构改革方面进行更密切的合作，以便创造有利于经济和金融合作的环境。

关于第 5 点，两国关注人与人之间的联系，从最广泛的意义上讲，包括国际人才、文化、学术和机构之间的交流，同时也注重促进旅游业。

最后，在备忘录第 6 点也是最后一点，各方根据《2030 年可持续发展议程》和《巴黎气候变化协定》，回顾了两国对环境问题的承诺，并任命各自的环境部长致力于丝绸之路沿线的生态发展。

备忘录还专门就合作方法和合作机制规定了一个段落，即意大利 - 中国政府间委员会（一个协调双边关系的机构，于 2004 年建立并由两国外交部长担任主席）负责监督谅解备忘录的进展和后续行动。

在同一天，两国除签署了备忘录，还签署了其他共计 28 个协议，其中 18 个机构间协议，10 个商业类型协议。

签署的协议所涉及的行业不同，例如在金融领域，中国出口信用保险公司与江苏苏美达集团有限公司和意大利国企 Sace 及其控股子公司 Simest（一家活跃于为公司国际化提供服务的意大利公司）签署了一项协议，促进原产于意大利的商品进口，目标是在三年内达到 10 亿订单。

在能源领域，意大利 Ansaldo Energia 公司将为本溪钢铁集团建设燃气涡轮机。中国联合重型燃气轮机技术有限公司也将与 Ansaldo Energia 公司建立战略合作关系。关于"一带一路"沿线的管道建设问题，备忘录中特别提及，丝路基金、CDP（意大利国企）以及 Snam（从事天然气的运输与储存）签署了一份协议，旨在实现基础设施领域以及其他领域（比如金融服务、农业、食品、技术、制造业和运输）的合作。

在钢铁行业，中工国际工程股份有限公司已与意大利 Danieli 公司（从事钢铁行业）签署了一项 4 亿美元的协议，该项目涉及在阿塞拜疆建设价值约 11 亿的钢铁厂项目。在热那亚和的里雅斯特的港口，中国交通建设股份有限公司也计划进行重要的基础设施建设。

除基础设施外，两国之间还重启了旅游业的合作，比如携程和 Enit（意大利国家旅游局）之间的合作。此外，备忘录中还约定了意大利品牌在中国市场的销售，得益于意大利国家机构 ICE 与大型零售集团苏宁之间达成的协议，150 余种意大利品牌在线下商店和网店同时推出，总销售额接近 1000 万元，到 2023 年将继续推出另外 200 个品牌，销售额近 1 亿元。

（三）小　结

通过这个简短的分析，我们了解到两国在"一带一路"项目中的合作目标是非常广泛的，可能比人们预想的项目要更多。事实上，正如已经提到的那样，该备忘录更准确地说应视为两国拟采取合作的总体框架文件。此外，两国还需要签署进一步协议，以保证合作的具体实施（部分合作已经开始实施）。

另一方面，古老的丝绸之路诞生于商队运输贵重商品的贸易，这些商队连接起了欧洲与中国（运输线路的最后一站，分别是罗马和西安），随着时间的推移，"一带一路"将带来更大的价值，通过"一带一路"，不同的语言、文化和知识得以交流，而这些正是全球化将带给我们的。

作者：张泳洲

RicHer & DaiSy, attorney at Law（印尼雅加达立成律师事务所）合伙人

关键词：海外投资 境外设立公司

案例十　在印尼设立有限公司的条件及利弊分析

（一）印尼投资发展概况 [①]

印尼政府正积极开展改革，通过继续改善对微型、中小型企业、合作社和各种国家战略部门的保护以及提高东盟经济共同体的经济竞争力，加强国内外投资活动，加快发展和促进经济全球化的进程。

投资协调委员会（BKPM）表示，2019 年 1～6 月的投资实现达到 395.6 兆印尼盾，与 2018 年 361.6 兆印尼盾同期相比增长了 9.4%。凭借这一成就，BKPM 乐观地认为 2019 年的投资目标将会实现。2019 年前六个月的投资成就相当于 2019 年投资目标的 49.9%，达到 792 兆印尼盾。

2019 年上半年的投资实现包括国内投资（PMDN）为 182.8 兆印尼盾，比去年同期增长 16.4%。其次，外商投资（PMA）212.8 兆印尼盾，比去年同期增长 4%。当地劳动力总吸收量达到 490715 人。

按部门划分，在充满挑战和不确定性的全球和区域经济条件下，印尼的投资实现仍然需要基础设施投资，这些投资需要大量和长期预算，如运输、电信、发电和建设。

根据地区分布，最大的投资实现仍然是爪哇（Java），其为 21.1 兆印尼盾，比去年同期增长 5.8%。另一方面，Java 以外的投资为 177.5 兆印尼盾，显然增长速度更快，与去年同期相比达到 14.2%。

根据项目所在地，有五个主要地区获得最多投资。获得最多投资的地区是西爪哇省，价值为 68.7 兆印尼盾，占 2019 年第一季度总投资额的 17.4%；其余依次是 DKI 雅加达的价值为 54.5 兆印尼盾（13.8%），中爪哇省为 36.2 兆印尼盾

---

① 部分信息及数据参考印尼投资统筹委员会（BKPM）

（9.1%），东爪哇省为 32.0 兆印尼盾（8.1%），万丹价值 24.6 兆印尼盾（6.2%）。

根据印尼中央商业部统计数据，有五个业务部门具有最大的实现价值，即运输、仓库和电信价值为 71.8 兆印尼盾，占 2019 年第一季度投资实现的 18%。电力、天然气和水的价值为 56.8 兆印尼盾（14.4%），建设 32.0 兆印尼盾（8.2%）。食品工业价值 31.9 兆印尼盾（8.1%），住房、工业产权和办公室的价值为 31.0 兆印尼盾（7.8%）。

五个最大的投资来源国家和地区：新加坡，价值 34 亿美元，占 2019 年第一季度总发行量的 23.9%；其后依次是，日本价值 24 亿美元（16.9%），中国内地价值 23 亿美元（6.2%），中国香港 13 亿美元（9.2%），马来西亚 10 亿美元（7.0%）。

目前，中国可以成为印尼投资最多的国家之一，离不开中国领导人的推动。"一带一路"倡议于 2013 年 9 月 7 日在哈萨克斯坦纳扎尔巴耶夫大学演讲首次发布。习近平主席表示，中国计划建立 21 世纪海上丝绸之路，以增加贸易和投资，促进知识、技术、文化和教育的交流。习近平主席在访问印尼议会期间也表示，中国致力于通过在 2013 年 10 月 3 日建设 21 世纪海上丝绸之路的倡议，加强与东盟国家的联系。21 世纪海上丝绸之路也被称为"一带一路"项目道路（"一带一路"），或称之为 Belt and Road Initiative（BRI）。

21 世纪海上丝绸之路的基本概念是建立一个贸易和基础设施网络，连接亚洲、欧洲和非洲沿着自公元前 207 年出现的古代丝绸之路，作为从中国到欧洲的贸易路线。在从中国经过东欧，然后在西欧结束的陆路上，在通过越南、马来西亚、印尼、印度和亚洲的海上航线上，丝绸之路将穿越东非，即肯尼亚、索马里以及伊甸湾和红海。之后，东非将继续通过苏伊士运河前往北非并前往意大利。"一带一路"倡议的优势在于，中国提供了大量资金，可供参与国家借用以建设其基础设施。

对印尼而言，"一带一路"倡议在建设一系列项目方面非常有帮助，包括雅加达 - 万隆快速列车项目，Klayan 河水电项目和丹那昆宁产业的发展。"一带一路"倡议项目的资金来自企业对企业（B2B）计划。印尼的"一带一路"倡议还提出了 30 个区域综合经济发展项目，估计总投资额为 911 亿美元。

值得注意的是，从 2013 年"一带一路"倡议首次提出到 2018 年开始，中国大陆的投资平均每年增长率达到 98%，中国台湾投资平均增长 49.87%。尽管如此，在 2013 年 1 月至 2019 年 4 月期间，中国大陆和中国台湾地区的投资额达到 203.8 亿美元（合计占比 11.4%），但这个数字仍然低于新加坡的 449.7 亿美元（占比 25.2%），日本的 269 亿美元（占比 15.1%），而来自美国的投资额仅为 89 亿美元（占比 5.0%）。从这些数据可以看出，在五年内，中国可以超越日本成为印尼的第二大投资国。从长远来看，它可能取代新加坡，成为印尼最大的投资者。

此外，在贸易方面，与印尼的主要贸易伙伴新加坡、美国和日本相比，中国是印尼最大的合作伙伴。2014 年至 2018 年印尼出口对于中国平均为 181 亿美元，增长率为 13.47%。因此，预计印尼与中国的关系将会加强。

（二）印尼外国投资程序

为了加强对印尼的投资，投资协调委员会（BKPM）将加强对商业许可实现的监督，即通过网上的在线单一提交（OSS）系统 https: //oss.go.id/oss/，其中各种许可将以某种方式进行在线管理和集成。这种基于在线的许可，缩短了时间，并且可以轻松监控，因此使企业投资更容易。

增加对印尼投资的成功事例表明，外国投资者对印尼经济的状况充满信心。当然这与当地政府在实现外国投资的便利性方面的政策成功实施密不可分，实际上也有助于鼓励在印尼工作的商业企业扩大业务。

外商投资设立印尼有限公司（PT PMA）的政策是企业吸引外国投资者以发展其业务的一种方法，后续将进一步讨论建立卓越的 PT PMA。

1. PMA 有限公司

根据 2007 年关于投资的第 25 号法案，一些与外国投资有关的重要概念很重要，如下。

（1）外国投资是指在印尼境内开展业务的投资活动，由外国投资者进行，包括完全使用外国资本或与国内投资者有关联的外国投资者。

（2）外国投资者是指在印尼共和国境内投资的外国公民，外国企业实体和 / 或外国政府。

（3）资本是指以货币或其他形式存在的资产，而非具有经济价值投资者所拥有的资金。

（4）外国资本由外国公司，外国企业实体，外国法人实体和 / 或外国人部分或全部拥有的印尼法人实体拥有。

2. 在 PMA 有限公司（PT PMA）建立中所必须考虑的事项

（1）以 PMA 有限公司形式建立基于印尼法律的 PMA 有限公司

除非法律另有规定，否则外国投资必须是基于印度尼西亚法律并在印尼共和国境内注册的有限责任公司。因此，在印尼的外国投资必须符合当地公司法的规定。以有限公司形式投资的国内外投资者通过以下方式来进行：①在成立有限公司时参与股份；②购买已有公司的出资额或者股份；③按照立法规定来采取其他方式。

（2）了解将要运作的业务部门

外国投资者必须首先了解在印尼投资所涉及业务属于哪些领域，更详细地了解与商业部门或业务活动有关的 PMA 有限公司（PT PMA）；需要关注 2015 年中央统计局关于印尼商业领域标准分类的第 95 号条例（KBLI 2015）；2017 年第 19 号中央统计局局长关于修订 2015 年第 95 号关于印尼商业领域标准分类的中央统计局局长条例的规定。在了解和理解印尼将要培育的商业领域或商业活动时，考虑到目前通过在线单一提交（OSS）系统对商业许可的实现进行监控，外国投资者需要了解高达五位 KBLI 代码的业务活动。

对商业部门的了解和理解很重要，因为必须检查商业部门是否包含在 2016 年 Perpres 44 规定的投资领域中的禁止业务领域和开放业务领域清单中。

（3）注意负面投资清单

想要建立或投资 PMA 有限公司（PT PMA）的外国投资者必须首先关注 2016 年第 44 号总统条例中规定的负面投资清单（DNI）的规定，该规定涉及投资领域要求的封闭业务领域和开放业务领域清单（Perpres，2016 年第 44 期）。

通过 DNI，投资者可以根据他们的业务线找出外国投资者在印尼可以投资的百分比。

① 开放业务领域

根据 2016 年第 44 号 Perpres 第 3 条，未列入已禁止业务领域的业务领域，从事这项业务的 PMA 有限公司（PT PMA）的外国所有权可以达到 100%。

② 禁止业务领域

禁止业务领域是指在某个商业领域，其股权不能归外国投资者所有。比如：酒类工业（KBLI 11010）和海砂开采（KBLI08995）。

③ 因为微型、中小型企业以及合作社、合伙企业、受外国资本所有权的要求，部分约束的业务领域。

在 2016 年总统令第 44 条规定的优化商业部门放松和开放的实施以及增加投资吸引力和竞争力的背景下，印尼总统于 2018 年 11 月通过经济政策一揽子计划发布了一项政策，开放 54 个商业部门是外国人可以 100% 进入的。

以下是 54 个商业部门的所有资本都可以由外国人拥有的业务领域。

① 块茎剥离和清洁行业

② 织物印花业

③ 针织面料行业，特别是蕾丝

④ 通过邮政和互联网订单进行零售贸易

⑤ 网吧

⑥ 锯材行业，生产能力超过 2000 立方米 / 年

⑦ 单板木业

⑧ 胶合板行业

⑨ 工业层压木饰面木材（LVL）

⑩ 木屑行业

⑪ 木屑颗粒行业

⑫ 以开发森林地区内的生态旅游设施，活动和服务的形式进行自然旅游开发

⑬ 珊瑚／观赏珊瑚的养殖

⑭ 石油和天然气建筑服务平台

⑮ 地热调查服务

⑯ 海上石油和天然气钻井服务

⑰ 地热钻探服务

⑱ 地热运营和维护服务

⑲ 10兆瓦以上的发电厂

⑳ 检查和测试电力装置或使用高／超高压电力

㉑ 丁香卷烟业

㉒ 白烟行业

㉓ 其他卷烟业

㉔ 纸浆工业

㉕ 甜蜜素和糖精工业

㉖ 橡胶粉业

㉗ 对融资对象或库存和仓储监督的调查服务

㉘ 有或没有物体损坏的调查服务

㉙ 数量测量服务

㉚ 质量调查服务

㉛ 根据适用标准或商定的活动过程的监督调查服务

㉜ 市场调查／民意调查服务和市场调查

㉝ 建筑机械和土木工程租赁和设备

㉞ 其他未归类于别处的机械设备的租赁（发电厂、纺织、金属／木材加工／工作、印刷和电焊）

㉟ 美术馆

㊱ 艺术表现建设

㊲ 地铁运输：旅游运输和某些目的地运输

㊳ 海上乘客运输

㊴ 数据通信系统服务

㊵ 固定电信网络的运作

㊶ 移动电信网络的运行

㊷ 提供电信网络内容服务（铃声和高级短信等）

㊸ 信息服务中心和其他增值电话服务

㊹ 互联网接入服务

㊺ 公共电话互联网服务

㊻ 互联网互连服务（NAP）和其他多媒体服务

㊼ 职业培训

㊽ 制药业

㊾ 针灸服务设施

㊿ 害虫控制或熏蒸服务

㉑ 医疗器械行业：B 类

㉒ 医疗器械行业：C 类

㉓ 医疗器械行业：D 类

㉔ 银行和组织和细胞实验室

（4）PMA 有限公司资本

根据 2015 年第 14 号投资协调局于投资原则许可证指南和程序的规定第 13 条第 1 款（"BKPM 第 14 号规范"），PT PMA 具有大企业资格，除非另有规定；法律法规要求实施投资价值和资本要求的规定，以获得投资许可。

具有大企业资格公司的含义是根据最新的财务报表认定，净值超过 100 亿印尼盾，不包括基于最新财务报表或年销售额超过 500 亿印尼盾的土地和建筑物。

有关必须满足的最低投资价值的规定如下。

① 除掉土地和建筑物外，总投资额大于 100 亿印尼盾。

② 发行股本的价值与实收资本相同，最少为 2.5 亿印尼盾。

③ 股权的百分比是根据股票的名义价值计算的，并且每个股东的股票面值至少为 1000 万印尼盾。

但是，对于在建筑和开发房地产业务活动的投资者而言，PMA 有限公司（PT PMA）中与其投资价值相关的资本要求如下。

以完整建筑物或综合住房综合体形式的财产形式，具有以下规定：

① 投资价值超过 100 亿印尼盾，包括土地和建筑物。

② 实收资本的价值至少为 25 亿印尼盾以及公司资本的投资价值。

或以不属于一个完整建筑物或一个住宅区的财产单元的形式进行投资，以综合方式规定如下：

① 投资价值超过 100 亿印尼盾，不包括土地和建筑物。

② 实收资本价值至少为 25 亿印尼盾。

每个股东的公司资本投资价值至少为 1000 万印尼盾，债务与权益比率（DER）

4 : 1 的规定。

投资价值必须由公司在公司取得营业执照之日起一年内履行。

（5）对创始人行政方面的合法要求

作为创始人的外国投资者必须具有原始身份，如果创始人是私人，则必须持有有效护照，如果创始人是外国法人实体或外国企业实体必须通过有效的成立契约证明。

（6）PMA 有限公司（PT PMA）治理结构

PT PMA 还受 2007 年关于有限公司第 40 号法律的约束，其中第 1 条第 2 款规定公司的机构是股东大会、董事和委员会。至少本公司由两名或更多人组成，并以印尼语编制公证书。至少任命一名董事，并任命一名专员。

（7）禁止提供虚假信息或数据

根据 BKPM 关于投资许可和设施指南和程序的 2018 年第 6 号条例第 64 条（Perka BKPM，2018 年第 6 号），规定公司管理层和 / 或提供虚假信息和 / 或数据的申请人的律师，取消申请 BKPM 的许可和投资设施资格至少一年，并将公开宣布。此外，如本公司的管理层和 / 或许可和投资机构的授权书，其提供的信息和 / 或虚假数据已在提交给 BKPM 的申请中得到证实，将受到刑事制裁法定条款。

（8）禁止与其他人签订股权协议（被提名人协议）

根据 Perka BKPM 2018 年第 6 号条例第 6 条第 6 款，禁止投资者制定协议和 / 或声明，确认公司股份的所有权仅限于他人或代表他人。

3. 建立 PMA 有限公司（PT PMA）程序

（1）为了能够建立 PMA 有限公司（PT PMA），公司必须满足投资和资本价值要求才能获得上述投资许可证。

（2）确保公司一般有完整的 PT 机构，例如：

- 有限公司成立契约。
- 法律和人权部长关于有限公司合法批准法令。
- 具有公司纳税人的本金价值（NPWP）。

（3）创建单个提交在线账户（OSS）

根据 2018 年关于电子商务许可服务的印度尼西亚共和国政府条例第 85 条，规定可通过 OSS 系统提交的商业许可部门如下。

① 电力部门的商业许可

② 农业部门的商业许可

③ 环境和林业部门的商业许可

④ 公共工程和公共住房部门的商业许可

⑤ 海事和渔业部门的商业许可证

⑥ 卫生部门的商业许可

⑦ 药物和食品部门的商业许可

⑧ 产业部门的商业许可

⑨ 贸易部门的商业许可

⑩ 运输部门的商业许可

⑪ 通信和信息部门的商业许可

⑫ 金融部门的商业许可

⑬ 旅游业的商业许可

⑭ 教育和文化部门的商业许可

⑮ 高等教育部门的许可证

⑯ 宗教和宗教部门的许可

⑰ 劳工部门商业许可

⑱ 警察部门的营业执照

⑲ 合作、微型、中小型企业（UMKM）部门的商业许可

⑳ 核部门的商业许可

业务主体拥有的电子邮件在 OSS 网络上使用非个人业务类型创建用户 ID 以登录 OSS 系统。通过使用 OSS 系统发送的用户 ID 到注册的商业运营的电子邮件来完成登录。此外，业务主体可以处理应用程序以获取基本许可证，例如营业执照和／或商业和运营许可证，以及他们的入资声明作为承诺。

重要的是必须了解到，OSS 颁发的所有许可证，业务参与者需要满足许可证里所规定的承诺或条件，并在业务参与者按照适用法规支付非税证书收入（PNBP）、用户费用或其他许可证费用后才能变得有效。

金融部门的银行和非银行业务许可形式的商业许可由金融服务管理局或印尼银行根据法律规定在 OSS 之外进行。此外，采矿、石油和天然气行业的商业许可是在 OSS 之外由根据法律规定在采矿、石油和天然气领域开展政务的部门进行的。

除了可以通过 OSS 提交的业务部门外，商业许可申请还可以通过 BKPM 的中央 PTSP 进行，如 Perka BKPM 6/2018 所规定。

（4）拥有可以通过在线单一提交（OSS）系统或 BKPM 根据公司的业务部门提交的业务识别号（NIB）和其他业务许可。NIB 是商业行为者注册后由 OSS 机构发布的商业行为者的身份。NIB 同时适用于：

① 公司注册证（TDP）

② 导入标识号（API），如果业务主角将执行导入活动

③ 海关准入，如果商业行为者将进行出口和／或进口活动

4. PMA 有限公司（PT PMA）优点和缺点

外国投资被确定为有限公司的形式，以下是关于 PMA 有限公司（PT PMA）的利弊的进一步分析。

印尼其他 PMA 有限公司（PT PMA）优势如下。

（1）根据 2007 年关于投资的第 25 号法律

① 通过将净收入减少到一定时间内投资额的一定水平，可获得企业所得税减免

② 为了支持印尼国内生产，能获得相关税务的免税待遇

③ 印尼国内具备原材料的条件

④ 对于在一定时期内无法在国内生产的生产资本货物或机器或设备的进口，免征或暂停征收增值税

⑤ 土地和建筑税减免，特别是某些地区或该地区的某些商业领域

（2）与其他有限公司一般存在权利和义务平等

（3）轻松获得营业执照

（4）在某些部门，将可能允许 100% 外国投资

（5）为外国投资者提供移民设施如下。

① 给予有限逗留签证的建议

② 给予居留许可证

③ 建议将有限居留许可的地位转为永久居留许可

与其他印尼公司相比，PMA 有限公司（PT PMA）的劣势如下。

（1）因外国劳务的增加，减少了印尼劳务的机会

（2）有义务每月提交税务报告

（3）如果公司已获得许可，则有义务提交投资活动报告（LKPM）

案例十一 马来西亚投资法律风险与防范案例

作者：马来西亚中国总商会法律事务委员会
关键词：海外投资 商业法律风险和防范

（一）马来西亚概况

马来西亚（简称"大马"），位居东南亚的中心位置，并处在世界经贸和海陆空交通运输各方面都具有战略性的地理位置上。大马的人民种族、教育、宗教、经济、文化和政治等方面具有多元化的结构，促成一个多元化的君主立宪民主国家。自 1957 年从英国殖民统治下获得独立始，62 年来，政治稳定，社会安宁，国民教育水平提高，大约 700 万的华裔国民中，大多数都能讲和写流利的汉语及最少 2 到 5 种其他语言（包括华人方言）。大马的天然资源丰富，是亚洲最大的原油和天然气净出口国、东南亚第二大石油生产国。它的原产资源也很多，其中棕油（食油）、榴梿、橡胶、咖啡、草药和矿物等，都大量地销售到世界各地，尤其是中国。大马也拥有许多世界级的旅游景点，包括魅力无边的海岛和让外国人回味无穷的大马美食。因此，旅游业，包括旅游医疗业也成为大马的第三大外汇收入来源。其他行业，包括电子、家具、食品、清真产品、各类型中小企业以及知识经济服务业等，也都在快速地扩张。

大马政府近年来积极推动引进外资的各种优惠措施，有效地改善了外资到大马投资和营商的条件与环境，吸引了越来越多的中国商家和企业家来大马经商和进行投资。2019 年，世界银行对全世界 190 个国家营商环境便利进行评审，结果大马名列榜单第 15 位，引起更多外资的关注和前来投资。对中国的经贸方面，2018 年（1 月至 11 月）大马与中国的贸易和 2017 年同时期对比增加了 8.5%，中国已经成为大马最大的贸易出口国。我们相信，两国之间的贸易将在未来持续以惊人的速度成长。

大马于 1957 年签署《关税和贸易总协定》，成为世界贸易组织（WTO）创始成员国之一，也于 1961 年加盟东南亚国家联盟（简称"东盟"）。从 2002 年起，东盟开启了自由贸易区建设,实现区域内部贸易零关税。东盟国目前总人口已超出 6 亿,是世界上最大的区域经济体之一。由于大马地理位置的重要性和便利性,中马两国政府和民间拥有长期的友好外交和经贸关系,加上大马是最先支持中国"一带一路"倡议的国家之一,大马无疑是个非常适合中国企业设立公司或建厂设生产线的国家,除了可由此地与世界各地经商外,在它身边,就已经有一个现成的 6 亿人口的东盟大市场!

到大马进行投资的企业家,除了首先应对投资环境和潜能进行详细考察外,也必须慎重关注大马的司法体系和执法制度,尤其是了解与商业和投资有关的法律,如企业注册、营业执照、劳资条规、移民政策、税务、土地或商业房产使用权或拥有权和工程承包责任制等。拥有对大马法律的基本认知,对所有投资者都是非常重要和必要的。

(二)马来西亚商业法律风险和防范常见问题梳理

1. 大马对外国投资到底有哪些相关政策

大马在外商投资准入的管制以及规划方面基本上采取三种不同的对待形式。

(1)投资或商业形式

大马政府规定外国投资者在大马的投资或者从事任何商业活动必须向大马公司委员会进行登记注册,并成立符合法律规定的商业机构或者商业形式,并且要在大马境内拥有合法注册的办公室。

(2)外商和本地的持股或管理层控制权的比例限制

视外商意欲投资的特定领域不同,相关政府部门或者相关法律可能会对该领域内的外商持股/代表外商的董事或者管理层的出资比例进行限制性规定,比方说规定或者要求外商投资者的持股比例不可超过半数,或者本地的投资者必须持股30%,又或规定董事局代表外商的董事人数不得超过董事总数的半数。

(3)相关政府部门的批准

规定特定外商在特定领域的投资或者商业形式,必须先行申请并取得相关政府部门的审核批准,才可以正式实施或进行。

2. 相关政府投资主管部门有哪些

(1)大马投资发展局

大马主管制造业领域投资的政府部门是贸工部下属的大马投资发展局,主要职责是:制定工业发展规划;促进制造业和相关服务业领域的国内外投资;审批制造业执照、外籍员工职位以及企业税务优惠;协助企业落实和执行投资项目。

(2)大马首相府经济计划署(EPU)及国内贸易、合作与消费者事务部(MDTCC)

大马其他行业投资由大马首相府经济计划署（EPU）及国内贸易、合作与消费者事务部（MDTCC）等有关政府部门负责，EPU负责审批涉及外资与土著持股比例变化的投资申请，而其他相关政府部门则负责业务有关事宜的审批。

3. 与投资合作相关的主要法律有哪些

大马投资法律的主要立法包括2016年《公司法令》和1950年《合同法令》。如果是投资特定领域，则该领域的相关法令会介入。譬如说金融、制造业、能源领域以至油气业都有其相应的法律。

1950年《合同法》规定了合同的订立、撤销、履行和代理等内容，是大马民商法律的基础。

2016年《公司法》对公司登记成立、股份债券、抵押登记、公司管理、股份公司、公司账目与审计以及公司清盘做出了详细规定，还明确了投资公司和外国公司的概念。

1986年《投资促进法》是大马工业投资促进方面最重要的法律，投资优惠措施以直接或间接税赋减免形式出现，直接税激励指对一定时期内所得税进行部分或全部减免，间接税激励则以免除进口税、销售税或消费税的形式出现。

4. 投资行业的规定有哪些

（1）限制的行业

外商投资下述行业会在股权方面受到严格限制：金融、保险、法律服务、电信、直销及分销等。一般外资持股比例不能超过50%或30%。

（2）新开放领域

2009年4月，大马政府为了进一步吸引外资，刺激本国经济发展，开放了8个服务业领域的27个分支行业，允许外商独资，不设股权限制，如下。

a. 计算机相关服务领域

b. 保健与社会服务领域

c. 旅游服务领域

d. 运输服务领域

e. 体育及休闲服务领域

f. 商业服务领域

g. 租赁服务领域

h. 运输救援服务领域

为了进一步刺激外资流入，大马政府在2012年逐步开放17个服务业分支行业的外资股权限制，包括：电讯领域的服务供应商执照申请、电讯领域的网络设备供应与网络服务供应商执照申请、快递服务、私立大学、国际学校、技工及职业学校、特殊技术与职业教育、技能培训、私立医院、独立医疗门诊、独立牙医门诊、百货商场与专卖店、焚化服务、会计与税务服务、建筑业、工程服务以及法律服务。

大马服务业发展理事会（MSDC）是分支领域开放的监管单位，负责审查服务业限制领域发展的有关规定，监督和协调各部门相关工作。

（3）鼓励的行业

大马政府鼓励外国投资进入其出口导向型的生产企业和高科技领域，可享受优惠政策的行业主要包括：农业生产、农产品加工、橡胶制品、石油化工、医药、木材、纸浆制品、纺织、钢铁、有色金属、机械设备及零部件、电子电器、医疗器械、科学测量仪器制造、塑料制品、防护设备仪器、可再生能源、研发、食品加工、冷链设备、酒店旅游及其他与制造业相关的服务业等。在制造业领域，从2003年6月开始，外商投资者投资新项目可以持有100%的股权。

5. 投资方式的规定有哪些

（1）直接投资

外商可直接在大马投资设立各类企业，开展业务。直接投资包括现金投入、设备入股、技术合作以及特许权等。

（2）跨国并购

大马允许外资收购本地注册企业股份，并购当地企业。一般而言，在制造业、采矿业、超级多媒体地位公司和伊斯兰银行等领域，以及鼓励外商投资的五大经济发展走廊，外资可获得100%股份；大马政府还先后撤销了27个服务业分支领域和上市公司30%的股权配额限制，进一步开放了服务业和金融业。

外资在大马开展并购，不同领域由相关政府主管部门审批，例如制造业由贸工部批准，国内贸消部负责直销和零售批发业，国家银行及财政部负责金融业，包括银行、保险等，通讯及多媒体部负责电讯业。并购价值超过2000万令吉特的，还需要经过经济计划署（EPU）批准。2012年实施的《竞争法令2010》是大马维护公平竞争和防止垄断的法令，该法令由大马竞争委员会执行，在大马开展的相关并购活动也受该法律的制约。

（3）股权收购

大马股票市场向外国投资者开放，允许外国企业或投资者收购本地企业上市。2009年，大马政府宣布取消外资公司在大马上市必须分配30%土著股权的限制，变为规定的25%公众认购的股份中，要求有50%分配给土著，即强制分配给土著的股份实际只有12.5%；此外，拥有多媒体超级走廊地位、生物科技公司地位以及主要在海外运营的公司可不受土著股权需占公众股份50%的限制。纳吉布同时废除外资委员会（FIC）的审批权，拟在大马上市的外资公司直接将申请递交给大马证券委员会。

（三）小　结

中国企业境外投资还面临严峻的法律风险，主要是对境外其他国家和地区的法律制度不熟悉。另一方面，不同国家和地区对于外国直接投资的政策要求与法律制度各不相同，外部环境不断变化，这些因素都造成中国企业在"走出去"的过程中，面临较大的法律风险。

对外投资要法律先行，但一些想"走出去"的中国企业错误地认为法律咨询不能直接产生效益，法律意见束缚了决策者的手脚，往往只在项目进行到签署备忘录或者框架协议的时候，才让律师或者法务人员介入，但此时投资就存在较大的法律风险，一旦发生严重问题进入争议阶段，往往导致错失商机，遭受损失。

案例十二 中国某石油企业在尼日利亚的石油利润税纠纷

作者：郑毅
尼日利亚拉各斯华助中心 OJOTA 分部主任
关键词：财税金融 石油利润税

（一）案例要旨

2006 年年初，中国某石油公司（简称 A 公司）与尼日利亚 B 公司签署收购协议，以 23 亿美元收购尼日利亚海上石油开采许可证（开发 C 区块）项下 45% 的工作权益，并于 2006 年 4 月完成了全部交易。2007 年，尼日利亚联邦税务局对股权买卖双方进行了税务审计，根据税务审计的初步结果，尼税务局要求这两家公司补缴 C 区块交易税。

但是，A 公司根据有关法律对尼税务局的项目税务审计评估结果提出了质疑。根据律师和税务顾问的意见，A 公司认为提出异议具有合理的依据，因此，在收购过程中及之后，既未计提由此争议可能引起的任何费用，也未对 C 区块成本进行调整。这是 A 公司在税务纠纷上面临的一个问题，从本质上来说是并购交易税该不该缴纳的问题。

（二）案例介绍

A 公司在并购时曾表示，在中国香港会计准则 12 号的《所得税》中，资产收购不确认递延税项。然而，在美国会计准则下，C 区块的油气资产和递延税项负债共增加人民币约 160 亿元。两个准则下的不同规定，产生了巨大的递延税项差异。

A 公司通过股权收购受让该资产后，连带承担了相应的负债。A 公司与尼日利亚联邦税务局在就有关税务条款的解读和纳税事项的处理上存在分歧。该公司缴纳石油利润税时在投资补贴适用比例上又产生了新的税务纠纷问题，该问题至今一直困扰着 A 公司，随着油田进入生产期和营业利润的积累，税务纠纷涉案金额越来越大。

项目进入生产期后，投资补贴比例上的税务纠纷问题导致项目在尼联邦税务局的历年税务审计中均面临着巨大的欠税罚单。虽然 A 公司尼日利亚项目部及其总部领导多次与尼日利亚政府和尼日利亚国家石油公司协商和谈判，但该税务纠纷事项一直未取得重大突破。近年来，该纠纷不断恶化，甚至发生了尼日利亚政府税务部门强制执行税务罚款和强行提油的情况。

A 公司石油利润税税务纠纷的产生，与 C 区块的历史演变以及不同主体对尼日利亚财税条款的理解差异不无关系，下面加以详细分析。

1. A 公司收购标的资产情况

A 公司成功收购的 C 区块 OML（Oil Mining Lease）的前身为 OPL（Oil Prospecting License，油气勘探许可证）勘探区块。C 区块所在的尼日尔三角洲是世界上油气储量最丰富的盆地之一，区块面积约为 500 平方英里，是一个深水区块，水深在 1000 米以上。C 区块包括 2000 年发现的 D 油田及另外 3 个油田，D 油田的可采石油储量约为 6 亿桶，其他 3 个油田内还有高达 8 亿桶以上的可采储量，并具有很好的勘探前景。

1998 年，尼日利亚当地石油公司 B 公司独家与尼日利亚政府签署了 OPL 勘探区块油气勘探石油合同。同年，两家国际石油公司通过与 B 公司签署产品分成合同，分别获得了该区块 24% 和 16% 的股权。

2005 年，OPL 勘探区块转入开发期，退出一半面积后更名为 C 区块。其中，50% 的股权在最初签署的非常优惠的独担风险合同下由 B 公司与这两家国际石油公司共同分享；通过新签署的优惠较少的产品分成合同，B 公司作为当地公司拥有该区块项下另外 50% 的股份。

2006 年，A 公司购买了 B 公司在 C 公司区块拥有独立股权资产的 90%，即在该区块拥有 45% 的工作权益。

C 项目资产是迄今 A 公司在海外收购的最大、最优良的资产之一，它的建成投产极大地提高了 A 公司的海外油气储量和产量。

2. A 公司税务纠纷原因探析

（1）尼日利亚税法的基本规定

根据尼日利亚石油利润税法的规定，1998 年以前签署的石油合同被赋予 50% 资本化投资的税收抵免；1998 年以后签署的石油合同仅享受 50% 资本化投资的税前扣除，按照现行深海石油利润税率 50% 计算，实际仅享受税收减免 25%。

（2）税务纠纷的产生

A 公司 C 区块税务纠纷产生的原因是，A 公司认为 B 公司是在 1998 年签署的石油合同，按照尼日利亚现行石油税收法律规定，理应享受资本化支出税收抵免政策，并据此对收购过程和后续生产期内的石油利润税做了计提与缴纳。尼日利亚联邦税务收局经税务审计后则认为，从技术上来说，C 区块是在 2005 年转化为开发区块新签产品分成合同以后才开始存在的，A 公司实际购买的是该新合同项下的股权，应当享受税前扣除政策，而非优惠税收抵免政策。

（3）预计可能的影响结果

事实可能并不像 A 公司所预计的那么乐观。据了解，某银行研究中心曾经以 A 公司在 2010 年和 2011 年度披露的财务数据为基础，分别预计了适用税收抵免和税前扣除两种政策下的应缴石油利润税情况。结果显示，两种情况下应缴石油利润税额差异为 4.6 亿美元，即按照尼日利亚税务局主张的税前扣除政策计缴所得税，将比按照 A 公司所主张的适用税收抵免法平均每年多缴纳税金高达 2.3 亿美元。

（三）分析与应对重要经验与启示

1. "依法纳税、合理筹划"是税务管理和风险管控的生命线

作为最早在尼日利亚开展油气合作的老牌国际石油公司，壳牌和阿吉普等对于尼日利亚税务法律法规及变更的了解不可谓不深刻。几十年本地化的经营与运作，兼有国际税务咨询公司和本地咨询公司的专业化指导与支持，这些国际石油公司在尼日利亚的税务管理可以说是相当专业。

即便如此，许多在尼日利亚开展油气合作的国际石油公司也深陷各方面的税务纠纷和诉讼。从深层次来说，众多税务纠纷和诉讼问题的背后是国际油价上涨使资源国政府能源主权意识提高，导致资源国政府与国际石油公司在石油收入分配上的利益冲突与博弈。

2. 高度重视并购中的尽职调查，深入了解投资项目税务情况

深入研究 A 公司的税务纠纷问题，就不难发现，A 公司在最初的并购中忽视税务处理细节，盲目完成并购，直接埋下税务隐患。A 公司在 2006 年项目评估和交易时没有充分考虑到中国香港与尼日利亚在税务会计方面的法律差异，没有深入了解尼日利亚当地油气财税政策的相关规定。

交割后的第一年即 2007 年税务审计后即开始出现税务纠纷，时至今日双方依然难以达成一致意见。根据政府税务审计结果，这起税务纠纷对项目的交易成本及未来回报都产生了很大的影响。并购评估失误，片面理解资源国税收法律，虽然没有违法行为和意图，但直接导致了税务管理风险的产生。

并购尽职调查不够充分，税务障碍没有被完全发现，则会间接增加运营中的管理风险。我国海外投资项目在税务风险管理中面临的重要问题之一，是在并购前的尽职调查工作中较少考虑税务风险，简化甚至忽略税务风险，给未来企业的整合和运营埋下了隐患。

3. 加强对资源国财税条款的研究，做好税务风险预警

世界各国政府规定的税收制度千差万别，每个国家都有权力在其管辖的主权

范围内对企业或个人取得的各种收益进行课税，不同国家和地区的税种设置和税负水平高低各不相同。这其中既有国际税收的一些共性，又有资源国政府税收制度中的特殊性和差异性。投资国与资源国在税收制度上的差异，使境外企业在履行纳税义务时需要一段时间去了解、熟悉和适应，这本身就是一种风险。

4.合理做好纳税筹划，降低企业税务负担

对于海外企业来说，可以从以下几个方面进行必要的制度和流程规划，达到降低税收成本，减少税收风险的目的。

（1）优化投资架构，合理利用"避税岛"。

（2）选择合理的筹资方式，考虑筹资成本的抵税效应。

（3）确定有利的物资采购与技术服务转让定价。

（4）根据项目不同的发展阶段，设立对企业整体最为有利的工资结构和工资水平。

（5）选择有利于降低税费的折旧折耗和摊销方法。

（6）选择有利于降低税费的存货计价方法。

（7）因地制宜，利用好资源国政府的税收优惠政策。

（四）案例涉及法律条款梳理

参考法律法规如下。

1.《公司与相关事务法》Companies and Allied Matters Act-CAP.C20 L.F.N.2004。

2.《石油利润税法案》Petroleum Profits Tax Act-CAP.P13 L.F.N.2004。

3.《石油法》Petroleum Act-CAP.P10 L.F.N.2004。

4.《石油天然气出口免税区法案》Oil and Gas Export Free Zone Act-CAP.O5 L.F.N.2004。

5.《尼日利亚石油天然气行业内容发展法案》Nigeria Oil and Gas Industry Content Development Act，2010。

6.《增值税法案》Value Added Tax Act-CAP.V1 L.F.N.2004。

7.《印花税法》Stamp Duties Act-CAP.S8 L.F.N.2004。

8.《税收征缴（批准征收列表）法案》Taxes and Levies（Approved List for Collection）Act-CAP.T2 L.F.N.2004。

（五）参考资料

1.刘舒考、张广本、胡立强，《尼日利亚油气合作中的典型涉税案例分析》，载于《国际石油经济》，2015（1）。

2.《"一带一路"沿线国家法律风险防范指引》，2017。

案例十三　非洲某国家主权授信贷款项目的法律难点及其解决

作者：张旭
北京德恒律师事务所
关键词：财税金融 融资贷款

（一）案例要旨

德恒律师事务所接受国家开发银行（简称"客户"或"贷款人"）委托，担任客户向某非洲国家提供主权授信贷款项目（简称"本项目"）的牵头法律顾问，协调项目当地律师和贷款合同管辖法律师，为本项目的尽调评审、融资文件起草及贷款变更等事项提供全程法律服务。本项目包含两个子项目。

1. 农产品项目

农产品项目贷款用于该国某农产品加工厂的建设和运营，主承包商为中国某建设公司，项目业主为该国农业部（现已变更为该国商业、贸易和工业部）。

2. 通讯网项目

通讯网项目贷款用于该国城市公共安全网的建设和运营，主承包商为中国某通讯公司，项目业主为该国内政部。

本项目是中国在"一带一路"倡议下援建非洲国家的重点项目，是中国政府和该非洲国家政府高度重视的友好合作项目，本项目的顺利实施对改善相关地区人民生活水平、服务当地经济建设以及提升中国企业竞争力和国家影响力都具有重要意义，也是中国金融机构在主权授信贷款类型上的里程碑式项目。

（二）案例介绍

随着"一带一路"倡议的具体落实，相关建设的步伐不断加快，非洲地区由于其较强的产业结构调整需求和基础设施建设需求，成为我国企业"走出去"进行国际市场布局、整合国际资源的重要市场之一，尤其在承包工程领域，项目规模逐年扩大，融资需求越来越高，社会责任属性也越来越强。

1. 本项目融资和信用结构

本项目贷款人为国家开发银行，借款人为该国财政部长（为该国政府利益并代表该国政府），信用结构及风险缓释措施包括：（1）投保中国出口信用保险公司买方信贷保险，保险受益人为贷款人，最大赔付比例为贷款本息的95%；（2）借款人将本项目还款计划逐年纳入财政预算；（3）农产品项目中，主承包商作为担保人对本项目贷款本息及有关费用的5%提供了连带保证责任担保。

2. 本项目法律工作范围

本项目法律工作分为三个阶段开展，授信评审阶段、合同签署阶段和首次提款前提条件确认阶段。德恒律师和项目当地律师在每个阶段提供的法律服务分别如下。

（1）授信评审阶段

德恒及项目当地律师就借款人行为能力、保证人行为能力、每个项目的业主资质、EPC 合同的内容及融资项目审批证照的取得情况等进行法律尽职调查并出具意见，由德恒汇总中国及项目当地律师出具的意见，向客户出具了本项目评审阶段法律意见。

（2）合同签署阶段

德恒、项目当地律师及贷款合同管辖法律师共同对每个项目贷款所涉及的两套融资文件进行起草、审阅和修改；就客户贷委会纪要落实情况、借款人行为能力、保证人行为能力、贷款合同和担保文件的合法性和有效性等，协调项目当地律师和贷款合同管辖法律师出具意见，由德恒汇总中国及项目当地律师和贷款合同管辖法律师出具的意见，向客户出具了本项目合同阶段法律意见。

（3）首次提款前提条件确认阶段

就借款人在贷款合同下的首笔贷款发放条件已经满足，由德恒和项目当地律师针对两个项目的提款文件进行逐项核查，并出具首次提款前提条件满足确认函，由德恒律师汇总项目当地律的确认函后提供给客户。

3. 本项目的特殊之处

本项目作为主权授信项目，借款人为主权国家政府，与通常情况下企业作为借款人的融资项目相比具有不同点。一方面，律师要像一般尽调一样对借款人行为能力、授权签署、业主及承包商资质、项目所涉审批、贷款用途和还款来源等尽职调查要点作出安排，同时要根据该国的政治体系和法律规定进行必要的变通，并在融资文件中妥善处理相关陈述保证和承诺事项、选择适当的管辖法律和争议解决方式并防范主权豁免风险；另一方面，主权国家政府作为借款人使融资项目更易受到一国政治格局、财政状况和国际社会环境的影响，需要律师在有关事件发生时，具有敏锐的洞察力、判断力和决策力，及时识别风险并提出解决方案。

此外，主权授信项目中，涉及与一国政府的频繁沟通协调，无论是当地企业还是中国贷款人，都面临更大的协商难度，律师需要积极与各方保持联系，根据了解到的项目实际推进情况，提出切实的咨询建议并注重沟通技巧。本项目中，在该国政府拒绝承认内阁解散导致贷款合同效力瑕疵的情况下，德恒顶住压力，协助客户与该国政府重新签署本项目贷款合同，化解了相关政府信用风险，维护了客户权益。

（三）法律难点及解决方式

由于该非洲国家的政治、经济、社会环境及其财政状况的特点，相比通常的主权授信项目，本项目耗时长、难度大。此外，与本项目同时发生的该国政府换届及总统大选等政治事件也在一定程度上为本项目添加了特定的非常规因素。

现将德恒在为本项目提供法律服务过程中总结与梳理的主权贷款项目法律难点及解决方式介绍如下。

1. 主权借款人的国家外债审批程序是否已适当履行

由于主权贷款项目下的借款人为某主权国家政府，在贷款评审阶段应特别重点关注该国法律对举借主权债务所规定的批准程序以及限制条件，确保贷款项目获得了该国政府的适当批准、贷款合同在该国合法有效并可执行、对该国政府具有约束力。

本项目中，就批准程序而言，根据该国法律，财政部长有权代表国家举借外债，但应取得该国内阁的批准并由该国总检察长（Attorney General）对贷款合同的合法有效性出具法律意见。此外，该国议会就政府举借外债设定了上限额度，并每年予以更新。有鉴于此，我们要求总检察长意见以及该国财政部出具的证明本项目贷款合同的签署，不会致使该国的外债余额超过外债上限的或有负债证明作为贷款发放的前提条件之一。

2. 主权借款人的签署代表是否具有相应的签署权限、该等权限是否存在瑕疵

在确认贷款项目获得该国政府批准后，为确保贷款合同获得有效签署，签署人是否拥有合法权限也是主权贷款项目重点核查事项之一。

本项目中，贷款人与该国时任财政部长（代表该国政府）最初于 2016 年中正式签署本项目贷款合同的。然而，在贷款合同签署约一个月后，该国宪法法院对 Steven Katuka and Another v. The Attorney General and 63 Others 一案的判决，使得本项目贷款合同的有效性出现了不确定性。

2016 年为该国总统大选以及内阁换届的年份。作为大选年的法定程序之一，该国的议会已经于本项目贷款合同签署之前解散。在 Steven Katuka 一案的判决中，

宪法法院认为：内阁部长由议会任命，议会解散后，时任内阁部长（包括时任财政部长）也随之丧失其权力来源，应在议会解散后离任，而不应再代表该国行使部长职权。在这种情况下，德恒及当地律师认为，如果时任财政部长在签署贷款合同时已丧失部长权利，则其代表该国政府签署的本项目贷款合同很可能由于其不具备代表该国政府的签署权限而被宣告无效，从而使贷款人的贷款安全面临巨大的风险。

对此，该国政府出于政府公信力考虑多次明确拒绝承认贷款合同的效力瑕疵，并向中方出具多封官方信函强调贷款合同基于"表见代理"原则属于有效合同。对此，德恒连同当地律师进行分析后认为，"表见代理"原则主要目的在于保护"善意"合同相对方的信赖利益，如贷款人在明知财政部长的授权存在瑕疵的情况下仍向借款人放款，则可能失去"善意"合同相对方的地位，而不受"表见代理"原则的保护。同时银行作为专业融资机构，其可能承担比一般贷款合同相对方更严格的注意和审查义务，即使贷款人以"表见代理"原则为由向争议解决机构主张贷款合同项下权利，也无法完全排除争议解决机构不支持贷款人诉求的可能性。此外，由于本项目贷款期限超过 10 年，贷款合同效力瑕疵难免成为引发双方争议的隐患。考虑到该国政府的财政状况及履约能力，一旦贷款合同出现违约，贷款合同的效力瑕疵很可能成为对方主张合同无效并进而拒绝履行合同的理由之一。即便贷款人的实体法律主张最终能够得到争议解决机构的支持，但其也将不可避免地陷入争议解决程序之中，消耗大量的时间和资金成本。

鉴于以上分析，综合权衡该国政府偿债履约能力，该国政治、经济环境以及其享有的主权豁免，德恒建议贷款人要求该国新任财政部长与贷款人重新签署贷款合同，确保贷款合同的有效性。在德恒的协助下，贷款人与该国 2016 年大选后新任财政部长重新签署了本项目的贷款合同。

3. 主权贷款资金的用途是否存在特殊限制

各国对主权贷款下的资金用途往往有特定的要求和限制，确定主权贷款用途是否符合所在国法律规定是主权贷款项目中需关注的另一重要问题。

在农产品项目中，贷款资金将全部用于农产品项目，该项目的初始业主为该国某家具有国营背景的公司。但是在评审阶段我们注意到，根据该国法律，政府贷款资金只能用于由政府作为业主的建设项目。本农产品项目的初始业主（一家具有国营背景的商业公司）并非是政府机构，如贷款资金用于农产品项目的建设和运营，将与当地法律要求不符。为确保贷款资金用途的合法性，德恒建议农产品项目业主变更为该国政府部门。经协商，借款人同意由该国农业部代替该国营公司作为农产品项目的业主。同时，为尽量降低更换业主为本项目带来的额外开支，该国农业部 / 商业、贸易和工业部（根据最新的 EPC 补充合同，业主由农业部变更为商业、贸易和工业部,仍代表该国政府)授权该国营公司作为业主代理人,继续负责该项目的建设和实施。

4. 主权借款人的还款来源是否已经纳入该国财政预算

主权授信项目中,借款人的主要还款来源为该国财政收入。为确保稳定的还款来源,贷款人应要求借款人将贷款本息及其他应付款项适当纳入财政预算。

本项目中,作为贷款发放的前提条件之一,借款人应提供一份书面证明,承诺将贷款本息及其他应付款项纳入该国财政预算。此外,贷款合同约定,在贷款存续期间,借款人应于每个年份的年度财政预算公布后的 60 日内,将该等预算提供给贷款人以证明贷款本息及其他应付款项已被纳入年度财政预算。

需要特别提示,各国政府预算案通常按照年度编制,由议会审批后施行。主权授信项目一般期限较长,在借款人全部清偿完毕借款本金、利息及其他应付款项之前要经历若干个财政预算年度。尽管贷款人要求借款人作出承诺将贷款本息及其他应付款项纳入该国财政预算,但该国财政部门是否能够履行承诺、预算方案审批机构是否能够批准当年度的政府预算方案都存在一定不确定性。贷款人应当关注该国政府预算方案的编制、审批过程,一旦发现借款人未将还款事项列入预算方案的情形,应当立即采取必要措施,防范逾期不能归还借款的风险发生。

5. 借款人是否享有国家主权豁免、该等豁免是否可以主动放弃

相比于普通的商业贷款项目,主权贷款项目中借款人通常享有诉讼和强制执行等法律程序的豁免权。因此,需重点关注该国政府在商事活动中是否享有主权豁免、主权豁免的范围以及该国法律是否允许政府放弃主权豁免。

本项目中,该国法律规定政府对其在境外的财产不享有任何诉讼、执行、扣押或其他法律程序的豁免权;就其位于境内的财产而言,政府虽然不享有诉讼或其他法律程序(包括仲裁裁决的承认)的豁免权,但享有执行和扣押的豁免权。有鉴于此,为防范主权豁免的风险,本项目贷款合同中明确约定借款人承认本次贷款为商业行为,且同意放弃其在各个法域所享有的主权豁免权。但是,值得注意的是,由于该国法律并未就政府放弃主权豁免进行任何规定,当地律师认为该等主权放弃条款就借款人在该国境内所享有的财产而言恐不具有可执行性。

6. 适当选择贷款合同的适用法律及争议解决方式

在主权授信贷款合同中,适用法律以及争议解决的选择主要需要考虑的因素包括国际主权贷款的惯例及中立性、判决或裁决结果在借款人所在地的可执行性等。

本项目的法律文本以英国贷款市场协会(LMA)的中长期贷款合同为蓝本,且遵循国际贷款惯例适用法为英法。就争议解决方式而言,为了保持中立性,本项目中双方同意选择第三国的争议解决机构;由于该国为纽约公约的缔约国,符合条件的国际仲裁裁决可在该国得到承认和执行。综合上述因素,本项目双方最终

选择了新加坡国际仲裁中心作为贷款合同争议解决机构。

（四）案例涉及法律条款梳理

案例涉及的法律条款包括且不限于如下。

1. 根据该国《公用审计法》的规定，EPC 合同中应包含授权审计总长，或审计总长授权的其他政府官员、雇员或顾问，检查总承包合同相关账册、记录和其他文件的条款。

2. 根据该国《环境管理条例》（该国 2011 年第 12 号法令）的规定，EPC 承包商需要向该国环境管理局（ZEMA）递交一份《环境影响评估报告》。

3. 根据该国法律第 323 章《所得税法》第二附表的规定，如果借款合同中明示本贷款项下支付的利息不应承担任何税负义务（包税条款），则该等条款在该国法下合法有效，但该等条款仅适用于该国政府的对外借款。

4. 根据中国和该国之间的双重税收协定第 11 条，向中国政府全资控股的金融机构（例如国开行）支付的利息可免税。

智利的所得税、公司的所得税制及其对外国投资者的影响

作者：刘佑军 [1]Rodolfo Porte[2] Octavio Canales[3]
亚美税务师事务所合伙人
关键词：所得税 公司所得税 所得税制 双边税收协定

（一）摘要

按照智利现行的所得税制度，先对通过资本和劳动创造的收入所得征收直接所得税， 智利自然人纳税人和外国纳税人需要汇总全部收入再分别申报综合所得税和附加所得税，并可依法抵扣直接所得税。部分综合税制和中小企业税制分别侧重对大型公司纳税人和中小企业纳税人的税务管理，公司纳税人及其最终股东也分别承担了不同的实际所得税税率。作为属于综合税制的公司的外国纳税人股东，与智利签署了双边税收协定的国家的外国投资者相对享受了更加优惠的税收待遇。更密切地关注智利的政治和宏观形势，制定一个全面的、长期的和灵活的税务规划，应作为公司初始设计、业务规划和财务计划的重要组成部分，以便降低在智利投资的税务风险和优化投资收益。

（二）智利的财税制度

关于智利的所得税，其法律依据是该国于 1974 年 12 月 31 日正式刊发的税

---

① 刘佑军：福建省武平人，旅居智利，福建师范大学西方经济学硕士、智利大学和乔治·华盛顿大学工商管理硕士，智利大学税务规划高级学位，智利会计师协会会员，亚美税务师事务所合伙人。www.cte.cl。
② Rodolfo Porte，智利人，律师，智利大学经济与商业学院税务规划专业教授、研究生导师，智利税务局和安永审计师事务所前律师，亚美税务师事务所合伙人。www.cte.cl。
③ Octavio Canales，智利人，会计师和审计师，智利大学经济与商业学院税务专业研究生导师，安永审计师事务所前合伙人、纽约国际税务部门拉美组的前智利负责人，亚美税务师事务所合伙人。www.cte.cl。

法（Código Tributario，Derecto Ley N° 830）和所得税法（Ley de Impuesto a la Renta，Decreto Ley N° 824）以及后来每一次税务改革对这两部法律的修改。为了鼓励公司增加储蓄和进行再投资，于 1984 年 1 月 1 日开始实施的智利所得税法规定，如果公司没有把利润分配给股东，那么公司股东在同年不需要为公司创造的利润承担额外税赋；公司纳税人应逐年登记历年来创造 的尚未分配给股东的"税务利润余额"（Fondo de Utilidades Tributables，FUT）以及相关的税务记录；当从公司的"税务利润余额"（FUT）中提取利润的时候，公司股东再按照与之适用的税务规则核算和缴纳相应的所得税额，并可以抵扣公司已经缴纳的所得税（Impuesto de Primera Categoría，IDPC）。

为了增加国家税收和简化税务流程，上一届智利政府推动了一场新的税务改革，试图取消"税务利润余额"（FUT）制度，先后于 2016 年 2 月 8 日颁布了 Ley 20.899 和 2016 年 10 月 26 日颁布了 Ley 20.956，并于 2017 年 1 月 1 日起正式实施。经过 2016 年的税务改革，加强了对利用税务体制漏洞进行偷税漏税的管控，在形式上取消了曾经运行了 33 年的"税务利润余额"（FUT）制度。按照新的所得税法的第十四条中的 A）和 B）的规定，增加了两种新的一般税务制度——归属税制（Régimen Atribuido or Régimen Integrado）和部分综合税制（Régimen Parcialmente Integrado or Régimen Semi- integrado）。

2016 年的税改只是在形式上取消了"税务利润余额"（FUT），本质上通过部分综合税制（Régimen Parcialmente Integrado or Régimen Semi-integrado）保留了"税务利润余额"（FUT）制度的核心内容——直到派发利润之前，属于这一税制的股东不需要承担与公司利润有关的税赋。此外，新的税务制度、税制选择和公司税务利润的登记等工作比较复杂，并且实际上增加了大公司的股东的税赋（部分综合税制的情形），也在一定程度上限制了部分中小公司的股东的现金流（归属税制的情形[①]）。所以，当前这一届智利政府自 2018 年上台开始，就极力推动一场新的税改，要求简化税制和降低税赋，以促进投资增长和应对全球经济放缓的步伐。2020 年 2 月 24 日，正式公布了"税务现代化"法案（Modernización Tributaria，Ley21.210），修改了所得税法、增值税法等法律，其中大幅度修改了所得税法中关于公司所得税制的内容，并于 2020 年 1 月 1 日开始正式实施。

迄今，"税务利润余额"（FUT）制度的核心内容仍然在延续，在实际操作中，还有公司在其税务报表中仍然通过应纳税利润余额（Saldo Total de Utilidades Tributables，STUT）项目的记录方式保留着股东尚未提取的"税务利润余额"（FUT）；部分综合税制（Régimen Parcialmente Integrado or Régimen Semi-

---

① 参见附录—1：2017—2019 年期间实施的归属税制（Régimen Atribuido）。

integrado）也在 2020 年税改后作为了普通税制（Régimen General）继续存在。所以，本文将主要按照 2016 年税改和 2020 年税改后的法律依据展开进行梳理和探讨，并把有助于理解智利现行税务制度的内容以标注或者附录的形式补充供参考。

1. 所得税的种类

智利所得税法的第二条规定，无论任何性质、来源和形式，通过一个标的或一项活动创造的利润和利益，实际获得的（Percibido）、已获得权利的（Devengado）和被推定最低的（Renta Mínima Presunta）利益、利润和权益的增加，都被视为"所得"（Renta）。与这些所得相关，按照应缴纳的所得税与收入所得的关联度和亲近度，可以把智利的所得税分类成直接所得税和最终所得税。

（1）直接所得税，根据收入主体的不同又被分成两个大类。

第一类所得税（Impuesto de Primera Categoría，IDPC），类似于通常所理解的公司所得税，一般税率为 25% 和 27%，其纳税主体主要利用资本的力量整合资源，通过直接的资本运作或者通过商业、工业、矿业、学校、医疗和运输等企业和组织的形式来创造收入；

第二类所得税（Impuesto de Segunda Categoría，IDSC），类似于通常所理解的个人所得税，按照应税收入水平适用 0 到 40% 不等的累进税率，其纳税主体主要通过劳动和技能的投入获得收入，可以是个人或者由个人协议组成的组织，针对员工工资缴纳的所得税属于第二类所得税。

（2）最终所得税，是指在获取第一、第二类税收所指的收入后，公司的自然人股东或者境外个人与组织，需要汇总源自智利和国外的所有收入并按照适用的所得税制核算最终应缴纳的所得税。最终所得税主要有两种。

第一种：综合所得税（Impuesto Global Complementario，IGC）适用于同时拥有资本收入和劳务收入的智利自然人纳税人，按照汇总后以 UTA[1] 单位计算的总收入水平适用从 0% 到 40% 不等的累进税率[2]。

第二种：附加所得税（Impuesto Adicional，IA），适用于非智利纳税人，对从智利获取的最终收入或者从智利往境外支付征收 35% 的最终所得税。

为了避免双重征税，在核算综合所得税（IGC）和附加所得税（IA）的时候，已经缴纳的直接所得税（IDPC 和 IDSC）可以抵扣应缴的最终所得税（IGC 和 IA）。

除此之外，按照收入性质、收入来源、不合理费用和纳税人性质等因素，还

---

[1] UTA（Unidad Tributaria Annual）是智利税务局按照通货膨胀系数调整的通常用于罚金核算、支付核算等用途的单位，每月会有一个 UTA 和智利比索的换算比率。如，2020 年 9 月，1UTA=603864 比索。参考附表 1：2020 年 1—10 月 UTA 与比索的折算比率。

[2] 见附表 2：2020 年度智利个人综合税率表（IGC）。

有唯一税（Impuesto Único），按照不同的情况适用不等税率，最高可达50%，但不需要额外缴纳其他的所得税。比如，从2017年1月1日开始，对于不适用第一类所得税（IDPC）并且不按照标准会计规则记录完整会计账的自然人，在关于地产交易产生的利润的所得税申报上，可以选择要求免税8000UF①（终生总额度）并对超出部分缴纳10%的唯一税；对于公司记录与公司业务性质无关费用（Gasto Rechazado）降低了税务利润的情形，视不同情形按照该费用的实际金额对公司征收40%的唯一税或者对股东按适用的"最高档综合所得税率+10%"征收唯一税。

2. 公司的所得税制

一个公司属于不同的所得税制，意味着需要满足不同的会计标准和税务标准，享受相应的税务福利和承担相应的税务责任，并且可能直接影响到了公司股东的税务负担。自2020年1月1日起实施的"税务现代化"大幅度修改了公司的所得税制，其中修改和增加了三种税制：部分综合税制（Régimen General，也被称作Régimen Parcialmente Integrado or Régimen Semi-integrado），延续了2016年税改的主要内容，主要针对大型公司（Empresas Grandes）；中小企业税制（Pro Pyme General），是新增加的针对中小企业的税制；简化的中小企业税制（Pro Pyme General Transparente），是在中小企业税制的基础上对符合要求的纳税人给予了更多的税务便利。

（1）部分综合税制（Régimen General，也被称作Régimen Parcialmente Integrado or Régimen Semi-integrado）。

所有不能归类为中小企业（Pequeñas y Medianas Empresas，Pyme）的纳税人，即通常认知的大型公司，都可以被归入部分综合税制。纳税人应按照标准的会计准则②进行会计登记和制作相应的财务报表，并按照所得税法第二十条到第三十三条的规定调整核算当年的利润税基数（Renta Líquida Imponible，RLI）。

属于这一税制的公司按照27%的税率缴纳公司所得税（IDPC），当公司股东获得现金分红或者提取利润的时候，股东需要核算缴纳相应的最终所得税；公司已经缴纳的公司所得税可用于抵扣股东应缴纳的最终所得税（IGC或IA），但是股东同时要退还抵扣额度的35%，故称之为"部分综合（Parcialmente Integrado or Semi-integrado）"。根据部分综合的最终所得税核算方法，实际上要少抵扣9.45%的公司所得税额度（27%×35%=9.45%）；如果源于部分综合税制公司的利润超

---

① UF（Unidad Fomento）是智利独特的一个货币单位，按照通货膨胀率调整后把当地的智利比索折合成UF，税务局每天更新UF的值，主要用于地产交易、物业租赁和税务合算等。2020年9月10日，每1UF折合28688.73智利比索。参考附表3：2020年9月UF与比索的折算比率。
② 智利现行的标准会计准则是国际财务报告准则（International Financial Reporting Standards，IFRS）。

过 310UTA，可以再按超额部分利润的 5% 抵扣综合所得税（IGC）。

（2）中小企业税制（Pro Pyme General）

在所得税法新的第四十条 D 字号中设计了新的中小企业税制（Pro Pyme General），主要针对中小企业而定。在这一税制的纳税人应按照标准的会计准则进行会计登记和制作相应的财务报表，但是可以选择简化的会计记录方式，从而不需要登记繁冗的会计账本以节约纳税人的管理费用。在税务利润的核算上，其基本原则是按照实际收到的收入（Ingresos Percibidos）和实际支付的费用（Gastos Pagados）进行调整计算。

属于这一税制的公司按照 25% 的税率缴纳公司所得税（IDPC）[①]，当公司股东获得现金分红或者提取利润的时候，股东需要核算缴纳相应的最终所得税；公司已经缴纳的公司所得税可以全额用于抵扣公司股东应缴纳的最终所得税（IGC 或 IA）。此外，相对于部分综合税制，可以享受更多的税务优惠和便利，如可以在当期把固定资产全额一次性抵费用、不需要做货币调整（Corrección Monetaria）、年底库存认定为当期的成本费用和固定公司所得税的预缴比例（PPM7[②]）等。

纳税人进入中小企业税制需要符合如下条件。

① 最近三年的年均收入（Ingresos Brutos，包括与关联公司的交易）不超过 75000UF。其中允许有一年的收入超过 75000UF，但是不可以超过 85000UF。

② 公司开始运作（即在税务局申请 Inicio de Actividad）的时候，实际运作资本（Capital Efectivo[③]）不可以超过 85000UF。

③ 来自不含农业用地的地产性收入和投资性收入总和不超过公司总收入的 35%。

（3）简化的中小企业税制（Pro Pyme General Transparente）

在满足中小企业税制的前提下，如果公司的股东是最终所得税的纳税人，那么该中小企业可以向税务局申请选择简化的中小企业税制（Pro Pyme General Transparente）。在这一税制的公司不需要按照标准的会计准则进行会计登记和

---

① 受 COVID-19 疫情的影响，2020 年 9 月 2 日公布了紧急法案（Ley N° 21.256），出台了一系列的财税政策，以刺激经济、促进就业。其中，在 2020 到 2022 年期间，对中小企业（Pyme）的公司所得税率（IDPC）降为 10%。鉴于这是临时性法律，在本文的探讨中将继续按照中小企业适用 25% 的一般公司所得税率展开。

② PPM (Pago Provisional Mensual) 是公司所得税（IDPC）纳税人每个月预缴的相当于月销售的一个百分比的金额，用于来年进行所得税申报的时候进行抵扣，多还少补。

③ 实际运作资本（Capital Efectivo）是指资产总额扣除非实际投资金额（如无形资产、名义资产和过渡性资产）后的余额。

制作相应的财务报表①；在税务利润的核算上，按照实际收到的收入（Ingresos Percibidos）和实际支付的费用（Gastos Pagados）进行调整计算，但是公司不需要缴纳公司所得税（Impuesto de Primera Categoría），而是由公司股东直接缴纳最终所得税（IGC or IA）。

这一税制是 2020 年税改前的简化税制（Régimen Simplificado）②的延续，又综合了新的中小企业税制的特点，并且优惠和便利的范围比原来的简化税制更大了。此外，如果截止到 2019 年 12 月 31 日是简化税制（Régimen Simplificado）的公司，税务局系统会自动把这些公司归入到简化的中小企业税制。

（4）推定税制（Régimen Renta Presunta）

按照所得税法第三十四条，对于符合条件的农业、矿业和地面交通纳税人，可以选择本条文规定的推定税制，并分别按照农地财政估价（Avalúo Fiscal）的 10%、交通工具市价的 10% 和矿产销售额的 4% ～ 20% 作为纳税基数报缴第一类所得税。只有个人实体（Empresa Individual）、有限责任的个人实体（Empresa Individual Responsabilidad Limitada）、合伙（Comunidades）、Cooperativas（合作社）、由自然人成立的股份制公司（Sociedadpor Acciones）和有限责任公司（Sociedades de Personas）可以选择这一税制，并且需要满足如下条件：在年营业额上，农业不超过 9000UF，矿业不超过 17000UF，地面交通不超过 5000UF，在资本性收入上，不能超过总收入的 10%；以及其他规定。

3. 案例分析：属于不同的税制对公司股东申报最终所得税的影响

综上所述，在智利的税务体系中没有明确区分公司所得税和个人所得税，而是通过区分资本或者劳动创造的所得额征收直接所得税；公司主体属于不同的税务体制，不仅意味着有差异的直接所得税率（IDPC）和应当履行的税务责任，还将影响公司股东应缴纳的最终所得税的实际税率和公司股东的现金流和财务负担。我国企业和个人响应"一带一路"的重大倡议走出去，到智利投资和运营，不仅需要做好业务规划，也必须做好相应的税务筹划，合理利用该国的税务机制，降低国际投资的风险和实现投资收益的最大化。

按照智利当前税法，进行有效的税务筹划的重要一步是调整投资和业务的规划，让公司符合最合适的税制（特别是中小企业税制和部分综合税制）的要求，以便合理降低公司和股东的税赋。为了简化探讨和更加直观地阐释这个问题，我们进行如下案例分析。

假设某外国籍人士李三拥有智利长期居留资格，是智利纳税人并且承担的个人综合所得税（IGC）的最高税率是 35%。2020 年 1 月 8 日，李三在智利成

---

① 但是纳税人可以按照标准的会计准则进行会计登记和编制完整的财务报表。

② 附表 2：截止到 2019 年 12 月 31 日的简化税制。

立一家名为 Fortune SpA 的公司，拥有公司 100% 的股份，除了实际运作资本（Capital Efectivo）之外，完全符合现行所得税法规定的中小企业税制的要求。在 2020 年期间，该公司按照国际标准会计规则编制了会计报表并按照智利所得税法第二十九条到第三十三条进行了相应的调整后，该公司实现 2020 经济年度的应纳税利润是 200UTA；期末没有应收账款、没有应付账款、年底库存为零和当期没有添置固定资产，忽略其他微小的会计差异（如资产和负债项目的货币调整），所以，如果按照实际收到的收入（Ingresos Percibidos）和实际支付的费用（Gastos Pagados）进行调整计算，该公司实现 2020 经济年度的应纳税利润也是 200UTA。

当 Fortune SpA 公司在税务局登记开始运作的时候，若实际运作资本（Capital Efectivo）是 70000UF（小于 85000UF），则该公司适用中小企业税制；如果实际运作资本是 90000UF（大于 85000UF），则该公司自动归属于部分综合税制。2021 年 4 月，在针对 2020 经济年度的进行所得税申报的时候，Fortuna SpA 和股东李三的所得税申报表上将会出现如下不同的情形。

（1）若 Fortune SpA 的实际运作资本是 70000UF，属于中小企业税制。

首先在 2020 年期间，每个月 Fortune SpA 都应预缴公司所得税（PPM）。2021 年 4 月，在年度所得税表申报中，Fortune SpA 应按 25% 的税率计算公司所得税（IDPC）为 50UTA，再按 2020 经济年度期间每个月预交的所得税，补缴该年度的所得税差额或者申请退还多余的预交所得税额（PPM）。

如果 2020 年创造的这 200UTA 年度利润在公司留存，李三暂时不承担与之相关的税赋。如果李三从公司全额提取了这笔 200UTA 的利润，则按照适用他的 35% 的最终所得税率（IGC）和个人综合所得税累进税率表进行核算，他应缴纳 46.7UTA 的最终所得税；但是，Fortune SpA 已经缴纳的 50UTA 的公司所得税，因此可以申请退税 3.3UTA。至此，该 200UTA 的公司利润完成了在智利所得税系统的所有纳税流程，缴纳了总计 46.7UTA 的所得税，股东 李三实际上为公司创造的 200UTA 利润承担了 23.34% 的所得税率。

（2）若 Fortune SpA 的实际运作资本是 90000UF，属于部分综合税制。

首先在 2020 年期间，每个月 Fortune SpA 都应预缴公司所得税（PPM）。2021 年 4 月，在年度所得税表申报中，Fortune SpA 应按 27% 的税率计算公司所得税（IDPC）为 54UTA，再按 2020 经济年度期间每个月预交的所得税，补缴该年度的所得税差额或者申请退还多余的预交所得税额（PPM）。

对于股东李三，如果当年他没有从公司提取利润，他就不需要申报该公司当年实现的利润和历年累积的利润，也暂时不需要缴纳额外的税赋。当李三从该公司获得分红或者提取 2020 经济年度创造的 200UTA 总利润时，按照个人综合所得税累进税率表核算，他应缴纳 46.7UTA 的最终所得税，可以抵扣公司已经缴纳的 27% 的公司所得税 54UTA； 同时，还要返还给国库 Fortune SpA 已经缴纳过的公司所得税的 35%，即 18.9UTA，因此需要补缴 11.6UTA 的个人所得税。至此，该 200UTA 的公司利润完成了在智利所得税系统的所有纳税流程，缴纳了总计 65.6UTA 的所得税，股东李三实际上为公司创造的 200UTA 利润承担了 32.79% 的所得税率。

可见，在其他条件不变的情况下，如果所投资的公司属于部分综合税制，股东李三需要为公司创造的利润实际上多承担 9.45% 的所得税率。具体核算过程如表 1。

表 1　不同税制对股东李三的影响

	若利润总额为200UTA	
公司层面	中小企业税制	部分综合税制
2020年公司利润总额	200	200
公司所得税率（IDPC）	25%	27%
公司所得税额（IDPC）	**50**	**54**
股东层面	中小企业税制	部分综合税制
从公司获得的利润分红	200	200
*适用最高税率	35.0%	35.0%
应纳的最终所得税	**46.7**	**46.7**
- 可抵扣的公司所得税额	-50.0	-54.0
+ 应返还的公司税抵扣额	0.0	18.9
应补交的最终所得税	**-3.3**	**11.6**
公司和股东共缴纳的所得税	**46.7**	**65.6**
股东实际承担的所得税率%	23.34%	32.79%
不同税制下的税率差异	**9.45%**	

若 Fortune SpA 的利润超过 310UTA 并且全额分配给股东李三，则李三可把超过 310UTA 部分的利润分红的 5% 用于抵扣应纳的最终所得税。在前面案例分析的基础上，我们假定 Fortune SpA 公司于 2020 经济年度创造的利润为 500UTA、1000UTA 和 10000UTA 这三种不同情形，故李三适用的综合所得税最高档税率为 40%，按照累进所得税率分别核算每一种情形下应纳、应补缴的最终所得税对比情况如表 2。

表 2　不同税制下的利润与税赋差异：综合所得税（IGC）

	若利润总额为200UTA		若利润总额为500UTA		若利润总额为1000UTA		若利润总额为1000UTA	
公司层面	中小企业税制	部分综合税制	中小企业税制	部分综合税制	中小企业税制	部分综合税制	中小企业税制	部分综合税制
2020年公司利润总额	200	200	500	500	1000	1000	10000	10000
公司所得税率（IDPC）	25%	27%	25%	27%	25%	27%	25%	27%
公司所得税额（IDPC）	50	54	125	135	250	270	2500	2700
股东层面	中小企业税制	部分综合税制	中小企业税制	部分综合税制	中小企业税制	部分综合税制	中小企业税制	部分综合税制
从公司获得的利润分红	200	200	500	500	1000	1000	10000	10000
*适用累进的最高档税率（IGC）	35.0%	35.0%	40.0%	40.0%	40.0%	40.0%	40.0%	40.0%
应纳的最终所得税	46.7	46.7	161.2	161.2	361.2	361.2	3961.2	3961.2
- 可抵扣的公司所得税额	-50.0	-54.0	-125.0	-135.0	-250.0	-270.0	-2500.0	-2700.0
+ 应返还的公司税抵扣额	0.0	18.9	0.0	47.3	0.0	94.5	0.0	945.0
- 超过310UTA部分的分红 *5%	0.0	0.0	0.0	-9.5	0.0	-34.5	0.0	-484.5
应补交的最终所得税	-3.3	11.6	36.2	63.9	111.2	151.2	1461.2	1721.7
公司和股东共缴纳的所得税额	46.7	65.6	161.2	198.9	361.2	421.2	3961.2	4421.7
股东实际承担的所得税率%	23.34%	32.79%	32.24%	39.79%	36.12%	42.12%	39.61%	44.22%
不同税制下的税率差异	9.45%		7.55%		6.00%		4.61%	

可见，在公司层面上，部分综合税制的公司比中小企业税制的公司需多缴纳2%的公司所得税，占用更多的现金流。在股东层面上，都可以用公司已经缴纳的所得税来抵扣最终所得；如果公司所属的是部分综合税制，股东需要返还35%的公司所得税抵扣额度，因此，实际上净抵扣了65%的公司所得税额。如果利润和分红低于310UTA，则部分综合税制的公司及其股东要比中小企业税制的公司及其股东多承担9.45%的所得税率；如果利润和分红高于310UTA，超额部分的利润可以多享受5%的最终所得税（IGC）的抵扣。在利润和分红大于310UTA的情况下，随着利润与分红总额的增大，不同税制下的税率差异则不断缩小，并趋于4.45%。所以，综合税制下的公司和股东承担的实际所得税率最高可以达到44.45%。

（3）若 Fortune SpA 的外国纳税人股东所在国与智利有签署双边税务协定

继续上述案例分析，假定股东李三为非智利纳税人，所以在智利是附加所得税（IA）纳税人，并适用35%的固定税率。核算申报附加所得税的时候，不论公司所处的是中小企业税制还是部分综合税制，李三都将全额抵扣公司已纳的所得税；对源自综合税制的利润分红则应要返还35%的抵扣额度（相当于利润9.45%），因此实际承担了44.45%的所得税率。不同金额的利润和分红情形对外国纳税人股东的影响对比如表3。

表3　不同税制下的利润与税赋差异：附加所得税（IA）

公司层面		若利润总额为200UTA		若利润总额为500UTA		若利润总额为1000UTA		若利润总额为1000UTA	
		中小企业税制	部分综合税制	中小企业税制	部分综合税制	中小企业税制	部分综合税制	中小企业税制	部分综合税制
2020年公司利润总额		200	200	500	500	1000	1000	10000	10000
公司所得税率（IDPC）		25%	27%	25%	27%	25%	27%	25%	27%
公司所得税额（IDPC）		50	54	125	135	250	270	2500	2700
股东层面		中小企业税制	部分综合税制	中小企业税制	部分综合税制	中小企业税制	部分综合税制	中小企业税制	部分综合税制
从公司获得的利润分红		200	200	500	500	1000	1000	10000	10000
*适用固定税率（IA）		35.0%	35.0%	35.0%	35.0%	35.0%	35.0%	35.0%	35.0%
应纳的最终所得税		70.0	70.0	175.0	175.0	350.0	350.0	3500.0	3500.0
- 可抵扣的公司所得税额		-50.0	-54.0	-125.0	-135.0	-250.0	-270.0	-2500.0	-2700.0
+ 应返还的公司税抵扣额		0.0	18.9	0.0	47.3	0.0	94.5	0.0	945.0
- 超过310UTA部分的分红5%		0.0	0.0	0.0	0.0	0.0	0.0	0.0	0.0
应补交的最终所得税		20.0	34.9	50.0	87.3	100.0	174.5	1000.0	1745.0
公司和股东共缴纳的所得税额		70.0	88.9	175.0	222.3	350.0	444.5	3500.0	4445.0
股东实际承担的所得税率%		35.00%	44.45%	35.00%	44.45%	35.00%	44.45%	35.00%	44.45%
不同税制下的税率差异		9.45%		9.45%		9.45%		9.45%	

智利目前已经和不同的国家和地区共签署了32个已经生效的双边税务协定（Convenio de Doble Imposición，CDI）[1]，另外还有已签署但尚未实施的双边协定或承诺。为了避免重新修改这些国际协定，尽管公司所属的是部分综合税制，但是双边税务协定签署国的非智利纳税人股东仍然可以100%抵扣已经缴纳的公司所得税，并且不需要返还35%的抵扣额。

中国与智利于2015年5月25日签订了该协议，并且于2017年1月1日起

---

① 智利已经签署的双边税收协议及其内容，可以在智利税务局的官方网页查询。网页地址是：http://www.sii.cl/normativa_legislacion/convenios_internacionales.html。

开始正式实施。因此，如果公司股东李三是中国纳税人，当他从 Fortune SpA 获得分红或者提取 2020 经济年度创造的利润并申报最终所得税（IA）的时候，只需要补交 8% 的最终所得税。其最终所得税（IA）的核算过程简化为如表 4。

表 4　与智利有协议国家的纳税人的最终所得税（IA）核算公式

从公司获得的利润分红
* 固定附加所得税率35%
应纳的最终所得税
− 可抵扣的公司所得税额27%
+ 应返还的公司税抵扣额0%
应补交的最终所得税8%

因此，如果我国投资者通过第三方国家和地区到智利进行投资，而该国家和地区与智利没有双边税务协定，在项目投资金额较大（超过 75000UF 的实际资本运作）或者将产生大于 75000UF 的年均收入的情况下，意味着公司将被归入部分综合税制，从而实际将要多承担 9.45% 的最终所得税率。

（三）结论与建议

按照智利的现行税制，通过资本运作获得的收入所得缴纳 25% 或者 27% 的公司所得税，而通过劳动交换获得的收入所得则按照 0 ～ 40% 不等的累进税率缴纳个人所得税，这一类为直接所得税；智利自然人纳税人和非智利纳税人应汇总全部收入，并分别按照 0 ～ 40% 不等的累进税率缴纳综合所得税（IGC）或 35% 的固定税率缴纳附加所得税（IA），这一类为最终所得税。

公司属于不同的税制，意味着有区别的所得税率和税务责任，并且直接影响到了公司股东的税赋和现金流。属于中小企业税制的公司适用 25% 的公司所得税率，属于部分综合税制的公司适用 27% 的公司所得税率；自 2020 年 1 月 1 日起，属于这两类税制公司的股东都只需要从公司获得分红或提取利润的时候才履行申报缴纳最终所得税的义务。当股东利用公司所得税抵扣最终所得税（IGC or IA）的时候，如果公司所属的是部分综合税制，则只能把公司所得税的 65% 用于抵扣最终所得税，因此，综合税制的公司及其股东实际上比中小企业税制的公司及其股东多缴纳了 9.45% 的利润所得税；如果综合税制的公司的利润和分红大于 310UTA，则超额部分的利润可以多享受 5% 的综合所得税（IGC）的抵扣，因此公司和股东最高将承担 44.45% 的实际所得税率。与智利签署了双边税务协定的国家的纳税人从属于综合税制的公司提取利润，可以把公司所得税额全额用于抵扣最终所得税，因而实际承担了 35% 的最终所得税税率（IA）；与智利没签署双边税务协定的国家的纳税人从属于综合税制的公司提取利润，实际只能把公司所得税的 65% 用于抵扣最终所得税，因而实际承担了 44.45% 的最终所得税税率（IA）。

因此，在智利投资应当进行全面的前期研究和投资规划，税务筹划是长期业务计划和财务计划的重要部分，关注跟踪法律和政策层面的变化，适时调整投资决策。在对大公司和大项目的投资上，与智利签署了双边税务协议国家的公司和个人作为智利公司的股东，可以享有更多的税务优惠待遇；初次投资智利，按照符合中小企业标准的项目规模和业务计划进行规划运作，不仅可以降低投资成本、控制投资风险，还可以比大型企业可以获得更多的税务便利和税收优惠，是比较稳健推进的策略。

智利在拉美以其稳定的政治、社会和法律体系而出名，并因此维持了长达四十年之久的稳定经济增长，其政治、经济和社会发展也是该地区最发达的国家之一。但是，四年一次并且不可连任的总统选举制度，特别是近年来较为激烈的社会动荡和修宪投票问题，在一定程度上加大了宏观环境的不稳定，引起外国投资者这对这个国家更深刻、更长远的关注、研究和判断。

应当从全球布局的视野，处理好智利公司在全球战略、拉美区域战略中的位置，周全考虑需要设立公司的性质和公司架构，以周密和灵活的税务规划配合投资计划，从而有效降低税务负担、税务风险和其他宏观风险。

附表 1　2020 年 1 ~ 10 月 UTA 与比索的折算比率

月份	1月	2月	3月	4月	5月	6月	7月	8月	9月	10月
1UTA=比索	596076	596676	600252	602652	604464	604464	603864	603264	603864	604464

附表 2　2020 年度智利个人综合所得税率表（IGC）

年收入 UTA		税率	分级最高税额	实际最高税率	年收入（智利比索）		税率	分级最高税额	实际最高税率
从 >	到 ≤				从 >	到 ≤			
0.0	13.5	免税	0.0	0	0	8152164	免税	0	0
13.5	30.0	4.0%	0.7	2.20%	8152164	18115920	4.0%	398550	2.20%
30.0	50.0	8.0%	1.6	4.52%	18115920	30193200	8.0%	966182	4.52%
50.0	70.0	13.5%	2.7	7.09%	30193200	42270480	13.5%	1630433	7.09%
70.0	90.0	23.0%	4.6	10.62%	42270480	54347760	23.0%	2777774	10.62%
90.0	120.0	30.4%	9.1	15.57%	54347760	72463680	30.4%	5507240	15.57%
120.0	310.0	35.0%	66.5	27.48%	72463680	187197840	35.0%	40156956	27.48%
310.0	及以上	40.0%		44.45%	187197840	及以上	40.0%		44.45%

来源：按照 2020 年 1 月 1 日实施修改后的智利所得税法编制。

注：1. 个人综合所得按 UTA 单位的年收入和累进税率核算；

　　2. 右表按 2020 年 9 月的比率"1UTA=603.864 比索"换算为比索税率表格。

附表 3　2020 年 9 月 UF 与比索的折算比率

日	1UF=比索	日	1UF=比索	日	1UF=比索
1	28680.37	11	28689.68	21	28699.24
2	28681.30	12	28690.64	22	28700.20
3	28682.22	13	28691.59	23	28701.15
4	28683.14	14	28692.55	24	28702.11
5	28684.07	15	28693.51	25	28703.07
6	28684.99	16	28694.46	26	28704.02
7	28685.92	17	28695.42	27	28704.98
8	28686.84	18	28696.37	28	28705.94
9	28687.77	19	28697.33	29	28706.89
10	28688.73	20	28698.29	30	28707.85

附录 -1：2017—2019 年期间实施的归属税制
（Régimen Atribuido or Régimen Integrado）

按照 2020 年税改前的智利所得税法第十四条 A 字号，使用归属税制的公司按照 25% 的税率缴纳公司所得税（IDPC），公司的利润所得也于同年按比例分别归属（Atribuir）到每一个股东，并出具相应的已纳公司所得税（IDPC）的额度证明（Certificado）股东抵税使用；同年，公司的自然人股东或者外国纳税人股东申报所得税的时候，不论是否有获得现金分红或提取利润，都应把在归属税制的公司归属（Atribuir）过来的所得加入到当年的所得总额，并按照 0～35% 的累进税率（IGC）或 35% 的税率（IA）申报缴纳最终所得税。换言之，股东最高需要为归属税制的公司的利润补缴 10% 的所得税，实际总共缴纳的所得税率为 35%。在符合条件的情况下，个人实体（Empresa Individual）、有限责任的个人实体（Empresa Individual Responsabilidad Limitada）、合伙（Comunidades）、Establecimientos Permanentes de Empresas Extranjeras（外国公司的长期办事处）、由自然人成立的股份制公司（Sociedad por Acciones）和其他由自然人或外国纳税人股东成立的个人公司（Sociedades de Personas：指除了股份公司 Sociedad Anonima 以外的其他公司形式）通常由税务系统默认为归属税制，但是股东也有权让公司选择部分综合税制。

附录 -2：截止到 2019 年 12 月 31 日实施的简化税制
（Régimen Simplificado）

按照 2020 年税改前的智利所得税法第 14ter 条，选择简化税制的公司，其纳税基数将简化为相当于"实际收取的营业额——实际支付的金额"，并且不需要完整的会计账本。选择这一税制需要满足一些条件：公司股东为自然人；最近 3 年的年均营业额不超过 50000UF，并且任何年份都未超过 60000UF，实际资本不超过 60000UF，从非农地产、资本、合作和参股等来源的收入不超过总收入的 35%，其中通过参股和投资的收入不能超过总收入的 20%；上市公司的参股比例不超过 30%。

案例十五　国内建筑工程企业如何在吉尔吉斯斯坦境内进行注册和需要了解的事项

作者：刘青
信诺法律财务咨询事务所
关键词：吉尔吉斯斯坦 财税

（一）引　言

随着"一带一路"建设倡议的全面推进，中国与世界的经贸交往，金融互通以及其他各领域的合作与发展，进入了前所未有的发展期。许多国内的企业，积极响应"一带一路"倡议，纷纷参与到这一改变人类命运的大合作之中。如果说，与世界的融合是个必然，那么如何把国内企业在"一带一路"经济带国家平稳落地，按照东道国法律法规进行工作，并做到资本出得去，还能回得来，这是决策者在一开始就应该预见，并应通过有效手段进行评估，提前规避风险。吉尔吉斯斯坦位与我国新疆接壤，无论从政治意义还是两国关系来说，都具有非常重要的意义。下面的章节，主要来探讨一下关于在吉尔吉斯斯坦进行投资设立企业投资及登记注册时，需要知晓的一些主要事项，以防范可能发生的法律风险。

（二）背景简介

吉尔吉斯斯坦，在中国发起的"一带一路"倡议中是一个重要节点，其地理位置处于中亚地区核心区域中，而吉尔吉斯斯坦在中亚地区具有战略通道的作用，不仅连接欧亚大陆和中东，还是大国势力东进西出、南下北上的必经之地。无论从地缘政治还是地缘经济上，吉尔吉斯斯坦都拥有很重要的战略地位。吉尔吉斯斯坦与我国西部紧密相连，其南部与我国新疆南疆地区唇齿相依，是中国通往中亚的门户和中国新丝绸之路经济带的重要节点，对喀什乃至南疆稳定发展至关重要。

（三）案例简介及风险防范建议

国内某省级建筑单位，为响应"一带一路"倡议，经董事会会议多次商讨后，决定在吉尔吉斯斯坦注册成立办事机构。由于该企业在国内从事的为市政道路项目及基础建设改造，吉国的道路许多都为苏联时期修建，借此机遇，集团有意在吉国发展。在决定注册前，就一系列相关问题，集团委托当地律师就在吉国民用建筑行业、工程建设投资所提出的问题，出具当地法律环境的调查报告。

1. 企业境外注册类型的选择

首先，在注册前，集团需要根据自身情况，了解在吉可注册实体的类型后作出决定。

目前，根据吉尔吉斯共和国民法的规定，在吉国，允许外国法人或自然人注册除了办事处和分公司之外，还可以注册以下形式的机构，如：有限责任公司、额外责任公司、开放式股份公司和封闭式股份公司。

有限责任公司是由一人或多人设立的公司，其法定资本为该公司创立文件中规定份额的股份；有限责任公司的股东不承担公司的债务，仅以其出资额为限，承担相应范围内的亏损风险。

有限责任公司的股东不得超过 30 人，否则将按照规定，在一年内转变为股份公司。如果在规定期限内参与者的数量没有减少到 30 人以下，将按照法律程序进行清盘。

附加责任公司是由一人或多人设立的公司，其法定资本为该公司创立文件中规定份额的股份；股东以自己数倍于注册资本的财产对公司的债务承担连带责任，注册资本的份额由公司的创办文件确定。如果其中一名股东破产，应承担的部分公司债务，按出资的比例分配给其他股东，除非公司成立文件中规定了不同的责任分配细则。

股份公司是一个法人实体，其开展活动的目的是通过发行和出售股票来获取利润和吸引资金。公司有发行股票的义务，其股票价值不论其出资形式如何，均以吉尔吉斯共和国本国货币计算。

股份公司的形式可以是开放式或封闭式。

开放式股份公司有权进行公开发行股票并自由出售。开放式股份公司的股东数量不限。

封闭式股份公司无权进行公开发行股票，或者将股份出售给不限数量的人。封闭式股份公司的股东人数不得超过五十人。如果封闭式股份公司的股东数量超过规定人数，则必须在一年内转为开放式股份公司。

除了办事处和分公司外，其他形式都属于财务核算独立，具有独立法人资格的注册实体。

应当注意，拟在吉国承接建筑工程项目时，根据《吉尔吉斯共和国授权与许可证制度法》第 4 章，被许可人是获得许可证和（或）许可进行某种行业的自然人或法人。而根据《吉尔吉斯共和国民法典》第 3 章第 90 条，代表处和分公司不属于独立法人。所以，建筑施工许可证不会发给分支机构。

但根据吉尔吉斯的法律规定，作为代表处或子公司，同样可以使用母公司的建筑资质，同时，在吉国也认可其他国家权威职能机关颁发的许可证，例如中华人民共和国住房和城乡建设部颁发的建筑业企业资质证书。

吉尔吉斯共和国 2013 年 10 月 19 日 195 号《关于吉尔吉斯共和国许可证体系法》规定，工程建筑行业应当办理许可证。如该企业要在当地承接工程项目时，建议一：设立以有限责任公司形式的子公司，通过其在当地取得建筑施工许可并开展工作；建议二：设立代表处或分公司，使用母公司的建筑资质，但母公司的建筑资质需要经过国家建筑委员会开会进行审核其资质，评定类别后方可向母公司颁发吉国的建筑许可证。

从自由度来讲，如果作为财务独立核算，具有独立法人资格的子公司，除了公司结构、注册资本和总经理任命之类的重大决策需通过总公司许可之外，其他经营中所可能遇到的其他问题，都可以自行处理。而办事处或分公司，只是作为总公司在该地区的常驻代表，来代表总公司行使权力，执行总公司的指令，完成总公司下达的任务及工作。

由于以子公司及有限责任公司形式取得许可证的程序比以使用母公司建筑资质的程序相对简单，但其他条件及税务方面基本没有什么差别，所以可按照国内公司的要求来进行注册。此外，与分公司相比，有限责任公司可以进行所有吉尔吉斯斯坦一切法律未禁止的经营活动，而分公司是母公司设置在非公司所在地（国）的独立部门，代表其行使母公司的全部或部分功能。

注册时需要提供的文件及步骤

在进行注册时，需要国内公司提供一系列包括经过公证和认证的文件。

根据吉尔吉斯斯坦 2009 年 2 月 20 日生效的《法人、分公司（代表处）的国家注册程序》（第 57 号）法律规定，子公司即有限责任公司在该国家注册时，应当提交的文件如下。

- 创始人（单个或多个）关于决定成立有限责任公司的决议
- 若委托他人注册的，则须提供委托书原件

关于成立有限责任公司的决议内容须包含如下。

- 吉尔吉斯斯坦国家语言和官方语言的有限责任公司公司全称
- 法定地址

- 创始人的信息，公司全称，公司实体地址

- 有限责任公司的注册资金及创始人的股份比例

- 负责人即总经理的个人信息

设立分公司（代表处）的外国企业法人，应提供经过公证认证的，所在国国家登记部门出具的证明文件，以此证明根据该国家法律在所属国作为法人的真实有效性。国内一般为地方工商管理部门出具的企业基本信息资料。有效期限不得超过自签发日起 6 个月。与吉国签署过有关国际条约和协定的国家的企业法人不需要认证。

作为法人实体和分支机构（代表处）的领导人，应当向注册报名提供护照或其他由吉尔吉斯共和国法律承认的，能证明其身份的文件的副本。其他语种的文件提交给登记机关前，应有公证翻译成国家语言或官方语言即俄语或者吉语。在注册时，所有文件应使用吉国的国家语言或官方语言即俄语或者吉语。

由于注册时使用的文件需经过国内地方公证处公证，中国外交部领事司认证及吉国驻中国大使馆领事部认证，整个过程办理时间长，且只有半年的时效，所以在办理时应和吉国办理注册的相关律师时刻沟通，在国内公司文件未公证前，将内容翻译后交于律师审核，由于国内的情况与国外的差异较大，对于某些文书的格式和内容也有不同的要求，如果在没有经过沟通前之前就进行公证认证，可能发生到注册时因内容不清楚，表达不明确，吉国司法部不予登记的情况。

2. 税务社保及外国员工需办理的手续

当企业需要在当地购得土地时，如果该公司为全外资企业，则只有 49 年的土地使用权，但如果外资额度在股权比例中不超过 80% 的情况下，可拥有土地的永久使用权。

在吉尔吉斯斯坦税收法律制度中，与外商投资有关的税种和税率包括如下。

- 增值税 12%

- 收入税 10%

- 利润税 10%

- 产品或服务销售税 2% ～ 3%

- 土地税和其他

企业社保部分为工资额度的 27.25%，为企业需向社会基金缴纳的部分，具体数额会因该员工拥有未成年子女的人数，是否有贷款或其他因素发生变化。

按照吉尔吉斯法律规定，外国员工和雇用当地员工的比例应为 1/4，即雇用一个外国员工就必须雇用 4 个当地员工。这也是国家为解决就业，保护和促进企业使用地方劳动力的举措。企业在雇佣外国员工的时候，应按照该国家规定，在移民局申请劳动卡名额即使用外国劳动力的许可。每个外国员工都应该办理劳动

许可，在取得劳动许可证后，可根据劳动许可证的时效来申请长期签证。

在这里特别需要注意的是，每年吉国移民局都会联合税务部门和其他执法部门，对有外国员工的企业进行检查，在吉中国企业一定要按照规定，无论是劳动卡或是签证，都应当按时按规定办理。在工程建筑行业，国家鼓励使用所在地区的劳动力，并按照相关规定为其缴纳社保。作为中国企业在当地发展时应合理使用当地人力资源，创造税收，解决就业，对企业长远发展打下基础。

此外，为了防止发生权利和财务损失，建议与律师和会计签订相应的责任合同。其余的职务和专业可由企业自主决定。

在当地开展实质经营，工程建筑公司除了遵循一般公司的注册手续外，还需要在以下政府部门或机构（如税务部门、承包商协会等）登记或备案。

（1）根据 2011 年 4 月 7 日吉尔吉斯共和国政府 144 号决议批准的《关于吉尔吉斯共和国纳税人税务注册的程序》规定，在吉尔吉斯共和国政府国家税务总局注册。

（2）根据 1996 年 6 月 17 日 20 号《吉尔吉斯共和国国家社会保险法》和 2008 年 4 月 23 日吉尔吉斯共和国政府 182 号决议批准的《法人分公司和代表处国家注册（再注册）根据一个窗口原则国家机关之间的相互作用条例》规定，在吉尔吉斯共和国社会基金进行注册。

（3）根据 2013 年 6 月 24 日吉尔吉斯共和国政府 372 号决议规定，在吉尔吉斯共和国政府下属的建设和住房署注册。

（4）根据 2012 年 2 月 20 日吉尔吉斯共和国政府 136 号决议规定，在吉尔吉斯共和国政府下属环保和技术安全监督局注册。

3. 发生争议，可采用的法律保护手段

吉尔吉斯斯坦属苏联 15 个共和国之一，长久以来一直沿用苏联的法律体系，在 1991 年独立后，曾多次修改宪法及政治制度，很多方面并不完善和成熟，处在摸索研究阶段，所以针对外国投资者，仍然存在着一定风险或不确定性。

根据 2003 年 3 月 27 日生效的《吉尔吉斯共和国投资法》中第 66 号第 1 章规定："投资是指投资者在经济行为中，以获取利润和（或）得到其他有利影响的，投入的直接拥有或间接控制的有形或无形的各类资产。"

外国投资者可能面临的主要法律风险之一，是吉尔吉斯斯坦法律的不稳定性，即时常会发生改变和补充。由于旧法规的改变，这种不稳定性可能导致某些投资决策的改变。例如，针对外国法人实体和个人作为投资者身份而制定的额外限制，禁止某些类型的投资，对外币换汇施加限制等。同样，如果外国投资者的权益在吉国受到损害，可向吉尔吉斯国家法院提出申请进行诉讼。然而，根据研究及民意调查结果，吉尔吉斯斯坦的司法系统诚信度不足，且相对腐败，使得投资的最终结果具有不确定性。但是，从法律层面来讲，吉尔吉斯斯坦为外来投资者提供了其他选择，可最大限度降低因法律制度不稳定和司法制度空白所带来的风险。所以，根据吉尔吉斯斯坦《民法典》，外国投资者在签订合同（如投资协议、贷款协议、商品销售和服务合同）时，有权与合同另一方达成协议。根据约定，除了适用吉尔吉斯斯坦的法律规定外，可适用包括中华人民共和国法律在内的，任何其他国家的法律，并在发生争议时确定中国法院或国际法庭的司法管辖权。在本案例中，如果企业与当地公司签订合同时，在双方同意的情况下，可约定通过当地法院或者吉国或中国的仲裁部门解决争议。从这一点来看，如何利用法律，也在某种程度上给外来投资者的权益提供了保障。

但需要特别提醒的一点是，选择外国法律作为适用标准并不是所有的主体都适用，原因是根据吉尔吉斯当地法律，有一些要求必须使用本国法律的特殊情况，比如，申诉的客体为吉尔吉斯斯坦的土地或其他不动产时。

（四）总　结

吉尔吉斯斯坦官方对中国投资者一直以来都是持着欢迎的态度，从政策方面也有很多支持，但基于长久以来中企在吉资源开发领域的投资比例较重，某些企业并未按照相关规定办理相应手续，执行包括环保在内的一些规定，加之政府部门腐败现象严重，民众对外资合理使用及对社会的贡献都持着怀疑态度，甚至有认为资源开发就是变相掠夺的想法。同时，很多外商投资企业会因语言障碍，或者经营理念的不同与当地百姓或政府部门产生分歧，继而产生不良后果。在这里特别提醒，投资前，应当结合当地特点，充分听取专业人士意见，对目标国家法规体系展开深入的调查研究，寻找最佳的切入点；进行税务分析，合理避税；对可能发生的情况有解决的预案。应当尊重并严格遵守当地法律，做好与政府和民众的沟通工作。结合当地法律财务专业人士的意见，为企业制定一套完善的规章制度，选择合理合法的经营方法。与当地部门紧密合作，取得利益的同时，增加税收并创造就业。树立中国企业在海外的新形象，实现"一带一路"伟大构想的共赢。

（五）法律依据

吉尔吉斯共和国民法典，1996 年 5 月 8 日。

吉尔吉斯共和国税法 2008 年 10 月 17 日（第 230 号）。

吉尔吉斯共和国劳动法 2004 年 8 月 4 日（第 106 号）。

吉尔吉斯共和国投资法 2003 年 3 月 27 日（第 66 号）。

吉尔吉斯共和国许可证制度法 2013 年 10 月 19 日（第 195 号）。

吉尔吉斯共和国经营合作及公司法 1996 年 11 月 15 日（第 60 号）。

吉尔吉斯共和国股份公司法 2003 年 3 月 27 日（第 64 号）。

吉尔吉斯共和国法人、分支机构（代表处）的国家登记法，2009 年 2 月 20 日（第 57 号）。

吉尔吉斯斯坦共和国《关于吉尔吉斯斯坦共和国加入海牙公约，取消外国官方文件需认证的规定》，2009 年 11 月 16 日第 296 号。

吉尔吉斯共和国国家社会保险法，1996 年 6 月 17 日，第 20 号。

吉尔吉斯斯坦共和国《关于吉尔吉斯共和国国家银行，银行和银行活动》法，2016 年 12 月 16 日第 206 号。

吉尔吉斯共和国政府《关于法人实体，分支机构和代表处的登记问题》法，于 2011 年 1 月 28 日第 31 号。

吉尔吉斯共和国政府批准的条例《关于取得许可证的行业》规定，2001 年 5 月 31 日，第 260 号。

吉尔吉斯共和国政府批准的条例《对建筑行业的专家资质认证的程序规定》，1997 年 4 月 3 日，第 188 号。

吉尔吉斯共和国政府批准的条例《吉尔吉斯共和国纳税人的税务登记手续》，2011 年 4 月 7 日，第 144 号。

吉尔吉斯政府批准的条例《法人、分支机构和代表处的国家（账户）登记（重新登记）的程序中"一个窗口"原则下，政府机构之间的协作》，2008 年 4 月 23 日第 182 号。

吉尔吉斯共和国政府批准的条例《关于办理和发放吉尔吉斯共和国签证的程序》，2017 年 3 月 15 日，第 155 号。

（六）参考范本

附：注册决议范本

《＿＿＿＿＿＿＿＿＿＿＿＿》有限责任公司
进行国家注册的决议

比什凯克《＿＿＿》＿＿＿＿2019 年

创办人公司全称：＿＿＿＿＿＿＿＿＿＿＿＿＿＿＿＿＿＿＿

法定地址：中华人民共和国＿＿＿＿＿＿＿＿＿＿＿＿＿＿＿

注册信息：社会信贷能力统一代码＿＿＿＿＿＿＿＿＿＿＿＿＿

法定代表人为中华人民共和国公民＿＿＿＿＿，《＿＿＿》＿＿年＿＿月出生，

护照号＿＿＿＿，发照日期《＿＿＿》＿年＿月，住址：＿＿＿＿＿＿，

决议如下：

1. 创办企业名称：

公司全称：

- 国家语言：《_____》有限责任公司或代表处；

- 官方语言：《_____》有限责任公司或代表处。

公司简称：

- 国家语言：《_____》有限公司或代表处；

- 官方语言：《_____》有限公司或代表处。

2. 法定地址：吉尔吉斯共和国_____。

3. 批准独立起草《_____》有限公司或代表处章程。

4. 确定《_____》有限公司注册资金为_____，100%注册资金属于_____。

5. 任命_____公民_____为《_____》有限公司或代表处总经理。

6. 根据吉尔吉斯共和国法律规定,在吉尔吉斯共和国司法部机关为《_____》有限公司或代表处办理国家注册。

另外，_____确认，本决议公布的信息以及提交给国家注册文件的信息真实有效，在国家注册之日遵守注册资金缴纳程序和法律规定取得相应国家机关和（或）地方自治机关批准。

股东签字：

_____，为法人全权代表，持____年____月____日授权的委托书。

中华人民共和国____市

20__年__月__日

附：注册委托书范本：

委托书

创办人公司全称：_____

法定地址：中华人民共和国_____

注册信息：社会信贷能力统一代码_____

_____（说明授权发出委托书的职务名称和领导姓名）依据章程授权中华人民共和国公民_____为法定代表人，出生年月日，护照号_____，发照日期为____年____月____日，住址_____。

代表_____，在吉尔吉斯共和国国家和非国家机关，组织，机构，其中包括吉尔吉斯共和国司法部，吉尔吉斯共和国政府税务部门，吉尔吉斯共和国社会基金，公证处，统计机构，协调有关在吉尔吉斯共和国法人注册的问题。

为了执行本委托，授权其在所有必要文件上签字（包括法人创办决议，声明，委托书等），并确定：

法人名称，法定地址，注册资金，任命负责人即法人代表，签发向司法部递交文件的委托书，以及创办人（股东）授予的其他权利。

提交和（或）领取相关文件，进行必要的结算，以及完成和执行本委托有关的其他行为。

本委托的权限不得转让第三方。

本委托书期限1年。

案例十六　对外工程承包企业劳务风险的应对与防范

——境外基础设施项目浅议

作者：晋云功

通号国际控股有限公司副总经理

关键词：国际工程承包 劳务合作

（一）引　言

当今世界正处于不断发展变革的大时代，虽然经济全球化的大背景不可阻挡，但各国之间保守主义和孤立主义盛行，国际金融危机的影响已经深入到社会各个阶层，国际投资贸易格局和多边投资贸易规则酝酿深刻调整。此时，习近平主席顺应经济全球化和世界多极化之潮流，秉承"共商、共建、共享"的理念，提出了"一带一路"倡议，共同打造开放、包容、均衡和普惠的区域经济合作架构[①]。

乘着"一带一路"倡议的东风，中资企业（特别是中资国有企业）对外投资的规模呈不断扩大趋势，伴随着中企"走出去"步伐逐渐加快，各类风险事件的发生也给我方海外工程承包企业带来难以估量的人员和财产损失，在上述"走出去"的风险之中，外派劳务风险十分重要却又易被人所忽视。在项目实践过程中，中资企业经常会忽视海外投资中的劳工问题，因此海外用工如何有效防范劳务风险是中资企业亟待解决的难题之一。

（二）风险概述

1.东道国劳工配额风险

以笔者多年海外工作经验而言，承包商在与东道国签订总承包合同时，东道国通常会有关于本地元素的要求，本地元素不仅包括在东道国本地采购相关设备、零部件以及签订分包合同等，还包括必须雇佣一定比例的当地员工等内容，如沙

---

① 王一鸣：《为经济全球化注入新动力》，载《中国中小企业》，2017（6）。

特阿拉伯劳动法规定，沙特及外资企业等各类企业中，沙特籍员工不得少于员工总人数的 75%，收入不得少于工资总量的 50%^①。诚然，在海外项目中，选用东道国员工本身好处多多，如便于与业主沟通，了解本国市场等，但大多中资企业在执行工程时仍更偏好于使用中国劳工。而实际上中国劳工如需要到他国务工，首先需要考虑的是如何获得东道国工作签证的问题。在一般情况下，项目所在国会根据项目实际情况及两国建交情况，通过"绿色通道"等方式给予承包商一定数量的中国员工配额，但站在东道国角度来讲，本地元素条款设置的目的之一即在于通过项目实施来解决劳动力就业问题。在全球经济萎缩的大背景之下，提振就业的重要性不言而喻。

在项目实际操作之中，东道国多数情况下均通过劳工配额调整等方式来对外籍劳工数量进行限制，而劳动配额调整则是通过劳工配额政策变化来进行。

纵观笔者多年海外项目经验，劳工政策风险极易被人忽视但影响十分深远。一方面，东道国劳工配额政策变化会直接影响现场人员充足度，进而影响项目工期；另一方面，劳工配额政策还会对正在跟踪投标的项目造成影响。而且，劳工政策的变化还会导致员工的工资和福利等隐性成本增加，甚至影响公司投标报价。

2. 东道国工会风险及罢工风险

工会风险是另一容易被中资企业忽视的风险。由于中国国内工会力量的法律地位和社会影响力与他国相比有很大不同，所以大部分中资企业对于工会组织的力量没有提引起足够的重视。实践当中，在很多国家（特别是发达国家），工会的力量渗入到社会方方面面，以笔者曾参与的匈牙利 - 塞尔维亚高速铁路现代化更新改造项目为例，大多数员工都有自身所属的工会组织，工程师的相关执照证书也由工程师协会进行审核发放，在执行上述项目时，需要与当地工会保持良好关系，以保证项目平稳推进。

此外，在工会力量强大的国家或地区，常有罢工风险隐藏其中。罢工原因五花八门，包括对薪酬福利的不认可和对工作强度的不满意等。有些国家的工人不仅可以跨企业参加工会，跨行业参加工会，而且还会参加与本企业职工诉求无关的罢工，甚至在某些工会组织已成为一股政治力量的国家之中，员工以罢工作为自己表达政治诉求的手段。此外，单独企业的罢工仅仅影响到本企业的运作，但全行业甚至跨行业的罢工则会影响到全社会。较大规模的罢工还会导致整个社会生产经营活动的停摆，社会秩序遭到破坏，原材料价格及劳动力成本增加等问题，而此时如中资企业要求罢工员工回归工作岗位，不仅需要耗费大量精力，还可能

---

① 《国别环境贸易投资报告 2007》，吉林省商务厅，网址：http://swt.jl.gov.cn/gzyj/201109/t20110920_1068100.html，最后访问时间：2019 年 7 月 29 日。

需要在经济方面作出妥协。

3.外派人员安全风险

近些年来，随着"一带一路"倡议的不断推进，外派员工的人身安全风险问题显得尤为突出。由于"一带一路"沿线国家经济发展上不平衡，一部分国家处于政治动荡和政局不稳的情况之中。在这种外部环境下，外派人员遭受恐怖袭击及社会暴动波及的概率会显著增加，如在笔者曾接触的巴基斯坦拉合尔橙线地铁项目中，由于"塔利班"组织的极端政治诉求，驻外员工甚至曾遭遇枪击事件。

4.违反劳动法律法规的风险

目前世界各国均着手于提高劳动者权益保护水平，各国劳动法也不断提高对劳动者自身利益的保护力度[①]。伴随着"一带一路"进程的不断加快，中资企业在执行项目时如雇佣当地员工则必须要遵守当地劳动法的相关规定，达到当地对劳工的权利保障水平，我国《劳动法》虽屡经修订，但对于劳动者权利的保护强度，特别是实际执行的水平相比于欧洲高福利国家来讲依旧有所欠缺。仍以笔者曾参与的匈牙利-塞尔维亚高速铁路现代化更新改造项目为例，塞尔维亚劳动局颁布了雇佣合同标准文本，雇主只能对有限的几项条款进行小幅度修改，且在解聘员工后需要在 3 个工作日内向劳动局报备；另一方面，塞国劳动法不承认劳务派遣制度，将自身所聘员工派驻其他单位进行工作的行为属于违法行为。由于中资企业在执行项目时多需配备当地财会人员，而以社招方式招聘当地财会人员则会导致用工成本提高，因此常会通过签订服务协议的方式来与当地会计师事务所达成协议，要求其派遣员工为中资企业进行驻场服务，此行为在劳动局抽检时会被处以严厉惩罚。

（三）成因分析

笔者通过查阅相关资料并结合自身项目经验的前提下，总结引发劳务风险的原因如下。

1.承包商缺乏足够重视

由于劳务风险的隐蔽性和特殊性，实际上中资企业在执行工程的过程中常会忽视劳务用工风险，甚至有些企业在明知存在劳动风险的情况下仍"铤而走险"，而实际上，东道国的劳工政策、工作签政策以及本地员工的薪酬福利体系是中资企业顺利开展项目执行工作的关键。如在印度铁路通信信号系统改造和印尼雅万高铁项目中，由于两国政府对于本地员工的比例，甚至本地员工在管理层中所占的比例均有严格限制（以印度项目为例，在商务合同中，印度当局要求印度籍员

[①] 田惠敏、曹红辉：《"一带一路"的动因与挑战》，载《全球化》，2015（6）。

工所占比例不低于 70%），而高速铁路通信信号系统更新改造项目的员工又需要有一定的技术专业背景，所以在开工之初即面临着严峻的劳工及技术人员短缺问题，如若从中国引进劳动力，则又会因复杂严苛的工作签获取程序而困难重重。

2. 企业自身守法意识有待提高

引发劳资纠纷的另一原因是对项目所在国《劳动法》及相关法律法规的不尊重和不熟悉。如上文所提，各个国家之间的《劳动法》千差万别，不能以中国《劳动法》的观念"一以贯之"，因此在项目执行落地的过程中，劳动纠纷案件时有发生。另一方面，由于"一带一路"倡议主要以推动项目所在国基建发展为主，所以东道国的相关环保、施工及安全方面的法规同样需要遵守。

3. 劳务人员自身风险防范意识欠缺

从项目实际来看，中资企业在执行基建项目时，仍主要以使用中国外派员工为主，而部分中国外派员工由于受教育程度偏低，出国准备期间较短等原因，通常没有进行必要的劳动及安全培训，兼之又有文化差异和语言不通等原因，这使得劳动者与雇主或当地劳动机构之间的纠纷难以得到充分解决，因此也会引发劳务风险。

4. 应对及防范建议

（1）对项目所在国相关法律法规做好尽职调查

中资企业在进行项目决策时，需要以先期调研的结果作为参考。在进行先期调研时，除需了解拟调研市场的基本情况之外，还需要对东道国的法律体系（包括招投标法律体系、建筑工程法律体系及劳动法律体系）进行详尽地调研。中资企业在施工前需要对东道国相关劳工配额问题和工作签问题等保持清晰的认识，并要对项目所在国中关于确立和解除雇用合同、福利薪酬规定及纠纷解决机制保持详细的了解，并以此为基础对东道国劳务风险进行全面地评估。

在项目实施过程中，中资企业要严格遵循项目所在国劳动、劳工、安全及环保等方面的法律体系，保证外籍员工的正常福利及休假权利，为外籍员工提供周密完备的劳保用品，按时对其进行专业技能培训，并及时对员工进行心理安抚，避免罢工等情况出现。

另外，在建筑工程行业，建议在国外分支机构或海外项目部的人员配置上，增加相关人力或法律专业员工，并在外部聘请当地律师事务所进行全面法律咨询。在雇用合同的签署、解除、工资支付、福利待遇及劳动保护等方面听取专业意见，并在纠纷发生时进行妥善应对。

（2）购买必要的保险

国际项目工期动辄 5 年以上，在这长时间跨度的施工周期之中，承包商面临诸多潜在风险，如员工可能遭遇工伤甚至死亡，施工设备材料可能会被盗抢，所租赁的机动车可能发生交通事故等。另外，由于施工人员身体健康及年龄状况均有差异，因此员工的健康情况也是需要考虑的另一项隐性风险。特别是在热带和亚热带地区的投资项目，因气候等原因导致的职工生病因素往往是在中国国内没有遇到过的，必须引起足够重视，而通过购买人身意外伤害保险和雇主责任险，并搭配工程一切险，可以通过保险使上述风险的损失降到最低。

（3）妥善处理与项目所在国工会组织的关系

如前文所述，在很多国家，工会组织都是一股不容忽视的力量，如项目所在国存在较为强大的工会力量，那么中资企业在开展项目时首先要深入调研项目所在国工会组织的基本情况。在处理与工会关系时，首先要对工会的力量给予足够的重视，对于处罚员工的情况，应当提前了解工会对此事项的惯常处理方法。如果罢工活动是由工会组织的，企业要充分取得工会的信任，并尽快与工会组织沟通并力争达成谅解。保持与项目所在国工会组织的良好关系，对于能否圆满项目工作十分重要。

（4）注重对中国外派劳务人员的安全保护

随着世界经济增速放缓，各国保护主义势力抬头，恐怖袭击活动在境外不断发生，对于中国外派人员的安全保护重要性越发突出。

笔者结合自身工作经验，认为对中方外派人员的保护应重点关注如下几个方面。

① 做好外派前期准备工作

常言道"有备无患"，只有充分地准备才能保证在突发情况下进行正确地应对，这就要求企业在进行前期调研时，对东道国的政局情况、医疗资源情况和安全保护措施等情况进行周密安排，并做好应急演练工作。

② 加强安全培训

中资企业在结合项目所在国的调研情况的基础上，应在有条件的情况下尽可能模拟项目所在国可能发生的各类突发情况，并根据突发情况的不同特点，有选择性地对员工进行相关培训。中资企业应坚持"不培训、不派出"的原则，建立员工安全培训档案，确保每位外派人员在进入项目所在国之前均接受专业的境外安全风险和危机应对培训。

③ 配备专职安质人员

安全大于天，中资企业在项目所在国执行项目的过程中，需要配备专门的安质人员，安质人员需对工程安全质量进行严格周密地检查，做好安防规划，配备必要的安防设施和人员，并结合项目实际情况开展针对性的安防措施，同时建议与项目所在国其他中资企业保持友好关系，建立应急支持与信息共享的长效机制。

（四）结　语

近些年来，伴随着"一带一路"倡议的稳步推进，我国对外工程承包的规模呈不断扩大趋势[①]，在这一大背景之下，劳务人员的数量及素质就是工程项目能否保质保量完成的重中之重，但由于劳务风险的隐蔽性和突发性，中资企业长期以来对于劳务风险均没有提起足够重视；所以，中资企业在承包境外工程项目时应对劳务风险提起充分重视，全面系统地了解项目所在国的劳动法律法规，并对劳工政策的变化进行预警及有效应对，结合项目调研情况及当地相关机构的分析，对劳工风险进行系统评估，建立健全境外劳务用工管理工作长效机制，考虑实际情况进行应急演练，并为员工提供相关保险及劳保防护，将劳工风险降到最低，保证工程高质量完工。

---

① 易媛：《"一带一路"背景下对外承包工程存在的问题及对策》，载《环球市场信息导报》，2017（6）。

案例十七　巴拿马劳务合作法律风险和防范

作者：江冠华

巴拿马正邦律师会计事务所

关键词：一带一路 劳务合作

（一）概　述

自中国和巴拿马建立外交关系后，越来越多的国有企业和私营企业进驻中美洲的巴拿马，响应"一带一路"倡议而开展更多与东道国之间的合作。众所周知，巴拿马的劳工法较复杂，了解或不了解劳工法将决定工人与雇主之间的关系如何以及两者之间是否会产生冲突。

劳动纠纷导致大公司损失数百万美元或小型企业破产的案例不容忽视，如果能够充分了解东道国劳工法或者有专业咨询师帮忙处理，这些冲突是可以减少或避免的。

在境外开办公司时，除去需要了解所有关于纳税、营业许可证和公司成立等手续外，还有一项很重要的工作就是了解当地的劳动法律，适用的管理劳工关系以及与之相关的法律，这是在巴拿马投资所必须知悉的，是投资者做好必要准备不可或缺的组成部分。

本文将通过分析一些小企业或大公司的实例，介绍其必须掌握的控制措施，以使公司避免在发生冲突、索赔、辞职或解雇员工时花费更多的费用。

（二）在巴拿马设立的公司必须了解的关于劳工关系要点和风险防范

（1）书面劳工合同：工人与雇主之间关于劳动条件的谈判过程必须以书面形式记录下来并最终形成书面劳工合同；并由劳动和劳工发展部批准三份原件。劳工合同必须同时遵守《宪法》《劳动法》和《集体协议章程》《如果公司拥有集体协议）中所规定的限制，以及如果公司雇员超过 10 人应遵守内部条例。必须强调的是，口头合同虽然可以承认其法律约束力，但是，在雇员提出申诉时，雇员的意见将被视为有效。换句话说，没有书面劳工合同作为劳资双方权利义务内容的依据，将以雇员的口头表述为准。由此可见，书面合同对于保护投资者合法权益是很重要的。

（2）雇主必须为每个员工准备一份详细的记录，记录其每日上下班时间、每周工作时间、每两周付工资凭单和社会保险付款凭单。

（3）巴拿马法律规定，未经工人同意，不得修改劳工协议或合同。即使在雇员同意的情况下，延长定期劳工合同是不合法的。定期劳工合同最多可延长两次，但须经员工正式同意，并在劳动和劳工发展部合同司登记。因此，雇主若要延长劳工合同的期限就必须取得雇员的书面同意。

（4）劳工合同有不同的类型，其中最常见的是在其他人或公司的法定从属关系下提供个人服务的常规劳工合同和专业服务雇用合同。常规劳工合同规定固定的工作时间和固定的工资，并且存在经济依赖（所有这些条件存在才被视为常规劳工合同）。专业服务雇用合同，在这种合同中，个人独立提供任何服务，而不受公司的管理或约束。应注意，如果合同名称是专业服务合同，但在合同的执行过程中，部分条件或全部条件拥有常规劳工合同的性质，在雇员向有关当局提出申诉的情况下，有关当局将判定合同应视为常规劳工合同并按照常规劳工合同作出处理。因此公司将要按照常规劳工合同的性质为该雇员支付劳动福利及提供其他应得的权利。

（5）关于工作时间、加班和休息的约定。必须强调，根据巴拿马的《劳工法》，雇主不得强迫雇员加班。该法规定，每天最多可加班 3 小时，每周最多可加班 9 小时，加班费按照加班是在白天或夜间发生并且根据法律规定计算。

（6）休息日最好是星期日。如果雇主要求雇员不在星期日休息，则应在劳工合同中注明，因为雇主和雇员有权规定一周内哪一天是休息日，这个休息日可以是固定的、每周预定的或随机的。

（7）如果一个假日或国庆日是星期日，那么下一个星期一将被视为该周强制性的休息日，并且如果公司常规的休息日是星期日，则应为雇员支付那一天的工资。

（8）在巴拿马的工人每工作 11 个月就有权享受 1 个月或 30 天的假期，假期累计不得超过 2 年。员工最好在适当的时候休假，因为法律规定假期的目的是保障员工的休息和身心活力的恢复。

（9）雇用外籍劳动力。巴拿马法律规定，一家公司总员工中外籍员工占比不得超过 10%。雇用外籍工作人员需要得到劳工部的许可。持有一些工作许可证的员工（例如，与巴拿马人结婚的工作许可证，巴拿马意大利协议工作许可证，无限期的工作许可证）在工资单上被列为巴拿马员工，不计入外籍员工 10% 的限制比例中。

（10）在雇用外籍员工时，必须为其申请工作许可证，并按照与本国国民同等的法律条件起草雇用合同，以避免劳动和劳工发展部为每位没有工作许可证的外籍员工作出价值 700 美元的罚款。

（11）《劳工法》规定，未经雇员同意，不得修改雇员的劳工协议或合同。

（12）根据《劳工法》，可以使用口头合同产生劳动关系；该法明确定义口头合同及其适用条件，如农业活动、家庭服务（保姆或家庭清洁人员）、不超过三个月的临时工服务、收费不超过 200 美元的特定劳动力服务和在人口不到 1500 人的地区提供劳动力服务（服务或工作收费超过 5000 美元或为执行该项工作雇主需要定期配备 10 名以上的雇员的情况除外）。

（13）必须注意，在没有书面雇用合同的情况下，雇员提出的所有事实和情况（例如，关于必须在雇用合同中作出的任何强制性规定的事实和情况）被理解为被雇主接受了。但是，雇主可以提供某些证据，证明雇员的指控不真实。然而，提出证据很多时候对于雇主而言不是容易的事，在这种情况下，雇员提出的申诉可能会被视为真实存在，与雇主的利益相反。因此建议无论在哪种情况下都要签订书面劳工合同，在合同中规定义务和权利，并根据法律正常地终止雇用关系。

巴拿马的劳工法规定，在下列情况下，雇主可以终止无限期劳工合同。

（1）雇员连续工作不到两年，雇主可以使用劳工函以及《劳工法》有关条款为依据。

（2）雇员的工作活动为家庭服务，在这种情况下终止合同要支付家庭员工应得的特别补偿金。

（3）工人是从事农业、畜牧业、农产工业或制造业等小公司的长期员工或工厂员工（从事农业或畜牧业并雇用 10 人以下的公司、从事农产工业并雇用 20 人以下的公司或从事制造业并雇用 15 人以下的公司）。

（4）在提供国际服务的船只上工作的雇员。

（5）雇员是学徒，前提条件是在劳工合同中注明这一条款。

（6）除金融、保险和房地产活动外，在雇佣 5 人或以下的零售店和公司工作的员工。

（7）在上述经济活动的情况下，除了根据第 225 条（解雇补偿）向雇员支付补偿金外，雇主还必须在 30 天内通知雇员将被解雇，或者可以直接向雇员支付该通知期赔偿金。通知期从通知之日起开始计算。此外，雇主还必须为该段时间支付相应的假期、奖金和年金。

（8）在无限期劳工合同的其他情况下，《劳工法》禁止因不正当理由解雇雇员，如果发生这种情况，按照《劳工法》第 225 条规定，雇员有权要求复职或获得解雇补偿。如果雇主不想让雇员复职，雇主有义务向雇员支付 3 至 5 个月的工资（如果雇员是在 2005 年 8 月 14 日以后受雇），并向雇员支付解雇补偿金。如果雇员是在 1995 年 8 月 14 日之前受雇或者雇员是在 1995 年 8 月 14 日之后受雇但公司没有准备裁员准备金，则应另支付解雇补偿金 50%。此外，公司必须全额或按比例向雇员支付假期、年终奖金和年资奖金。如果雇员的工作活动是家庭佣工、海事工人、航海工人或学徒工，则应设立一个特别补偿表。

（9）对于第一次入职并工作时间不到三个月的员工，不需要支付解雇补偿金，但要支付劳动福利。

（三）小　结

总之，工人与雇主之间的工作关系必须透明和有条理，不仅要保障工人的权利，而且要确保他们的生产力和业绩能帮助公司成长。专业的商业咨询将为您的公司带来理想的结果，公司在创造工作机会的同时也会创造收入，工人会更好地为公司贡献。最后避免冲突是关键。

案例十八　摩洛哥国际工程承包法律风险与防范

作者：杨荣南 周丽 陈宗辉

中铁大桥局集团有限公司 [①]

关键词：国际工程承包 法律风险防范

　　"一带一路"倡议涉及亚非沿线近 70 个国家和地区、40 多亿人口，经济总量超过 20 万亿美元。对不断"走出去"的中国建筑企业来说，"一带一路"蕴藏着巨大的基础设施投资和建设商机。商机往往伴随风险，特别是"走出去"时间并不长的中国企业，面对与中国本土并不一样的经济、法律和文化环境，一定要重视法律风险，前瞻性研判风险，系统性防控风险，才能建成优质高效项目，获得多方共赢，才能持久共商、共建和共享。

（一）案例要旨

　　中国建筑企业在拓展"一带一路"沿线国家工程承包市场的过程中，将面临国际竞争、规则冲突和文化碰撞等方面的挑战，极易产生市场介入、投标报价、设计管理、劳务用工、税费政策以及变更索赔六大法律风险。中国建筑企业只有深入了解当地法规和行业标准，做好尽调和谈好合同，全程控制法律风险，才能沿着"一带一路"走得更稳、更深和更远。

　　本文以 A 大桥 EPC 项目为例，简要介绍国际工程 EPC 项目典型的法律风险以及防控措施。

（二）案例简介

　　摩洛哥王国作为连接欧洲、中东和非洲三大市场的枢纽，拥有北非第三、非

---

① 杨荣南：国内知名投资实战专家，国家发改委 PPP 专家，中国政法大学 PPP 研究中心专家委员会委员，正高级经济师和高级工程师，一级建造师，中铁大桥局集团多个投资项目公司董事长

周丽：中铁大桥局集团有限公司投资分公司副总经理，高级经济师

陈宗辉：中铁大桥局第六工程有限公司总工程师

洲第六的经济体量，是中东地区政治及地缘环境最稳定的国家之一，成为"一带一路"倡议重要的交汇点与支撑点，吸引着中国企业在当地频繁地开展基础设施项目 EPC 合作。

摩洛哥某项目为全长约 41 公里、双向 6 车道、设计时速为 120 公里 / 小时的绕城高速公路，是摩洛哥国家重点建设项目。A 大桥为该项目的控制性工程，摩洛哥国家高速公路公司作为项目业主对 A 大桥项目采用 EPC 模式实施国际公开招标。6 个国家的 9 家公司参与了激烈角逐，最终由中国著名建桥企业组成的联合体中标。

联合体与项目业主签订施工合同（包含补充设计），合同条款由摩洛哥通用行政条款 CCAG-T、专用行政条款（特别行政条款 CCAP 和特别技术条款 CCTP）组成。A 大桥项目为工程量清单单价合同，预付款为中标合同额的 10%，履约保函金额为中标合同额的 3%，合同支付采用当地货币迪拉姆和欧元两种货币。缺陷责任期为一年，质保金每期扣除工程结算金额的 10%，直至中标合同额的 7% 为止。联合体成立了项目经理部（简称"项目部"）负责执行 EPC 合同。

A 大桥项目实施过程中，项目部加强防控六大法律风险，项目设计、采购和施工各环节实施有序，质量、安全、成本和进度控制目标良好，大桥于 2016 年 7 月通车，成为摩洛哥标志性建筑，是当时非洲大陆跨度最大和长度最长的现代化桥梁，充分展现了中国桥梁承包商的综合实力，为中摩两国"一带一路"合作发挥了积极作用。

（三）风险防控

结合 A 大桥的项目特点和企业实际，联合体采用属地化经营突破市场准入障碍；通过尽职调查和踏勘询价规避报价风险；采用联合设计破解设计难题；通过探索劳务用工属地化防控劳务用工风险；通过合理避税节税增加项目效益；通过签好合同、勤于签证和合理索赔控制变更索赔风险，将六大风险控制在企业可承受范围内，对项目的成功实施起到了关键性作用。

1. 市场准入风险

东道国对外资企业参与本土工程的市场准入要求不一，有些国家准入门槛低，有些国家还存在地方保护主义，这就要求中国建筑企业必须事前熟知东道国市场准入规则，寻找突破。

摩洛哥属于工程总承包中高端市场，法制健全，执法严格，市场规范。摩洛哥以往的经济合作伙伴主要来自于欧洲、美国、阿拉伯国家和非洲国家，习惯使用欧洲和美国标准，本国建筑企业工程建设能力也很强，中国建筑企业进入摩洛哥市场面临激烈的市场竞争和挑战。虽然摩洛哥《公共工程招标法》未对外国公司承包当地工程实行许可制度，但外国承包商承揽当地工程必须通过工程招标单位的资格预审或后审。摩洛哥工程建设实行公开招标，政府投资项目只对摩洛哥境内注册的公司开放。

联合体成员强强联合，均先在摩洛哥当地注册了公司，有效化解了市场准入风险。

2. 投标报价风险

国际承包工程投标报价是承包商胜出的关键因素，"主动低价抢标 + 寄希望索赔盈利"和"失误低价中标"是两种投标报价风险，报价偏差大是产生巨额亏损的重要原因之一。A 大桥项目汲取其他承包商 2009 年波兰 A2 高速公路以及沙特轻轨等项目低价中标的教训，高度重视投标报价风险，结合公司在摩洛哥发展目标、自身经营情况以及竞争对手情况，科学选择投标方案。

（1）尽职调查摸清环境。组建国内律师与摩洛哥本土律师共同组成尽职调查团队，从多个方面开展尽职调查，包括对摩洛哥政治、文化和生活环境调查，汇率波动和物价上涨等经济调查，法律法规和政策调查，市场及诚信法律环境调查，项目合同条件情况调查，气候、地质和水文环境对合同条件影响的尽职调查等，做到心中有数，知己知彼，有进有退。

（2）报价管理掌握边界。组建报价团队，充分理解招标文件，研究所适用的规则，不遗漏、无偏差，厘清技术商务条件和合同主要条款，明晰项目的边界条件。

（3）踏勘询价、算清成本。一是实地踏勘确定施工方案，高度重视项目业主提供的设计资料和地质资料不完善的风险，全面了解现场条件，确定施工方案，准确预估工程量，准确预估基础费用。二是深度调查工料机价格，如 A 大桥项目按中外人工 3：7 的比例，分别调查中外人工价格；材料通过比选采用优质低价产品：钢筋、砂、石和水泥等采用的摩洛哥当地市场价格，钢绞线采用欧洲进口的价格，斜拉索、减震器、锚具、支座、伸缩缝和钢横梁采用中国采购价格。三是准确掌握报价方式，熟练掌握国际工程通常的工程量清单报价方法，在考虑价格波动等风险因素的基础上算清成本，预留利润空间。

3. 设计管理风险

A 大桥项目主要有两个方面的设计管理风险：一是标准、规范与国内不统一的风险，设计执行法国规范，对技术条款规定的非常详细，限制条件多，承包商必须遵循业主提供的施工草案，在施工详图设计阶段，不能改变其草案的外形尺寸；二是设计审批风险，设计周期长，边设计边施工，项目从施工图设计到最终现场实施需要经过内审、外审和业主审核三级批复，对项目施工组织带来了极大的不便。

A 大桥项目实施过程中，采用多种措施防控上述风险。

（1）事前研究。承包商在投标期间对合同、初步设计图纸、规范和专用技术条款仔细研究，达到规避设计风险的目的。

（2）联合设计。首先，在业主提供的设计草案基础上，聘请法国公司 EGIS JMI 完成结构计算，并根据计算结果提供样板图。其次，聘请中国公司 BRDI 结合 EGIS JMI 的计算书和样板图，按照法国规范并参考其绘图风格要求，绘制用于现场的施工详图。最后，聘请法国公司 EGIS BECOM 作为独立第三方审核公司。经过内审（EGIS JMI）、外审（EGIS BECOM）和业主审核后，才能用于现场施工。

（3）共享平台。针对本项目所在地为摩洛哥，计算分析在法国，详图设计在中国，图纸审核在泰国，搭建专门的网络共享平台 SGTI 来完成图纸审核和质量管理。本项目承包商负责主体设计管理协调，EGIS JMI 负责设计管理平台 SGTI 的建立与维护，通过赋予项目各设计参与方接口管理权限在网络平台上实现信息沟通、交流和审批。通过 SGTI 这个网络平台，设计方提交的每一张图纸的每一个版本都有记录，"绘图人，完成时间，复核人，复核人的修改意见"等记录都可追溯，防止扯皮，提高效率。

4. 劳务用工风险

国际承包工程劳务用工风险来自两方面：一是东道国对本土劳工的"保护"。如苏丹政府规定，雇用当地劳动力连续累计工作日达 90 天，就算雇用单位的正式员工，若要解雇就要多支付 6 个月的工资，否则将遇到司法官司。二是东道国对外来劳工的"限制"，设置雇用本国劳务的最低比例，如摩洛哥《劳动法》对本地和外籍员工比例要求为 7∶3；设置外来劳务配额管理或劳动许可制度，如摩洛哥要求外籍员工应为技术或管理人员；设置居住签证的续签期限。

破解东道国缺乏成熟技术工人、政治文化差异大、劳动保护和限制加大雇用成本的叠加矛盾，开展劳务用工属地化才能彻底防控劳务用工风险。

（1）建立合理用工体系。国内承包商必须深谙东道国劳工法，熟悉当地劳工招聘解聘、薪酬福利以及税收等规定，依法合规聘用当地劳工和支付劳资，避免纠纷；加强当地工人培训，通过各种方式提高他们的劳动技能，形成相互信任和依存的关系，形成良好的用工环境，树立良好的用工口碑，促进持续合作；适当拓展属地化管理型人才，发挥其优势做好商务谈判和变更索赔等工作，并可为区域市场滚动经营奠定基础。

（2）推行属地化分包。通过比选，单项工程优先选择当地分包，既可解决劳动力不足问题，又可降低用工风险，减少成本，降低项目的管理难度。

（3）打造多元融合队伍。优选国内技术型的工人而非普通工人，事前培训，签订协议，明晰责任；要求国内员工和工人尊重当地习俗，营造良好工作氛围，如摩洛哥大部分人信奉伊斯兰教，项目部在与当地穆斯林居民打交道时，注意有关禁忌，不拿宗教开玩笑，不随意谈论有关"猪"等宗教禁忌话题，不强行劝酒，尊重摩洛哥的风俗习惯。

5. 税费政策风险

东道国对工程相关税收政策直接影响项目收益，合理避税是提升盈利的有效手段，下面以 A 大桥项目为例，简要介绍项目税费政策风险的规避措施。摩洛哥和施工企业相关的税种主要有公司税、所得税、增值税及关税，具体节税避税措施如下。

（1）公司税。一是选聘中介机构。帮助公司整改涉税经济事项，从而有效地防范税务风险。二是争取免税期。摩洛哥针对新成立的公司有 36 个月免税期，中国著名建桥企业于 2010 年 9 月在摩洛哥注册了分公司，办理了摩洛哥当地的工商营业执照、申领了公司税纳税编号并成功办理了免税手续。

（2）所得税。一是专人及时申报。指派专人按月及时申报所得税，并在规定期限内及时缴纳税款，避免因税务稽查导致额外罚款。二是严格为当地人员缴税。项目部对本地雇员严格执行摩洛哥税法规定，按照雇用当地人员的实际工资水平全额缴纳个人所得税及相关社保款项，并做好劳务合同台账、考勤记录及社会保险缴纳记录台账，避免了因被当地人举报而导致税务局稽查风险。

（3）增值税。一是妥善处理匹配问题。当地税务机关及中介机构均认为按摩洛哥税法规定应当按销项扣减已经取得的进项税额，并在规定时间内向当地税务机关缴纳增值税税款。项目部针对施工企业特点据理力争，多方斡旋，终于取得中介机构及当地税务机关的理解，将增值税销项税款纳入项目实施过程中统一清算，保障了项目现金流。二是积极应对税务稽查。沉着冷静应对税务稽查，同时积极沟通，耐心解释，取得税务机关的认可和理解，并通过与业主签订代付协议的方式解决了支付税款资金不足的难题。

（4）关税。对海关规定较模糊或无前例可查的设备材料尽量选用较低税率申报，既满足外账成本又未大幅增加项目额外税负。

6. 变更索赔风险

变更索赔是国际承包商补偿成本和提高盈利的有利契机，通常国际工程承包领域的变更索赔款项最低可以达到合同总造价的 5% ～ 8%，一般可以达到20% ～ 30%。事实上，很多国际承包工程由于合同总价锁死、合同条款不明、变更争议和变更证据不足等导致变更索赔举步维艰，盈利无望，亏损浮现。国际承包商必须从始至终重视变更索赔管理，签好合同、勤于签证和合理索赔。

（1）签好合同。选好合同范本，FIDIC 合同是国际承包工程的"圣经"，合同条款充分保护承发包双方的合法权益，规定承包人在何种情形下可以索取工期的顺延以及工期顺延引起的损失，何种情形下可以索赔费用或者利润等；有些东道国合同范本对变更索赔约定不明甚至存在明显缺陷。比如费用变更、工期变更最终都会归结于费用变更，但摩洛哥通用合同条款 CCAG-T 明确只变更工期、不变更费用，这对承包商变更索赔增加了极大的难度。所以尽量采用国际通行的国际工程通用 FIDIC 合同，避免采用东道国合同版本，规避东道国项目业主既是规则制定者又是参与者的双重身份，提高国内承包商合同公平地位。谈好合同条款，国内承包商要坚守变更索赔条款的谈判红线，确保变更索赔条款无争议，确保正常的工期和费用索赔，争取在补偿直接损失之外，并且还能补偿如设计变更引起的窝工费等间接损失。同时合同价格、付款条件、风险分担和进度要求等关键条款谈判不退让。做好合同交底，项目团队应将尽职调查、项目谈判和合同中的法律风险要点以及尽职调查报告向项目的实施机构进行详细地交底和培训。

（2）勤于签证。提高全员签证意识，厘清索赔证据的内容和获得渠道，证据包括政府法规、技术规范、合同、物价行情、业主指令、设计方案、施工方案、事故记录、不可抗力证据、会议纪要、来往信件、备忘录、工程进度计划表、技术文件、施工图纸、照片、施工记录、气象资料、设备租赁合同、各种采购发票和业主工程师签署的临时用工单等。实施人员要加强与各方主体的沟通，系统性搜集索赔证据，及时按合同约定办理签认手续，精心分类，专人管理，并保存书面资料，做到随时可以抛出证据，便于在有利时机提出索赔。

（3）合理索赔。索赔依据要合理，找到合同内索赔、合同外索赔和道义索赔的依据，获得项目业主的认同；索赔时机要恰当，比如在项目的进度赶超、获得好评时，顺势提出索赔，提高索赔成功率；索赔节奏要有度，认真筛选变更项目，先易后难，逐个突破。

（四）小　结

中国建筑企业以开放和包容的心态参与"一带一路"建设，学会分摊和化解六大法律风险，建立法律风险防范长效机制，保障多方合法权益，必能乘着"一带一路"的东风，凭借资金、技术和管理优势，拓展更加美好的海外市场蓝图。

案例十九　国际工程承包法律风险与防范

——以马来西亚私人业主工程项目浅析

作者：范家福

中国铁建国际集团高级工程师

关键词：国际工程承包 法律风险防范

（一）案例要旨

近年来，在中国政府提出"一带一路"的倡议下，越来越多的中国企业陆续走向海外，走向国际工程承包市场。某大型央企作为中国基础建设龙头企业，经营范围遍及全球 120 个国家和地区，业务覆盖工程承包、自贸区开发、投融资、物资贸易、工业制造和房地产开发等众多领域。自 20 世纪 60 年代末、70 年代初参与坦赞铁路和平壤地铁建设以来，在海外先后参与建设了安哥拉本格拉铁路、尼日利亚阿卡铁路、阿尔及利亚东西高速公路和土耳其安伊高铁二期等一大批在国际上具有重大影响力的标志性工程；参与了俄罗斯、哈萨克斯坦和土库曼斯坦等国的铁路、公路和房建等多个项目的规划咨询和设计建设。该央企参与国际承包建设的工程主要是政府项目，因私人业主承包建设项目主要受当地法律和合同的约束，促使中资企业在海外承包建设中提前规划风险防范。

在本案例中，某大型央企国际公司在马来西亚承建的房地产项目因采用的所在国房地产项目合同模板，合同中有利于承包商的条款已被业主做了调整和修改，给承包商的变更索赔设置了很多障碍，这就要求项目管理团队、国别公司或者区域管理机构提前策划发现风险，并制定风险防范措施。

（二）案例介绍

为贯彻某央企的"大海外"战略，按照马来西亚工程建设准入许可的限制规定，需要满足《竞争法令 2010》，因此，该央企的国际公司于 2012 年下旬在马来西亚注册成立了马来西亚分公司，公司市场定位为国际公司负责该国市场业务拓展、经营承揽和商务活动，系统内工程局单位负责建设的全过程管理、责任成本管控和分包工程管理，业主聘用了项目管理团队和独立的造价管理团队，造价管理团队不受业主聘用管理团队的管理。

2013 年下半年，该国际公司马来西亚分公司在本地承接了第一个桩基工程项目约几百万马币。2014 年上半年，该国际公司在马来西亚承接了第一个私人业主房地产开发项目，合同内容为除桩基础和基础底板以外的全部建筑和安装工程，包括塔楼地下 4 层部分及塔楼、裙房地上的结构、装饰及机电安装工程、室外市政工程（含室外给排水及道路工程）。项目业主由马来西亚著名开发商和科威特财团私人企业合资成立，马来西亚本土开发商在吉隆坡曾开发过地标建筑购物中心、顶级服务公寓以及地标性顶级豪宅。本项目合同额为 6.8 亿人民币，合同延期罚款为每天 15 万元人民币，合同工期 32 个月，实际工期 49 个月，项目实施过程中业主批复工期延期 2 个月，面临保函被没收等风险。为此，该国际公司展开索赔和反索赔，冻结保函等工作。

1. 施工组织管理

国际工程项目实施之初，业主和监理要求报送核心管理人员名单、组织机构图以及合同文件中要求提供的项目管理规划书等信息。正如本案例中的项目一样，在项目实施准备阶段，项目提交了项目实施管理的组织结构图，核心管理人员为项目总监、项目经理及项目经理助理，3 个核心管理人员直线式共同管理 2 个业务骨干人员施工经理和总工程师，总工程师和施工经理共同管理下属部门质量部门、安全部门、合同采购部门、建筑部门、土建机构部门、机电部门、行政部门和仓库部门共计 8 个部门，项目部管理人员共计 23 人。项目实施过程中，管理组织机构不断变化，管理人员岗位设置和数量不断调整，项目开工不到一年时间，系统内工程局单位退出项目施工建设及管理工作，只保留了几个技术管理人员充当国际公司管理人员；到项目结构施工进展到 70% 时，项目核心管理人员从 3 个人增加到 5 个人，管理部门增加了造价部门和测量部门，去掉土建机构部门和行政部门，采购部门从合同部门分离，项目部管理人员共计 39 人，其中中方管理人员 18 人，在当地直接聘用人员 21 人，当地员工比例为 54%，管理人员增加了 16 人，比投标报价中管理人员 20 人增加了近一倍。此时的组织结构中，国际公司增派了一名高层事业部领导与项目总监平行监管项目，直接管理项目经理，项目经理直线式管理助理和总工程师（虽然总工程师位置一直空缺）。同时，项目经理直线管理组织结构图中的 9 个部门。项目实施管理组织结构图从项目开始到项目竣工共更新了 12 个版本，核心人员变化较为频繁。

对于该项目的组织管理过程，从项目开始到项目结束采用了项目总监负责制模式，直线管理业务部门，而且项目总监和高层事业部领导均为国际公司业务部门分管领导。项目管理的基本思路是中外方管理团队相结合，聘用项目管理公司提供的优秀人才——具有较强管理经验的当地工长和其他管理人员，充分发挥属地管理人员的优势补充中方技术人员语言沟通不畅的不足，方便中国员工学习当地的语言和管理方法，为项目管理实现了无缝对接，在项目初期的安全管理、技术咨询和对外协调等方面起到明显效果。实现业主监理提出问题简单化，规避合同中有关施工质量报检、安全管理和低值计价批复等风险。

2. 项目实施进度管理

从项目实施组织结构图，不难发现进度计划无专业部门或设定专人进行管理，项目实施初期提交的实施计划中，处于关键线路的工作只有 152 天，然而，合同工期是 32 个月。并且，在项目合同规定业主必须在接受中标函 21 天内提交项目实施进度计划，但未提及建筑师在进度计划提交多久后进行批复或者建筑师有职责对计划进行批复，仅仅说明实施计划不作为合同文件的构成部分，实施计划只是建筑师用来监督项目实施进度和计算工期延期的基准计算日期，被建筑师接受的计划不能免除承包商的合同规定的义务和职责。合同规定，当项目因建筑师或业主等原因发生延期时，承包商应在事件发生 28 天内书面通知延期申请，当建筑师认为延期申请支撑材料不足时，应在 28 天内书面告知承包商在 28 天内补充证据材料，同时，建筑师应在收到完整资料 6 个周内批复承包商延期申请。同时，合同中对业主、建筑师、承包商和指定分包商及供应商等因素进行详细地解释和说明。此外，合同规定项目施工不得扰民，工作时间为每天 12 小时。

3. 项目实施合同管理

在项目实施过程中，合同和造价管理人员共计 3 个人，负责项目实施过程主合同管理、分包合同管理以及采购租赁合同管理，项目造价、费用和成本管理，以及变更索赔管理等工作，3 名管理人员中合同经理为当地雇员，与业主有良好的关系，一名中方人员的英语基本无法沟通和书信沟通，另外一名合同管理人员为刚毕业的学生。2016 年 11 月之前，项目的合同管理决策权、采购和支付权限完全在国际公司业务管理部门，2016 年 11 月之后，项目采购决定权限在项目部，支付审批权限在国际公司业务部门。

合同文件的构成主要由中标函、协议文件、前期工作、合同条件、合同图纸、合同工程量和附件构成，并规定了中标函、协议文件、合同条件、合同图纸、合同工程量和其他合同文件优先级顺序。

合同规定，本项目无预付款，计价款按照施工进度支付，计价支付周期为42 天；合同条件对承包商、建筑师、业主、指定分包商及供应商的暂列项和暂估项的职责、权利和义务进行了定义，对物资设备的采购、报批进行了约定，对进度管理、工期延期及停工、完工进行了说明，对变更、费用、索赔和计量计价进行了规定，对工程移交和缺陷责任进行了规定，对业主的社会安保和项目人员的安全进行了规定，对计价计量、支付和最终清算进行了规定，对争议解决、仲裁和裁决进行了规定，对延期和伤害等方面的处罚及适用的马来西亚法律进行了说明。

同时，合同规定，对于项目上承包商管理人员不能适应工作的，业主和建筑师有权驱出项目。按照合同规定，使用在工程上的永久工程材料需要经过建筑师批准，根据马来西亚《建筑工业发展法》的法律规定，所有进口材料需要通过建筑工业发展局报备和报批。项目精装修装饰工程、机电工程和家具建筑材料为业主指定分包商及供应商。

4. 风险管理

按照项目合同文件条件，对项目执行过程中风险管理无约定。

（三）分析与应对

1. 分析与应对

根据马来西亚项目合同标准 PAM2006 的规定和该项目私人合同条件，不难发现合同模板制定时体现的合同条件特点，一是 PAM2006 标准合同模板条件有利于业主方面；二是在该项目合同条件中业主又对标准合同模板中有利于承包商的条款进行了修改。在这样的合同条件下更多的对承包商进行了约束，加上马来西亚当地《建筑工业发展法》对建筑工程材料和安全管理方面的规定，最大限度地对承包商进行限制和约束，尤其是中资企业急于走出去，在工程承揽承包压力下，承包商企业选择性地放弃本该享有的权利，而同意签订合同。

工程项目实施准备阶段，项目部组建时项目核心管理人员不能及时到位，项目管理业务部门未能遵循逐步细化业务部门职能原则，随着项目的进展，大业务部门细化业务管理部门工作时，业务管理部门核心人员未能及时到位，甚至核心管理和核心业务部门管理人员长期不到岗，未形成管理机构和管理人员随着项目进展而设置和配置。因管理机构和管理人员职责不明确和不清晰，导致在项目管理过程中设计对接及技术方案、施工管理和进度管理等文件收集不齐全，重要的文件缺失或者未提交获得建筑师批准，以至于项目在执行过程中变更申请和索赔工作进展不力，项目的工期延期申请提交 9 次 450 天，建筑师仅批准 2 次 60 天。项目实施过程进度计划的管理仍保留中资企业在国内对计划的认识，未形成进度计划是指导施工生产的意识，也未形成进度跟踪和监督现场施工生产的常态化工作，只是被动地听从建筑师的要求，根据实际进度对计划文件不定期地调整，未形成项目进度要通过分析惯例和挽回进度滞后补救的有效措施。当项目进展发生延迟时，项目部未能主动联系建筑师和业主并达成延期申请，尤其是指定分包商及供应商发生工期滞后时，项目管理团队不能及时做到与建筑师和业主沟通，获得他们对因该部分工作导致项目工期延误的批准。在项目实施后期，通过申请延长工作时间由 12 个小时调整为 15 个小时，对结构的竖向钢筋绑扎采用场外加工提高工厂作业效率，考虑不同专业的装修施工难度，采用多工序交叉平行转场方式，减少转场工作时间，提高工作效率。同时，项目部通过增加劳动力，提高工作完成量，达到缩短工期的目的。

商务管理方面，合同管理和造价管理人员数量不足，管理人员经验不足是制约项目合同管理成功的重要因素。主要体现在合同管理人员要用合同语言，按照合同规定条款，找出合同的突破口和合同的漏洞，与建筑师和业主进行沟通，保持专业的状态。项目执行阶段，商务人员应向参与项目的管理人员进行合同交底，并指出相关人员和部门重点配合工作；当核心管理人员和业务管理人员发生变更时，商务管理人员要针对其工作进行详细的合同交底并把合同要点提供给接受合同交底的人员。合同的交底，确保参与项目的管理人员充分理解合同，摒弃商务管理只是合同管理人员的事情，确保参与项目管理的人员在合同履约方面形成合力，规避误解和片面理解合同条件，为共同履约合同和变更索赔工作提供有力的支持。当建筑师和业主给予指令对工程实施变更时，商务管理人员要及时对事情给予书面回复，并形成记录，技术管理等相关人员应给予对应的支持，并对事件发生的过程文件一事一记录，并记录与建筑师和业主往来信息。当施工现场提出变更时，商务管理人员应在事件发生前与建筑师和业主进行沟通，并形成沟通记录，如果需要提交变更方案或变更书面资料的，有关人员必须在实施前经过与商务管理人员沟通，告知建筑师和业主，并获得同意后才能实施，同时记录在案。

风险管理方面，从项目实施全生命周期来看，合同文件未对风险管理进行要求，项目部未设置项目风险管理机构和人员，也未建立风险管理制度、风险管理体系、风险源清单以及风险应对措施，项目风险从项目开始就已存在并贯穿项目执行全周期，无人问津风险跟踪及监督、风险降低、风险转移、与分包商及供应商等相关方共享风险等，完全把项目执行风险留给了承包商。

2. 总结与启示

上述案例中，对中资企业响应"一带一路"倡议走出国门，寻求私人合作企业和获得私人业主工程项目时有一定的启示。中资企业对承包国际工程项目时，首先要研究和遵守工程所在国在该领域的法律要求，项目合同文件也应结合国际工程惯例和项目实际专业及工程管理需要，在项目全生命周期根据项目建设的进度，合理设置管理机构和人员编制，建立风险管理体系，实现风险的跟踪及监督、转移和降低风险，保证工期按期完成，实现项目既定利润目标，为业主和客户提供优质的精品工程。

（四）案例涉及法律条款梳理

1. 根据马来西亚《竞争法令 2010》外国企业准入，公平竞争的要求。

2. 根据马来西亚《建筑工业发展法》规定，进口建筑材料需要向马来西亚建筑工业发展局报备、报批。

（五）参考资料

1. 马来西亚《竞争法 2010》，2010 年，政府网站。

2. 马来西亚《建筑工业发展法》，1994 年，政府网站。

3. 马来西亚《建筑合同模板 PAM2006》，2006 年，政府网站。

案例二十　浅析FIDIC合同模式下不可预见的物质障碍或条件的责任认定

作者：李道松　祝滋男　高　玮

北京城建集团有限责任公司

关键词：国际工程承包 FIDIC 合同

（一）案例经过

A国某大学新校区项目位于A国首都，该项目地上建筑13层，地下建筑3层，主要作为该大学的教学场所，还有多功能报告厅和礼堂，提供文娱活动、体育活动和科学试验等场所。该项目属于国际竞标项目，业主为该大学，承包商为中国B公司与当地承包商C公司组成的联合体（简称"承包商"）。

该大学新校区项目工程范围包括：基坑支护降水设计及施工、裙楼及各入口处的静压桩、土方开挖、基础、主体结构施工及二次结构、装饰装修和水电安装等，不含主体桩基础和地下连续墙（简称"地连墙"）施工。该项目合同执行 FIDIC 红皮书（1987年版），合同工期30个月。

根据项目合同文件之一《结构专业技术规格书》第 D20A 条，该大学新校区项目中的地连墙工程已经由其他公司建设完工，承包商无须承担地连墙的相关施工任务。

承包商根据其建设工程的施工经验，为确保地连墙以及其他事先建设完工的附属工程的质量符合安全标准，避免给未来的施工作业埋下隐患，导致不必要的补救工作，要求工程师提供有关地连墙及其附属竣工设施的质量验收资料、完整性测试报告以及其他相关文件。但是，直至承包商进入现场后，工程师也仅向承包商提供地连墙的竣工图纸，未提供地连墙的质量验收资料以及完整性测试报告等文件。此后，承包商多次向工程师发函要求其提供地连墙的相关资料，工程师也均未提供。

承包商在后续的土方开挖施工过程中发现地连墙存在严重的质量缺陷，如果继续施工，将会存在极大的安全隐患。由于土方开挖属于关键线路工作，承包商正式发函要求工程师予以解决，但是业主并未对地连墙存在的严重质量缺陷引起重视，仍然发出指令要求承包商继续施工。

承包商出于对工程安全隐患的考量，回函拒绝执行业主继续施工的指示，并向业主提供详细的解决方案建议：首先，要求聘请第三方检测机构对现有地连墙的质量进行检测；然后，根据检测结果制定基坑支护方案及地连墙的修复方案。

经过近 4 个月的沟通，业主终于同意与一家检测机构签订地连墙检测合同，并完成了地连墙的检测，检测报告揭示了地连墙存在重大质量缺陷。承包商针对检测结果制订了确保基坑安全的解决方案并向业主提交。最终，双方签订补充协议，确定了内支撑的价格以及地连墙索赔金额，并同意承包商根据实际情况提交新版工期计划。

（二）案情梳理

1. 延迟和因图纸延迟而增加的成本

案例中承包商进场后，工程师仅仅提供了地连墙的竣工图纸，并未提供地连墙的质量验收资料以及完整性测试报告等文件，在经过承包商多次发函要求提供相关资料文件后，工程师仍未提供。

根据 1987 年版 FIDIC 红皮书第 6.4 条关于"延迟和因图纸延迟而增加的成本"的规定，"如果工程师未能在承包商发出通知后的合理期限内向承包商提供相应图纸或作出相关指示，导致承包商工期延迟或成本增加的，工程师在与业主协商后应当给承包商延长工期或将增量成本加致合同总价。"案例中工程师始终没有向承包商提供地连墙的质量验收资料以及完整性测试报告等文件，为此导致承包商工期延迟和成本增加，工程师应当在与业主协商后决定延长工期，并将承包商增加的成本加至合同总价。

2. 不可预见的物质障碍或条件

1987 年版 FIDIC 第 12.2 条关于"不可预见的物质障碍或条件"的规定，"如果一个有经验的承包商施工过程中在施工现场遇到气候条件以外的，他认为不可预见的物质障碍或条件，应尽快通知工程师，并向业主提供副本；工程师收到相关通知后，如果认为该物质障碍或条件对于一个有经验的承包商而言是不可合理预见的，应当在向业主咨询后决定：延长承包商工期；或将承包商应不可预见的物质障碍或条件而增加的成本加至合同总价。"

案例项目中的地连墙工程已经由其他公司建设竣工，承包商无须承担地连墙相关的施工任务。根据合同的诚实信用原则，业主在与承包商签订施工合同时，应当保证现场中已经竣工项目的质量符合标准，因此承包商有理由相信项目中已经由其他公司建设竣工的地连墙及其附属设施都已达到合格的标准，并且能够在地连墙的基础上继续进行施工。因此，对于承包商而言，不能要求其在提交投标书日期前能够合理预见到地连墙存在的严重质量缺陷。

（三）争议焦点分析

在本案例的索赔谈判中，为了确定承包商与业主的责任范围，承包商与业主主要围绕地连墙的质量缺陷是否可以被一个有经验的承包商合理预见而展开论证。双方论证的争议点主要围绕以下两点展开：对合理的可预见性的界定；对有经验的承包商的界定[①]。在实践中只有通过确定合理的可预见性以及有经验的承包商的定义范围，才能判断案例是否符合 1987 年版 FIDIC 红皮书第 12.2 条规定的情形。

1. 对合理的可预见性的界定

可预见性是建设工程合同中风险分担的一个重要因素，其定义源自 1996 年 4 月于巴黎举办的第三届国际建造大会上的表述"如果某风险能够被一个有经验的承包商合理预见，则该风险分担至该承包商是可以接受的，否则不能"。在 1999 年版 FIDIC 红皮书第 1.1.6.8 条中对于"不可预见"的定义为：一个有经验的承包商在提交投标书日期前不能合理预见的。

对于"合理的可预见性"的解读可以拆分为"合理性"和"可预见性"。"合理性"是指，结合承包人的经验、认识和资历等方面因素，承包人在提交投标书日期前有能力可以预见到相关风险。"可预见性"是指一个有经验的承包商在提交投标书日期前尽到符合其职业水准和实际能力的注意义务之后，可以预见到相关风险[②]。例如在 1999 年版 FIDIC 合同指南中对于水文条件的规定："如果工程的竣工时间为三年，可预期有经验的承包商预见（平均）每六年发生一次的事件，但对每十年发生一次的事件可认为是不可预见的。"

在本案例中，承包商缺少业主提供的关于地连墙的相关材料，甚至直至承包商进场后，工程师也仅向承包商提供了地连墙的竣工图纸，缺少地连墙质量验收资料及完整性检测报告，承包商多次发函要求工程师提供地连墙相关质量验收资料，工程师均未提供。由于缺乏地连墙的相关资料，承包商在提交投标书日期前无法合理地预见地连墙存在严重质量缺陷，所以连墙的质量缺陷导致工程延期和合同价格增加的风险应当由业主承担。

但是在司法实践中，以 OHL v GoG 案为例，审理法官对于承包商风险预测的观点为，在投标阶段承包商不能只依据业主提供的地勘资料，承包商需要进行现

---

① 蒋东燃 . FIDIC 合同条件下承包商索赔问题的研究 [D]. 中国政法大学，2010。
② 朱彬 . 国际工程承包合同中的不利物质条件研究 [D]. 东南大学，2017。

场踏勘；同时承包商还需要利用自己的专业技能和以往的项目经验合理评估地勘获取的资料并作出独立判断[①]。由此可以看出司法实践中法官对于"不可预见情形的认定"态度比较保守，承包商利用不可预见这点来辩护并不容易，承包商在投标阶段对于可能遭遇的风险做出评估与预算是必要的，应该在投标价中充分考虑风险所带来的额外费用，并基于风险做好相应的方案设计和施工计划。

2. 对有经验的承包商的界定

在市场经济的背景下，建设工程的买方市场逐渐成型。随着 EPC 等承包模式的出现，承包商所承担的责任和风险越发重大。业主对于承包商的选择也更加挑剔，不仅要求承包商是一个合格的承包商，更要求是一个有经验的承包商。

根据 FIDIC 红皮书中关于有经验的承包商的规定，有经验的承包商主要是指进行建设工程活动，拥有从事相关工作的经验，并可以根据该经验对工程建设过程中的不确定性进行合理预测，以及采取有效措施减小影响以推动工程顺利进行的承包商[②]。例如一个有经验的承包商能够凭借其经验，及时发现设计图纸中的错误，并提出合理建议以解决问题。

由于在建设工程施工项目中，业主往往不具备建设工程相关的专业背景，而承包商往往拥有丰富的建设工程经验；所以，业主为实现在施工过程中对承包商监督管理的目的，委托具有建设工程相关背景和经验的专业人员作为工程师对承包商建设施工过程进行监督管理[③]。但是工程师角色的设立并不意味着承包商可以不再满足"有经验的"这一条件。基于合同公平原则，FIDIC 红皮书为保证业主和承包商双方平等的合同地位，制定"有经验的承包商"这一规则，根据双方的实际能力对工程风险进行合理划分以确定双方的权利义务关系。

但是，如果过度地使用"有经验的承包商"会导致该规则的随意性，同时也会导致"有经验的承包商"成为业主的挡箭牌。业主可以通过这一规则将工程建设过程中的所有责任都推由承包商承担，导致承包商的责任范围被无限制地扩张，形成合同双方权利义务不对等的局面。

因此，在合同没有对风险划分进行规定的情况下，不能因承包商有相关经验而直接豁免业主承担风险的责任。FIDIC 红皮书通过使用"有经验的承包商"这一规定来对工程建设过程中承包商承担风险的责任范围进行扩张，但并非无限扩张。承包商的责任范围仅限于一个有经验的承包商所能预见到的风险，对于有经验的承包商未能预见到的风险，承包商无须承担相应责任，也即如果承包商因自

---

① 周宇昕，王瑀韬，吕文学 .FIDIC 合同中的不可预见困难与合同终止 [J]. 国际经济合作，2016（06）：58 ～ 62。

② 翟冬 . 论"有经验的承包商" [J]. 法制与社会，2014（29）：102 ～ 103。

③ 李娜，沈杰 . 论有经验的承包商 [J]. 施工技术，2007（07）：96 ～ 98。

身过错，本该预见相关风险而未能预见的，该过错责任由承包商自行承担。因此，FIDIC 红皮书对于承包商的责任范围进行了合理适当地扩张，通过保证承包商按照过错责任原则向业主承担违约责任，以此来弱化承包商相对于业主的技术优势地位，保证在建设工程施工合同中业主和承包商双方能够实现实质公平①。因此，在建设工程对是否属于有经验的承包商的范畴产生争议时，需要对争议范围进行审慎评估，而非将责任直接推由承包商承担。

3. 总结

FIDIC 通过制定"有经验的承包商可以合理预见"的规则对承包商和业主之间的风险进行分配，但是目前的风险分配模式仍存在若干缺陷：一是在风险分担时容易引起争议，因为"合理预见"和"有经验的承包商"缺少既定的标准，难以从客观的角度进行评判，以至于产生争议；二是由于不可预见的物质障碍或条件归责方式的不确定性导致项目工期和合同总价的不确定，但是在买方市场的大背景下业主更倾向于稳定的成本和固定的工期，所以不利于施工合同的稳定性；三是业主和承包商分风险承担偏好并非固定，需要进行个案分析，FIDIC 所制定的风险分担模式在实际运用中可能效率偏低②。因此总结上述现存的缺陷，对于"合理预见"和"有经验的承包商"的界定还需要继续完善一系列的法律构架和规则制定，保证这一规则能够在切实有效的保障业主利益的同时，又能充分考量承包商的过错程度，平衡双方之间的权利义务。

与此同时，作为国际工程的承包商，也可以从自身角度出发维护自己的权益，例如提交投标书日期前仔细阅读业主提供的材料；签订合同前先将合同文件进行审核和风险预估；项目出现不可预见的物质障碍或条件时及时向工程师和业主发出索赔通知并提交索赔报告；在施工过程中严格制定施工进度计划表等。在中国企业作为国际承包商的身份走出去的过程中，通过严格的风险防控机制来保护企业利益，推动国际建设工程的繁荣和发展。

---

① 翟冬. 论"有经验的承包商" [J]. 法制与社会，2014（29）：102 ～ 103。
② 宋振华. 承包商视角下业主风险再分配的应对研究 [D]. 天津理工大学，2011。

案例二十一 马来西亚国际工程承包法律风险与防范案例

马来西亚中国企业家联合会
关键词：国际工程承包 法律风险防范

（一）案例背景

随着"一带一路"倡议的逐步推进，越来越多的国字号承包企业和地方承包企业开始涌入马来西亚工程承包市场。马来西亚工程承包市场主要围绕着基础设施领域、房屋建筑领域以及电力工程建设领域。基础设施领域主要由政府直接投资建设，部分交通运输领域的项目则采用了 Public-Private-Partnership（即 Build-Operate-Transfer）模式利用民间资本进行建设，极个别项目采用了国外的优惠贷款。在房屋建筑领方面，由于马来西亚的私营经济比较繁荣，房屋建筑市场主要依靠私人投资，活跃于以吉隆坡为中心的巴生河谷地区、新山市、马六甲市、槟城和亚庇市等地。而电力工程建设领域方面，为了满足未来的电力新需求，马来西亚政府也积极开发以太阳能、生物质能源和水电等可再生能源作为燃料的电厂以及热电联产电厂。至 2019 年 8 月，重点工程有东海岸铁路项目、吉隆坡地铁捷运工程 2 期和 3 期（MRT2、MRT3）、吉隆坡周边高速公路项目、西马南部铁路、森林城市项目、东马泛婆罗洲大道项目和国家高速宽频网建设等项目。参与马来西亚工程承包市场的中国企业主要有中国交通建设股份有限公司、中国中铁股份有限公司、中国铁建股份有限公司、中国水电建设集团国际工程有限公司、中国机械进出口（集团）有限公司、中国葛洲坝集团股份有限公司、中国建筑集团有限公司和中国石油管道局工程有限公司等。

（二）国际工程承包的常见法律风险及防范案例

国际工程承包是一种综合性的国际经济合作形式，其风险贯穿于规划、设计、采购、设备采购、施工甚至运营等各个环节，风险因素间具有紧密的内在联系，并显示出多层次的和全局性的影响。其风险是多方面的，法律风险则是其中重要风险之一，工程承包行业有一句名言："每一根钢筋都充满着法律"，这就要求参与马来西亚工程承包市场的中国企业结合工程实际情况全面把握并实施有效的法律风险管控，以最大限度地预防和化解法律风险，并将风险降到最低程度，从而实现最大可能的利润预期。因此，法律风险识别是有效规避所有风险的第一步，也是其他后续工作的前提和基础。本文识别了中国企业在承包马来西亚工程项目实践过程中一些常遇到的法律风险问题，并提出一点个人的法律风险防范建议，供大家参考。

1. 外资建筑公司的主体资格建设及建筑员工证的申请

在建筑工程承包中，主体适格是首要条件。马来西亚《2016 年公司法令》《1994 年建筑工业发展局法令》等法律、法规以及规章强制性规定了承包建筑工程的单位，即承包方除了应当具备法人资格，并且还需具备相关的资质。首先，《2016 年公司法》没有禁止外国资本在当地注册公司从而获得法人资格，但若中国企业在成功注册公司以后想承包建筑工程项目，就必须向马来西亚建筑业发展局（Construction Industry Development Board，CIDB）申请并获得建筑承包等级证书。CIDB 是在《1994 年建筑工业发展局法令》下设立的国家机构，以监督全国各地的可持续性和建筑企业的成长。CIDB 根据建筑企业自身条件，如实有资本金、股东 / 董事 / 雇员的建筑行业学历 / 工作经验及其他条件，对承包方划分为 7 个等级（G1 ～ G7），具体分类如下表。

承包商 注册等级	可投标项目金额 （林吉特）	实有资本金 （林吉特）	技术人员资格 （马来西亚股东 / 董事 / 雇员）
G1	不超过 200000	5000	一位技术学历（如有）
G2	不超过 500000	25000	一位技术学历（如有）
G3	不超过 1000000	50000	一位技术学历（如有）
G4	不超过 3000000	150000	一位文凭学历
G5	不超过 5000000	250000	一位文凭学历（拥有至少 5 年工作经验） 或一位本科学历
G6	不超过 10000000	500000	一位文凭学历以及一位本科学历 （拥有至少 3 年工作经验）
G7	无限制	750000	一位文凭学历以及一位本科学历 （拥有至少 5 年工作经验） 或两位本科学历 （其中一位拥有至少 5 年工作经验）

如果承包方是合资企业，则所有合资企业成员必须以合资企业的身份向 CIDB 作出注册。另外，根据马来西亚财政部、工程部和能源委员会的要求，承包方如要竞标和承揽政府项目，无论土著、非土著公司或外资建筑公司，除向 CIDB 注册外，还需向相关政府部门注册，申请入库成为政府承包商。对于私人项目，承包方则无须再次注册。

2. 合同文本的管理

合同是国际工程承包的核心要素，也是风险可能集中发生的环节。承包项目中，涉及的合同文本众多，存在文件的优先适用顺序问题，如果文件解释顺序不明确，或承包范围、支付合同款的时间不一致，会导致在合同履行过程中产生争议。

举例说明，A 房地产开发公司（"发包方"）将其开发的某市区住宅楼工程进行招标，中标后 A 房地产开发公司与 B 中国建筑工程公司（"总承包方"）先行就合同的实质性内容进行了谈判，双方就谈判内容订立了《某市区住宅楼建设工程施工合同》。后 B 建筑工程公司并与 C 中国建筑工程公司（"分包方"）订立了分包合同，该分包合同对工程项目性质、工程工期、工程质量、工程价款、支付方式及违约责任均作了详细的约定。然而，发包方资金链出了问题，延迟了对总承包方的合同款支付时间，进而导致总承包方跟着拖欠了分包方，分包方则对材料供应商、设备供应商、设计单位和运输单位等多家实际施工单位拖付工程款。这几家单位随后同时向发包方、总承包方和分包方三方提出诉讼。法院认定，因实际施工单位与发包方和总承包方没有直接的合同关系，无法从发包方和总承包方处取得工程款。由此可见，国际工程项目往往参与的单位多，通常涉及业主、总包、分包、材料供应商、设备供应商、设计单位和运输单位等多家。合同在时间上和空间上的衔接和协调极为重要，总承包方的合同管理必须协调和处理各方面的关系，使相关的各个合同和合同规定的各工程合同之间不相矛盾，在内容上、技术上、组织上和时间上协调一致，形成一个完整的周密的有序的体系，以保证工程有秩序和按计划地实施。为了做好合同管理，承包方需要首先管理好合同文件。要全面了解和熟悉合同文件，管理好合同往来函件，在履行承包方合同责任和义务的同时，有效运用合同文件保护自身权益，并在需要时，以合同文件为依据提出索赔。同时，借助专业的当地工程咨询、律师和会计师事务所等专业中介机构，对市场进行尽职调查、前期论证、签约与履约风险审核、索赔和国际仲裁处理等方面的咨询。

3. 劳工输入或使用的限制

劳工风险可以从中国劳工和马来西亚当地劳工风险这两个角度来分析。中国劳工风险主要是马来西亚准入限制（审查程序和签证限制等），马来西亚当地劳工风险则是为保护本国公民的就业率，法律规定雇用当地工人的用工比例。若在马来西亚就业少于 2 年，外籍雇员必须从移民局得到临时工作签证；若就业超过 2 年，需获得工作签证。此类签证须在抵达马来西亚前申请。目前，申请工作签证可获马来西亚移民局批准最多 5 年。总体来说，实收资本高于马币 50 万的公司方可申请外籍职位。另一方面，值得提醒的是自 2016 年 6 月 1 日起，任何在建筑工地施工的劳工，无论是本地员工或外籍劳工，都需要向 CIDB 申请熟练及技能认证，即俗称的"青卡"，否则劳工或雇主可面对最高 5000 林吉特的罚款。实践中，CIDB 会不定期联合相关政府部门，如移民局、大马公司委员会和反贪委员会一同突检行动，检查承包方的建筑执照、建筑材料是否符合国家规定和建筑工人是否持有青卡等事项。若雇主被发现聘请非法外劳，可在《1959/1963 年移民法令》第 55A 条文，即引进非法外劳；第 55B 条文，即聘请非法外劳；第 55E 条文，即允许非法外劳居住在其建筑物以及第 56（1）（d）条文，即包庇非法外劳下，被追究刑事责任。此外，这些雇主也可能在《2007 年反人口贩卖及人口走私法令》下被控。

举例说明，某中国企业在马来西亚承包了一工程项目，因没留意马来西亚法律规定国外劳务人员有居留时间限制，造成驻外人员包括施工单位的大批工人都要定期出境重新办理签证，大大增加了项目的交通成本。应对策略可以是在承包工程前，对马来西亚的法律体系、税收制度和用工制度进行调研，尤其是初次进入的国家，应聘请当地律师、税务师及相关机构进行咨询并出具可行性研究报告。

4. 工期及工程量的变更

工期是承包方完成合同约定的工程内容的期限。发包方对工期的调整、项目设计的变更等都会引起工程量的变化，从而导致合同金额的变动或成本的增加。

以东海岸铁路项目为例，中国交通建设股份有限公司（"中交"）于 2016 年与马来西亚铁路衔接有限公司（"业主方"）签订东海岸铁路工程设计施工总承包合同，合同金额为 655 亿林吉特。2019 年 7 月 5 日，中交发布公告表示收到业主方通知，要求在建的马来西亚东海岸铁路项目立即暂停施工，暂停期限未明确。根据合同的相关条文，若业主方取消"东海岸铁路计划"，必须支付中交的赔偿金高达 220 亿林吉特，而且需要在一定的期限内偿还所有的贷款与利息。随后，经中马两国政府以及中交与业主方的共同努力及协商，项目总合同额最终确定调整为 440 亿林吉特，相应工作量和工程内容亦进行调整。由此可见，工程项目负责人树立索赔意识非常重要。索赔是施工单位对非自己的过错而要求过错方赔偿和保护自身利益的一种方式。应在项目实施前，对工程所在国的自然环境和政治环境进行了解。对这些有了足够的了解以后，可以相应在合同里做约定，把工期可能的拖延风险与工程量的变更风险降到最低。在发生索赔情况时，以法律和合同为依据。

5. 税务方面的考量和规划

马来西亚执行属地税务体制，只有来自马来西亚的收入被马来西亚征税。来自外国的收入不应在马来西亚纳税。下表概况信息是针对在马来西亚实施建筑工程或承包工程项目的中国企业。

税 种	税 率 简 介
公司所得税	目前，符合条件的中小企业就其首个 500000 林吉特的可征税收入正常享有 18% 的所得税优惠税率，而剩余的可征税收入将一律按照现今 24% 的所得税税率缴纳
外籍人士税收	马来西亚个人税率依据是否为马来西亚纳税居民状态而定。总体上，如果个人一年内在马来西亚居留达 182 天，将被视为马来西亚纳税居民。也有其他可证明是马来西亚纳税居民的说明条件。从 2018 年课税年起，马来西亚纳税居民个人所得税税率范围为 0～28%，非马来西亚纳税居民固定税率为 28%
社会保障金	缴纳社会保险：雇主 1.75%，雇员 0.5%；缴纳公积金：雇主 12% 或 13%；雇员 11%
销售与服务税	标准税率供应的货物和服务征收的税率为 6%，用于在马来西亚境内的应税货物及服务供应，也适用于进口货物和部分进口服务
进口税	建筑行业所需进口的某些器材和建筑材料需课进口税，不同种类的商品税率也不相同。在马来西亚对一些器材满足某些条件下，此商品是有可能被税收豁免的
印花税	服务协议和建筑工程合约需缴纳从价印花税，税率为每 1000 林吉特需缴 5 林吉特。在许多级合约安排中，只有主合约需缴纳从价印花税，随后级的分包合约仅缴纳普通印花税，税额为 50 林吉特。建筑工程合约必须施工日期起 30 天内缴纳印花税，如没在有效期限内缴纳，将会受到严重处罚

通常情况下，国际工程承包合同签约方式可能包括如下形式。

交钥匙合同：仅与项目业主签订一个合同，即工程总承包合同；联合体签约模式：参加工程项目的各个承包商或供应商组成一个签约联合体，共同仅与项目业主签订一个合同；就项目在岸和离岸部分单独签约模式：根据项目实际情况及税务会规划方案，与项目业主签订多个合同，如在岸合同＋离岸合同等。举例说明，某中国企业与业主签署一份合同，再在企业主体间进行转包或分工，可能因此产生跨境关联交易和跨界支付等影响。从实务角度，建议中国企业就实际情况及详细的税务成本及风险分析，选择合适的、具有税务和法律有效性的合同签约模式，以避免不必要的税务风险，并合理善用潜在的税务机会，从而降低项目的整体税务成本。

（三）结　语

马来西亚的准入政策、外资的限制条件或劳工输入或使用的限制和税收制度等均会对工程施工的进度及成本造成影响，而政府机关的办事程序也会对工程承接产生影响。因此，承包马来西亚工程项目的中国企业管理者应提高法律风险管理的意识，夯实法律知识，提高法律风险应对能力，建立起法律知识信息系统并不断完善，为更有效地应对项目全过程的各种法律风险做好准备，从而避免法律风险带来的损失。然而，法律问题的处理和法律风险的防范不能仅仅从法律的角度进行思考，还要从经济、政治、文化和宗教等方面进行考虑。同时，法律权利的维护固然重要，但在进行法律问题的处理时还要考虑到"适度维权"的问题。"适度维权"并不是一定要牺牲合法权利，而是在维权时一定要考虑到维权成本和双方实力的对比与长远的合作。

免责声明：本文内容代表作者本人观点，仅供参考，并不构成对任何具体问题的法律或其他意见。

（四）参考资料

马来西亚相关法典

1950 年《合同法令》、1959 年及 1963 年《移民法令》、1967 年《所得税法令》、1994 年《建筑工业发展局法令》、2007 年《反人口贩卖及人口走私法令》、2016 年《公司法令》和《中华人民共和国政府和马来西亚政府关于对所得避免双重征税和防止偷漏税的协定》。

案例二十二 海合会国家商业支票的风险与防范

——阿联酋 ASB 客户支票跳票案分析

作者：李韬 罗振立 宋军①
中建材国际贸易有限公司
关键词：国际贸易 商业支票

（一）案例要旨

在海湾合作委员会国家（简称海合会，包括六个成员国家，分别是沙特阿拉伯、阿联酋、卡塔尔、巴林、阿曼和科威特）的商业交往中，商业支票是常见的支付方式。按照支票载明的付款日期，一般分为现金即时支票和远期信用支票。受益人拿着支票到相应的银行兑付，无论是现金即时支票还是远期信用支票的兑付，都以开票人的开票账户里是否有足够的金额作为承兑要件。假如开票人账户中没有足以支撑对外兑付支票的额度，银行就会拒绝兑付支票，俗称"跳票"。

海合会六国作为"一带一路"上的重要节点，中国企业与当地企业的贸易往来中不可避免地会接触到商业支票，这里面有哪些风险，如何避免，希望本案例可以起到一定的借鉴作用。

（二）案例介绍（案例发生背景、处理过程、最终结果）

1. 背景

客户：ASB

产品：建筑用木材

订单金额：70 万美元

销售付款方式：90 天远期支票

---

① 李韬：中建材海外经济合作有限公司副总经理；罗振立：原中国建材国际阿联酋公司总经理，中建材国贸总经理助理，易单网副总裁；宋军：中建材国际贸易有限公司建材事业四部总经理

损失估计：约 40 万美元

2. 处理过程

客户 ASB 是阿联酋迪拜当地的一家建材经销商，与我司的合作最早可以追溯到 2008 年，客户评级为 A 类客户，主要采购的产品涵盖建筑装修材料和建筑机械设备等。从 2012 年开始，客户 ASB 开始从我司加大木材采购，几年下来，客户的采购稳定且每年都有增长，同时，在 2012—2015 年期间，客户的付款一直无不良记录。

在客户的采购数量不断增长的情况下，我司也逐渐增加对客户的支持力度，包括账期的时间和账期的额度。在确定中信保针对该客户 100 万美金的信保额度审批后，考虑到客户在卡塔尔的大量工程订单，产品涉及木材、钢材和设备等，需求量较大，同时我司也了解到 2015 年上半年，卡塔尔新增工程数量较多，市场一片利好趋势，所以我们基于中信保的信保额度，提高了该客户的账期额度至 80 万美元（即上限为使用中信保额度的 80%）。

2015 年 8 月底，公司风控发现该客户的赊销金额增长幅度较快，接近 70 万美元，虽然还在公司设定的额度范围内，公司风控也及时喊停，控制该客户新增的赊销采购，因此在 8 月底和 9 月初，客户也是用现金支票的付款方式从我司进行现货库存采购。

风控发现，该客户在转口卡塔尔的订单上是通过远期支票抵押，临近到期日时采用现金支票的付款方式进行采购。这种操作下，客户可以有效利用银行的额度。

2015 年 9 月，公司风控安排去卡塔尔拜访客户，同时也去参观了客户的仓库，面积达 5000 平方米。卡塔尔的仓储费用很高，5000 平方米的年租金在 30 万美元左右。

据客户自己透露，当时仅在卡塔尔，其在市场上还有 1040 万美元左右的账还没收回，仅收了支票而已，而其中超过 90 天账期支票却仍未到账的支票高达 410 万美元。同时，他目前欠供应商的账款不超过 140 万美元，正因为这巨大的差额，使其出现资金流短缺，这也是其经商几十年从未出现过的状况。

市场上仍不少需求，但客户停止给大供应商提供大批货物，尤其这些账期不确定的客户。卡塔尔的工程大部分都是政府工程，工程依然很多，但收紧银根，减缓付款速度，也导致了各供应商的资金短缺。

了解到这些情况以后，我司加紧了对 ASB 的货款催收，截至第三季度末，赊销支票金额降至 39 万美元。

由于客户经营不善，包括欠我司的货款 39 万美元，还拖欠其他公司近 60 万美元债务。而客户自己现在手上还有约 320 万美元的坏账，所以没有能力支付给我司逾期拖欠的货款。

针对客户的支票跳票，公司通过咨询了阿联酋当地律师，了解到依照本地法律有以下三个救济途径。

（1）通过法院立案，属于民事经济纠纷案。公司向法院提起诉讼，时间最快一年，最慢 3 年甚至更久。公司需要预付诉讼费，胜诉后可执行公司财产。

（2）通过警察局，进行跳票报警立案，属于刑事犯罪案。公司可以凭跳票支票去警察局立案，大概一周后，警察会拘捕开票人（公司需协助跟踪）；到案后，客户可以通过抵押护照获取境内人身自由（也有客户获取自由后凭另外的身份出境脱身）；大概 2～3 个月后会根据跳票金额判监（投入监狱后，不能再被保出，除非还钱），最长的判一年。

（3）诉讼保全。要求客户以个人及家庭共有财产或者其他公司或个人给予担保。此种情况下，需要说服客户接收这种方式，然后公司委托律师出具符合当地法律的担保函并预先公证，准备工作做好后，请客户签字即可。到期未付款，法院立案后，可以强制执行其个人财产或其他人财产。

3. 最终处理方式

第一，公司通过当地警察局报案，实现限制客户负责人出入境，为后续追责奠定基础。第二，提请中信保索赔程序。第三，通过当地法院，提请民事追偿程序。

在依法依靠当地法律救济的基础上，经过中信保与客户沟通，客户承认所有相关欠款，希望以每月支付 2 万美元的方式进行还款，同时希望我们取消迪拜警察局立案。后续在中信保与客户达成还款协议后，由中信保先行赔付我司损失。

（三）分析与应对

阿联酋阿布扎比扎耶德大学助理教授乔纳森·富尔顿的文章称，在美国对中东的承诺受到质疑之际，海合会渴望多一些对海湾稳定感兴趣的地区外力量，尤其愿意关注中国以及"一带一路"倡议。随着"一带一路"倡议在这一地区的成形，中国 - 海合会有望进行更大范围的合作。如今，中国正在加强其与该地区的合作，重点是经济方面。作为世界上最大的能源进口国，中国与海湾国家是重要的贸易伙伴。需要指出的是，中国与海湾国家的贸易关系并不是单方面的——中国对巴林和阿联酋的出口多于进口。不只是贸易，中国对海合会的外国直接投资也相当可观，在 2005 年至 2018 年间达到近 900 亿美元。随着"一带一路"倡议继续在中东成形，中国 - 海合会有望进行更大范围的合作。

在这样的大背景之下，中国企业在与海合会的企业进行国际贸易的过程中，不可避免地要"入乡随俗"，接触到本地人商业交往中习以为常的支付方式——商业支票。对于商业支票，中国企业应该怎样应对呢？

1. 从如上的案例，笔者认为，基于完整的信用评价和风控措施，商业支票并不可怕。需要掌握几个要点。

第一，对于初次合作的客户，务必坚持审慎的原则。对于新客户提出的大金额的订单但只接受商业支票作为付款方式的合同，要做到不被客户的糖衣炮弹诱惑，坚持"款到放货"，即使是即时现金支票，也要在支票承兑到账以后才能把货权交给对方，因为在海合会国家，现金支票"跳票"的比例较高，而不是收到支票就万事大吉。此外，对于客户以订单金额较大，不能支付货物全款要求给部分账期的退而求其次的"合理请求"，我们不妨把大订单切分成几个小订单，"牛排切开一块一块吃"。随着客户下单次数的增加，接收支票付款的金额可以由小到大，逐渐提升客户的信用额度。

第二，支票账期从无到有，逐渐增加，不建议超过 90 天。对于新客户，前三次的合同不建议给账期。在积累了一定信用度，对客户资信逐步有了了解之后，可以逐步地提供一些账期给客户。但给客户账期的前提是基于已有的良好的合作记录和保险公司的应收账款的承保（如中信保的出口信用保险）。同时，账期额度建议不超过保险公司信保额度的 80%。

第三，要动态跟进客户的经营状况，以便能随时发现客户经营情况是否正常。日常的沟通过程中注意收集客户的各种信息，如名片、不同办公地址、联系方式、护照信息、家庭背景、营业执照和社交账号等。

第四，重视合同文本、发货收款和往来沟通信函传真等文件的管理，以便在需要进行法律救济的时候，可以按照法院和警察局的要求，提供完整的证据和必备的立案材料。

2. 注意当地的宏观经济环境和突发事件的影响。

海合会地处中东，是全球重要的石油和天然气出国大国，石油价格的波动直接影响对当地政府的财政收支。同时由于石油美元的挂钩，海合会主要国家货币都是紧盯美元，美元利率的调整以及金融市场波动较大可能会引起当地企业借贷成本的变化，影响其国内银行体系的流动性。

其次，或有负债仍然是一种风险，假如包括迪拜 2020 年世博会和卡塔尔 2022 年世界杯在内的大型项目管理不善，政府相关企业、银行和主权的风险将会上升。

此外，中东问题、伊朗核问题、叙利亚战争和也门内战等这些热门的国际问题都与海合会各国有着千丝万缕的联系，与当地企业的合作，要时刻关注国际局势的变化和发展。

3. 一旦发生"跳票"，要及时咨询当地律师或者向使领馆寻求法律救济支持，酌情采取适当的法律救济。同时，也可以向当地有经验的中资企业和中国商会寻求帮助或协助。

4. 中国企业走出去的过程充满艰险与坎坷，目前国内已经有一些先行者基于"抱团出海"的理念，开发了海外服务平台和产品，如公司的"易单网＋海外仓"模式，可以为国内的生产企业走出去提供属地化的服务。

（四）案例涉及法律条款梳理

1.《阿联酋刑法》第 401 条

任何人在开具支票时若出现以下不守信用的行为，将被强制拘留或者罚款：支票开具人的账户上没有足够可以兑现的资金；开票后，支票开具人把银行账户余款全部取走或取走一部分，导致支票无法被正常兑现；支票开具人要求银行不予兑现该支票；或者支票开具人在填写支票时未能以正确方式填写或者签名，导致支票不能被正常兑现。

2. 根据在海合会现行的业务收款情况，公司总结了收取支票方面的一些经验，在与当地客户交易收取支票的注意事项

（1）受益人名称

对方开具支票时，受益人名称一定要与营业执照上的公司名称一致。支票的受益人每个字母都不能差，和营业执照上的公司名完全一致。经常有客户不写受益人公司后缀名之类的单词，这种情况的支票存银行会被退回，耽误支票正常到账时间。

（2）拒收伊朗银行支票

由于伊朗被美国制裁，当地银行拒收伊朗银行支票，业务员在收支票时应注意以下伊朗银行的支票不要接收。

伊朗 9 家国营银行，包括 6 家商业银行（Bank Mellat、 Bank Melli、 Bank Tejarat、 Bank Saderat、 Bank Sepah 和 BankRefah）；3 家专业性银行（Agriculture Bank、Housing Bank 和 Bank of Industry and Mines）；伊朗 4 家民营银行（Parsian Bank、 Saman Bank、 Karafarin Bank 和 Bank Eqhtesad Novin Bank）。

（3）建议接收英文支票

尽量避免阿拉伯文支票，支票填写要清晰，字迹潦草银行不识别会被退回。

（4）确认开票日期

如果是即期支票，开票的日期应该是当天，如果是远期支票，要确认一下是否和客户之前确认的收款日一致。客户总是想尽办法将支票日期往后推，这种情况下要据理力争，否则接下来的付款会推迟得更多。

（5）注意支票有效期

支票的有效期是半年，开票日期正确格式：日／月／年，例如：2013 年 12 月 2 日正确格式应为：02/12/2013.（错误格式：12/02/2013）。

（6）确认大小写

确认金额大写和小写是否一致，大写金额的拼写是否正确。

（7）注意分位单位

收迪拉姆支票时分位要写 Fils，而不是写美分 Cents，写美分 Cents 会被银行退回。

（8）确认支票的客户签字

如果之前收到过客户支票，建议用复印件作对比确认签字是否正确。

（9）查看支票顺序号

查看一下支票的顺序号，在支票的最下面一行，如果顺序号很小，比如是第 2 张、第三张的情况，需要注意一下，说明客户开出去的支票非常少，要考虑相关风险。

（10）注意付款人姓名与其公司材料是否一致

收到支票的付款人名称，应与合同和营业执照的名称一致。不一致不得收取，否则，一旦发生客户恶意欠款，不利于通过法律途径追款。

案例二十三　海上货物运输合同承运人免责条款的规避

——中国甲公司与利比里亚乙公司海上货物运输合同纠纷案例分析

作者：徐立波

湖北山河律师事务所[①]

关键词：法律争议 货物运输

（一）案例要旨

涉案货物发生货损是因船舶碰撞引起，现有证据不能证明"A"轮存在不适货或不适航的情形，申请人也未能举证证明涉案货物发生货损系因"A"轮不适货或不适航引起，广州海事局调查后认定碰撞事故是由"A"轮和"B"轮双方互有过失所致，被申请人援引《海商法》第51条第1款第1项的规定，主张涉案货物货损是因船员驾驶船舶过失所致，承运人依法不负赔偿责任的抗辩，依法成立。

申请人关于自碰撞事故之日至靠泊卸货，因被申请人疏于管理货物或怠于救助货物，造成所承运货物发生受损的主张，缺乏有效证据证明，不予支持。

（二）案例介绍

申请人：中国甲公司

被申请人：利比里亚乙公司

1. 涉案货物运输情况

2012年11月，申请人的被保险人丙公司向出口商丁株式会社购买55000吨散装动力煤，进口商业发票显示每吨50.34美元，运费每吨12.40美元。被申请人所属"A"轮承运了涉案货物。11月24日，"A"轮在印度尼西亚加里曼丹岛

---

① 徐立波：湖北山河律师事务所高级律师，湖北省律协海事海商委员会委员，武汉市仲裁委员会核心仲裁员

南塔巴尼奥港完成货物装载，船舶代理人代表船长签发了格式清洁提单，该轮随后离开印尼驶往中国。提单收货人栏为"凭指示"，通知方栏为"丙公司"。

2. 碰撞事故和事故原因认定

2012年12月10日，进口航行的"A"轮在珠江口大濠水道与出口航行的马绍尔群岛籍"B"轮发生碰撞，事故导致"A"轮左舷4号货舱破损进水。事故发生后，广州海事局经调查认定"B"轮的过失是造成碰撞事故的主要原因；"A"轮方面，船长"存在疏忽了望，没有使用雷达进一步观测来船动态，断定是否存在碰撞危险，就主观认为没有碰撞危险，对让路船的动态及避让意图不明，没有将船速减至维持舵效的最慢速度或者把船停住，以便进一步观察判明来船的动态，两次错误地认为来船向右偏转，盲目地采取措施，导致发生碰撞事故"，应对碰撞事故承担次要责任。

3. 货物评估和处理情况

涉案事故对"A"轮造成重大破坏，并导致货舱左舷船壳板开裂，4号货舱进水，程度严重，预估灌入约1200吨海水，船员、船级社检验师、船货保险人的检验师和广州海事局等均认为船舶和货物面临沉没的危险。为了船货共同安全，经船级社和广州海事局的批准，"A"轮于2011年12月16日在多艘拖轮的清道护航下前往广州港新沙码头卸货。完成卸货后，"A"轮于2012年12月21日前往广东中远船厂进行永久性修理，直至2013年1月20日完成修理恢复运营。鉴于申请人和案外人丙公司分别向被申请人签署了《共同海损担保函》和《共同海损保证书》，被申请人向丙公司交付了全部货物。为评估涉案货物因船舶碰撞事故遭受的损失，申请人委托C公司进行评估，该公司于2012年6月15日出具了首次及最终报告，根据首次及最终报告的记载，C公司委派的公估师在2012年12月16日至2013年1月6日期间，对本案水湿货物卸船现场情况、卸船后的取样进行见证，以及后续的货物处理进行查勘。"A"轮在拖轮护航下于2012年12月16日下午靠泊广州港新沙2号码头卸货。卸货过程中，发现4号货舱内有大量明水，卸货即将完毕时，发现4号货舱外凹口最底部有破洞，明水从破洞不断外流，证实4号货舱已经漏水，C公司认为涉案货物发生货损的原因是碰撞事故导致"A"轮4号货舱破损漏水，最终造成货物水湿。对于货物的堆存，经收货人与船公司商讨后决定，将"A"轮第1～3、5舱正常货物（称为干货）和4号货舱水湿货物（称为湿货）分开卸船并分开存放，湿货通过浮吊卸至驳船，然后转到码头，再用码头吊机卸货；干货通过正常方式用码头吊机从船舱卸到码头皮带输送到码头堆场。干货于2012年12月19日全部卸货完毕，湿货于12月21日全部卸船完毕。根据舱单记载，"A"轮4号货舱货物约为11600吨，其他舱室货物为43400吨，合计55000吨。因4号货舱货物含大量明水，通过10船次驳船转移到码头，估计的数量为 14856 吨。为鉴定湿货品质，在 4 号货舱货物出库前，由第三方检验机构 SGS 在堆场货物抽样并进行分析，抽样时收货人、两方船舶的公估师及 C 公司人员在场见证。对"A"轮第 1 ～ 3、5 舱正常货物，由丙公司正常接收，对 4 号货舱的湿货，采取公开方式转售，经几次询价后，由 D 公司和 E 公司购买，该 4 号货舱湿货折价出售获得价款人民币 4826403.73 元。C 公司经评估后认为，除共同海损之外，此次水湿货物的合理损失为人民币 1696150.58 元，具体包括处理货物产生差额人民币 841113.45 元、码头包干费用人民币 421595.87 元、货物转水出库港口建设费人民币 47503.76 元和堆场超期管理费人民币 385968.05 元。丙公司认可 C 公司的定损核算，因保单规定的免赔额为零，C 公司建议申请人以人民币 696150.58 元作为理算金额进行赔付。C 公司持有经营保险公估业务许可证，公估师持有中国保险监督管理委员会颁发的资格证书。

4. 申请人支付费用情况

2013 年 7 月 4 日，申请人向丙公司支付保险赔款人民币 1696150.58 元，丙向申请人出具代位追偿信，确认已收到保险赔款，并授权申请人向有关责任方追偿。被申请人确认申请人取得了代位求偿权。2012 年 6 月 19 日，C 公司发出收费通知单，要求申请人支付检验费用人民币 60847 元。申请人没有提交支付该费用的凭证。

5. 其他情况

2015 年 3 月 3 日，被申请人在人民法院提起共同海损分摊诉讼，要求申请人与丙公司连带支付共同海损分摊 36728.50 美元及其利息，后申请人与"B"轮所有人达成和解协议，由"B"轮所有人赔偿申请人人民币 1367742.86 元。被申请人提供外文证据两份，拟证明船舶碰撞事故双方已达成和解协议，"A"轮承担碰撞事故责任比例为 16%，"B"轮承担碰撞事故责任比例为 84%，但该证据没有原件核对，也没有办理公证认证，真实性无法确认，申请人也不予承认。"A"轮和"B"轮的船舶所有人至今没有通过诉讼或仲裁方式确认双方的碰撞责任比例。此外，"A"轮的船东保赔协会北英保赔协会和"B"轮的船东互保协会不列颠尼亚保赔协会分别出具了保函。双方协商一致适用中华人民共和国法律。

（三）分析与应对

1. 现状分析

我国《海商法》第 47 条规定承运人应当"谨慎处理"使船舶适航，第 48 条规定承运人应当"妥善地、谨慎地"管理货物，第 49 条规定承运人不得进行不合理绕航，第 50 条规定"由于承运人的过失"造成迟延交付；我国《海商法》第 47 条规定承运人应当"谨慎处理"使船舶适航，第 48 条规定承运人应当"妥善地、谨慎地"管理货物，第49条规定承运人不得进行不合理绕航，第50条规定"由于承运人的过失"造成迟延交付，承运人应当负赔偿责任。由此可见，我国《海商法》海上货物运输承运人责任的归责原则采取过错责任原则。但是，《海商法》第51条规定的免责事项表明，这种过错责任原则是不完全的过错责任原则，海商法学界亦称之为不完全过失责任原则。具体而言，原则上，承运人对在其责任期间发生的事故造成货物的灭失或者损坏是否负责，应依其本人、代理人或受雇人员有无过错而定，有过错应负责，没有过错可免责，但如货物的灭失或者损坏系船长、船员或者其他受雇人的驾驶船舶或者管理船舶的过失所致，或者，由于他们的过失造成的火灾所致，承运人可以免责。

承运人不完全过失责任原则的"不完全"体现在两项免责事项上，即航海过失免责和火灾免责。航海过失免责是指因船长、船员、引航员或者承运人的其他受雇人在驾驶船舶或者管理船舶中的过失而造成的货物损坏，承运人免于承担赔偿责任。火灾免责是指当火灾系船长、船员、承运人的其他受雇人或者代理人过失造成时，承运人对火灾所致的货物损坏免于承担赔偿责任。

我国虽然没有加入现存的三个国际公约中的任何一个，但是《海商法》中的许多规定都借鉴并吸收了国际公约中的合理因素，其中第51条关于承运人免责事由的规定就与《海牙规则》基本一致，对承运人实行不完全过失责任，保留了管船过失免责。有人提出，既然《鹿特丹规则》已经取消了承运人管船过失免责，可以看出国际上取消管船过失免责已经成为一种趋势，我国《海商法》也应对此作出相应的修改，而且我国国内水路货物运输规则采取的严格责任规则原则，修改后可以统一我国各种货物运输的责任制度。我国水运法律的现状是，远洋运输适用《海商法》第四章的规定，承运人享有管船过失免责权；内河及沿海运输适用《合同法》及交通部的有关行政规章，实行严格责任制度，承运人的管船过失不能免责。即所谓的"水运法律双轨制"。

2. 立法应对

根据民法的"雇主责任原则"，雇主应对雇员在受雇范围内的过失行为负责。这一原则的理论基础是：在受雇行为的范围内，雇主负有监督雇员谨慎行为的义务，雇员在受雇行为的范围内，因为过失造成第三人损害的，说明雇主没有尽到应有的监督义务，雇主因此应承担赔偿责任。此外，根据"谁受益，谁负责"的原理，雇员在受雇过程中创造的财富主要由雇主占有，所以雇员在为受雇行为的过程中因过失致第三人受损的，雇主应当负损害赔偿责任。

我国《民法通则》第63条规定："公民、法人可以通过代理人实施民事法律行为。代理人在代理权限内以被代理人的名义实施民事法律行为，被代理人对代理人的代理行为承担民事责任。"因此，代理人在代理权限内的行为，所产生的法律效果应由被代理人承受。

根据上述承运人应对雇用人或代理人在受托权限内的行为负责的法学理论，不完全过失责任原则的突出表现——航海过失免责和火灾免责，分别违反了雇主责任原则和代理原则。因此，笔者认为，航海过失免责使承运人对其雇员的驾驶船舶和管理船舶的过失行为免责，这无异于纵容承运人在管理船舶上的疏忽和懈怠，导致对海上安全构成重大威胁，极易使社会公共利益受到危害，这显然不合乎法的"善良"价值之要求，在以"社会本位"理念为重的当今世界，该项免责事项应予以取消。同时，火灾免责条款的范围应予修改，应将火灾系船长、船员、承运人的其他受雇人或者代理人过失造成的这一事由，排除在承运人的免责条款之外，使承运人承担相应的赔偿责任。这样，我国《海商法》第51条规定的免责事项，就排除了承运人的航海过失免责和火灾免责，承运人责任的归责原则因此转变为完全过失责任原则，从而更符合法律所追求的公平正义的价值。

3. 风险规避

虽然《海商法》第51条所规定的承运人免责条款过分减轻了承运人的责任，但是由于我国目前已经成为海运大国，在许多海运合同中，我国的海运企业是因这一合同而获利的。

就目前而言，从托运人和货物所有人的角度出发，在《海商法》第51尚未修改的情况下，可以采取下列途径：约定适用可援引《汉堡规则》的国家的法律。《汉堡规则》第5条第1款规定："除非承运人证明他本人、其受雇人或代理人为避免该事故的发生及其后果已采取了一切所能合理要求的措施，否则承运人应对因货物灭失或损坏或延迟交付所造成的损失负赔偿责任，如果引起该项灭失、损坏或延迟交付的事故，如同第4条所述，是在承运人掌管货物期间发生的。"也就是说，货物的灭失或损害或延迟交付所造成的损失，只要发生在承运人的责任期间，首先推定为承运人的过失而由承运人承担责任。如果承运人要免除责任，他应承担举证责任，证明他本人、其雇用人或代理人都没有过失，而且为避免事故的发生及其后果也采取了一切合理的措施，否则，承运人就不能免责。由此可见，《汉堡规则》对承运人归责原则采取的是完全过失责任原则，即承运人只有对损失的发生没有任何过失时，才可享有免责。《汉堡规则》取消了航海过失免责，并且将不能免责的火灾过失范围由过去的承运人本人，扩大到包括其雇用人和代理人。虽然我国未加入"汉堡规则"，但目前已有26个国家批准加入《汉堡规则》，因而该规则将不可避免地对各国的海运承运人产生影响。

（四）案例涉及法律条款梳理

《中华人民共和国海商法》第51条　在责任期间货物发生的灭失或者损坏是

由于下列原因之一造成的，承运人不负赔偿责任。

1. 船长、船员、引航员或者承运人的其他受雇人在驾驶船舶或者管理船舶中的过失

2. 火灾，但是由于承运人本人的过失所造成的除外

3. 天灾，海上或者其他可航水域的危险或者意外事故

4. 战争或者武装冲突

5. 政府或者主管部门的行为、检疫限制或者司法扣押

6. 罢工、停工或者劳动受到限制

7. 在海上救助或者企图救助人命或者财产

8. 托运人、货物所有人或者他们的代理人的行为

9. 货物的自然特性或者固有缺陷

10. 货物包装不良或者标志欠缺、不清

11. 经谨慎处理仍未发现的船舶潜在缺陷

12. 非由于承运人或者承运人的受雇人、代理人的过失造成的其他原因。承运人依照前款规定免除赔偿责任的，除第（二）项规定的原因外，应当负举证责任

案例二十四　新加坡国际商事法庭：国际争议解决新模式

——以中国柏鹤资本公司诉新加坡高鸿置地公司等八名被告合同纠纷案件为例

作者：唐明
北京市中闻律师事务所 [①]
关键词：法律争议 合同纠纷

（一）案例要旨

近年来，随着跨国投资、贸易日益频繁和国际民商事纠纷的逐渐增多，解决跨国纠纷的主要途径——国际商事仲裁存在的程序过于僵化、缺乏司法性和无法上诉等缺陷，也日益凸显。为了有效解决这些缺陷，阿联酋迪拜、新加坡、荷兰、法国巴黎和德国等地纷纷成立了能够解决跨国纠纷的国际商事法庭。

其中，阿联酋迪拜的国际金融中心法院和新加坡国际商事法庭，是目前世界范围内发展较为突出的两大国际商事法庭，而受到亚太地区当事人广泛关注和欢迎的，当属新加坡国际商事法庭。

新加坡国际商事法庭的成功，固然得益于新加坡国际商业中心地位、特殊的地理位置、完善的司法体系和法律环境；但也与其独特的审判模式等密不可分，例如，它通过立法特别授权允许退休法官和外籍法官参与案件审判，允许当事人选择适用外国法，允许对判决提出上诉，允许外籍律师注册代理案件等。

本文以该院审理的"中国柏鹤资本公司诉新加坡高鸿置地公司等八名被告合同纠纷案件"为例，重点介绍新加坡国际商事法庭在管辖权来源和外国法适用等方面独特的审判模式，以及国际法官团、外籍律师注册和海外执行等其他优势和亮点。

---

① 唐明：北京市中闻律师事务所合伙人

（二）案例介绍

中国籍女商人胡冰心与女儿王宣，通过其公司中国柏鹤资本公司，起诉新加坡上市公司高鸿置地公司在发展上海"冰雪之星"项目时另找合作伙伴，违反协议中的受托责任。本案原告为中国柏鹤资本公司，被告共有八个，分别为高鸿置地的实际控制人王芝菁和陈莞君，高鸿置地与其他4个高鸿置地下属公司，以及俄罗斯商人Shport先生。

引起纠纷的是中国柏鹤资本公司，与新加坡高鸿置地及其下属的多个公司、俄国商人Shport先生三方就共同在上海青浦开展的"冰雪之星"项目达成口头的合作协议。根据三方的口头协商，中国柏鹤资本公司负责与青浦政府就土地征收事宜进行联络。之后，由于拿地受阻导致冰雪执行项目触礁，最终三方经协商以书面形式解除了此前的合作。

在签署解除协议之后，新加坡高鸿置地和Shport先生，又与上海陆家嘴（集团）股份有限公司签署了在上海林岗开发冰雪世界项目的合作协议。

中国柏鹤资本公司认为，新加坡高鸿置地在发展冰雪之星项目时另找合作伙伴，为了能独立与其他企业合作发展"冰雪之星"项目，以各种手段逼迫其终止合作关系，其行为违反协议中的受托责任，须对中国柏鹤资本公司做出赔偿。

因此，中国柏鹤资本公司根据双方的管辖协议，将八个被告起诉至新加坡国际商事法庭。从该案的判决书内容来看，本案的争议焦点主要集中在"双方关系应适用哪国法律"和"合营在中国法律中的义务"这两个方面。

（三）分析与应对

1. 管辖权来源可以基于当事人协议约定

新加坡国际商事法庭管辖权来源之一是高等法院转呈的国内案件，即高等法院认为其受理的某国内案件更适合由国际商事法庭审理的（比如某位国际法官恰好是该领域的专家），可以直接移送国际商事法庭审理，而无须经过当事人的同意。

除此之外，新加坡国际商事法庭管辖权更重要的来源之一是基于当事人双方的管辖协议。当事人双方可以协议约定，将原本并不应该受到新加坡法律约束、与新加坡没有实质联系的争议，提交新加坡国际商事法庭审理，这也是本案之所以能够提交新加坡国际商事法庭管辖的原因。

不仅如此，新加坡国际商事法庭对争议双方约定管辖的形式进行了较为宽泛的规定：不再仅仅局限于单纯的书面形式，还包括了口头和电子等其他形式的记录方式，只要该协议内容可以体现双方已就管辖达成合意即可；而且管辖协议可以在纠纷发生之前订立，也可以在纠纷发生之后订立。

这里值得注意的一点是，本案的多名被告均是新加坡国籍，或是在新加坡注册的公司，却仍然可以作为与新加坡"没有实质联系"的海外案件在该院审理。所以，新加坡国际商事法庭对于"与新加坡没有实质联系"这一指标的要求非常宽松，只要案件的实质性纠纷发生在海外，那么即便是有很多程序性和行政上的因素与新加坡有关，也可以被视为是海外案件，可以在新加坡国际商事法庭提起诉讼。

通常来说，以下几种情况也同样不会认为构成实质联系。

（1）能够证明争议事实的证人处于新加坡

（2）与争议有关的文件处于新加坡

（3）与争议有关的资金在新加坡过境，或是处于新加坡银行的账户中

（4）争议的一方当事人在新加坡拥有不属于争议范围的财产或资产

（5）争议的一方当事人是新加坡主体，或者虽不是新加坡主体但其股东是新加坡主体

2. 当事人可以约定适用外国法

新加坡国际商事法庭将外国法作为"事实"看待，双方当事人可以通过提供口头或书面的意见决定是否适用外国法，在某种程度上给予当事人选择法律的权利，更有利于商事领域争议的解决。

从本案判决书当中能够看出，新加坡国际商事法庭对案件究竟应该适用何种法律，有三种递进的判断方式：第一，审查合同本身，看是否有适用法律的明确约定。第二，若合同没有明文规定，则看是否能根据合作情况，推定当事人双方适用何种法律的意图。第三，若上述两个步骤都无法确定法律适用，则通过确定合同与哪个法律体系最紧密和真实的联系来确定适用的法律。

本案原被告双方并未在协议中明确约定适用何种法律。原告认为，双方合营关系适用的法律应在第二层阶段就能够确定：由于在与合作有关联的部分协议中明确约定了适用新加坡法律，所以双方更倾向于适用新加坡法律。

而被告认为，根据第二层阶段无法推断出双方的意图，应采取"最接近和真实的联系"来确定适用的法律，本案合营关系中拟征收的地块位于中国大陆，与中国的关系最为密切和真实，所以应适用中国大陆的法律。

法院认为"如果当事人只是商讨并口头达成了一个很广泛的交易合意，当事人选择某种法律的意图是很难推断出来的"，所以，该案需要"进入第三层阶段以确定哪项法律拥有与交易最为密切、最为真实的关系"。最终，法院根据胡冰心与王宣的中国国籍，合营下开发的房地产项目的位置在中国，以及促成合作的口头协议是在中国达成的几个因素，确定案件适用中国法律调整。

3. 代理律师可以兼任外国法专家

在国际案件中，当事人通常需要聘请一个专业精通外国法律的专家作为专家

证人，聘请费用较高。但是，在新加坡国际商事法庭审理的案件，当事人可以不用另外聘请外国法专家，代理案件的律师本人就可以视为专家证人，法律陈词起到和专家证人一样的作用，给当事人节省大量的费用。但本案当中，双方均另外聘请了中国法的专家。

双方的专家对合营在中国法律中的义务发表了不同意见。原告方的专家白先生认为，中国法律规定了公平原则、等价有偿原则和诚信原则，这与普通法下的"信义义务"相似，所以被告应诚实、公平、善意并合法地行事，对原告负有"信义义务"。而被告方的专家张先生认为，根据中国法律，"信义义务"只有在明确约定的情况下才存在，并且只适用于信托关系等特定的法律关系，所以并不适用于普通的合作关系。

最终，法院认定在中国法律中的合营，并不是合伙企业法范围内的交易，大多数情况下，胡冰心和王宣代表原告行事，而陈莞君和王菁芝则代表被告行事，所以被告对原告并无作为合伙人的"受托义务"的业务违约行为。

（四）在新加坡国际商事法庭起诉还有哪些优势和便利

1. 允许退休法官和外籍法官参与审判

根据新加坡的原有法律，退休的法官是不能从事审判工作的，而且法官必须是本国人士。2014 年，新加坡为成立国际商事法庭而专门修改宪法：允许退休法官继续从事审判工作，并允许首席大法官指定外国人担任法官。

从法官构成来看，新加坡国际商事法庭目前共有 37 名法官，其中 22 名为新加坡本土法官，15 名为国际法官。

本土法官以新加坡最高法院的高等法院和上诉法院的在职法官为主，包括最高法院首席大法官梅达顺。除此之外，最高法院首席大法官还可以任命 65 岁及以上（即已退休的）的本土法官担任国际商事法庭的法官。目前，退休的新加坡最高法院前首席大法官陈锡强，已被任命为国际商事法庭的本土法官。

国际法官则由最高法院首席大法官任命，但仅限于审理国际商事法庭的案件。国际法官在审理国际商事法庭的案件时，拥有和新加坡本土法官一样的权利义务，一样参与审案。目前，被新加坡聘请为国际法官团的成员，大部分来自英联邦国家（有 7 名来自英国，4 名来自澳大利亚，美国、加拿大、日本和中国香港各 1 名）。他们当中，有前首席大法官，还有英美体系的偶像级和明星级的资深法官；这些如雷贯耳的名字，本身就是公正性和权威性的象征。

2. 外籍律师登记制度

通常情况下，外国辩护律师及事务律师是不允许在其无执业资格的国家出庭的。但是，新加坡国际商事法庭允许外国律师作为法律顾问出席在新加坡国际商事法庭启动的诉讼，并参加其后的上诉，这也是新加坡国际商事法庭所独有的制度。

目前，虽然暂时没有中国律师在新加坡国际商事法庭注册，但是中国已经拥有一大批精通涉外业务的律师，相信很快就会有中国的律师在新加坡国际商事法庭注册，这将为中国企业在新加坡国际商事法庭解决争议带来很大的便利。

3. 可以申请不公开审理

新加坡国际商事法庭奉行公开审理的原则，但也有权依据当事人一方的申请而采取非公开方式进行审理。在决定是否公开审理时，新加坡国际商事法庭会重点考虑以下两个因素。

（1）案件是否属于海外案件

（2）当事人在不公开审理案件方面是否存在协议

对于不公开审理的案件，由法庭封存案件的相关文件，禁止任何人发布与案件相关的信息或文件。

4. 可以申请判决保密

当事人可以在判决作出之前，向新加坡国际商事法庭申请对某些部分进行加密处理。如果新加坡国际商事法庭认为请求合理，可以在公开的判决中删除这部分内容；但如果删除这部分内容会使公开失去意义，新加坡国际商事法庭也可以加上一定期限的合理保密期限。

需要注意的是，尽管当事人提出了不公开的要求，但如果新加坡国际商事法庭认为将判决在专业出版物发表具有重大的法律利益，则仍可以指令发表这些判决。

5. 对判决可以提出上诉

新加坡的法律制度以英国法为基础，法院系统分为两大主要部分：最高法院和国家法院。最高法院又包括高等法院和上诉法院，后者为前者的上诉机构。

新加坡国际商事法庭隶属于新加坡最高法院的高等法庭，是经过立法特别授权建立的专门审理国际商事纠纷的特别法庭，因此，经过新加坡国际商事法庭审理的案件，可以在上诉法院提出上诉，与商事仲裁的"一裁终局"相比，这使得当事人拥有了第二次获得救济的机会。

但与传统法院不同的是，新加坡国际商事法庭也给予当事人自由选择的权利：当事人可以以书面形式放弃、限制或变更其上诉权；也可以协议排除部分的上诉范围。

6. 判决在海外执行的优势

目前，新加坡已通过一系列国际协议和国内立法，包括《英联邦判决相互执行法》《外国判决相互执行法》和《选择法院协议公约》，来提高其判决的国际认可度，以及一些双边协议，简化传统普通法规则下判决的执行。

新加坡将新加坡国际商事法庭设立在最高法院体系之中，使其成为新加坡最高等级司法审判机构的一部分，可以最大程度上保障新加坡国际商事法庭的判决在他国法院得到有效承认和执行。

（1）英联邦成员国内的执行

依据《英联邦判决相互执行法》，新加坡国际商事法庭的判决可以在英国、澳大利亚、新西兰、斯里兰卡、马来西亚、巴基斯坦等11个国家或地区直接注册，得到认可和执行。

（2）英联邦国家以外的执行

依据《外国判决相互执行法》，新加坡国际商事法庭的判决在包括中国香港地区的很多非英联邦成员的国家和地区，取得了执行依据。

（3）《选择法院协议公约》

该公约目前已对欧盟、墨西哥和新加坡（2015年3月25日签署）等缔约国生效，这给新加坡国际商事法庭判决在这些缔约国的承认与执行提供了法律基础。

美国、乌克兰和中国（2017年9月12日）也已签署了该公约，但目前尚未批准和生效；俄罗斯、加拿大、土耳其、澳大利亚、新西兰、阿根廷、哥斯达黎加等国均表示有意考虑加入公约；相信未来新加坡国际商事法庭判决在全球的执行范围将会不断地扩大和延伸。

（4）双边协议

新加坡最高法院还和澳大利亚维多利亚州最高法院（商事法庭）、迪拜国际金融中心法院、阿联酋阿布扎比全球市场法院等现有的国际商事法庭，签署了关于互相执行金钱方面判决的非约束性"备忘录指南"，简化相互之间对此类判决的执行程序。

案例二十五　新西兰海外投资法浅议

——新西兰、汤加王国投资法律实务分享

作者：胡弘[①] 新西兰鸿鹄律师楼

关键词：新中自由贸易协定 一带一路海上丝绸延伸带 新西兰海外投资 汤加宪法 开放型世界经济 人类命运共同体

（一）案件要旨

自 2008 年新中自由贸易协定签署并生效以来，新西兰对中国出口翻了两番，中国现在是新西兰最大的贸易伙伴，2018 年双边贸易额超过 280 亿新西兰元。中国也是新西兰的第二大和发展最快的旅游市场，最大的国际学生来源，以及重要的外国投资来源，越来越多的中国企业个人走进新西兰及南太平洋地区诸如汤加等国进行投资，如何充分运用法律、政策、财会等尽职调研论证，为投资者寻找恰当的投资策略和切入导向成为热点。

南太平洋各国作为"一带一路海上丝绸延伸带"国家，越来越受到中国投资商及法学人士的重视，作为澳大利亚及新西兰最高法庭注册大律师，汤加王国皇室中国事务顾问，本文将通过以新西兰 2019 年最新案例及汤加宪法之土地管理最新法规，简明介绍南太平洋各国中两个最具代表性的国家有关海外投资案例及成文法律条文，以期帮助投资人士及法学理论研究者对新西兰及汤加王国法律体制，社会文化，投资机会有所了解并力争提供简明实操指南，不足之处期望不吝赐教。

（二）案件介绍

1. 基本介绍

第一被告，新加坡有限公司 S（"S 公司"），以及第二被告赖先生，都承

[①] 胡弘，新西兰鸿鹄律师楼创始人、新西兰及澳大利亚最高法庭注册律师、国际公证大律师、汤加皇室中国顾问。

认违反了良好品格条款，即根据 2005 年新西兰《海外投资法》新西兰政府批准其进行海外投资同意书中的有关保持良好品格条件，新西兰土地信息局（监管机构）作为原告寻求根据该法第 48 条的命令对 S 公司和赖先生施加民事处罚。

2. 具体案情

AC 公司是一家从事农业业务的开曼群岛注册公司。S 公司是 AC 公司的全资子公司，或者说 AC 公司通过其在其他公司的权益成为 S 公司的大股东。

赖先生是新加坡公民及香港居民，他自 2007 年 6 月起一直担任 AC 公司董事会主席，自 2013 年 3 月起担任执行主席，他也是 AC 公司主要股东之一，拥有超过 40% 的股份。

AC 公司的美国存托股票（ADS）之前在美国证券交易委员会（SEC）注册，并在纽约证券交易所（纽约证券交易所）交易。2016 年 11 月 3 日，纽约证券交易所暂停了 AC 公司 ADS 的交易。2017 年 1 月 2 日，纽约证券交易所将 AC 公司除名。

PGW 是一家在新西兰注册成立的公司。它是新西兰领先的农产品和服务提供商之一。它在新西兰和澳大利亚和南美洲的主要地区拥有 2100 名员工。

2009 年 11 月 16 日，新西兰政府同意接受"AC 公司或 AC 公司的 100% 子公司"根据法案第 12 条对 PGW 进行海外投资，PGW 公司拥有"敏感土地"（"政府首次同意"）。S 公司被指定为政府首次同意的申请人。S 公司由于是在新加坡注册的公司，作为该法案第 7（2）（b）条规定的"海外人士"（因为它在新西兰境外注册成立），在寻求收购 PGW 股份时，根据该法案被要求并且确实获得了新西兰土地信息局的批复同意。

新西兰土地信息局首次同意后，新加坡 S 公司获得了高达 19.99% 的 PGW 股份。该批复同意的前提条件是 S 公司及 AC 公司作为申请人或实际控制申请人的人需要一直"继续保持良好品行"。赖先生也必须遵守"首次同意"的良好品格条件。2009 年 12 月，赖先生被任命为 PGW 董事。

2011 年 4 月 15 日，S 公司决定进一步投资 PGW 并得到政府批复同意（第二份同意书），使 S 公司能够收购 PGW 已发行普通股总数的 41%。第二份同意书也包含一个前提条件，即受 S 公司控制的人包括赖先生在第二次新西兰土地信息局批复同意时必须保持良好品行作为前提条件。

2011 年，S 公司成为 PGW 的大股东，持股比例为 50.22%。截至 2018 年 10 月 30 日，S 公司继续拥有 PGW 股份的 50.22%。

3. 美国证券交易委员会对赖先生和 S 公司的调查

美国证券交易委员会调查赖先生和 S 公司涉嫌违反 1934 年（美国）证券交易法（交易法）的行为。

美国证券交易委员会的指控总结如下：

（a）S公司通过与剥离中国公司有关的欺诈性会计隐瞒了投资者的损失，包括（例如）高估其通过该交易获得的股份；并提交四年期间的年度报告，这些报告错误地反映了S公司的财务状况；

（b）赖先生参与了一项计划，通过交易操纵S公司在纽约证券交易所的ADS价格，赖先生在S公司新闻稿中做出了重大误导性陈述。

2018年12月，赖先生和S公司与美国证券交易委员会签订了和解协议，但没有承认任何法律责任。根据和解条款，AC同意向SEC支付300万美元的民事罚款，赖先生同意向SEC支付40万美元的民事罚款。赖先生同意停止担任任何美国上市实体（在指定类别内）的高级职员或董事，为期五年。

赖先生和S公司也同意停止或停止违反或导致任何违反或未来违反"交易法"某些条款和该法案规定的行为。

S公司和赖先生进一步承认：S公司及赖先生未能遵守两份政府批复同意书中提及的保持良好品格之条件，或承认美国证券交易委员会的调查和证券交易委员会的和解协议也导致S公司及赖先生违反了两份新西兰政府批复海外投资同意书规定的其需要保持良好品行之条款。

（三）案例涉及法律条款

新西兰《海外投资法案》（*Overseas Investment Act*，2005）是规范新西兰海外人士的投资法案。该法案第3条规定：该法案目的是承认海外人士有权通过以下方式拥有或控制敏感的新西兰资产。

（a）要求海外投资新西兰资产前提出申请以符合被新西兰政府许可同意的标准；

（b）对这些海外投资者或项目施加特定条件。

如果海外投资交易需要在敏感土地或重要商业资产中进行海外投资，则该交易需要根据该法案获得政府批复同意。

关于敏感土地投资（比如海岸线土地、毛利人控制土地等），第16条规定同意海外投资的标准包括投资者或（如果该人不是个人）所有海外人士控制权的个人都必须具有良好品行标准。

关于重要商业资产，第18条规定相关海外投资者或（如果该人不是个人）所有海外人士控制权的个人都必须具有良好品行标准。

第19条随后规定：良好品行和2009年移民法相关标准

就第16（2）（c）及第18（1）（c）条而言，有关部长在评估某人是否品行良好时，必须考虑以下因素（但不限于）：

（a）某人或具有或曾经拥有控制25%或以上股份所有权益机构（不论是否已定罪）之违法行为；

（b）其他对该人或机构特定海外投资产生任何不利影响的事项。

在考虑是否批复同意海外投资交易时，如果部长认为申请人满足了第16或18条（视情况而定）中的所有标准，部长则必须给予批准同意，其中对海外人士所持同意书施加条件是该法令规管第3条所述特权的机制之一。

原告律师提出根据该法案，有四项与良好品质评估相关的事项。首先，必须根据上述法案的目的来解释该要求。该法案目的是承认海外人士拥有或控制敏感的新西兰资产是一种特权，只有具有良好品行的人才有权享有这一特权。其次，该法案的计划表明，部长们有权在申请人或机构满足良好品行要求的满意度方面采用高标准。在评估良好品行时，违法行为是强制性的考虑因素。如何反映一个人进行海外投资的任何事项也是相关的。如前所述，如果符合所有同意标准，部长必须给予批复同意，没有酌情权可以拒绝。再次，财政和支出委员会关于海外投资法案的报告指出，绝大多数人同意列入良好的品行要求，"因为大多数人相信所有在新西兰投资的人都不太可能采取不当行动，使这个国家声名扫地。"报告继续说，条例草案当时没有提供一项测试，以确定一个人是否具有良好品行，大多数人认为这个测试标准是必不可少的。因此，大多数人建议修改后来作为第19条颁布的相关条款，便于部长在确定海外人员是否具有良好品行时作为考量因素。最后，移民法中的判例法提供了有用的指导，法官认为部长们有权采用更高的标准来检测申请人的良好品行。

（四）分析与应对

针对该案，辩护律师表示，美国证券交易委员会的调查没有披露在新西兰或PGW发生或涉及的任何涉嫌活动。它也没有指控任何犯罪行为。美国证券交易委员会指控的行为可被视为具有对过往历史追溯的意义，应该报持既往不咎的办案法则，而且2013年之后美国证券交易委员会没有对被告采取任何法律行动。

但当值法官指出所谓的涉嫌活动并非在新西兰或PGW中发生，无论如何其造成的客观行为是严重的，无论其发生在何处，法官因此没有对2013年之后没有任何指控这一事实给予任何支持或重视。

法官主要考虑所讨论的良好品格的重要性，认为违规行为的性质和范围是严重的。

辩护律师指出原告并未试图量化被告人所造成的违规行为或任何经济利益所造成的任何财务损失或损害。然而，原告律师提出，被告已获得新西兰同意海外投资的利益，他们授权新加坡S公司拥有新西兰领先的农业服务和产品供应商的重要股份，特别是申请人在尚未达到该法案对海外投资者的品行标准的前提下，被告是明知故犯。

法官并不支持原告律师观点，法官进一步指出任何违反政府许可或同意书规定的前提条件的被告都可能获得原告所提到的那种利益获得。在这种情况下法官不认为这是一个值得加重处罚的因素。

结果，判决命令：

（a）新加坡 S 公司被罚 10 万新元的民事罚款；

（b）赖先生须缴付 12 万新元的民事罚款；

（c）新加坡 S 公司和赖先生将向监管机构支付 3 万新元，用于支付监督和执行费用。

（五）案例涉及法律条款梳理

新西兰《海外投资法案》（*Overseas Investment Act*，2005）解析如下。

（1）根据新西兰海外投资法案第七条对海外人士定义：那些不是新西兰公民或通常不居住在新西兰的居民，或者公司中 25%（或更多）股份由海外人士拥有或控制的公司或组织即是海外人士（或组织）。凡属于海外人士就会受到新西兰海外投资法案的制约。

（2）根据新西兰海外投资法案第八条有关关联人：代理人，受托人或代表和相关土地的定义：A 由 B 控制或受 B 的指示，A 是 B 的代理人，受托人或代表，或以任何方式代表 B 行事，或受 B 对海外投资或其他事项的指导，控制或影响：无论他们间的关系是直接或间接；一般或具体；法律上可执行与否都将属于关联人定义范畴。

聘请新西兰公民或居民作为海外投资代持人需要格外谨慎，海外人士在新西兰公司控股比例也需控制在 25% 以下或做其他法律规范安排。

（3）根据新西兰海外投资法案第 15 条：

部长可以决定哪一个或多个人是海外投资的相关海外人士或关联人。鉴于此，保持与有关政府部长互动交流也是重要环节。

（4）根据新西兰海外投资法案第 19 条：有关部长必须考虑以下因素（但不限于此）来评估该申请人是否品行良好。

A 或 A 在犯罪或违反法律时拥有或曾经拥有或拥有 25% 或更多股权所有权或控制权益（无论是否有罪）的公司及任何其他对该人或公司是否适合进行特定海外投资产生负面影响的事项。

中国投资者必须时刻警醒保持诚信为本的海外投资原则，坚守契约精神，当个人或公司情况有所变化时要及时通知有关方面以便变通，谅解或调整投资策略。

（5）根据新西兰海外投资法案第 25B 条即每个申请人向监管机构或相关部长提供的与申请有关的信息在提供时是正确的。

通过本案及其他案件我们同样观察到海外投资者无论是在写投资意向书，投资计划书还是投资过程中相关报告中，所提供的原始信息及计划实施中的具体数据都必须实事求是，尽量准确无误，实在有所偏差，也要有足够多的证据证明其偏差可能产生于主观无法预测或超出主观控制范畴。

（6）根据新西兰海外投资法案第 26 条：部长可以在申请者有欺诈的情况下撤销其政府批复同意书。如果部长认为海外投资是通过欺诈获得了政府批复同意书，部长可以在海外投资生效之前撤销对海外投资交易的同意。

鉴于本条文规定，海外投资者即便投机取巧拿到海外投资政府批文，也不代表该投资项目可以继续进行，在网络时代国际交流日益频繁畅通的大环境下，时刻提醒严格遵守各国法律法规变得非常重要，千万别怀着侥幸心理，只有涵养法制精神，践行契约理念，脚踏实地在海外讲好中国好故事，这样的海外投资才有生命力才会成为百年老店。

（六）新西兰海外投资实操总结

南太各国除了澳大利亚、新西兰、斐济等属于英联邦法律体系外，还有诸如汤加王国君主立宪国家，比如在汤加土地归国王所有，土地不能自由买卖只能通过合法租赁合同进行转让，其租约必须采取其国家认可的租约而且租期一般不能超过 99 年，而在新西兰投资房地产绝大多数是永久产权，除非特定的土地不是永久产权或毛利土地。因此无论投资新西兰还是汤加建议客户必须尽早委托当地律师特别是华人律师开展全面完善的法律尽职调查工作。

（1）通过法律法规调研提供及时准确法律要求，法律意见或建议，规避投资前风险。比如在新西兰就有世界上独特的怀唐伊条约，该条约有两个版本，一个是英语文本；一个是毛利文本。毛利人根据毛利文本，认为只是把新西兰的治理权交给了英国，而非主权。对于土地等财产，毛利人认为酋长拥有绝对的所有权，并没有赋予王室独占权和优先权。这个简单的条约，却决定了新西兰的国家历史，从此新西兰成为了英国的殖民地。这个简单的条约，却决定了不同族群的命运，从此英国人成为这片土地的主人，在此安居乐业，毛利人则失去土地，流离失所。因此在新西兰投资土地时，要特别注意海岸线土地，森林，牧场等可能与毛利人产生争议的土地购买或租约或开发，从而避免不必要的旷日持久的潜在官司。

（2）在提出对新西兰进行海外投资时必须严格遵守政府法律法规及政府批复同意有关保持良好品行之要求，投资过程中如有任何条件改变要及时知会有关政府部门。

（3）对新西兰，汤加有关政府机构，贸促会，各大商会，及中国驻外使领馆进行拜访并收集相关资料。

（4）与当地知名华人律师事务所，华人会计事务所建立合作关系取得华语专业意见，避免不必要因素造成的文化、语言、专业等误区或误会。

（5）举办项目发布专家咨询会议，听取意见建议，聘请当地华洋二界重要人物当任投资顾问。

（6）通过网络资源获取投资指引、研究报告、法律备忘录，获取一手资料作为投资参考材料。

（7）广交朋友多与其他相关企业建立良好互动关系，以诚信为本抱团取暖合作共赢。

（8）通过中国企业个人海外投资促进维护发展开放型世界经济，共建人类命运共同体。

案例二十六　境外法律环境尽职调查与准入障碍的破解

——境外贸易及投资的知识产权保护与公平竞争

作者：陈建民 [①] 北京市铸成律师事务所

关键词：境外贸易 知识产权

（一）案例要旨

中国的改革开放明显分为两个不同的阶段，如果说前期的开放主要是将国外的先进技术和投资吸引进入中国，则后期的开放是中国企业将产品、服务、技术及投资投向海外他国，尤其是进入发达国家和地区。在此过程中，中国企业经历的最严重的挑战还是知识产权保护与公平竞争方面的挑战。

本案例 [②] 发生在 2006—2009 年，2009 年 4 月 10 日，法国巴黎大事法院对 TI 汽车燃油系统股份有限公司（TI Automotive Fuel Systems，SAS）（简称 TI SAS）诉中国浙江温州华润电机有限公司就汽车总成装置构成专利侵权和不正当竞争案作出一审判决，认定华润电机有限公司未侵犯 TI SAS 的专利，也未实施任何不正当竞争行为。这件持续近 4 年之久的中国企业在国外应诉国外企业提起的专利侵权和不正当竞争的案件中，中方公司获得了一审的胜诉。

中国浙江温州华润电机有限公司在该案中的胜诉，不仅为华润电机公司的汽车总成装置进入欧洲市场扫除了障碍，也大大增强了中国企业应对在海外时有发生的知识产权侵权诉讼的信心，为中国企业在海外投资国家争取获得公平竞争的环境创造了一个积极应对的案例。

---

① 作者从 1998 年起，在清华大学法学院担任知识产权法学、知识产权法律与实务课程的教学工作。

② 案例素材来源于 https://www.yicai.com/news/3994209.html 报道。

（二）案例介绍

2005 年 10 月 18 日，中国浙江温州华润电机有限公司（以下简称华润电机）在参加法国举办的国际汽车工业展览会（Equip Auto，2005）时，被 TI 汽车燃油系统股份有限公司（TI Automotive Fuel Systems，SAS）（简称 TI SAS）以其展出的产品涉嫌专利侵权为由，扣押了两个参展汽车总成装置样品以及印有该样品的产品宣传手册，华润电机并被 TI SAS 起诉到了巴黎大事法院。原告 TI SAS 在起诉状中请求法院判决华润电机停止专利侵权及不正当竞争行为，禁止在法国制造、销售涉嫌侵权的产品，向 TI SAS 支付 40 万欧元的损害赔偿及 3 万欧元的律师费；在同案请求中，原告 TI SAS 还请求法院在其选定的 5 种刊物上刊登判决书，刊登的费用由华润电机承担。

面对原告 TI SAS 的诉讼请求，华润电机虽然认为自己不构成侵权，但对法国的知识产权法律制度和诉讼制度并不了解，担心如果在法国审理专利侵权案的同时也要提起宣告原告专利无效的程序，整个诉讼期间就会拖延很长，且应诉的成本会很高。因此对是否要应对原告提起的这一起诉讼，当时的华润电机顾虑重重；而如果不积极应诉，就意味着华润电机与国际汽车工业展览会失之交臂，其迈向欧洲市场的第一步也将延迟，因为毕竟巴黎汽车工业展览会与美国拉斯维加斯车展、德国法兰克福车展被并列为世界的三大汽车工业展，对于中国的汽车产品部件的出口而言，这是面向世界各国进行宣传的极好的舞台之一。

为了应对原告 TI SAS 的起诉，华润电机首先向中国有经验的涉外知识产权法律服务机构发起了咨询，通过咨询得知，法国与中国在审理专利侵权案件中的司法程序是不同的。在中国，专利侵权案件的审理与宣告专利无效的事由分别在法院和行政机关处理；但在法国，宣告专利无效程序与专利侵权案件的审理是可由受理专利侵权案件的同一个法院审理的，即法国的法院在对被告是否构成专利侵权作出裁决的同时，也有权对原告的专利是否有效进行裁决，两个事项和程序合一，诉讼期间就不会那么漫长，两个事由合一，就有可能使案件尽快水落石出。同时，华润电机组织专业人员，在律师的帮助下，对该案的事实进行了缜密的分析，分析结果的乐观使华润电机对该案的胜诉有了较大的把握。为了维护自身的合法权益以及中国企业在海外的形象，华润电机决定不回避并积极应对 TI SAS 提起的诉讼，并委托了中国一家有经验的涉案知识产权律师事务所与一家法国的律师事务所代理诉讼的全部事务。

原告 TI SAS 于 2005 年 10 月 18 日起诉后，却因为自身的原因导致该案一直在法国巴黎的法院搁置。直到 2007 年 9 月，在又一届国际汽车工业展览会（Equip Auto，2007）即将举行前的一个月，该案在法院搁置了近两年后又被原告 TI SAS

重新提起审理程序。在法院启动审理程序后，于 2007 年 12 月、2008 年 2 月、3 月、4 月、6 月共计组织了 5 次非正式开庭的活动，而在此期间，原告 TI SAS 就其提出的诉讼请求不断补充诉讼理由。面对原告的不断补充诉讼理由，华润电机采取了双管齐下的措施，一方面针对 TI SAS 的诉讼请求进行有力的反驳，要求法院认定华润电机不构成专利侵权和不正当竞争；另一方面又请求法院在审理中直接判决原告 TI SAS 主张的专利权无效，彻底否决原告的专利权。

在案件审理过程中，针对原告 TI SAS 指控的专利侵权行为，华润电机在充分理解原告专利技术方案内容的基础上，将自己的产品与原告专利的技术手段和方案进行了详细的比较，认为在原告的专利中，其要保护的装置"能够控制叶片移动"源于两方面的技术：一是位于交叉散热片之间的硅油；二是对储存在半圆形槽穴里且位于叶片之间的硅油流量的控制，但这两项技术都已被先于原告专利申请日的欧洲第 025425 号专利、美国的第 4229973 号专利、德国的第 1155262 号专利以及德国的 GM 7515193 专利分别单独公开。而根据法国专利法的规定，两项已经被单独公开的技术的结合只有在上述结合能够产生显著的，或预想不到的效果时才可能被授予专利权。但在在原告 TI SAS 的专利中，并没有体现出在将两项单独公开的技术结合后可以产生"显著的或预想不到的效果"的特点，因此判断，原告 TI SAS 的该项专利不具有新颖性和创造性而不应获得专利权。根据法国法律的规定，审理专利侵权案件的法院有权依据被告的请求应当判决原告的这项涉诉的专利权无效。华润电机同时认为，涉案的 362BM 总成主要用于菲亚特汽车，改项技术在中国属公知技术，在中国市场也有该产品出售。华润电机在展会上展出的产品是由中国的另一家企业制造的，华润电机仅是代理该企业展出该产品，华润电机并未生产、销售或向法国出口该产品。因此，华润电机向法院陈述自己的参展行为并不构成专利侵权，也不构成不正当竞争。在原告 TI SAS 提交的证据中，没有华润电机涉嫌专利侵权的相关证据。从以上两方面分析，原告 TI SAS 起诉华润电机涉嫌侵犯原告的专利权并没有有效的证据，华润电机可以请求法国的法院直接认定不侵犯原告的专利权。

而在应对原告 TI SAS 提起的不正当竞争行为的指控过程中，华润电机不仅抗辩自己没有实施专利侵权及不正当竞争，而且还向受理法院提出了与原告的请求相反的请求。华润电机要求审理案件的法院追究原告 TI SAS 对华润电机展品的不当扣押行为和不当起诉行为的责任、要求原告 TI SAS 赔偿因其不当行为给华润电机造成的损失。其理由是：当时司法执达员在国际汽车工业展览会上对华润电机的样品进行扣押时，未在其出具的扣押通知上签字，按照法国民事诉讼法的规定，该司法执达员的扣押行为是无效的，应当被撤销；此后，根据原告的起诉状以及司法执达员的书面报告，实际上被扣押的华润电机的两个样品中只有一个涉嫌侵犯 TI SAS 专利权，而另一个被扣押的样品与原告的专利无关。华润电机有理由推定，原告 TI SAS 对该样品的扣押于法无据且其目的仅仅是为了获知华润电机带到展会的样品的制造秘密，其动机涉嫌侵犯华润电机的商业秘密。更为重要的因素是，原告 TI SAS 明知其涉案专利因不具有专利性无效并且将于 2006 年 2 月保护期满，却在该涉案专利期满前的四个月对并未生产、销售涉嫌侵权产品的华润电机提起了诉讼。原告的此行为不仅使华润电机迫于压力而放弃参加 2007 年国际汽车工业展览会（Equip Auto 2007）这一全球重要的汽车零部件展会，因而失去了与行业内大客户合作的机会，给华润电机造成了严重的经济损失，也严重影响了华润电机在参展商及潜在客户心目中的评价及形象，因此原告的起诉没有正当的理由和动机，构成另一种形式的不正当竞争，必须受到法律的处罚，华润电机有权在诉讼案件审理中提出这样的反请求并争取获得法院的支持。

2009 年 3 月 6 日，受理本案的法国法院就该案进行了最后一次开庭审理，并于 2009 年 4 月 10 日作出了一审判决。该一审判决认定：与原告 TI SAS 指控华润电机专利侵权相关的涉案专利的权利要求无效，华润电机未侵犯原告 TI SAS 的法国第 FR8602420 号专利权，也未对原告 TI SAS 构成不正当竞争，华润电机不必承担任何案件中的律师费用和诉讼费；一审法院还同时判决原告 TI SAS 向华润电机支付 8000 欧元的律师费，以弥补华润电机因诉讼而产生的损害。

（三）分析与应对

本案例是发生在欧洲的一件成功应对外国企业提起的专利侵权诉讼的案例，该案例中中国企业的成功应对，极大地鼓励了中国企业面对海外投资和贸易市场中的发生知识产权"维权"行动沉着应对的勇气和决心，启发了中国企业在海外市场应对此类纠纷而激发出来的智慧，启示中国企业一方面要做到在去海外之前要做到"兵马未动、粮草先行"，另一方面做到"兵来将挡、水来土掩"。

纵观本案例的解决过程，虽然时间长达四年，但诉讼结果还是积极有益的，诉讼策略是正确的，诉讼措施是有效的。通过这件案例，以下几方面是可以作为经验参照学习的。

1. 知己知彼、百战不殆

华润电机刚入海外展会，产品就被法方扣押，接着就在法国成为被告，这对任何一个想走向海外市场的中国企业都会是一个极大的打击。如果没有勇气应对，就可能延迟走向海外，甚至会放弃某些海外市场；但要想认真应对就必须知己知彼，才能打赢官司，华润电机在这方面的选择无疑是积极和有效的。华润电机在面对突如其来的海外诉讼时，没有害怕，也没有手足无措，而是首先咨询了中国国内有经验的处理知识产权案件的法律服务机构，通过该服务机构，又联系上了该机构在法国的合作机构，在彼此信任的基础上，华润电机详细了解了法国知识产权保护尤其是专利权保护的司法制度和实践经验，了解了法国专利法的相关规定，了解了中国与法国相关法律规定和诉讼程序上的异同点。在此基础上，选择以勇敢、沉着应对的态度去应对诉讼。在全面了解法国法律的前提下，选择了对自己最为有利的应对诉讼的策略和措施。

在该案例中，华润电机不仅在法律层面上对法国的法律和诉讼制度做到了知彼，而且对原告的专利技术是否属于真正的创新，是否应当得到专利的强有力的保护进行了细致的分析，发现了原告专利的在先专利申请文件和技术方案，从而找到了原告专利的弱点就是创新高度不够，从未确定了应对诉讼的方法。

对于中国企业发生在海外的知识产权诉讼，仅有勇气和经费是不够的，知己知彼是应对诉讼的基础和第一步，迈好这一步，后面的路才能走稳。因此，虽然中国企业是向海外发展，但选择中国有经验的涉案法律服务机构就是选择了好的"粮草"，对外国相关法律的规定的了解，对自己产品的了解是海外市场要先行的"粮草"，这也就是所谓中国企业走向海外，要做到"兵马未动粮草先行"的含义。

2. 冷静理智、分别应对

在本案例的处理过程中，我们发现华润电机采取的应对措施是冷静理智的、采取的分别应对策略也是正确的。案件中的原告公司在诉讼中指控中国企业分别实施的违法行为是专利侵权和不正当竞争（在中国的司法实践中，这两个行为是要分案处理的；但在法国，原告可以在同一件诉讼中，同时提起两个案由的诉讼请求，法院合并审理），华润电机采取的应对策略也是分别分析、分别抗辩，这是极为正确的。虽然在法国，其法律制度决定了原告可以在一件案件的诉讼中同时涉及两个案由，但这两个案由需要原告提交的证据是不同的。华润电机采用了分别应对的做法，可以有效地保证抗辩的针对性且争取在不同的诉由中获胜。

对于原告提出的专利侵权指控，华润电机的抗辩主要集中于：原告的专利是否具有有效性、被扣押的产品是否采用了他人在专利申请日之前的技术、以及被告是否实际实施了原告的专利等问题上，经过认真的分析，华润电机得出了原告的专利不具有有效性的结论，同时找到了在先的公知技术，发现了原告专利的发明高度空间的不足，确定了自己没有实施原告的专利技术方案是抗辩的最后防御，坚定了应诉的必胜的信心。而对于原告指控的不正当竞争行为，华润电机则集中揭示原告的诉讼动机和扣押其产品的程序的非正当性，说服法官查明原告的真正诉讼目的是为了阻挠公平的市场竞争、进而阻挠华润电机的代表的中国产品进入欧洲市场。这样分别对应的抗辩可以有效地将事实分类，便于法官查明案件的全部事实，也便于引导并说服法官了解相关市场的竞争实际情况，便于法庭作出客观和公正的判断。

3. 针锋相对、反诉原告

一般情况下，应对知识产权诉讼尤其是专利诉讼的策略大致分为三种：第一种是直接抗辩不侵权；第二种是提出现有技术抗辩，即主张自己实施的技术是他人在专利申请日之前的技术，以此来抗辩原告的专利指控；第三种是主动出击，向有关机关请求宣告或认定原告的专利不应该授权，应该认定无效，从而从根本上否定原告的权利基础。在一件具体的案件中，究竟采取什么样的应对策略，还要根据所在不同国家的法律制度和具体规定，根据案件的事实和证据，作出不同的选择。

在本案例中，华润电机不仅采用了第一种应对方法，直接提出不侵权抗辩理由之一是没有实施原告的专利技术；而且还根据案件的具体情况，同时采取了第三种的应对策略，针锋相对地向受理法院提出了与原告的诉讼请求完全相反的请求，即同时要求法院认定原告专利无效及扣押产品和诉讼行为的具有不正当性，有效地抵消原告对华润电机的指控。

而案件的审理结果表明，华润电机的反诉是有效果的，且最终得到了一审法院的支持。

（四）案例小结

知识产权保护的法律虽然是国内立法，但其涉及的国际因素远比一般的国内立法多，尤其是各国知识产权保护的立法要受到知识产权保护国际公约的制约和引领，这是普遍的规则，除非某国家不想进入国际市场。中国是知识产权保护立法及实施的后起之秀国家，立法虽晚但发展迅速，在国内我们已经基本建立了完善的知识产权保护制度以便与国家经济贸易市场的竞争规则接轨。

但同时我们也看到，中国的企业在走向海外市场时，并非对知识产权保护制度有深入的了解，尤其是对投资及贸易所在国的国家保护知识产权制度有所了解，因此中国企业在进入海外市场时已经受到了很多的知识产权保护的挑战。如何应对这种挑战，中国企业的应对态度和措施是不同的：有的是理智面对、接受挑战；有的是回避应对、放弃市场；还有的是主动挑战、各自抵消；在分析事实和了解法律的基础上作出正确的选择是每个想走向海外市场的中国企业要面对的，华润电机的选择无疑是正确的选择。

知识产权法律制度的根本目的之一是要建立良好的市场竞争环境，建立公平的市场竞争秩序，而公平的环境和秩序不是别人赐予的，企业的努力积极争取也是可以营造和获得公平的，华润电机的案例对此就有很好的说服力。

参 考 文 献

[1] 商务部：2018 版《对外投资合作国别（地区）指南——意大利》。

[2] 商务部：2018 版《对外投资合作国别（地区）指南——泰国》。

[3] 商务部：2018 版《对外投资合作国别（地区）指南——柬埔寨》。

[4] 商务部：2018 版《对外投资合作国别（地区）指南——土耳其》。

[5] 商务部：2018 版《对外投资合作国别（地区）指南——摩洛哥》。

[6] 商务部：2018 版《对外投资合作国别（地区）指南——智利》。

[7] 商务部：2018 版《对外投资合作国别（地区）指南——印度》。

[8] 商务部：2018 版《对外投资合作国别（地区）指南——巴基斯坦》。

[9] 商务部：2018 版《对外投资合作国别（地区）指南——马来西亚》。

[10] 商务部：2018 版《对外投资合作国别（地区）指南——新加坡》。

[11] 商务部：2018 版《对外投资合作国别（地区）指南——新西兰》。

[12] 商务部：2018 版《对外投资合作国别（地区）指南——尼日利亚》。

[13] 商务部：2018 版《对外投资合作国别（地区）指南——加纳》。

[14] 商务部：2018 版《对外投资合作国别（地区）指南——利比里亚》。

[15] 商务部：2018 版《对外投资合作国别（地区）指南——俄罗斯》。

[16] 商务部：2018 版《对外投资合作国别（地区）指南——立陶宛》。

[17] 商务部：2018 版《对外投资合作国别（地区）指南——哈萨克斯坦》。

[18] 商务部：2018 版《对外投资合作国别（地区）指南——吉尔吉斯》。

[19] 商务部：2018 版《对外投资合作国别（地区）指南——阿联酋》。

[20] 商务部：2018 版《对外投资合作国别（地区）指南——印度尼西亚》。

[21] 马来西亚《竞争法 2010》，2010 年，政府网站。

[22] 马来西亚《建筑工业发展法》，1994 年，政府网站。

[23] 《建筑合同模板 PAM2006》，2006 年，政府网站。

[24] 蒋东燃 . FIDIC 合同条件下承包商索赔问题的研究 [D]. 中国政法大学，2010。

[25] 朱彬 . 国际工程承包合同中的不利物质条件研究 [D]. 东南大学，2017。

[26] 周宇昕，王瑀韬，吕文学 .FIDIC 合同中的不可预见困难与合同终止 [J]. 国际经济合作，2016（06）：58-62。

[27] 翟冬 . 论"有经验的承包商" [J]. 法制与社会，2014（29）。

[28] 李娜，沈杰 . 论有经验的承包商 [J]. 施工技术，2007（07）。

[29] 宋振华 . 承包商视角下业主风险再分配的应对研究 [D]. 天津理工大学，2011。

[30] 马来西亚 1950 年《合同法令》。

[31] 马来西亚 1959/1963 年《移民法令》。

[32] 马来西亚 1967 年《所得税法令》。

[33] 马来西亚 1994 年《建筑工业发展局法令》。

[34] 马来西亚 2007 年《反人口贩卖及人口走私法令》。

[35] 马来西亚 2016 年《公司法令》。

[36] 马来西亚《中华人民共和国政府和马来西亚政府关于对所得避免双重征税和防止偷漏税的协定》。

[37] 王胜文，房秋晨 . 中国对外承包工程发展报告 2017—2018. 北京：中华人民共和国商务部，中国对外承包工程商会，2018。

[38] Dato' Abdul Rauf Rashid. 马来西亚 2019 财政预算案 . 吉隆坡：马来西亚安永会计师事务所，2019。

[39] 2009 年第 32 号法律：环境保护和管理（2009 年印度尼西亚共和国国家公报第 140 号。

[40] 《统一提单的若干法律规定的国际公约》（海牙规则）。

[41] 关于我国《海商法》海上货物运输承运人责任之归责原则的思考——兼论对《海商法》第 51 条的修改。

[42] 新西兰《海外投资法案》（*Overseas Investment Act*，2005）。

[43] 汤加王国宪法 104 ～ 114 条。

[44] 新西兰高等法庭案例：CIV-2018-404-2843〔2019〕NZHC 514。